Madagaskar
und Komoren

Wolfgang Därr

Inhalt

Die Insel der Vielfalt

Wir lagen vor Madagaskar ...	10
Landeskunde im Schnelldurchgang	12
Geographie	14
Landschaftliche Großräume	14
Klimazonen	16
Flora und Fauna	18
Pflanzenwelt	18
Thema Nationalparks und andere Naturschutzgebiete	20
Tierwelt	24
Thema Die Chamäleons Madagaskars (von Frank Glaw und Miguel Vences)	28
Thema Vogel Rock – Legende und Wirklichkeit	34
Bevölkerung	35
Soziale Organisation	35
Die Bevölkerungsgruppen Madagaskars	36
Religionen	41
Thema Famadihana – Die Umwendung der Toten	44
Geschichte	47
Die Besiedlung Madagaskars	47
Madagaskar unter europäischem Einfluß	48
Die französische Kolonialherrschaft	50
Das unabhängige Madagaskar	51
Thema Warum brennt Madagaskar?	54
Madagaskar heute	56
Kunst und Kultur	57
Sprach- und Schriftkultur	57
Musik	58
Kunsthandwerk	58
Sport und Spiele	58

Reiserouten auf Madagaskar

Das zentrale Hochland

Antananarivo — 64
- *Thema* Straßenkinder in Tana — 66
- Die Unterstadt — 67
- *Tip* Restaurant ›Le Grand Orient‹ — 69
- Die Oberstadt — 71
- *Thema* Anatirova – Palast und Heiligtum der Merinakönige und -königinnen — 72

Die Umgebung von Antananarivo — 74
- Im Osten von Antananarivo — 74
- Im Norden von Antananarivo — 78
- Im Süden von Antananarivo — 80
- Im Westen von Antananarivo — 82

Der Norden Madagaskars

Der Lac Alaotra — 88
- *Tip* Der ›Schmugglerpfad‹ – Erlebnis für leidensfähige Wanderer — 90

Von Antananarivo nach Toamasina — 94
- Andasibe und das Périnet-Analamazaotra-Naturreservat — 94
- Ampasimanolotra (Brickaville) und Umgebung — 94
- *Thema* Der Indri — 95
- *Tip* Das ›Buschhaus‹ — 96
- Toamasina (Tamatave) — 98

Nosy Boraha (Sainte-Marie) — 102
- *Thema* Die Rückkehr der Buckelwale — 105

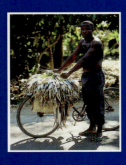

Ambodifototra und der Süden von Nosy Boraha	108
Von Ambodifototra nach Lonkintsy	110
Der Norden von Nosy Boraha	110
Tip ›La Crique‹	111
Ile aux Nattes (Nosy Nato)	112

Von Toamasina nach Maroantsetra 113

Die Küste nördlich von Toamasina	113
Mananara und Umgebung	115
Thema Der Aye-Aye – Das unheimliche Fingertier	116
Maroantsetra und die Bucht von Antongil	117

Von Maroantsetra nach Sambava 120

Die Masoala-Halbinsel	120
Sambava und Umgebung	121

Die Nordspitze Madagaskars 124

Von Sambava nach Antsiranana (Diégo-Suarez)	124
Thema Die Piratenrepublik Libertalia	125
Antsiranana (Diégo-Suarez)	127
Die Umgebung von Antsiranana	130
Von Antsiranana nach Ambilobe	132
Die Umgebung von Ambilobe	133
Ambanja und Umgebung	136

Nosy Be 138

Tip Badebedingungen auf Madagaskar	140
Ambatoloaka und der Südwesten von Nosy Be	142
Andilana und die vorgelagerten Inseln	144
Mont Passot	146
Andoany (Hell-Ville) und Umgebung	146
Tip Ausflug in das Lokobe-Naturreservat	150
Nosy Ambariovato und seine Nachbarinseln	151
Tip ›Chez Remo et Bernie‹	152
Nosy Tanikely	153
Nosy Iranja und Nosy Mitsio	154

Von Nosy Be nach Mahajanga	154
Von Ambanja nach Antsohihy	154
Von Antsohihy nach Mahajanga	156
Mahajanga	158
Die Umgebung von Mahajanga	159

Von Mahajanga nach Antananarivo	161
Von Ambondromamy zur Ostküste	161
Von Ambondromamy nach Antananarivo	162

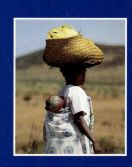

Der Süden Madagaskars

Von Antananarivo nach Antsirabe	166
Antsirabe	168
Die Umgebung von Antsirabe	170

Von Antsirabe nach Ihosy	171
Ambositra und Umgebung	171
Fianarantsoa	173
Bahnfahrt an die Ostküste	175
Ambalavao und Umgebung	176
Von Ambalavao nach Ihosy	176
Thema Das Papier der Antaimoro	177

Von Ihosy nach Toliara	179
Von Ihosy ins Isalo-Gebirge	179
Trekking im Isalo-Gebirge	180
Vom Isalo-Gebirge nach Toliara	182
Toliara (Tuléar)	184
Die Umgebung von Toliara	185

Von Antsirabe nach Morondava	188
Von Antsirabe nach Miandrivazo	188
Von Miandrivazo nach Morondava	189
Morondava und Umgebung	191
Thema Fitampoha – Die Reinigung der königlichen Reliquien	194
Die Tsingy de Bemaraha	196

Von Morondava nach Toliara	197
Thema Die geheimnisumwitterten Völker der Vazimba und Mikea	198

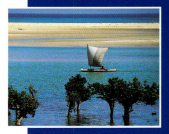

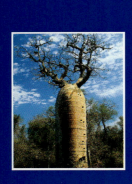

**Durch das Dornenland
von Toliara nach Tolanaro (Fort Dauphin)**   202
    Von Toliara zur Südspitze Madagaskars   202

    Thema   Sukkulenten – Symbole
                      der Trockengebiete Madagaskars   204

    Thema   Die Grabmäler der Mahafaly   208

    Von der Südspitze Madagaskars
    nach Tolanaro (Fort Dauphin)   209

    Thema   Vom Sisal zum Tourismus –
                      Die Familie de Haulme   212

    Tolanaro (Fort Dauphin)   214
    Die Umgebung von Tolanaro   216

**Von Tolanaro (Fort Dauphin)
nach Fianarantsoa**   219
    Von Tolanaro nach Manantenina   219
    Von Vangaindrano nach Manakara   219
    Mananjary und Umgebung   220
    Von Mananjary nach Fianarantsoa   222

    Thema   Der Goldene Bambuslemur   224

Die Komoren

Landeskunde im Schnelldurchgang   228

Die Mondinseln   229
    Geographie   229
    Flora und Fauna   230
    Bevölkerung und Religion   231

    Thema   Der Quastenflosser   232

    Geschichte   234

    Thema   Bob Denard
                      und seine wechselnden Freunde   238

    Wirtschaft   240

Grande Comore (Ngazidja)   241
    Moroni   241
    Inselrundfahrt   242
    Besteigung des Kartala   247

Mohéli (Mwali)   247

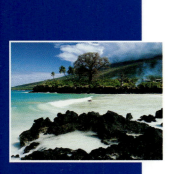

Anjouan (Ndzuani)	248
Moutsamoudou	248
Inselrundfahrt	248
Mayotte (Maore)	251
Grande-Terre	251
Petite-Terre	253

Tips & Adressen

Adressen und Tips von Ort zu Ort	260
Reiseinformationen von A bis Z	300
Komoren: Adressen und Tips von Insel zu Insel	332
Komoren: Reiseinformationen von A bis Z	336
Sprachführer	339
Abbildungsnachweis	343
Register	344

Verzeichnis der Karten und Pläne

Das zentrale Hochland

Stadtplan Antananarivo	68
Die Umgebung von Antananarivo	76/77

Der Norden Madagaskars

Der Lac Alaotra	88
Der ›Schmugglerpfad‹	90
Von Antananarivo nach Toamasina	97
Stadtplan Toamasina (Tamatave)	100
Nosy Boraha (Sainte-Marie)	108
Von Toamasina nach Maroantsetra	114
Von Maroantsetra nach Sambava	120
Die Nordspitze Madagaskars	126/127
Stadtplan Antsiranana (Diégo-Suarez)	128
Nosy Be	143
Von Nosy Be nach Mahajanga	155
Stadtplan Mahajanga	159
Von Mahajanga nach Antananarivo	161

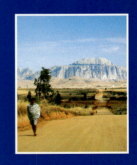

Der Süden Madagaskars

Stadtplan Antsirabe	169
Von Antananarivo nach Antsirabe	170
Stadtplan Fianarantsoa	173
Von Antsirabe nach Ihosy	174
Von Ihosy nach Toliara	179
Stadtplan Toliara	184
Von Antsirabe nach Morondava	190
Von Morondava nach Toliara	197
Von Toliara nach Tolanaro	202/203
Stadtplan Tolanaro (Fort Dauphin)	214
Von Tolanaro nach Fianarantsoa	221

Die Komoren

Grande Comore (Ngazidja)	241
Mohéli (Mwali)	247
Anjouan (Ndzuani)	251
Mayotte (Maore)	252

Flugverbindungen von Air Madagascar   313

Ein wesentliches Ziel dieses Buches ist es, Ihnen konkrete Reiseinformationen an die Hand zu geben, die es Ihnen ermöglichen, Madagaskar in all seiner Vielfalt zu entdecken. Jedes Buch mit einem solchen Anspruch wird bald nicht mehr *up to date* sein – um so mehr eines über ein noch wenig erschlossenes Land. Das Land ist groß, die Straßen in abgelegene Gebiete sind oft schwer oder gar nicht passierbar. Ein Hotel kann ebenso schnell und unbemerkt verschwinden, wie es ein paar Jahre oder auch nur Monate vorher entstanden ist. Wenn eine Elektrolok der Deutschen Bahn repariert werden muß, steht Ersatz bereit. Verweigert aber eine der wenigen, jahrzehntealten Dieselloks in Madagaskar ihren Dienst, dann muß der Zugverkehr von Antananarivo nach Toamasina, von Fianarantsoa nach Manakara oder von Antananarivo nach Antsirabe eingestellt werden – und bis Ersatz beschafft ist, kann es Monate oder gar Jahre dauern! Vieles verändert sich in Madagaskar schnell und unvorhersehbar. Verstehen Sie dieses Buch daher bitte als Hilfestellung, nicht als Bibel!

Die Insel der Vielfalt

Wir lagen vor Madagaskar ...

Madagaskar – das klingt nach Abenteuer, Gefahr und Ferne. Den Namen der Insel vor der Südostküste Afrikas kennt jedes Kind aus dem Volkslied, in welchem Seeleute ihr Schicksal beklagen, da sie die Pest an Bord hatten. Zum Schutz der Bevölkerung durften die Matrosen nicht an Land gehen, obwohl auch sie brennend interessiert hätte, was dort an Geheimnissen verborgen liegt.

Madagaskar gehört auch in den Zeiten des *last-minute*-Ferntourismus zu den wenigen verbliebenen ›weißen Flecken‹ auf unserer Landkarte. Dies hat seine Gründe, denn die Insel lag schon immer abseits der großen Handelswege, sie wurde als eines der letzten afrikanischen Länder in ein Kolonialreich eingegliedert und hatte bei weitem nicht die Bedeutung anderer Kolonialstaaten.

Auch nach Erlangen der Unabhängigkeit schottete sich Madagaskar zunächst von der Außenwelt ab. Die Franzosen sah man nicht mehr gerne im Lande, da sie die Erinnerung an die Jahre der Unterdrückung und an schreckliche Kämpfe und Niederlagen in den Befreiungskriegen weckten. Südafrikaner, die früher in großer Zahl das Land besucht hatten, erhielten keine Einreisevisa. Erst unter dem neuen Präsidenten Mandela und nach der Abschaffung der Apartheid wurden diplomatische Beziehungen aufgenommen und das Land den südafrikanischen Geschäftsleuten und Touristen geöffnet. In der übrigen Welt interessierte sich ohnehin kaum jemand für diese so weit entfernte und so unbekannte Insel im Indischen Ozean.

In jüngster Zeit hat sich auch das Verhältnis zu Frankreich verbessert. Madagaskar öffnet sich zögernd dem Tourismus. Massentourismus strebt man nicht an – ja man will ihn sogar verhindern –, für professionellen ›Ökotourismus‹ fehlt die Infrastruktur. Große Reiseveranstalter, die durchaus die finanziellen Mittel hätten, eine Tourismusindustrie aufzubauen (siehe Negativbeispiele wie die Dominikanische Republik oder Cuba) haben wenig Interesse, da sie keine Chance sehen, daß sich große Investitionen wieder amortisieren, wenn die

Am Strand von Andilana auf Nosy Be

politischen Verhältnisse lediglich ›Nischentourismus‹ zulassen.

Bisher trifft man daher nur wenige Europäer auf Madagaskar an, die es wagen, dieses interessante und ursprüngliche Land zu bereisen. Fast immer handelt es sich nicht um Urlauber im üblichen Sinne, sondern um Reisende mit besonderem Interesse an der einmaligen Kultur und Natur dieses fremdartigen Landes oder um Globetrotter, die auch den noch unbekanntesten Ort dieser Welt entdecken wollen.

Das vorliegende Buch soll Ihnen mit fundierten Hintergrundinformationen und detaillierten praktischen Reisetips ein möglichst vollständiges Bild von Madagaskar vermitteln. Es soll mit Vorurteilen aufgeräumt, für Fremdes und zunächst Unverständliches Verständnis geweckt werden, und es soll deutlich gemacht werden, daß Madagaskar kein dunkler, vergessener, untergehender Urkontinent ist. Es ist vielmehr ein kulturell und landschaftlich reiches Land, das mit noch kaum genutzten Bodenschätzen, mit unendlichen, dünn besiedelten Hochflächen und einer tief in alten Traditionen verwurzelten Bevölkerung gesegnet ist. Ein Land mit unglaublichen brachliegenden Möglichkeiten und mit einer Bevölkerung, die dem Aufbruch in eine moderne Welt entgegensieht, aber nicht bereit ist, ihre kulturellen Wurzeln, ihre Beziehung zu den Traditionen der Ahnen zu opfern.

Landeskunde im Schnelldurchgang

Name: Republik Madagaskar
Fläche: 587 041 km²
Einwohner: ca. 14 Millionen
Hauptstadt: Antananarivo
Amtssprachen: Malagasy, Französisch
Währung: Madagassischer Franc, Ariary
Zeit: MEZ + 2 Std.; MESZ + 1 Std.

Geographie: Madagaskar liegt etwa 400 km östlich von Mosambik vor der Südostküste des afrikanischen Kontinents. Die Insel ist ein Bruchstück aus dem Urkontinent Gondwanaland, der vor Jahrmillionen begann, zum Teil nach Westen (heutiges Afrika), zum Teil nach Nordosten (heutiges Asien) abzudriften. Sie ist vom Indischen Ozean umschlossen und besteht zum Teil aus hartem Urgestein wie Granit, zum Teil aus vulkanisch entstandenen Inseln (Nosy Be) und Landschaften (Berge rund um Antsirabe).

Klima und Reisezeit: Aufgrund seiner Lage im Bereich des südlichen Wendekreises kann man auf Madagaskar zwischen den beiden Jahreszeiten Südsommer (Dezember–März) und Südwinter (Juni–September) sowie den dazwischen liegenden Übergangszeiten unterscheiden. Die durchschnittlichen Tagestemperaturen schwanken zwischen Sommer und Winter um etwa 6 °C; im Süden sind sie höher, im Norden niedriger. Im Südsommer entspricht das Klima unserem Hochsommer, im Südwinter unseren Frühjahrs- oder frühherbstlichen Bedingungen. Frost kommt im Südwinter selten kurz vor Sonnenaufgang im zentralen Hochland vor. Tagsüber steigen die Temperaturen auch im Winter aufgrund der starken Sonneneinstrahlung auf über 20 °C im Schatten an. Den Südwinter empfinden Europäer als beste Reisezeit, weil alle Regionen dann ein angenehmes Klima aufweisen, sieht man von manchmal kalten Nächten im Hochland ab. Im Südsommer kann sich das Reisen problematisch gestalten, wenn Regenfälle Straßen innerhalb von Minuten unpassierbar machen. Wer Wärme mag und gelegentliche wahrhaft tropische Regenfälle liebt, sollte in den Zwischensaisonzeiten oder im Südsommer reisen. Er wird durch eine weitaus reichere Vegetation, grüne und blühende Natur belohnt.

Geschichte: Einige Historiker glauben Hinweise gefunden zu haben, daß Araber bereits lange vor Beginn der heutigen Zeitrechnung Handel mit einer Urbevölkerung auf Madagaskar trieben. Andere datieren die Erstbesiedlung auf die nachweisbaren Landungen von Seefahrern aus dem südostasiatischen Raum um 1000 n. Chr. Auf europäischen Seekarten tauchte Madagaskar erstmals um 1500 auf, als portugiesische Seefahrer mit Hilfe arabischer Navigatoren den westlichen Indischen Ozean erkundeten. Ende des 19. Jh. begann sich die damalige Weltmacht Frankreich für die große Insel als Kolonie zu interessieren und unterwarf sie schließlich zu Beginn des 20. Jh. In die Unabhängigkeit entließ man Madagaskar 1960. Die parlamentarische Demokratie wurde aber schon bald durch einen Putsch in eine Einparteienherrschaft verwandelt. Mit einem Generalstreik legte die Bevölkerung Anfang der 90er Jahre die Wirtschaft und Verwaltung des Landes lahm, erzwang den Rücktritt des allein herrschenden Präsidenten und die Einführung einer parlamentarisch-demokratischen Verfassung.

Wirtschaft: Die Wirtschaft Madagaskars ist – im Vergleich zu ihrem Potential, das sich aus seiner Größe, seinen Bodenschätzen, der Fruchtbarkeit seiner Böden, dem Geschick, dem Fleiß und der Intelligenz seiner Bevölkerung ergibt – wenig erfolgreich. Dies hat kulturelle Gründe, da das Streben nach materiellem Wohlstand der madagassischen Gesellschaft fremd ist. Es liegt aber auch an der Politik der vergangenen Jahrzehnte, die bereits erfolgreich arbeitende Wirtschaftszweige wie die Produktion von Gewürzen, den Abbau von Edelsteinen oder Erzen und den Export von Rindfleisch durch staatlich gelenkte und korrupte Mißwirtschaft erheblich beeinträchtigte. Daher zählt Madagaskar hinsichtlich des Bruttosozialprodukts zu den ärmsten Ländern der Erde. Die Not ist jedoch in weiten Bereichen des Landes nur gering, da sich die Bevölkerung wie seit Jahrhunderten von dem ernährt, was der eigene Grund und Boden rund um das Dorf hergibt. Echte Not gibt es in einigen Slumgebieten der Hauptstadt Antananarivo und im immer trockener und – auch für Rinder – unbewohnbarer werdenden Dornenland im Süden Madagaskars.

Bevölkerung, Sprache und Religion: Auch für die Bevölkerung und die Sprache gilt, was typisch für ganz Madagaskar ist – große Vielfalt bei gleichzeitiger Ähnlichkeit. Alle Volksgruppen sprechen Malagasy, eine Sprache, die ihren Ursprung im malayisch-indonesischen Sprachraum hat. Afrikanische und arabische Einflüsse haben sich sowohl auf die Sprache und die Kultur wie auf das Aussehen der Menschen ausgewirkt. Die Dialekte und religiösen Bräuche basieren auf südostasiatischen Kulturen aus der Zeit, bevor diese von Hinduismus und Islam beeinflußt wurden. Heute sichtbare Elemente dieser Religionen, Sprachen und Kulturen sind das Ergebnis eines Verschmelzungsprozesses in den Jahrhunderten nach den großen Einwanderungswellen aus Südostasien. Basis der madagassischen Religion ist der Glaube an einen Schöpfergott – was sie ›kompatibel‹ zum Christentum gemacht hat, das mit den Kolonialherren ins Land kam –, an vielfältig in der Natur vorhandene Geister und Götter und vor allem der Glaube, daß die Seelen der Verstorbenen weiterexistieren und Mittler zwischen Gott und den Lebenden sind.

Flora und Fauna: Pflanzen- und Tierwelt Madagaskars sind zu 80–90 % endemisch, d. h., sie kommen nur dort vor. In Jahrmillionen der Trennung von den übrigen Kontinenten haben sich weitgehend eigenständige Arten entwickelt. Erst die Besiedlung durch den Menschen brachte zunächst asiatische und afrikanische Kulturpflanzen (Reis, Maniok usw.), später von Europäern aus Asien eingeführte Obst- und Gewürzpflanzen ins Land. Es ist anzunehmen, daß die heutige Flora und Fauna Madagaskars große Ähnlichkeit mit derjenigen hat, die auf den Kontinenten existierte, bevor sich Afrika und Asien von der Insel trennten. Daher ist diese seit Jahrzehnten zu einer Forschungsstation für Biologen geworden, die tagtäglich Neues entdecken und einzuordnen versuchen.

Geographie

Madagaskar ist der afrikanischen Südostküste vorgelagert und liegt zwischen dem 12. und 26. Grad südlicher Breite. Die kürzeste Entfernung zum afrikanischen Festland beträgt 400 km. Mit einer Fläche von 587 041 km^2 ist die Insel etwa so groß wie Frankreich. Sie erstreckt sich von Norden nach Süden über 1580 km und erreicht an ihrer breitesten Stelle (von West nach Ost) 580 km; die gesamte Küstenlinie ist fast 5000 km lang.

Als vor etwa 100 Millionen Jahren der Urkontinent Gondwanaland auseinanderbrach und die heutigen Kontinente Afrika und Asien auseinanderzudriften begannen, blieben an der ›Nahtstelle‹ zwischen dem heutigen Indien und der afrikanischen Ostküste zwei große und einige kleinere Landmassen stehen: Madagaskar im Westen und Sri Lanka im Osten sowie kleinere Inselgruppen wie die Seychellen und die Komoren.

Landschaftliche Großräume

Entlang der nahezu kerzengeraden, 800 km langen **Ostküste** verläuft eine 30–50 km breite Ebene, die von vielen Flußmündungen durchschnitten wird. Sie reicht von Tolanaro (Fort Dauphin) im Süden bis Maroantsetra in der Bucht von Antongil im Norden. In Nord-Süd-Richtung durchzieht ein natürlich entstandener Süßwasserkanal diese Ebene, der hin und wieder durch Landbrücken unterbrochen ist. In der Kolonialzeit wurden diese von künstlichen Kanälen durchstochen, und es entstand eine schiffbare Wasserstraße, 50–100 m vom Indischen Ozean entfernt, die von Toamasina bis Manakara reicht. Sie dient den Bewohnern der Küstenebene als wichtigste Verkehrsverbindung, auf der Holz, Vanille, Früchte und Gewürze in Einbäumen in Städte und zu Dorfmärkten transportiert werden.

Die Ebene an der Ostküste ist sehr fruchtbar. Es werden Kaffee, Kakao, Vanille, Nelken und andere Gewürze angebaut, in der Umgebung der größeren Ortschaften gibt es auch einzelne Reisfelder. Zwischen den sanften Hügeln

Landschaft im zentralen Hochland mit den typischen Reisterrassen

gedeihen die schönen Fächerpalmen, Raffia, Orchideen (die Vanille ist die berühmteste) und zahllose andere tropische Pflanzen. Am Fuß des Gebirges beginnt der dichte Regenwald, der von Iharana (Vohémar) im Norden bis nach Tolanaro im Süden reicht. Entlang der Flüsse gibt es in noch unerschlossenen Regionen Pfade, auf denen man von Dorf zu Dorf wandern kann. Der Wald ist zum Teil kaum erforscht, unberührt und beherbergt sicherlich noch Tausende unbekannter Pflanzen und Tiere.

Das **zentrale Hochland**, das zwischen 700 und 1500 m über dem Meeresspiegel liegt, wird in Nord-Süd-Richtung von mehreren Bergrücken durchzogen, die bis zu 3000 m hoch aufragen. Nördlich von Antananarivo erstrecken sich unendliche Grasflächen, die nur gelegentlich von fruchtbaren Flußtälern unterbrochen werden. Auf ihnen weiden große Rinderherden. Zwischen Antsirabe und Fianarantsoa findet sich eine von Reisterrassen geprägte Hügellandschaft, in der man sich nach Südostasien versetzt glaubt. Auf den hier reichen, fruchtbaren Böden vulkanischen Ursprungs wachsen tropische Früchte ebenso wie alles Obst, das wir aus Europa kennen. Es wird jedes denkbare Gemüse angebaut, in den höheren Bergregionen gibt es sogar Kartoffeln. Manche Landschaften erinnern an das bayerische Voralpengebiet, wie etwa die Pinienwälder rund um die Seen Mantasoa und Tsiazompaniry oder die kühlen Gebirgsbäche, die vom Ankaratra-Gebirge herunterfließen. Südlich und westlich der Hauptstadt erstreckt sich

das durch Vulkantätigkeit entstandene Ankaratra-Gebirge, in dem heiße Quellen entspringen. Im Süden begrenzt das Andringitra-Gebirge das Hochland, ein Granitgebirge, das südlich von Fianarantsoa über 2600 m hoch aufragt. Im Norden wird das Hochland vom höchsten Gebirgszug der Insel abgeschlossen, dem Tsaratanana-Massiv mit dem Maromokotro, dem 2876 m messenden höchsten Gipfel Madagaskars.

Südwestlich von Fianarantsoa beginnt der wilde **Süden** Madagaskars. Hier fällt das ganze Jahr über kaum Regen, bewässert wird die Region von den Flüssen, die in den Bergen der Ostküste entspringen und riesige Wassermengen durch das nach Westen abfallende Gelände bis an die Westküste transportieren. Steppen, die von Dornengestrüpp, Baobabs und von lichten Palmenhainen bewachsen sind, wechseln mit dicht bewachsenen Flußtälern und kleinen, vom Grundwasser gespeisten Oasen ab. Hier gibt es, bis auf die im Bau befindliche Hauptstrecke Fianarantsoa–Toliara, keine asphaltierten Straßen. Das Reisen ist mühsam, denn die Staubpisten sind über weite Strecken nur im Schrittempo befahrbar. Im Norden (des Südens) erhebt sich das Isalo-Gebirge, ein bizarres und mit lieblichen Oasen durchsetztes Sandsteingebirge, das in der Regenzeit unpassierbar ist und in der Trockenzeit nur zu Fuß durchquert werden kann. Bizarre Felsformationen, kleine Wälder in den Flußtälern und weite Hochebenen entlohnen für einfache Wanderungen von wenigen Stunden oder mehrtägige Trekkingtouren, die man in diesem Naturreservat durchführen kann. Die Südwestküste schließlich besitzt eine Reihe herrlicher Strände, die mit Filaos, einer aus Australien eingeführten Nadelbaumart, bewachsen sind.

Nach **Westen** fällt das zentrale Hochland terrassenförmig zur Küste hin ab. Weite Flächen sind nahezu menschenleer, bewachsen zum Teil mit hohem Gras, Satranapalmen und Baobabs. Abwechslungsreich, fast lieblich ist die Nordwestküste von Mahajanga bis Antsiranana (Diégo-Suarez). Das ganze Jahr über auftretende tropische Regengüsse lassen eine reiche Vegetation gedeihen. Die Küste ist zerklüftet und voller kleiner Buchten, und viele – zum Teil unbewohnte – Inseln sind vorgelagert.

Klimazonen

Für ganz Madagaskar gilt, daß der heiße **Südsommer** von November bis April auch die regenreichere Jahreszeit ist. Deshalb wird der **Südwinter** von April bis Oktober oft als gute Reisezeit bezeichnet. Dies führt allerdings in einem klimatisch so vielfältigen Land zu falschen Schlüssen. Es hat dazu beigetragen, daß Madagaskar als trockenes, braunes und brennendes Land bekannt ist, denn in den Monaten August bis Oktober ist Regen in manchen Regionen zu selten, um die Felder ergrünen zu lassen. Wer aber im madagassischen Sommer das Land bereist, wird über die Vielfalt der Vegetation, das satte Grün der Viehweiden und die Blütenpracht erstaunt sein! In der ›guten Reisezeit‹, den Wintermonaten, ist es vergleichsweise kühl, es regnet wenig, und die Bauern nutzen die Trockenheit zur Brandrodung. Die vereinfachende Formel von der ›Regenzeit‹ im Südsommer täuscht jedoch, denn die hohen durchschnittlichen Regenmengen im Osten und Norden fallen nicht etwa in langanhaltenden, grauen und kühlen Wochen, sondern in kurzen, sintflutartigen, eben ›tropischen‹ Güssen, bei denen das Wasser nicht tropfen-, sondern eimerweise aus den Wolken zu stürzen scheint. Nach einigen Stunden, schlimmstenfalls ein paar Tagen, ist der Spuk vorbei, die Sonne bricht durch und trocknet Straßen und Wege.

Die Klimazone der **Ostküste** reicht von Sambava im Norden bis nach Tolanaro im Süden. In westlicher Richtung reicht sie 50 km ins Landesinnere, bis in die Gipfelregionen des östlichen Regenwaldes. Das ganze Jahr über bringt der feuchtwarme Südostpassat regelmäßig Regenfälle, die im Südsommer heftig, kurz und stürmisch, im Südwinter eher ruhig, aber ebenfalls ergiebig sind. Die Zahl der Regentage pro Jahr ist mit 250 im Norden am höchsten und nimmt nach Süden kontinuierlich bis auf 150 Tage ab. Selbstverständlich regnet es auch in der ›Regenzeit‹ nicht den ganzen Tag. In regnerischen Perioden fällt der erste Niederschlag kurz vor Sonnenaufgang. Im Laufe des Vormittags klart es auf, und in den Abendstunden, wenn die Lufttemperatur wieder sinkt, gehen erneut Regengüsse nieder. Selten kommt es vor, daß der Himmel mehrere Tage lang mit schweren, dunklen Wolken verhangen ist. Erfahrungsgemäß sind die Wochen zwischen Mitte August und Anfang Oktober die ›trockensten‹ des Jahres, doch (häufige) Ausnahmen bestätigen die Regel.

Das **zentrale Hochland** hat wegen seiner Lage zwischen 750 und 1500 m über dem Meeresspiegel ein völlig anderes Klima. Die Klimazone beginnt am Gebirgsabsturz zur östlichen Küste hin und läßt sich im Westen nicht scharf abgrenzen, da das Land dort sanft bis zur Küste hin abfällt. In Nord-Süd-Richtung erstreckt sich die Zone nahezu über die gesamte Länge Madagaskars. Die Durchschnittstemperatur liegt im Hochland etwa 8–10 °C niedriger als an der Ostküste, für Europäer herrschen daher angenehme, gemäßigte Temperaturverhältnisse. Regen fällt im Hochland an nur 150 Tagen pro Jahr, vor allem im heißen Südsommer. Der Südwinter ähnelt dem Sommerklima in europäischen Gebirgen. Im Laufe des Tages steigen die Temperaturen bis auf 25 °C im Schatten, nachts wird es empfindlich kühl. 10 °C oder darunter sind in Antananarivo, Antsirabe oder Fianarantsoa in sternenklaren Südwinternächten keine Seltenheit, gelegentlich kann es sogar Frost geben.

Die Klimaregion der **Westküste** reicht vom Golf von Mosambik bis zum Rand des Hochlandes in west-östlicher Richtung. Sie beginnt im äußersten Norden bei Antsiranana (Diégo-Suarez), wird durch das Tsaratanana-Massiv unterbrochen und erstreckt sich dann nach Süden bis Morombe. Die Grenze zum Hochland verläuft fließend, etwa ab einer Höhe von 700 m über dem Meeresspiegel. In den Monaten April bis November ist an der Westküste jeder Niederschlag (fast) ausgeschlossen. In den übrigen Monaten regnet es selten, wobei der nördliche Teil etwas mehr Feuchtigkeit abbekommt als der Süden. Die Temperatur bewegt sich im Jahresdurchschnitt um 27 °C im Norden und um 24 °C im Süden; die Schwankungen zwischen Sommer und Winter liegen bei 7–8 °C. Für europäische Maßstäbe bleibt es ganzjährig hochsommerlich heiß.

Der **Süden**, also die Region von Toliara bis Tolanaro im Südosten, erhält das ganze Jahr über fast keine Niederschäge. Wenn es mal regnet, dann nur für ein oder zwei Stunden. Eine Ausnahme bildet das Isalo-Gebirge, an dem gelegentlich (besonders im Südsommer) Wolkenreste hängenbleiben, die es über die Bergketten der Ostküste geschafft haben.

Flora und Fauna

Nachdem sich Madagaskar vor vielen Jahrmillionen vom afrikanisch-indischen Urkontinent getrennt hatte, gingen in der übrigen Welt gewaltige Veränderungen vor sich. Es entwickelten sich die verschiedenen Affenarten, später die Menschen. Viele Pflanzen starben aus, andere entstanden neu. In isolierten Gebieten wie Madagaskar dagegen blieb vieles beim Alten. Die schon vorhandenen Arten entwickelten eine größere Vielfalt, um ökologische Nischen besetzen zu können, mußten sich aber nicht gegen neu zuwandernde Arten behaupten. In Jahrmillionen entstand ein Gleichgewicht, das erst in Gefahr geriet, als Menschen die Insel besiedelten.

Madagaskar war ursprünglich von Wäldern bedeckt, in denen Millionen von Lemuren, Vögeln und Insekten lebten. An der Ostküste breiteten sich dichte Regenwälder aus, wie man sie heute auf der Halbinsel Masoala, im Marojezy-Nationalpark und besonders schön und gut erreichbar auf der Insel Nosy Mangabe bei Maroantsetra bewundern kann. Der Westen war großflächig mit immergrünem Trockenwald bewachsen, der zwischen Morombe im Süden und Maintirano im Norden bis heute erhalten geblieben ist. Ob auch das Hochland durchgehend bewaldet war, ist unklar. Sicher ist aber, daß diese Region als erste von asiatischen Einwanderern verändert wurde. Sie brauchten Felder, um den Reis anzubauen, von dem sie sich traditionell ernährten. Die Siedler besaßen keine Rinder und Schweine, so daß Lemuren in den Wäldern und Fisch an den Küsten die wichtigste Quelle proteinreicher Nahrung waren.

Sowohl die Wälder als auch die Lemuren wurden dezimiert, bis sich in jüngster Vergangenheit abzuzeichnen begann, daß das natürliche Gleichgewicht kippen werde, wenn keine Schutzmaßnahmen ergriffen würden. Der Staat versucht, zusammen mit verschiedenen internationalen Organisationen, diese Entwicklung aufzuhalten, indem er entwaldete Flächen wieder aufforsten läßt. Doch hat der Regen schon einen großen Teil der fruchtbaren Erdschicht weggeschwemmt, so daß die neuen Wälder nicht recht wachsen wollen. Die Veränderung der Natur hat auch einen Wandel des Klimas bewirkt, so daß Niederschläge seltener werden und der Wasserhaushalt gestört ist.

Pflanzenwelt

Man muß nicht Botaniker sein, um die Besonderheit, den großen Reichtum und die Blütenpracht der madagassischen Pflanzenwelt zu bewundern. Einen Dornenwald wie in Südmadagaskar findet man weltweit nirgendwo, tropische Urwälder wie auf der Halbinsel Masoala sind selten, und die bizarren Baobabs sind zum Symbol der Insel geworden. Wer allerdings etwas von Botanik versteht, wird aus dem Staunen nicht herauskommen und bald feststellen, daß es wenig Sinn hat, mit ›Schulwissen‹ die Pflanzen einordnen zu wollen. Wenn man bedenkt, daß in Deutschland etwa 2000 klassifizierte höhere Pflanzenarten existieren, in Madagaskar 8000 bekannt und zumindest ebenso viele bisher nicht gefundene und eingeordnete Pflanzen existieren dürften, wird verständlich,

Über 1200 Orchideenarten kommen in den Wäldern Madagaskars vor

daß auch wissenschaftlich arbeitende Botaniker auf Madagaskar erhebliche Schwierigkeiten haben und von der Menge des Unbekannten, des Neuen und noch zu Bestimmenden überwältigt, wenn nicht gar überfordert sind.

Ein seit Jahrzehnten nahe Toliara lebender und arbeitender Botaniker, der sich ausschließlich auf den Süden des Landes spezialisiert hat, fährt regelmäßig alle zwei bis drei Wochen mit einem Geländewagen in den ›Busch‹, steckt sich ein kleines Gelände von 100 × 100 m abseits von Dörfern und Straßen ab und sucht dort Pflanzen. Es vergeht kein Monat, in dem er nicht Neues entdeckt, das er auf seinem privaten Gelände pflanzt. Eines Tages hofft er, Zeit zu finden, eine botanische Bestimmung durchführen zu können und wenigstens einen Überblick über die Pflanzenwelt Südmadagaskars zu bekommen. Die Chance ist gering, denn in dem riesigen Areal von etwa 400 × 600 km, das von Toliara im Westen bis Tolanaro (Fort Dauphin) im Osten und von Cap Ste-Marie an der Südspitze der Insel bis Morondava an der Westküste reicht, gibt es viele Quadrate von 100 × 100 m abzusuchen!

Motiv der Suche ist nicht lediglich Wissensdurst, sondern die Erprobung der praktischen und ökonomischen Nutzung des Pflanzenbestands. Viele der bekannten und wahrscheinlich auch der noch unbekannten Pflanzen Madagaskars stecken voller medizinisch nutzbarer Stoffe und Nährstoffe, die noch nicht verwertet werden. Was an Nutzbarem gefunden wird, soll kommerzialisiert werden und die materielle Armut lindern. Es gibt nur wenige Orte auf der Erde, die diese Vielfalt an ganz speziellen Klimaverhältnissen aufweisen. Wo beispielsweise findet man sonst eine fast regenlose Steppe wie rund um Toliara, die gleichzeitig eine hohe Luftfeuchtigkeit aufweist und damit die Wasserversorgung über den Tau ermöglicht?

Nationalparks und andere Naturschutzgebiete

Das bekannteste aller **Privatreservate** Madagaskars ist der ›Berenty-Naturpark‹ (S. 210), in welchem die Eigentümerfamilie de Haulme die Fauna und Flora Südmadagaskars gleichzeitig erhält und Naturliebhabern wie Forschern auf bequeme Weise zugänglich macht. Doch es gibt weitere ähnliche Projekte in kleinerem Umfang in anderen Regionen Madagaskars: den Privatpark der Vakona Lodge (bei Andasibe), das kleine Paradies in Ankanin' ny Nofy (südlich von Toamasina), den Garten von Ivoloina (nördlich von Toamasina), die ›Marazevo Breeding Farm‹ bei Marazevo (nahe Mandraka), den Kaleta-Park (nahe dem Berenty-Park), den Park von Saiady (nördlich von Tolanaro) und das Reservat Analabe (zwischen Morondava und Belo Tsiribihina). Einige weitere Privatreservate sind im Entstehen.

Die **staatlichen Naturreservate** unterstehen dem Landwirtschaftsministerium, das die Verwaltung teilweise an den WWF, teilweise an eine Organisation mit Namen ANGAP (s. S. 303) übertragen hat. Die Eintrittsgebühr zu den Reservaten, die von der ANGAP organisiert sind, beträgt etwa 8 DM für einen Aufenthalt von bis zu vier Tagen. Zusätzlich muß gegen Gebühr ein von der ANGAP ausgebildeter Führer engagiert werden. Aufgrund der guten Erfahrungen wird diskutiert, weitere touristisch interessante *Réserves Spéciales* und *Réserves Intégrales* von ANGAP verwalten und erschließen zu lassen.

Es gibt fünf **Nationalparks,** von denen zwei durch ein Dekret der Kolonialverwaltung, drei erst seit Mitte der 1990er Jahre gesetzlich geschützt sind: das Isalo-Gebirge im Süden des zentralen Hochlandes und die Montagne d'Ambre bei Antsiranana (Diégo-Suarez) sowie die Nationalparks Mantadia bei Andasibe, Mananara am Rande der Bucht von Antongil und Ranomafana, östlich von Fianarantsoa. Sie stehen unter dem Schutz der 1933 in Kraft getretenen Internationalen Konvention von London zum Schutz der Fauna und Flora in Afrika. Die Parkverwaltung legt Wege und Plätze fest, auf welchen innerhalb der *Parques Nationales* gefahren, gewandert und gezeltet werden darf. Außerhalb dieser Zonen ist jeder

Zutritt, jede Entwicklung und jeder sonstige Eingriff verboten. Ziel ist es, die Fauna und Flora zu erhalten und gleichzeitig der Erholung und der Bildung von Besuchern zu dienen.

Elf ›umfassende Reservate‹ (Réserves Intégrales) wurden 1966 eingerichtet. Ihre Gesamtfläche von 569 542 ha entspricht etwa einem Rechteck mit der Kantenlänge von 60 × 100 km. Die Gebiete sind vollständig geschützt und dürfen nur mit einer Genehmigung des Landwirtschaftsministeriums betreten werden. Diese wird in der Regel erteilt, wenn wissenschaftliche Forschungen durchgeführt werden sollen. Familien, die traditionell ihre Angehörigen in Schutzgebieten begraben haben, erhalten jedoch eine Sondererlaubnis, um religiöse Zeremonien (Umwendungen der Toten und Beerdigungen) innerhalb des Reservates durchzuführen. Vier der ›umfassenden Reservate‹ weisen touristische Einrichtungen am Rande des Reservats auf, die einen Einblick in die Gegebenheiten erlauben, ohne daß das Reservat betreten wird: Tsingy de Bemaraha (nahe der Westküste zwischen Maintirano und Morondava), Ankarafantsika (südöstlich von Mahajanga), Marojezy (südwestlich von Sambava) und Lokobe auf Nosy Be. Die anderen sieben Gebiete sind vollends geschützt: Tsingy de Namoroka (bei Soalala), Tsaratanana (bei Ambanja), Zahamena (östlich des Lac Alaotra), Betampona (bei Toamasina), Andringitra (südlich von Fianarantsoa), Tsimanampetsotsa (südlich von Toliara) und Andohahela (bei Tolanaro).

Die 23 ›speziellen Reservate‹ (Réserves Speciales), mit einer Gesamtfläche von 376 580 ha (einem Rechteck mit der Kantenlänge von knapp 40 × 100 km entsprechend), dienen dem Schutz einer oder mehrerer gefährdeter Tier- oder Pflanzenarten. Sie sind umfassend geschützt, jedoch ist es den Parkverwaltungen gestattet, Besucher auf festgelegten Pfaden zu führen. Welchen Umfang die Nutzung einnimmt, ist von Reservat zu Reservat gesondert festgelegt. So sind gemäß der spezifischen Gegebenheiten unterschiedlich starke Eingriffe erlaubt. In jedem Falle aber sind – wie in den anderen Reservaten – jede Form der kommerziellen Nutzung, das Sammeln von Tieren oder Pflanzen und das Entzünden von Feuer (Feuerstellen, Zigaretten usw.) untersagt. Anwohner haben einzelne Sonderrechte, wie das Sammeln bestimmter Pflanzen und das Recht, festgelegte Wege zu begehen, um Nachbardörfer oder Grabstätten zu erreichen. Die bekanntesten Réserves Speciales sind das Ankarana-Gebirge mit den Tsingy du Nord (südlich von Antsiranana), die Insel Nosy Mangabe in der Bucht von Antongil, Périnet-Analamazoatra (bei Andasibe) und das Cap Ste-Marie an der Südspitze Madagaskars. Diese vier Reservate werden von der ANGAP verwaltet und können gegen eine Gebühr besucht werden. Die übrigen Réserves Speciales unterstehen dem WWF oder dem Landwirtschaftsministerium.

Über ganz Madagaskar verteilt finden sich zahlreiche **klassifizierte Wälder, Aufforstungsgebiete** und Reservate mit **eingeschränktem Jagdrecht.** In ihnen ist der einheimischen Bevölkerung eine Nutzung nach traditionellen Regeln gestattet. Eine touristische Bedeutung kommt den Gebieten nicht zu.

In den 80er Jahren wurde ein Gebiet südwestlich von Mananara zum **Biosphärenreservat** erklärt. Es gliedert sich in Zonen mit unterschiedlichem Status, so daß teilweise 100 %iger Schutz besteht, teilweise eine eingeschränkte Nutzung möglich ist.

Die verarmte Flora des Hochlandes

Auf den weitgehend mit Reisfeldern und abgebrannten Viehweiden bedeckten Hochflächen zwischen 1000 und 1500 m über dem Meeresspiegel ist wenig von der ursprünglichen Vegetation verblieben. Als Feuerholz und Bauholz zu Beginn des 20. Jahrhunderts knapp wurden, begann man dort mit der Anpflanzung von Eukalyptusbäumen, die heute das Landschaftsbild prägen. Sie haben den Vorteil, daß sie schnell wachsen und vor allem, im Gegensatz zu den ebenfalls noch gelegentlich anzutreffenden Pinienhainen, den häufigen Bränden widerstehen. In der Region südlich von Antananarivo hat sich eine Akazienart ausgebreitet, die ihren Ursprung in Australien hat. Auch sie übersteht die häufigen Buschfeuer unbeschadet und liefert gutes Bauholz. Dominiert wird die Landschaft aber von den weiten, flachen Reisfeldern rund um Antananarivo und den künstlerisch angelegten Reisterrassen in den Tälern und an den Berghängen. In abgelegenen Tälern, am Rand des Regenwaldes und entlang der Flußläufe findet man noch seltene endemische Arten, wie die als Heilpflanze sowohl von heimischen ›Medizinmännern‹ als auch von der europäischen Pharmaindustrie genutzte *Vilian-tsahona* (*Centella asiatica*).

Optisch auffällige Zierde des Hochlands ist der ursprünglich auf Madagaskar endemische und in die ganze Welt exportierte **Flamboyant** (Flammenbaum), so genannt wegen seiner feuerroten Blüten, mit denen er im November und Dezember übersät ist. An Hauswänden und Gartenzäunen ranken sich Hibiskussträucher, in Gärten findet man die für Madagaskar typischen weißen Orchideen.

Ungewöhnlich üppig ist die Ausbeute an Obst und Gemüse, die im Hochland gepflanzt und geerntet werden, denn hier gedeihen nicht nur tropische Früchte wie Mangos, Bananen und Ananas, sondern auch viele in Europa bekannte Sorten. Neben Maniok, Süßkartoffeln, Reis und Mais findet man auf den Märkten des Hochlandes auch Kartoffeln, Karotten, Kohl, Rettiche und Radieschen, viele Salatsorten, sogar Spargel, köstliche Tomaten, Artischocken und vieles mehr. Zur jeweiligen Erntezeit verkaufen fliegende Händler in den Straßen der Hauptstadt Äpfel, Pflaumen, Pfirsiche, Erdbeeren, Himbeeren, Mangos, Ananas, Orangen, Mandarinen, Papayas, Guaven und Kakifrüchte. Auf dem Markt finden sich Stände, an denen frische Schnittblumen verkauft werden, darunter Gladiolen, Chrysanthemen, Dahlien, Margeriten, Begonien und viele andere. In der Vorweihnachtszeit strahlt das dunkle Rot des Weihnachtssterns aus vielen Gärten – ein Strauch, der ursprünglich aus Mexiko stammt.

Der trockene Süden und Westen

In den Wüsten und Steppen des Westens und des Südens, aber auch an der Nordspitze der Insel findet man **Baobabs** mit ihrem merkwürdigen flaschenartigen Stamm und der glatten Rinde, die wie graues Leder wirkt. Ein riesiges Exemplar – angeblich einer der größten Baobabs überhaupt – steht im Zentrum von Mahajanga. Man nimmt an, daß Einwanderer aus Ostafrika diesen Baum vor vielen hundert Jahren mitgebracht und hier gepflanzt haben. Von den insgesamt zehn Baobabarten, die man weltweit findet, wachsen acht auf Madagaskar, wovon sieben endemisch sind, also nur hier vorkommen. Die Vegetation erinnert mit den von Baobabs überragten Trockenwäldern an den afrikanischen Busch. Einige Landstriche sind mit hohem, scharfkantigem Gras bewachsen, andere mit Euphorbienwäldern.

Bei vielen hier beheimateten Pflanzen handelt es sich um Sukkulenten, also Pflanzen, die Wasser speichern können. Baobab und Madagaskarpalme beispielsweise saugen ihren Stamm wie einen Schwamm mit Wasser voll und können dann monatelang ohne Regen auskommen. So haben sie sich in Jahrmillionen ideal an die Klimabedingungen im trockenen Süden Madagaskars angepaßt. Eine einzigartige Kuriosität ist *Neodypsis decaryi*, eine Palme mit dreieckigem Stamm und ebenfalls dreieckigem Blattansatz, die man in der Umgebung von Tolanaro sieht.

Die Regenwälder der Ostküste

Der Regenwald der Ostküste gehört, in seinen intakten Teilen, zu den artenreichsten Gebieten der ganzen Erde. Auf einer abgesteckten Fläche von nur 100 m² (ein Quadrat von 10 × 10 m!) bei Maroantsetra haben Botaniker über 100 verschiedene Pflanzenarten gefunden. Der Reichtum des tropischen Urwaldes am Montagne d'Ambre nahe Antsiranana, an den Südwestabhängen des Tsaratanana-Massivs, im Reservat von Lokobe auf Nosy Be, auf der Halbinsel Masoala und in vielen anderen geschützten oder schwer zugänglichen Regionen ist unermeßlich. Die Naturheilkundigen der im Regenwald lebenden Volksgruppen kennen Hunderte von medizinisch wirksamen Pflanzen, die wissenschaftlich noch nicht einmal bekannt und bestimmt sind. Aber die Pflanzenwelt ist in Gefahr, denn traditionelle Lebensweisen werden aufgegeben, und der Reichtum der Vegetation verarmt aufgrund von Rodungen, der Anlage von Sisal-, Vanille-, Ylang-Ylang- oder Gewürznelken-Plantagen und aufgrund geringer werdender Regenfälle.

Der **Baum der Reisenden** ist ein Symbol der madagassischen Ostküste und zugleich ein Zeichen für den bereits nachlassenden Reichtum des Waldes, denn er wächst als erstes nach, wenn gerodete Waldflächen nicht mehr kultiviert und wieder der Natur überlassen werden. Die Wedel dieser besonders schönen Pflanze aus der Familie der Bananengewächse wachsen fächerartig aus dem Stamm heraus. Ihren Beinamen trägt die Staude, weil sie zwischen Stamm und Blattansatz eine Höhle bildet, in der sich Regenwasser fängt und für lange Zeit kühl und trinkbar hält. Für Reisende früherer Jahrhunderte, die ausschließlich zu Fuß unterwegs waren, bedeutete dies willkommene Wasservorräte.

Im Regenwald bei Tolanaro und südlich von Toamasina wächst die **Kannenpflanze**, eine insektenfressende Pflanze, deren becherförmige Blätter bis zu

10 cm lang sind und einen tiefen Kelch formen. Ein Deckel schützt davor, daß die in seinem Inneren befindliche klebrige Flüssigkeit, die mit ihrem süßen Geruch Insekten anlockt, durch Regenwasser verdünnt wird. Sobald ein Beutetier in den Becher hineingekrochen ist, bleibt es an der Flüssigkeit kleben, wird getötet und verdaut.

Im feuchtheißen Küstengebiet wachsen **tropische Früchte**, wie Papayas, Bananen, Avocados, Ananas, Mangos, Passionsfrüchte, Litschis und viele andere. Auf den Märkten finden Sie die Früchte jeweils zur Erntezeit in großen Mengen und zu Spottpreisen. Viele **Gewürze** und **Nutzpflanzen** werden in Plantagen angebaut. Die bekanntesten sind Vanille, Gewürznelke, Pfeffer, Kaffee, Kakao, Banane und nicht zuletzt die **Kokospalme**, eine der wertvollsten Nutzpflanzen der Erde. Aus ihren Blättern werden Dächer für Hütten gefertigt und Körbe oder Matten, Hüte und zum Teil sogar Jacken geflochten. Aus dem zarten Blattansatz bereiten die Madagassen einen Salat; die Milch junger Kokosnüsse ist erfrischend, nahrhaft und wohlschmeckend. Reife Kokosnüsse werden roh gegessen oder geraspelt und in den verschiedensten Gerichten mitgekocht. Schließlich erbringt eine Kokospalme auch noch bis zu 5 l Palmwein pro Tag. Um ihn zu ernten, werden die Blütenstände zusammengebunden und deren Spitzen abgeschnitten. Nun tropft die Flüssigkeit, welche eigentlich die Frucht bilden sollte, in ein darunter aufgestelltes Gefäß und gärt darin sofort. Frisch vom Baum schmeckt der Wein ähnlich wie Apfelmost, läßt man ihn einen Tag lang stehen, bekommt er einen scharfen Geschmack und einen hohen Alkoholgehalt.

Die 1200 verschiedenen **Orchideen** Madagaskars, die blühen, wenn es im Regenwald im Oktober oder November feucht und heiß wird, zählen größtenteils zu den Epiphyten. Das sind Pflanzen, welche einen Wirt nutzen, um mit seiner Hilfe mehr Sonnenlicht zu erhaschen. Im Gegensatz zu Schmarotzerpflanzen wie der Mistel oder der Würgerfeige dringen sie mit ihren Wurzeln aber nicht in die Wirtspflanze ein oder verdrängen sie, sondern leben in harmonischer Gemeinschaft mit ihr. Eine der schönsten Orchideen Madagaskars ist die Kometenorchidee mit ihren 10–15 cm langen weißen Blütenblättern. Selten und aufgrund ihrer Farbe schwer zu finden ist die schwarze *Cymbidiella humblotti*, um so häufiger dafür *Vanilla planifolia*, die Lieferantin der Vanilleschoten. Sie wird an der Ostküste (vor allem um Sambava) und auf Nosy Be in großen Plantagen angebaut. Die auf Madagaskar geernteten Schoten decken 80 % des weltweiten Bedarfs an natürlicher Vanille – ein großer Abnehmer sind die Hersteller von Colagetränken.

Tierwelt

Manche Tiere Madagaskars sind bei uns sehr bekannt, wenn auch teilweise mehr aus Mythen denn als lebende Tiere. Den Vogel Rock beispielsweise kennt man aus der Erzählung von Sindbad dem Seefahrer, die Lemuren, Halbaffen oder Makis eher aus Kreuzworträtseln. Für (Hobby-)Biologen aber sind auch die Vögel Madagaskars, die einmalige Welt der madagassischen Amphibien und Reptilien, die sich in vielerlei Hinsicht von den uns bekannten Wirbeltieren unterscheiden, oder gar die Süßwasserfische von Interesse. Das Erstaunliche an den auf Madagaskar lebenden Säugetieren sind nicht nur die vielen Lemurenarten, die in der übrigen Welt nicht mehr existieren, sondern es ist auch das Fehlen vieler ansonsten weit verbreiteter Arten. Es gibt weder afrikanische Großtiere wie Elefanten noch die dort weit verbreiteten Raubkatzen. Auf Madagaskar hat die Natur ein völlig anders geartetes Gleichgewicht gefunden.

Lemuren

Makis oder Lemuren sind Nachkommen des am höchsten entwickelten gemeinsamen Vorfahren der heutigen Menschen und der Menschenaffen. Vor 60 Millionen Jahren waren große Teile der Erde von ihnen bevölkert. Irgendwo in Afrika entwickelte sich dann der Vorläufer der heutigen Affen. Nach Madagaskar allerdings drang er mangels Landverbindung nicht vor, da er die Straße von Mosambik nicht schwimmend überwinden konnte. Der Affe war den Halbaffen (Lemuren) überlegen, weil sich seine Fähigkeiten des plastischen Sehens und des gezielten Ergreifens von Gegenständen verbessert hatten und weil er ein höher entwickeltes Gehirn besaß. Bis er die Lemuren auf den Kontinenten endgültig verdrängt hatte, dauerte es dennoch 30 Millionen Jahre. Sieht man von den Arten in Asien und Afrika ab, konnten die Halbaffen nur auf dem isolierten Madagaskar und auf den Komoren überleben.

Lemuren können Sie in fast allen Gegenden der Insel begegnen – besonders konzentriert in den Naturparks Berenty und Andasibe und bei der Forststation Ampijoroa. Manche leben in Gruppen, andere sind Einzelgänger, manche schlafen am Tag auf den Bäumen der Regenwälder und gehen nachts auf die Jagd, andere durchstreifen Tag und Nacht die Steppen und Wüsten des Südens. Viele Arten haben sich auch durch körperliche Eigenheiten, besondere Verhaltensweisen und Freßgewohnheiten ihrer Umgebung angepaßt. Für etwa ein Drittel aller Lemurenarten allerdings war das Eintreffen des Menschen auf Madagaskar tödlich. Vor allem die großen Arten, von denen anzunehmen ist, daß sie bis zu 200 kg schwer und so groß wie ein ausgewachsener Orang-Utan waren, wurden vermutlich von den Protomadagassen als Nahrungslieferant gejagt und ausgerottet.

Die heute bekannten 29 Lemurenarten teilt man in fünf Familien mit zwölf Gattungen ein. Die primitivsten von ihnen gehören der Familie *Cheirogaleidae* (mit den Gattungen *Microcebus, Cheirogaleus, Allocebus, Phaner*) an. Diese Insekten- und Blätterfresser weisen keine nennenswerte soziale Organisation auf, leben in Nestern oder Baumlöchern, und die Weibchen bringen pro Wurf jeweils zwei bis vier Junge zur Welt. Der bekannteste Vertreter dieser Familie ist der nur 12 cm große **Mausmaki** *(Microcebus murinus)*, der kleinste Affe der Welt.

Mausmaki

Die Familie *Lemuridae* umfaßt drei Gattungen *(Lemur, Hapalemur, Varecia)* mit inzwischen zehn bekannten Arten tagaktiver Früchte- und Blätterfresser. Von allen Lemuren bilden sie mit 5-20 Tieren die größten Gruppen. Zu Beginn der Regenzeit bringen die Weibchen in der Regel ein Junges zur Welt. Der bekannteste und zugleich wohl auch schönste Lemur ist der **Katta** *(Lemur catta)* mit seinem langen, buschigen, schwarz-weiß geringelten Schwanz, der vor allem im Südwesten um Toliara vorkommt und sein Leben nicht in Bäumen, sondern auf dem Erdboden verbringt. Deutlich zu beobachten ist bei dieser Art, daß die Weibchen die Gruppen dominieren - ein Phänomen, das bei den anderen fünf Arten der Gattung *Lemur* weniger stark ausgeprägt ist. Im Nordwesten Madagaskars, auf Nosy Be und dessen Nachbarinsel Nosy Ambariovato lebt der **Mohrenmaki** *(L. macaco)*. Im Gegensatz zu den schwarzen Männchen sind die Weibchen rostbraun gefärbt und haben weiße Ohrbüschel. Besonders gut lassen sich die Tiere auf Nosy Ambariovato fotografieren, wo sie an den Menschen gewöhnt sind. In ganz Madagaskar verbreitet sind die recht gut voneinander zu unterscheidenden sieben Unterarten des **Braunen Makis** *(L. fulvus)*. Im Westen und im Südosten haben die Männchen eine rote Stirn *(L. f. rufus)*, im Norden einen weißen Bart und eine weiße Krone *(L. f. albifrons)*, in der Umgebung von Tolanaro einen rötlichen Bart *(L. f. collaris)*. Im Westen Madagaskars und auf den Komoren lebt der teilweise nachtaktive **Mongozmaki** *(L. mongoz)*. Den im Norden verbreiteten **Kronenmaki** *(L. coronatus)* kann man gut im Montagne-d'Ambre-Nationalpark beobachten, wohingegen der **Rotbauchmaki** *(L. rubriventer)* sehr verborgen in den Regenwäldern der Ostküste lebt.

Die Vertreter der Gattung *Hapalemur* kommen in ganz Madagaskar vor, sind jedoch nur schwer zu finden. So ist auch zu erklären, daß eine der drei Arten – der **Goldene Bambuslemur** *(Hapalemur aureus; s. S. 224)* – erst vor wenigen Jahren entdeckt wurde. Eine einzige Art weist die Gattung *Varecia* auf: Der **Vari** *(Varecia variegata)* lebt in den Wäldern der Ostküste und fällt durch seine schrillen Schreie auf.

Der Familie *Lepilemuridae* umfaßt sieben Arten, die alle der Gattung *Lepilemur* angehören und sich sehr stark ähneln. Die nachtaktiven Tiere lassen

*Lemuren:
Larvensifaka (links), Braune Makis (Mitte), Katta (rechts)*

sich gut auf Nachtexkursionen im Berenty-Naturpark beobachten.

Vier Arten in drei Gattungen umfaßt die Familie *Indriidae*. Die bekannteste von ihnen ist der **Indri** *(Indri indri;* s. S. 95), der größte lebende Lemur. Durch sein auffälliges weißes Fell ist der **Larvensifaka** *(Propithecus verreauxi)* leicht von anderen Lemuren zu unterscheiden. Während man ihn gut im Berenty-Naturpark und bei der Forststation Ampijoroa beobachten kann, lebt sein engster Verwandter, der **Diademsifaka** *(P. diadema),* zurückgezogen in den Wäldern der Ostküste. Der einzige nachtaktive Angehörige dieser Familie ist der **Wollmaki** *(Avahi laniger).*

Die letzte Familie der Lemuren *(Daubentoniidae)* bildet alleine das nachtaktive **Aye-Aye** *(Daubentonia madagascariensis;* s. S. 116), das bei Nachtexkursionen auf der Insel Nosy Mangabe und in den Regenwäldern bei Mananara in Nordostmadagaskar zu beobachten ist.

Andere Säugetiere

Tenreks kommen auf Madagaskar in fast 30 Arten vor. Einige von ihnen ähneln unseren Igeln und ernähren sich von Insekten und Früchten. Die **Fossa,** ein katzenähnliches Raubtier, wird bis zu 10 kg schwer und ernährt sich von kleinen Säugetieren (auch Tenreks), Schlangen, Vögeln und Lemuren.

Flughunde werden von manchen Volksgruppen gejagt und als Delikatesse verspeist, andere haben sie mit einem strengen *Fady* belegt. Inwieweit die verschiedenen Arten auf Madagaskar endemisch sind, ist noch weitgehend unbekannt. Auch weiß man wenig über ihre Lebensweise und ihre Verwandtschaft zu anderen Tieren. Eine Theorie besagt sogar, daß die Gattung *Megachiroptera,* anders als alle übrigen Fledermäuse, mit den Affen verwandt sei.

Vögel

Im Vergleich zu der ansonsten unglaublichen Vielfalt der Pflanzen- und Tierwelt Madagaskars ist die Vogelwelt mit ›nur‹ 256 Arten, von denen 65 % endemisch sind, eher arm. Immerhin aber gibt es drei Familien, die nirgends sonst auf der Welt vorkommen.

Tenrek

Die Chamäleons Madagaskars

*Das kleinste Chamäleon der Welt
(Brookesia minima)*

Unter den Wirbeltieren Madagaskars sind die Amphibien und Reptilien besonders artenreich vertreten. Derzeit sind etwa 240 Froscharten und mehr als 330 Reptilienarten bekannt, viele davon allerdings wissenschaftlich noch nicht beschrieben. Die meisten dieser Arten (95 %) sind auf Madagaskar endemisch, kommen also sonst nirgendwo auf der Welt vor. Mit etwa 66 Arten beherbergt die Insel knapp die Hälfte aller Chamäleonarten der Erde (141 Arten) – darunter auch die größten und kleinsten. Die Männchen des Zwergchamäleons *Brookesia minima* werden inklusive Schwanz nicht länger als 28 mm, Weibchen bringen es immerhin auf 34 mm. Damit gehört diese Art zu den kleinsten Reptilien überhaupt. Wie groß Chamäleons werden können, ist noch nicht genau geklärt. Für das in Westmadagaskar häufige *Furcifer oustaleti* sind 68,5 cm belegt, für das im Regenwald lebende *Calumma parsonii* 69,5 cm. Angeblich sollen beide Arten jedoch bis zu 80 cm lang oder sogar noch größer werden können.

Bei den madagassischen Chamäleons lassen sich bereits auf den ersten Blick zwei Gruppen voneinander unterscheiden:

Die größeren Arten (10–70 cm Gesamtlänge) gehören zu den beiden äußerlich schwer unterscheidbaren Gattungen *Calumma* und *Furcifer*. Sie sind an ein Leben im Geäst von Büschen und Bäumen angepaßt und nutzen ihren langen Greifschwanz geschickt als Kletterhilfe. An Händen und Füßen stehen sich jeweils zwei und drei verwachsene Finger gegenüber und bilden ein hervorragendes Greiforgan. Die Männchen (seltener auch die Weibchen) vieler Arten zeigen auffällige Körperstrukturen wie Nasenfortsätze, Hautlappen am Hinterkopf, ›Helme‹ oder Kämme auf dem Rücken und an der Kehle. Derartige Körperanhänge dienen in erster Linie der innerartlichen Kommunikation und spielen insbesondere beim Imponierverhalten der Männchen eine wichtige Rolle.

Die zweite Gruppe madagassischer Chamäleons bilden die kleinen, bräunlichen *Brookesia*-Arten, die selten 10 cm Gesamtlänge erreichen. Der Schwanz ist kurz und kann nicht schneckenartig aufgerollt werden. Tagsüber leben diese Stummelschwanzchamäleons vorwiegend in der Laubstreu auf dem

Boden. Nur zum Schlafen klettern sie bei Einbruch der Dunkelheit auf dünne Zweige.

Im Gegensatz zu einigen lebendgebärenden Arten Afrikas legen alle madagassischen Chamäleons Eier, die sie im Boden vergraben. Die Jungtiere schlüpfen bei einigen Arten erst ein Jahr nach der Eiablage.

Alle Chamäleons sind tagaktiv und ernähren sich von Insekten und anderen Kleintieren. Sobald ein Beutetier entdeckt ist, wird es mit beiden Augen angepeilt. Dann öffnet sich langsam das Maul, und plötzlich schnellt die lange, an ihrem Ende keulenförmig verdickte Schleuderzunge hervor. Chamäleonaugen sind hochkomplizierte Organe mit einem speziellen Linsenapparat und können unabhängig voneinander bewegt werden. So kann beispielsweise das linke Auge nach hinten gucken, während das rechte nach vorne schaut. Auf diese Weise behalten Chamäleons den Überblick, auch ohne den Kopf auffällig bewegen zu müssen. Dies ist sehr wichtig, denn das Leben im Geäst ist auch für Chamäleons gefährlich, da sie bei zahlreichen madagassischen Vogelarten auf dem Speisezettel stehen. Neben der Färbung, die zeitweise sehr gut an ihre Umgebung angepaßt ist, tarnen sich Chamäleons auch durch die Art ihrer Fortbewegung. Oft setzen sie bedächtig einen Fuß vor den anderen und schaukeln dabei hin und her. Dieses merkwürdige Verhalten imitiert die Bewegung von Ästen und Blättern im Wind und erschwert es den Beutegreifern, die Tiere zu entdecken.

Das größte Chamäleon der Welt (Calumma parsonii)

Chamäleon mit deutlichen Farbsignalen am Kopf (Calumma gallus)

Oft läßt sich dieses sogenannte Windschaukeln sogar beobachten, wenn Chamäleons eine Straße überqueren.

Warum Chamäleons auf Madagaskar fast genauso viele Arten wie in ganz Afrika entwickeln konnten, weiß niemand genau. Vielleicht sind dafür die relativ geringe Artenvielfalt und geringe Individuendichte der Vögel mitverantwortlich. Neben den Vögeln gehören Schlangen zu den wichtigen Freßfeinden der Chamäleons. Selbst relativ kleine und dünne Schlangen können – allerdings oft erst nach stundenlangem Kampf – große Chamäleons überwältigen und verschlingen. Tarnung durch Färbung und Verhalten ist für Chamäleons also lebenswichtig.

Die Färbung hat jedoch noch eine weitere, sehr wichtige Bedeutung: Sie dient gewissermaßen als optische Sprache. Manche Chamäleons können ihre Körperfärbung innerhalb von Sekunden stark abdunkeln, sich also regelrecht ›schwarzärgern‹ – eine Fähigkeit, die sie mit den grünen Taggeckos der Gattung *Phelsuma* teilen. Zu den auffälligsten Veränderungen in der Färbung kommt es jedoch, wenn sich zwei der normalerweise einzelgängerisch lebenden Chamäleons begegnen. Solche Erregungsfärbungen sind besonders bei einigen *Furcifer*-Arten sehr farbenprächtig, wie etwa bei den Weibchen von *F. minor* oder *F. labordi*. Einige Arten, wie etwa *Calumma boettgeri* oder *C. gallus*, plazieren ihre Farbsignale besonders auf ihren nasenartigen Fortsätzen. Viele Wörter aus der Farbensprache der einzelnen Chamäleon-

Der bekannteste und auffälligste Vogel ist der **Madagassische Webervogel**, auch *Fody* genannt. Im Sommer, zur Paarungszeit, hat das männliche Tier ein rotes Gefieder, die in Südmadagaskar lebende Art einen gelben Kopf und Brustansatz. Die Weibchen sind dagegen, wie die Männchen im Winter, unauffällig graubraun gefiedert. Ebenfalls bekannt ist der **Paradiesschnäpper**. Das Männchen ist in verschiedenen Blautönen gefiedert, hat eine weiße Brust und zwei lange, schmale weiße Schwanzfedern.

Reptilien und Amphibien

Mit gutem Recht könnte man Madagaskar das Land der Reptilien nennen. Etwa die Hälfte aller **Chamäleonarten** der

arten verstehen wir allerdings noch nicht. Wie über die meisten Tiere und Pflanzen Madagaskars weiß die Wissenschaft trotz großer Fortschritte in den letzten Jahren erst sehr wenig über diese Reptilien. So besteht auch wenig Zweifel, daß noch neue Chamäleonarten in den Urwäldern und Bergen Madagaskars auf ihre Entdeckung warten.

Wer Chamäleons in der Natur beobachten möchte, dem sei ein Besuch in Andasibe empfohlen. Die Umgebung dieses Ortes ist außergewöhnlich artenreich. Hier leben nach unseren Beobachtungen allein 100 (!) Arten von Fröschen. Die Reptilien sind mit etwa 60 Arten vertreten, darunter zwei oder drei Arten der bizarren Plattschwanzgeckos (Gattung *Uroplatus*) sowie fünf Arten der hübschen, grünen Taggeckos (Gattung *Phelsuma*), die Hundskopfboa *(Sanzinia madagascariensis)* und mindestens neun Arten Chamäleons. Nicht so wahrscheinlich ist eine Begegnung mit den vier Stummelschwanzchamäleons, einfacher hingegen die Beobachtung der fünf größeren Arten. Das große *Calumma brevicornis* (Gesamtlänge 30–40 cm) ist meist graubraun gefärbt. Am Hinterkopf befinden sich deutliche Hautlappen, die an Elefantenohren erinnern. Männchen zeichnen sich durch einen starren, meist rotbraunen Nasenfortsatz aus. Ebenfalls groß, aber grün und mit zweigeteiltem Nasenfortsatz beim Männchen, ist *Calumma parsonii*.

Auf jeden Fall sollte man zusammen mit einem guten Führer auf die Suche gehen. Mit seinen geübten Augen erkennt er Chamäleons, die man als Tourist schlicht übersieht. Besonders empfehlenswert ist es, nachts mit einer starken Taschenlampe nach diesen Tieren zu suchen. Die Chamäleons sitzen dann schlafend auf Ästen und heben sich, wenn sie angestrahlt werden, viel deutlicher von ihrer Umgebung ab als tagsüber. An ihrer Schlafstellung lassen sich einige Arten schon von weitem erkennen.

Auf Nosy Be lassen sich ebenfalls leicht Chamäleons beobachten. In den Ylang-Ylang-Plantagen sitzen überall die türkis-grün leuchtenden Männchen des Pantherchamäleons *(Furcifer pardalis)*. Die Weibchen dieser Art sind kleiner und unscheinbarer und zeigen sich oft in grauen und orangen Farbtönen. Im Urwald von Lokobe lebt das kleinste Chamäleon der Welt *(Brookesia minima)* zusammen mit dem kleinsten Frosch der Welt *(Stumpffia pygmaea)*, dessen Jungtiere nur knapp 3 mm groß sind.

Frank Glaw und Miguel Vences

Welt leben ausschließlich auf Madagaskar (s. S. 28 ff.). Man begegnet ihnen häufig, wenn man die Augen offen hält und sie von welken Blättern, Ästen oder Blüten zu unterscheiden gelernt hat. Die größten der 66 Arten erreichen eine Länge von über einem halben Meter.

Schildkröten finden sich in neun Arten fast überall auf der Insel. Die bekannteste ist die Strahlenschildkröte, die häufig in den Steppen des Südens vorkommt.

Das einzige auf Madagaskar heimische Krokodil ist das **Nilkrokodil**, das mehrere Meter lang werden kann. Es wird wegen seiner Gefährlichkeit in manchen Regionen gejagt, in anderen läßt man es in Ruhe, da es als Reinkarnation der Vorfahren betrachtet wird. Man nimmt an, daß noch etwa 30 000

Plattschwanzgecko (Uroplatus)

Exemplare in schwer zugänglichen Regionen existieren, wie etwa in den wassergefüllten Grotten des Ankarana-Gebirges bei Ambilobe, aber auch in heiligen Wasserstellen, denen sich der Mensch nicht nähern darf, wie beispielsweise einigen der Kraterseen auf der Insel Nosy Be.

Im östlichen Regenwald, aber auch in den Trockenwäldern leben zahlreiche **Schlangen**, von denen einzelne Arten gejagt und insbesondere von der chinesischstämmigen Bevölkerung gegessen werden. Keine von ihnen stellt für größere Tiere oder gar den Menschen eine Gefahr dar. Nur einige Natternarten tragen Giftzähne, die jedoch so tief im Schlund sitzen, daß damit die Beute, wie Mäuse und kleine Ratten, beim Verschlucken getötet wird. Die wegen ihrer Größe von fast 2 m bekannteste madagassische Schlange ist die **Hundskopfboa**. Wie andere Riesenschlangen tötet sie ihre Beute – Vögel, Chamäleons, Geckos und kleine Säugetiere –, indem sie sich um sie wickelt und sie erdrosselt. Am häufigsten kommt sie in den Regenwäldern des Ostens vor, wird aber auch an der Westküste und im Süden gefunden.

In den weiten Steppen des Isalo-Gebirges werden Geschichten von Schlangen erzählt, die in Erdhöhlen wohnen, um sich tagsüber vor der sengenden Sonne zu schützen. Eine Ameisenart hat sich darauf spezialisiert, diesen Schlangen in ihren Erdlöchern Futter zu bringen – aber nicht etwa aus reiner Nächstenliebe. Während einige Ameisen der Schlange so viel zu fressen bringen, daß sie es nicht mehr für nötig hält, auf Jagd zu gehen, arbeiten andere daran, den Ausgang des Erdlochs zu verschließen. Wenn die Schlange bemerkt, daß sie für ihren Bau zu dick geworden ist, ist der Ausgang verschlossen. Doch zu spät, denn nun holen sich die Ameisen zurück, was sie angefüttert haben und beginnen die Schlange zu verspeisen.

Geckos finden sich überall, insbesondere auch in vielen der kleinen Bungalowhotels auf dem Land, wo sie friedlich die Wände von Insekten freihalten. Die bizarrste der weltweit 800 Arten ist wohl der **Plattschwanzgecko** *(Uroplatus)*. Man findet ihn an dunkelbraunen Baumstämmen, meist reglos und fast unsichtbar, da seine Farbe und Form der Baumrinde perfekt angepaßt ist. Er hat, da er nachtaktiv ist, riesige Augen und einen im Vergleich zum Körper riesigen Kopf (etwa ein Viertel der Körperlänge). Der Schwanz des *Uroplatus* ist an den Seiten stark abgeflacht, breit und kann abgeworfen werden. Der Plattschwanzgecko schützt sich gegen Freßfeinde, indem er in höchster Not diesen breiten, aber wegen seiner Tarnung auf dem Untergrund nahezu unsichtbaren Schwanz anhebt, damit winkt und die Aufmerksamkeit des Feindes auf ihn ablenkt. Wird der Schwanz gefressen, so wirft der *Uroplatus* ihn ab und macht sich aus dem Staub.

Auf Madagaskar finden sich etwa 175 verschiedene bekannte **Frösche**, die alle nirgends sonst auf der Welt existieren. Zum Vergleich: In ganz Europa, vom Atlantik bis zum Ural, finden sich etwa 35 Arten Froschlurche!

Fische

In den Küstengewässern Madagaskars werden Makrelen, Sardinen, Thunfische, Haie und Sägefische gefangen, ebenso Langusten und andere Schalentiere. Haie machen das Baden an Küstenabschnitten, die nicht von vorgelagerten Korallenriffen geschützt sind, gefährlich. Eine Sensation war es, als südlich von Toliara Ende der 80er Jahre erstmals ein **Quastenflosser** gefangen wurde. Vor 50 Jahren kannte man ihn nur von Versteinerungen, deren Alter auf 50 Millionen Jahre geschätzt wird, und hielt ihn für längst ausgestorben, bis erstmals vor der südafrikanischen Küste und später mehrfach vor den Komoren (s. S. 232) einzelne Exemplare gefangen wurden.

Die **Süßwasserfische** Madagaskars sind extrem bedroht. Kennzeichen der Süßwasserfischwelt ist, daß sie ungewöhnlich artenarm ist. 80 % der Arten sind endemisch, allerdings gibt es überraschende Ähnlichkeiten mit Fischen in Südamerika. Ein weites Feld für Forscher stellen vor allem die Gewässer im Osten und im Nordwesten des Landes dar. Doch Vorsicht! 1989 wurde ein französischer Fischforscher Opfer der Krokodile in einem See nahe Anivorano. Im Hochland ist die endemische Fischwelt bereits nahezu ausgerottet. In den Bächen des Ankaratra-Gebirges wurden zur Kolonialzeit europäische Forellen ausgesetzt, in den Reisfeldern setzt man Tilapia-Buntbarsche aus, die die Mükkenlarven fressen und eine wertvolle Eiweißreserve darstellen.

Schmetterlinge

Der größte aller 3000 (!) madagassischen Schmetterlinge – und auch der berühmteste – ist der Komet, der bis zu 25 cm groß wird. Das Weibchen dieses prächtigen gelben Nachtfalters baut einen großen, weißen Seidenkokon, der etwa 10 cm hoch ist. 97 % der Schmetterlingsarten Madagaskars sind endemisch und können auch nicht in andere Lebensräume umsiedeln, da sie sich von ganz bestimmten, ebenfalls endemischen Pflanzen ernähren. Die Rodung ist daher für die Vielfalt der Schmetterlinge eine ganz besonders große Gefahr, die dadurch gemildert wird, daß einige Züchter in Parks die erforderlichen Pflanzen für die Schmetterlinge erhalten und sie dort züchten.

Vogel Rock
Legende und Wirklichkeit

Ähnlich wie den Dodo auf Mauritius, gibt es auch eines der berühmtesten Tiere Madagaskars seit langem nicht mehr. In madagassischen Legenden und in einer der Geschichten von Sindbad dem Seefahrer ist der Urvogel *Aepyornis* – madagassisch *Vorombemahilala* (›großer sanfter Vogel‹), bei uns Vogel Rock genannt – jedoch noch lebendig.

Scheherazade rettete wieder einmal ihr Leben, als sie dem Sultan Schariar in der 295. Nacht das Abenteuer von Sindbad dem Seefahrer auf einer paradiesischen Insel im Indischen Ozean erzählte. Es war auf seiner zweiten Reise, daß er zu einer Insel gelangte, die über und über mit tropischen Wäldern voller exotischer Früchte bedeckt war. Um davon zu kosten und Proviant an Bord zu nehmen, ging Sindbad an Land und drang in den dichten Wald ein. Nach einem köstlichen Mahl schlief er zufrieden und erschöpft unter einem Baum ein. Als er, von einem unerklärlichen Geräusch aus dem Traum gerissen, nach oben blickte, erkannte er einen riesigen Vogel über den Baumwipfeln, der mit seinen meterweiten Schwingen die Sonne verdunkelte. Seine Beine waren so dick wie Baumstämme, und mit seinen Krallen hätte er Elefanten in die Lüfte heben können.

Die Wirklichkeit war nicht so spektakulär, wie das einzige erhaltene Skelett eines Vogel Rock im Naturhistorischen Museum von Antananarivo (Tzimbazaza) beweist. Danach dürfte der flugunfähige Vogel etwa 3–4 m groß geworden sein, womit er den größten heute lebenden Vogel, den Strauß, erheblich überragt hätte. Seine Eier, von denen ein vollständig erhaltenes im privaten Berenty-Naturreservat bei Tolanaro (Fort Dauphin) ausgestellt ist, waren 40–50 cm hoch und hatten ein Volumen, das 180 Hühnereiern entsprach. Bei seinem Gewicht von knapp 500 kg muß die Erde gezittert haben, wenn der Vogel Rock durch die Savanne des südlichen Madagaskar lief.

Vermutlich wurde er das Opfer der ersten menschlichen Bewohner Madagaskars, die – wie Funde im Süden des Landes beweisen – die 8–10 l fassenden Eier ähnlich nutzten wie noch heute die Buschmänner im Süden Afrikas die erheblich kleineren Straußeneier. Mit wachsender Bevölkerungsdichte und dem Zurückweichen des Waldes aufgrund der über Jahrhunderte praktizierten Brandrodung wurde der harmlose und gleichzeitig so nützliche Vogel vermutlich gegen Ende des 17. Jh. ausgerottet. Den letzten glaubwürdigen Bericht über eine Begegnung mit dem Vogel Rock schrieb der französische Abgesandte der Compagnie des Indes, Etienne de Flacourt. Wo er im Südwesten des Landes um 1648 den Vogel sah, findet man im Sand der Strände noch heute gelegentlich von Wind und Regen in handtellergroße Bruchstücke zerschlagene Reste der Rieseneier.

Bevölkerung

Bei der ersten systematischen Volkszählung durch die französische Kolonialmacht im Jahre 1900 stellte man eine Einwohnerzahl von 2,5 Millionen fest. 1936 lebten bereits 3,8 Millionen Menschen auf Madagaskar, und nach dem Zweiten Weltkrieg führte die Verbesserung des Gesundheitswesens zu einem sprunghaften Wachstum. Die letzte, 1995 erstellte Bevölkerungsstatistik weist 12,5 Millionen Madagassen aus, von denen knapp 3 Millionen in Städten leben. Nach wie vor ist die Bevölkerungsdichte aber gering; der Durchschnitt liegt bei 21 Einwohnern pro Quadratkilometer (Deutschland: 228). Ökologen sind der Ansicht, daß die Insel 100 Millionen Menschen ernähren könnte.

Die Unterschiede zwischen den verschiedenen Provinzen sind beträchtlich. In den flächenmäßig größten Provinzen Toliara und Mahajanga leben nur etwa 6, in der Provinz Antananarivo hingegen ca. 35 Einwohner pro Quadratkilometer. 46 % der Bevölkerung sind jünger als 15 Jahre, ebenfalls 46 % zwischen 16 und 55 und nur 8 % älter als 55 Jahre. Nur 46 % der Gesamtbevölkerung können lesen und schreiben, 18 % haben eine höhere als die Grundschulausbildung. Die durchschnittliche Lebenserwartung beträgt 52 Jahre (in Deutschland 76 Jahre).

Soziale Organisation

Nur etwa 20 % der Bevölkerung leben in Verhältnissen, die mit mitteleuropäischen vergleichbar sind. Dazu gehören die Einwohner europäischer, indischer oder chinesischer Abstammung. Die übrigen Madagassen nehmen nur am Rande an der Konsumgesellschaft westlicher Prägung teil, und 90 % aller bäuerlichen Betriebe produzieren ausschließlich für den Eigenbedarf.

In Antananarivo, der einzigen Stadt im europäischen Sinne, hat ein Prozeß der Individualisierung eingesetzt. Der Zusammenhalt der Familien läßt nach, die Menschen beginnen ihre persönlichen Interessen vor die der Gemeinschaft zu setzen, und das Leben wird anonymer. Die Möglichkeit, Geld zu verdienen und damit nicht nur die nötigen Lebensmittel, sondern auch Konsum- oder Luxusgüter zu erwerben, führt dazu, daß junge Leute aus dem engen Familienverbund ausbrechen. Im übrigen Lande gelten nach wie vor die alten Gesetze. Entscheidungen werden kollektiv gefällt, Mehrheitsentscheidungen als allgemein verbindlich anerkannt, Eigentum ist weitgehend unbekannt, sieht man von den Rinderherden ab.

Oberflächlich betrachtet, scheint die madagassische **Familie** patriarchalisch organisiert zu sein, denn die Männer repräsentieren sie gegenüber der Außenwelt. Die dominierende Rolle des Mannes kommt in vielen Verhaltensregeln zum Ausdruck. So essen Männer und Frauen beispielsweise bei den Sakalava und Vezo nicht zur gleichen Zeit, sondern dem Mann wird zuerst serviert. Ansprachen *(Kabary)* werden von Männern gehalten, nördlich des Herdes dürfen sich nur die Männer versammeln usw. Andererseits sind bei uns übliche Formen der Unterordnung der Frau unbekannt. Eine Frau behält nach ihrer Heirat ihren Familiennamen bei, bei vielen Volksgruppen folgt die Abstammungsrechnung der weiblichen Linie, und bei der familieninternen Entscheidungsfindung genießt die Frau die gleichen Rechte wie der Mann. Im Detail unterscheiden sich die Organisationsformen von Volk zu Volk erheblich, sie ähneln einander aber doch prinzipiell. Kleinfamilien sind zu einer Großfamilie oder Sippe *(Foko* oder *Karazana)* zusammengeschlossen. Jede *Foko* hat einen gewählten Chef *(Ampitantsaina),* der seine Ratgeber *(Lefisaina)* wählt und den Dorfrat *(Fokonolona)* abhält. Mehrere Sippen bilden einen Clan *(Fianakaviana).*

Die Bevölkerungsgruppen Madagaskars

Im folgenden werden die Bevölkerungsgruppen Madagaskars kurz beschrieben und wichtige Besonderheiten ihrer Kultur erwähnt.

Die **Antaifasy** (›die mit dem Tabu leben‹) sind eine kleine Bevölkerungsgruppe (ca. 50 000 Menschen). Sie stammen vermutlich von der Ostküste Afrikas und leben heute in der Umgebung von Farafangana an der Ostküste Madagaskars. Sie sind in drei Clans unterteilt, von denen jeder einen eigenen Fürsten oder König hat. Ihre Toten bestatten sie in kollektiven Begräbnishäusern, die abseits der Dörfer im Wald versteckt sind. Die Antaifasy haben besonders strenge *Fadys* (s. S. 43 ff.) und versuchen, sich von den anderen Bevölkerungsgruppen so stark wie möglich abzugrenzen.

Die **Antaimoro** (›die an der Küste leben‹) gehören zu den wenigen Volksgruppen Madagaskars, die mehrheitlich nicht aus Südostasien, sondern aus einem arabischen Land gekommen sind. Sie sind Moslems, essen kein Schweinefleisch und sprechen, neben dem Madagassischen, auch eine ans Arabische erinnernde Sprache, das *Sorabe.* Die Gesellschaftsordnung der Antaimoro wurde durch ein Kastensystem geprägt, in dem es sogar eine Art von ›Unberührbaren‹ gibt. Männer und Frauen leben streng voneinander getrennt und werden in getrennten Gräbern beerdigt.

Der Name **Antaisaka** ist eine Verkürzung von *Antaisakalava,* was soviel bedeutet wie ›die Nachfahren der Sakalava‹. Diese kleine Volksgruppe lebt im Gebiet um Vangaindrano an der Südostküste. Man nimmt an, daß sie aus dem Westen eingewandert sind und sich dabei mit anderen Völkern vermischt haben. Der Totenkult wird bei ihnen mit großem Aufwand betrieben, vor allem in Form gewaltiger Begräbnisfeiern. Bevor die Antaisaka ihre Toten in einem gemeinschaftlichen Grabhaus bestatten, lassen sie die Leichname zwei bis drei Jahre an einem einsamen Ort ›austrocknen‹. Es ist den Antaisaka nicht erlaubt, Geld zu verdienen. Die Arbeitskraft gegen Geld zu verkaufen gilt als *Fady,* dessen Mißachtung mit dem Ausschluß aus dem Gemeinschaftsgrab geahndet wird – einer Strafe, die für Madagassen schlimmer ist als der Tod. Daher arbeiten die Antaisaka nur in der Landwirtschaft zur Versorgung der eigenen Familie mit Reis und anderen Lebensmitteln, und jede Art von persönlicher Bereicherung ist ihnen unmöglich.

Die mündliche Überlieferung der **Antambahoaka** (›die Nachkommen des Rabevahoaka‹) besagt, daß sie von Rabevahoaka, einem im 14. Jh. eingewanderten Araber, abstammen. Bei Ambohitsara, 100 km nördlich von Mananjary, der Hauptstadt der Antambahoaka, gibt es einen heiligen weißen Steinelefanten *(Vato Sarilambo),* von dem die Dorfbewohner erzählen, ihr Urahne habe ihn aus Mekka mitgebracht. Ähnlich wie die

Antaimoro kennen die Antambahoaka ein Kastensystem, tragen Amulette und bestatten die Toten in Gemeinschaftsgräbern *(Kibory)*.

Die **Antankarana** (›die vom felsigen Land‹) bewohnen die Nordspitze des Landes um das heutige Antsiranana. Wie die Antaimoro sind sie vermutlich Nachfahren arabischer Einwanderer, die sich aber stark mit den verschiedenen anderen Volksgruppen des Nordens vermischt haben. Viele Antankarana praktizieren eine eigene Art des Islam, die stark von Elementen des Ahnenkultes, der Zauberei und des Schamanentums durchsetzt ist.

Die **Antandroy** (›die vom Dornenland‹) leben im kargsten und unwirtlichsten Gebiet des Landes, im äußersten Süden, wo fast nur Dornengestrüpp gedeiht. Sie haben vergleichsweise dunkle Haut und eine große, kräftige Statur. Ihr einziger Reichtum sind die Rinderherden, die aber immer kleiner werden. Seit das Land die Menschen nicht mehr ausreichend ernähren kann, wandern die Antandroy in großer Zahl nach Norden und nach Westen ab.

In den Sitten der **Antanosy** (›die auf der Insel leben‹), die um Tolanaro (Fort Dauphin) leben, finden sich zwar einige Parallelen zu arabischen Volksgruppen, dennoch nimmt man an, daß sie zum größten Teil afrikanischen Ursprungs sind. Wahrscheinlich hatten sie lange Zeit arabische Herren, die ihre Lebensgewohnheiten prägten. Sie waren kriegerisch und zwangen die portugiesischen wie auch die frühen französischen Kolonialisten zum Rückzug.

Das halbnomadische Hirtenvolk der **Bara** lebt mit seinen Rinderherden im Hochland von Horombe sowie den umgebenden Gebieten des Südens und besteht aus fünf Clans. ›Volkssport‹ der Bara ist das Rinderstehlen, da der Besitz von Rindern nicht nur die Lebensgrundlage darstellt, sondern auch das wichtigste Statussymbol ist. Junge Männer werden von den Frauen erst dann als heiratsfähig angesehen, wenn sie ihren Mut und ihre Kraft durch den Diebstahl von Rinderherden bewiesen haben. In einer Art Rodeo wird der Rinderdiebstahl schon von kleinen Kindern geübt.

Die kleinste soziale Einheit bei den Bara ist nicht etwa die Kleinfamilie, sondern eine Gruppe mehrerer Familien, die *Raza* genannt wird. Die Heirat unter den Mitgliedern einer *Raza* gehört zu den *Fadys,* über deren Einhaltung ein ›Schamane‹ wacht, der als Vermittler zwischen dem Geist des Urvaters der Gruppe und den Lebenden fungiert.

Die **Betsileo,** nach den Sakalava und den Merina die drittgrößte Volksgruppe Madagaskars, sind hervorragende ›Landschaftsarchitekten‹. Sie haben die Gebirgsregion südlich von Antananarivo bis Fianarantsoa terrassiert und bauen dort Reis und Gemüse an. Diese Reisterrassen erinnern an Landschaften in Indonesien und Malaysia, und daher nimmt man an, daß die Betsileo relativ spät aus dem südostasiatischen Raum kamen und die Kunst des Reisterrassenbaus von dort mitgebracht haben.

Die **Betsimisaraka** (›die vielen, die sich nicht trennen lassen‹) sind mit über 1,5 Mio. Angehörigen die viertgrößte Volksgruppe Madagaskars und leben in den Regenwäldern der Ostküste nördlich und südlich von Toamasina. Erst Mitte des 17. Jh. entstand diese Ethnie durch die Verschmelzung vieler unabhängiger Gruppen. Ihr späterer König Ratsimilao unterwarf weitere Völker im Bereich des östlichen Regenwaldes, die sich seither den Betsimisaraka zugehörig fühlen.

Unter den Betsimisaraka ist die Blutsbrüderschaft *(Fatidra)* verbreitet. Häufig entsteht sie, wenn Fremde sich in einem Dorf niederlassen und für immer dort bleiben möchten. Wenn der Fremde mit einem Dorfbewohner eine Blutsbrüderschaft eingegangen ist, muß er vom gesamten Dorf wie ein Familienmitglied behandelt werden. Die Beziehung zwischen den Blutsgeschwistern wird nach dem feierlichen Akt, bei welchem die Dorfältesten, Familienangehörige und

Heilkundige als Zeugen anwesend sind, sehr eng. Gegenseitige Hilfestellung ist Pflicht bis zum Lebensende. Wer seine Pflichten nicht wahrnimmt – etwa seinem Blutsbruder in Not nicht beisteht – wird innerhalb einer Woche sterben. Außerdem werden vier weitere Todesfälle innerhalb kürzester Zeit in seiner Familie eintreten.

Mit den Betsimisaraka und den Sihanaka sind die im Mangoro-Tal lebenden **Bezanozano** (›die mit den vielen kleinen Zweigen des Zano‹) verwandt. Die Nordgrenze ihres Gebietes bildet der Lac Alaotra, im Süden stößt es an das Land der Tanala. Es heißt, daß die soziale Ordnung der Bezanozano vor der Unterwerfung durch die Kolonialherren eine Art ›passiver Anarchie‹ gewesen sei. Es gab keinen Herrscher, keine allgemeinen Versammlungen, keinerlei Form der institutionalisierten Autorität. Als Schutz vor bösen Geistern und zugleich als Schmuck flechten die Frauen viele kleine Zweige des Zano-Baumes in ihr Haar – daher der Name der Volksgruppe.

Die **Mahafaly** (›die Glücklichen‹) sind, wie die benachbarten Antandroy, Hirten und Viehzüchter und leben in dem Gebiet zwischen den Flüssen Onilahy und Menaranda, südlich von Toliara. Die Mahafaly haben eine besonders schöne Grabmalkunst bewahrt: Ihren Toten errichten sie große Steingebäude *(Valavato)* von 10–15 m Seitenlänge, deren Wände sie mit kunstvollen Ornamenten schmücken sowie mit Malereien, die Szenen aus dem Leben des Verstorbenen darstellen (s. S. 208).

Die **Merina** (›die vom Land, wo man in die Ferne sehen kann‹) lassen von allen madagassischen Ethnien am deutlichsten die asiatische Herkunft erkennen. Sie haben hellere Haut als die anderen Volksgruppen, schwarzes, glattes Haar und einen kleinen, zierlichen Körperbau. Die Merina sind die zahlenmäßig größte (3,5–4 Mio.) und politisch mächtigste Gruppe des Landes; ihr Dialekt gilt allgemein als ›madagassische Hochsprache‹. Sie leben auf dem Hochplateau rund um Antananarivo, von dem sie vermutlich schon vor 700 Jahren die Vazimba (s. S. 198 f.) vertrieben. Ihr mächtigster und noch heute angesehenster König Andrianampoinimerina galt als erster König ganz Madagaskars. Er schaffte es auch, alle übrigen Ethnien außer den Tsimihety zu unterwerfen und tributpflichtig zu machen.

Eine wenig erforschte Volksgruppe sind die **Mikea,** die nomadisch in verschiedenen Regionen der Westküste leben. Sie betreiben weder Viehzucht, noch legen sie Felder an. Sie sammeln Honig, Baobabfrüchte und Wurzeln, essen das Fleisch von Schildkröten und von Vögeln und wohnen in einfachen, wie ein Zelt aufgebauten, winzigen Hütten, in denen sie lediglich in der Nacht und während der größten Mittagshitze Unterschlupf suchen.

Frau mit ritueller Gesichtsmaske, die zugleich vor der Hitze schützt

Die **Sakalava** (›die im langen Tal wohnen‹) bewohnen den gesamten Westen Madagaskars, von Nosy Be im Norden bis nach Toliara im Süden. Die Überlieferung der Sakalava berichtet von einem König Andriandahyfotsy, der Mitte des 17. Jh. vom Südwesten des Landes nach Norden vorgedrungen sei und schließlich das gesamte heutige Siedlungsgebiet erobert habe. Im 18. Jh. mußten sich die Sakalava, wie viele andere Ethnien des Landes, den immer mächtiger werdenden Merina unterwerfen.

Im fruchtbaren Land rund um den Lac Alaotra, das heute die Reiskammer Madagaskars ist, leben die **Sihanaka** (›die ins Marschland irrten‹). Aussehen, Bräuche und Sprache ähneln sehr denen der Merina. Während sie sich in den kargen Monaten vor der Reisernte eher ernst und zurückhaltend zeigen, sprühen sie nach der Ernte geradezu vor Lebensfreude und Herzlichkeit.

Das heutige Siedlungsgebiet der **Tanala** (›die in den Wäldern wohnen‹) ist der Regenwald östlich von Fianarantsoa. Die Tanala zerfielen früher in eine Anzahl unabhängiger Gruppen, die sich zusammenschlossen, als sie sich gegen die von der Küste her vordringenden Antaimoro und Antaifasy zur Wehr setzen mußten.

Die Tanala brachten im Aufstand gegen die Franzosen von 1947 die größten Opfer und wurden nahezu ausgerottet. Inzwischen hat sich die Bevölkerungszahl wieder vergrößert, die Sitten der Tanala wurden im Zuge dieser Entwicklung allerdings stark verändert und teilweise durch Bräuche ersetzt, die Neuzuwanderer mitbrachten. Sie gehören zu den wenigen Volksgruppen, für die die Lemuren als Nahrungsmittel nicht *Fady* sind. Außerdem leben sie vom Fischfang in Gebirgsflüssen und von Honig, aus dem sie ein berauschendes Getränk herstellen. Dank des Artenreichtums des Urwaldes und seiner vielen medizinisch wirksamen Pflanzen, haben die Tanala großes Wissen in Naturheilkunde gesammelt. Dabei half ihnen, daß ihre Königsfamilie von den Antaimoro abstammte und Bücher über religiöse, aber auch medizinische Kenntnisse in *Sorabe* auf selbst hergestelltem Papier verfassen konnte.

Die **Tsimihety** (›die sich nicht unterwerfen lassen‹) sind die einzige Volksgruppe Madagaskars, die die Merina im 19. Jh. nicht unterjochen konnten. Als die Franzosen 1895 ihre Invasion begannen, weigerten sich die Tsimihety, auf der Seite der Merina gegen die Eindringlinge zu kämpfen, weil sie auch das als Unterwerfung empfanden. Heute leben sie in der entlegenen Region nördlich des Lac Alaotra, doch dehnt sich ihr Siedlungsgebiet immer weiter aus. Es wird behauptet, daß die Tsimihety zu einem hohen Prozentsatz Nachkommen europäischer Piraten seien, die im 17. Jh. auf der Insel landeten und sich mit den Vazimba vermischten.

Als **Vazaha** oder ›Ausländer‹ werden allgemein Europäer bezeichnet, deren

Anteil an der Gesamtbevölkerung verschwindend gering ist (unter 1 %). Die ersten Weißen, die in Madagaskar erschienen, waren Seeräuber und gaben ihren Nachfolgern den Namen, denn Vazaha heißt im Dialekt der Ostküste ›Seeräuber‹. Die größte Ausländergruppe bilden die Komorer (ca. 30 000), Moslems, die im Norden und Westen in der Gastronomie arbeiten. Inder und Pakistani sind im Laufe der vergangenen Jahrhunderte zum Teil aus Ostafrika, zum Teil direkt aus Asien eingewandert. Sie arbeiten vorwiegend als Händler und Handwerker an der Nordwestküste. Die meisten indischen und pakistanischen Familien leben schon in der sechsten oder siebten Generation auf Madagaskar. Etwa 15 000 Chinesen wurden vor rund 80 Jahren als Arbeitskräfte für den Eisenbahnbau aus Kanton geholt (s. S. 51).

Die **Vezo** leben als Fischer an der Südwestküste rund um Toliara. Auf ihren Fangfahrten übernachten sie in Zelten, die sie abends am Strand aus den Segeln ihrer Auslegerboote und einigen mitgeführten langen Stangen aufbauen.

Religionen

Jeweils ca. 20 % der madagassischen Bevölkerung bekennen sich zum katholischen und zum anglikanischen Christentum. Daneben gibt es etwa 300 000 (2 %) Moslems (Antankarana bei Antsiranana) und etwa 10 000 Hindus.

90 % der madagassischen Bevölkerung leben in einem Glauben, der keinen zusammenfassenden Namen hat, aber Ähnlichkeiten mit östlichen Religionen aufweist. Auch die ›Christen‹ sind unter der Oberfläche überwiegend Anhänger dieses alten Glaubens, der keine ›Bibel‹ und keine Kirchen, Tempel oder Moscheen kennt. Die traditionellen Gebräuche und Lebensregeln der Madagassen werden stark von dieser Religion bestimmt.

Christentum

Die christlichen Kirchen in den großen und kleinen Orten erwecken den Eindruck, als sei das ganze Land christianisiert. Fragt man jedoch genauer nach, so stellt man fest, daß ein großer Teil christlicher Grundwerte selbst von madagassischen christlichen Priestern nicht mit Überzeugung gepredigt wird. Diese sind wie selbstverständlich bei jeder Totenumwendung dabei, obgleich man doch nach christlichem Glauben die Toten ruhen lassen soll. Ebenso selbstverständlich sind sie von der Mittlerfunktion der Ahnen zwischen den Lebenden und *Zanahary,* wie der Schöpfergott in der Religion der Madagassen genannt wird, überzeugt. Selbst europäische Missionare, die viele Jahre in Madagaskar gelebt haben, kann man dabei ertappen, daß sie Überzeugungen, die der madagassischen Glaubenswelt angehören, durchaus nicht ablehnen, auch wenn sie christlichen Dogmen widersprechen.

Die Kirchen waren, wie in vielen anderen Ländern, die Wegbereiter der Kolonisierung, da sie in den Königshäusern missionarisch und erzieherisch aktiv waren, lange bevor es den Kolonialmächten gelang, auch politisch Einfluß zu gewinnen. Es waren die Missionare, die ein Vertrauensverhältnis einiger Königshäuser zu Europa schufen, indem sie großzügige Hilfen bei der Pflege von Kranken leisteten und die Kinder der Herrscherhäuser unterrichteten. Als aber 1895 die siegreichen französischen Truppen in Antananarivo einmarschierten, stand für die einfachen Bauern fest, daß das Königshaus den Krieg verloren hatte, weil ihm der Glaube der Vorfahren verlorengegangen war.

Islam

Der Islam konnte sich noch weniger durchsetzen als das Christentum, obwohl ein Teil der madagassischen Bevölkerung aus islamischen Ländern eingewandert ist. Arabischstämmige Madagassen haben ihre traditionellen Kenntnisse der Astrologie, Zauberei, Naturmedizin und des Wahrsagens bewahrt und an andere Volksgruppen weitergegeben.

Die größte Gruppe der 300 000 islamischen Madagassen bilden die Antankarana, die in der Provinz Antsiranana (Diégo-Suarez) leben. Hier finden sich nur wenige Kirchen, dafür aber viele Moscheen. Die Frauen lassen sich nicht so gerne fotografieren, wie dies in den meisten anderen Landesteilen der Fall ist. Die Antankarana sind jedoch nicht etwa arabische Einwanderer. Sie haben den Islam erst vor etwa 100 Jahren übernommen. Damals versuchten die Merina aus dem Hochland, mit Unterstützung durch England, ihren Macht- und Einflußbereich nach Norden auszuweiten. Als eine Niederlage drohte, baten die Könige der Antankarana verschiedene Herrscher der Komoren um Hilfe. Diese wiederum hatten enge Verbindungen zu Frankreich, das auf den Komoren bereits militärische Basen besaß. Die Könige der Antankarana sagten zu, daß ihr Volk zum islamischen Glauben wechseln werde, wenn der Angriff der Merina verhindert oder zurückgeschlagen würde. Nach einzelnen Kämpfen und langen Verhandlungen wurden die Merina schließlich überzeugt, daß es besser sei, auf einen Einmarsch zu verzichten. Er hätte letztlich zu einem Stellvertreterkrieg der von England unterstützten Merina gegen die von Frankreich unterstützten Antankarana geführt. Aus Dank konvertierten die Könige und mit ihnen ihre Untertanen zum Islam. Ähnlich wie die christlichen, folgen aber auch die islamischen Madagassen weitgehend den angestammten religiösen Bräuchen ihrer Ahnen.

Die madagassische Glaubenswelt

Zentraler Punkt der madagassischen Religion ist der Glaube an die Macht der Ahnen, die mit dem irdischen Tod in eine andere, höhere Form des menschlichen Lebens eingegangen sind. In religiösen Riten, so auch während der Totenumwendung, treten die Madagassen mit den Seelen der Verstorbenen in Kontakt, fragen um Rat und bitten um Hilfe.

Es herrscht die Vorstellung, daß das ganze Universum nur mit dem Ziel existiert, das Leben selbst zu erhalten und weiterzuentwickeln. Der Mensch ist nach madagassischer Vorstellung das auf diesem Wege am weitesten fortgeschrittene Wesen. Er hat die Aufgabe, die ihm von Natur gegebenen Möglichkeiten zu nutzen und zu bewahren. Er muß, um diese Pflicht erfolgreich erfüllen zu können, sich selbst kennenlernen und seinen Platz in dieser Welt finden. Nur sein Körper – nicht er selbst – ist sterblich, und da nur der lebende Körper seiner von *Zanahary* übertragenen Aufgabe nachkommen kann, muß das irdische, materielle Leben erhalten werden.

Weit wichtiger als das individuelle Leben ist für die Madagassen aus diesem Grund die Gemeinschaft, die Familie, die Volksgruppe. Als Einzelner wäre der Mensch nicht lebensfähig; er ist auf die Gemeinschaft angewiesen, ohne

Ahnen gäbe es keine Lebenden, ohne Kinder würden die Eltern und die Ahnen vergessen werden, die Menschheit könnte nicht weiterbestehen. Deshalb leben die verschiedenen Generationen zusammen unter einem Dach, oft sogar in einem Zimmer, und deshalb werden Verstorbene im Familiengrab beerdigt, der Heimat der Toten *(Razana)*, die in ihrer nichtmateriellen Welt nahe bei ihren Kindern, Enkeln und Urenkeln weiterleben. Die Beerdigung ist keine Trauerfeier – im Gegenteil: sie ist ein Fest anläßlich der Metamorphose vom ›materiellen‹ Menschen zum körperlosen *Razana* und des Beginns eines neuen, höheren und ewigen Lebens. Bei den vielen Festen, die dem Ereignis des Todes oder dem Gedenken an die Toten gewidmet sind, handelt es sich um den Versuch der Lebenden, mit den Seelen der Verstorbenen Kontakt aufzunehmen. Der *Razana* wird im Jenseits ein Teil des allmächtigen Schöpfergottes *Zanahary*, bleibt aber zugleich ein individuelles Wesen, das sich um das Wohlergehen seiner Nachkommen sorgt. Er erscheint den Mitgliedern seiner Familie in Träumen, wenn er bemerkt, daß Rat benötigt wird. Schamanen oder ›Medizinmänner‹ haben dann die Aufgabe, diese Träume zu interpretieren und die erforderlichen Festlichkeiten sowie ihren Ort (meist die Familiengräber) festzulegen.

Die traditionelle Religion der Madagassen kennt keine Kirchen oder Tempel. Die Funktion solcher heiliger Stätten kommt in manchen Regionen heiligen Steinen oder heiligen Bäumen, immer jedoch den **heiligen Grabmälern** zu. Das Familiengrab ist der Ort, an dem mit dem *Razana* und über diesen mit dem Schöpfergott *Zanahary* Verbindung aufgenommen wird. Als Vermittler fungiert ein Schamane oder das älteste Mitglied der Familie, das in seiner Entwicklung den Ahnen am nächsten ist. Diese immense Bedeutung der Gräber erklärt die für uns so überraschende Tatsache, daß diese überall in Madagaskar weitaus dekorativer, aufwendiger und größer gebaut sind als die Hütten und Häuser, in denen die Menschen leben. Nach madagassischem Glauben ist das Haus die Wohnung nur für eine kurze und unwichtige Spanne des Lebens, das Grab ist der Wohnort für das ewige Leben. Meist befinden sich die Gräber unweit der Dörfer und fast immer auf einem Hügel oder an einem Hang. Schon weil die *Razana* als Vermittler zwischen den Menschen im irdischen Dasein und *Zanahary* dienen, gebührt ihnen die Ehre, höher zu wohnen als die Menschen. Auch sollen sie die Möglichkeit haben, von ihren Grabstätten aus über ihre Nachkommen zu wachen. Schließlich soll außerdem jedem lebenden Mitglied einer *Havana* (Familie, Verwandtschaftsgruppe) vor Augen sein, daß das eigentliche Leben erst nach dem Tod beginnt, wenn die gesamte Familie wieder als *Razana* und Teil *Zanaharys* vereint ist. Die Vorstellung, zu sterben und nicht im Familiengrab oder gar nicht in madagassischer Erde begraben zu werden, ist für Madagassen unerträglich. Die Drohung mit dem Ausschluß aus dem Familiengrab ist so schlimm wie die Drohung mit dem Tod selbst. Aufgabe jeder Familie ist es daher, die Pflege des Grabes zu sichern, es zu dekorieren und regelmäßig die sterblichen Überreste ihrer Ahnen bei der *Famadihana* genannten Feier neu einzukleiden, sie in die Dorfgemeinschaft zu holen, ihnen von ihren Sorgen und Nöten zu berichten und um Hilfe und Beistand zu bitten.

Die madagassische Religion umfaßt auch ein System von Gesetzen oder Verboten, sogenannten **Fadys**. Jeder Madagasse muß sein Leben entsprechend

Famadihana
Die Umwendung der Toten

Bei vielen Volksgruppen des Landes ist die *Famadihana*, die Umwendung der Toten, eine Möglichkeit, Kontakt mit den Ahnen aufzunehmen, die in einer Welt zwischen den Lebenden und Gott weiter existieren. In früheren Zeiten beerdigten die Merina und Betsileo ihre Verstorbenen nicht sofort nach dem Tode, sondern brachten sie zunächst an einen abgelegenen heiligen Ort oder legten den toten Körper in eine Astgabel, wie dies bei manchen anderen Völkern noch heute geschieht. Dort ließen sie ihn so lange liegen, bis er trocken und nur noch Haut und Knochen übrig waren. Die Zeit wurde genutzt, um ein Grabmal zu errichten, Gäste einzuladen und die Beerdigungszeremonie vorzubereiten. Den Franzosen erschien dieser Brauch jedoch barbarisch und unhygienisch und wurde daher untersagt. Volksgruppen, die in Reichweite der Kolonialmacht lebten, mußten ihre Beerdigungsriten ändern. Manche schufen ein provisorisches Grab, aus dem der Tote nach einem Jahr ins Familiengrab umgebettet wurde. Andere reservierten eine Ecke des großen Familiengrabes für die frisch Verstorbenen und legten sie nach ein bis zwei Jahren zu den übrigen Toten. Bei vielen weit abgelegenen Ethnien allerdings ist es bis heute bei der Praxis geblieben, die Toten zunächst im Freien zu ›trocknen‹ und sie anschließend, in wertvolle Tücher und Matten gehüllt, ins Familiengrab zu legen.

Da im Familiengrab, das bis zu mehrere hundert Leichname beinhalten kann, der Zerfall der Körper fortschreitet, finden in regelmäßigen Abständen Totenumwendungen statt. Die sterblichen Überreste aller Vorfahren, die in dem großzügigen Familiengrab aufbewahrt sind, werden herausgeholt und zunächst an einem schattigen Platz abgelegt. Nun wird gefeiert, gegessen und Musik gemacht, es werden unter den zusammengekommenen Verwandten in der Nähe der Ahnen Neuigkeiten ausgetauscht – so daß auch diese sie mitbekommen. Die Feierlichkeiten dauern mehrere Tage. Bei manchen Volksgruppen herrscht in diesen Tagen und Nächten ein Ausnahmezustand, der alle Regeln, *Fadys* und sexuellen Tabus außer Kraft setzt. Am vorletzten Tag der Zusammenkunft werden die alten Tücher von den Leichnamen genommen, die Knochen gesäubert, sortiert und in neue Tücher gewickelt. Ist von lange verstorbenen Ahnen nur noch Staub erhalten, so wird dieser in ein Gefäß gegeben oder mit den Überresten anderer Verstorbener gemeinsam in Körben gesammelt. Die alten Tücher zerreißt man und verteilt die Fetzen unter den Anwesenden. Sie sollen Glück bringen und die Kraft haben, sterile Frauen fruchtbar zu machen, denn sie sind mit der ewigen Lebenskraft der Ahnen getränkt. Die Prozession begibt sich zum Grabmal, trägt die Leichname um das Gebäude, um ihnen zu zeigen, wo sie die kommenden Jahre verbringen werden, und legt sie sorgsam nach Alter und Rang geordnet ins Grab.

Anlaß für die *Famadihana* können Träume von Verwandten sein, in welchen ein Verstorbener um neue Tücher bittet. Es kommt vor, daß ein Kranker gelobt, ein neues Grab zu bauen und eine Geschenke in Form von nützlichen Gegenständen, Lebensmitteln, Rindern und in städtischen Gegenden auch von Geld. Dabei wird streng darauf geachtet, daß ein geladener Gast kein weniger wertvolles Geschenk mitbringt, als er es selbst bei der letzten von ihm ausgerichteten *Famadihana* erhielt. So fin-

Famadihana auszurichten, wenn er genesen sollte. Auch ein zu altes, ein zu kleines Grab oder wichtige Veränderungen in der Familie, die man den Ahnen mitteilen möchte, können Anlaß für eine Totenumwendung sein. Die Kosten einer *Famadihana* sind gigantisch. 500 bis 1000, manchmal auch mehr Gäste werden eingeladen, es müssen über mehrere Tage hinweg Zebus geopfert werden, um die Gäste zu ernähren, der Alkohol fließt in Strömen, und es werden die besten Kleider angelegt.

Das Ansparen von materiellem Reichtum machen die häufigen *Famadihanas* nahezu unmöglich! Dies trifft nicht nur die Familienmitglieder, welche die Umwendung der Toten ausrichten, sondern auch alle eingeladenen Verwandten. Von ihnen erwartet man det ein ständiger materieller Ausgleich zwischen den Familienmitgliedern statt. In der modernen städtischen und stadtnahen Gesellschaft können sich aus diesem System Konflikte ergeben, seit es mehr gebildete, in der europäisch beeinflußten Welt lebende Madagassen gibt, die für ihre auf dem Land in alten Traditionen verwurzelten Verwandten unvorstellbare Reichtümer besitzen. Lädt man sie zur *Famadihana* ein, so kann es passieren, daß man ein Geschenk erhält, das unmöglich bei der Gegeneinladung erwidert werden kann. Was tun? Vielleicht die Einladung des reichen Verwandten ›vergessen‹, um sich so nicht der Gefahr auszusetzen, bei der Gegeneinladung nicht angemessen schenken zu können oder sich auf ewig zu verschulden?

den *Fadys* seiner jeweiligen sozialen Umgebung einrichten. Es gibt *Fadys*, die jedes Mitglied eines Dorfes beachten muß, solche, die nur für die Frauen oder nur für die Männer gelten, und wieder andere, die auf eine Familie beschränkt sind oder sogar nur eine einzelne Person betreffen. Nur das älteste Mitglied einer sozialen Gruppe hat das Recht und die Pflicht, neue *Fadys* auszusprechen und alte aufzuheben, wenn dies zur Erhaltung des Lebens notwendig ist.

Die *Fadys* schaffen ein Sozialsystem, das für die optimale Erhaltung des Lebens sorgt. Dies kann aber nur geschehen, wenn ein Bewußtsein für den Sinn und die Aufgabe eines *Fady* vorhanden ist. Sobald es seinen Sinn verliert, muß es aufgehoben werden, denn sonst zwängt es das Leben der Menschen in immer engere, nicht mehr durch die äußeren Umstände gerechtfertigte Grenzen, wie das folgende Beispiel zeigt. Bei den Sihanaka im Norden des Lac Alaotra übernehmen die Ehepartner die *Fadys* der jeweils angeheirateten Verwandtschaftsgruppe. Das hatte einmal die völlige Verarmung einer Familie zur Folge, da von jeder Seite das Verbot übernommen werden mußte, an zwei bestimmten Tagen der Woche nicht auf den Reisfeldern zu arbeiten. Diese unglückliche Konstellation führte dazu, daß die Familie wöchentlich nur noch an drei Tagen Landwirtschaft betreiben konnte, was natürlich nicht ausreichte, um die Felder zu bestellen. Bei anderen Familien durfte am Montag dem Ochsen kein Joch angelegt werden, am Dienstag war es untersagt, Arbeitsgerät aus dem Haus zu holen, am Donnerstag mußte man die Erde der Reisfelder meiden. Die einzige Rettung für diese Familien wäre es gewesen, wenn der Älteste die *Fadys* aufgehoben hätte; da er aber die Gründe nicht kannte, die seine Vorfahren zu deren Etablierung veranlaßt hatten, fürchtete er, mit deren Aufhebung noch größeres Unheil anzurichten – und beließ alles beim alten. Anders verhielt es sich in einem Dorf bei Moramanga, wo ein alter Mann erkannte, daß der Reisanbau alleine nicht mehr ausreiche, um seine vielen Nachkommen zu ernähren. Daher versammelte er die Familienoberhäupter seiner Sippe um sich und erklärte: »Unsere Vorfahren haben uns verboten, Schweine zu züchten und zu verzehren. Sie lebten unter anderen Bedingungen als wir und hatten immer genug zu essen. Wenn sie heute leben würden, hätten sie das *Fady* nicht ausgesprochen und uns nicht verboten, Schweine zu halten. Daher habe ich beschlossen, euch von diesem Verbot zu befreien.« Da der Mann der Älteste der Sippe war, kam der Spruch von der ›zuständigen‹ Stelle und wurde befolgt.

Aus dem Glauben an eine enge Zusammengehörigkeit der Familie und der Sippe folgt eine ganze besondere Gastfreundschaft Menschen gegenüber, die einer anderen Verwandtschaftsgruppe angehören. Das gilt auch Fremden gegenüber, die nicht als Feinde betrachtet werden. Das Wort *Vahiny* – ›der Fremde‹ – heißt wörtlich übersetzt ›der Eingeladene‹. Es ist Sitte, daß ein Fremder (auch ein Tourist), der in ein Dorf kommt, sich dort beim Ältesten oder beim *Président du Fokontany* vorstellt. Dieser begrüßt ihn und lädt ihn ein, im Dorf zu bleiben, macht ihn so zum *Vahiny*. Von nun an ist der Fremde Gast des Dorfes, er bekommt zu essen, und es wird ihm ein Platz zum Schlafen angeboten. In selten von Touristen besuchten Gegenden sollte man als Dank Reis, Rum oder andere Nahrungsmittel schenken, in anderen Landesteilen werden auch Geldgeschenke im Gegenwert von ein paar Mark gerne angenommen.

Geschichte

Die Besiedlung Madagaskars

Einzelne archäologische Funde deuten darauf hin, daß die Besiedlung Madagaskars erst um Christi Geburt begann. Frühe Reiseberichte (Diodor im 1. Jh. v. Chr.) geben zwar Hinweise auf eine noch ältere Urbevölkerung, und auch in den Mythen verschiedener madagassischer Völker ist von den Menschen, ›die schon immer da waren‹ (Vazimba; s. S. 198 ff.), die Rede – möglicherweise die Erinnerung an eine Urbevölkerung, die entweder ausgerottet wurde oder sich mit späteren Einwanderern vermischte. Archäologische Funde von eisernen Werkzeugen, Töpferwaren und Geräten für den Fischfang beweisen die Anwesenheit von Siedlern jedoch eindeutig erst seit etwa 1000 n. Chr. Die Funde weisen erstaunliche Parallelen zu den Gebräuchen der Völker Südostasiens auf. Noch heute gleichen die Techniken des Schiffbaus und des Reisanbaus, die Korbflechtereien und die auf Pfählen errichteten rechteckigen Wohnhäuser auf Madagaskar denen in Südostasien, und die Wissenschaft erkennt mehr und mehr eine frappierende Ähnlichkeit der madagassischen Sprache mit malayischen Dialekten. Daneben gibt es auch Entsprechungen in der Familienorganisation, wie etwa Anklänge einer matrilinearen, d. h. nach der mütterlichen Linie orientierten, Abstammungsrechnung.

Wie können nun diese Menschen aus dem fernen Asien hierhergekommen sein? Einige Wissenschaftler glauben, daß Seefahrer aus dem heutigen Indonesien mit Auslegerbooten über den Indischen Ozean gesegelt seien. Mit Hilfe des ständig wehenden Passats und des Südäquatorialstromes hätten sie die Reise ohne Zwischenstation durchführen können. Der Passat weht tatsächlich genau von Indonesien nach Madagaskar. Einen eindrucksvollen Beweis dafür lieferte der Ausbruch des Krakatau im Jahre 1883, als vulkanische Asche von Java bis nach Madagaskar geweht wurde. Daß die malayischen Völker vorzügliche Seefahrer waren, zeigt die Besiedlung der über eine gewaltige Meeresfläche verstreuten pazifischen Inselwelt in überzeugender Weise.

Andere Forscher neigen eher zu der Auffassung, daß die Einwanderer im Laufe von Jahrhunderten vom heutigen Indonesien aus entlang der Küsten Thailands, Indiens, Vorderasiens und Afrikas in Etappen nach Madagaskar vorgedrungen seien. Schon während der Wanderschaft habe eine Vermischung mit afrikanischen Bevölkerungsgruppen stattgefunden. Neueste Untersuchungen von Blutgruppen und Eiweißtypen scheinen diese These zu untermauern.

Das wichtigste Element in der madagassischen Bevölkerung neben dem asiatischen ist das afrikanische. Abgesehen von der äußerlichen Ähnlichkeit vieler Madagassen mit Afrikanern gibt es auch in der Sprache deutliche Einflüsse. Zudem bauen die Küstenbewohner kaum Reis an; sie halten Rinder, Ziegen, Schafe und Hühner. Die Rinder haben dabei nicht nur die Funktion, die Ernährung zu sichern, sondern verleihen dem Besitzer hohes Sozialprestige, was ebenfalls den Sitten vieler Völker Ostafrikas entspricht.

Man nimmt an, daß Araber etwa ab dem 15. Jh. mit Madagaskar in Berührung kamen und einen schwungvollen Sklavenhandel betrieben. Einige Wissenschaftler meinen, daß erst dadurch Bantus in großer Zahl ins Land gebracht worden seien. Andere vermuten, daß afrikanische Völker aus eigenem Antrieb über den schmalen Kanal von Mosambik nach Madagaskar einwanderten. Als Beweis für diese Theorie werden die sehr mobilen Vezo-Fischer der Westküste angeführt, die große Ähnlichkeit mit den Bantus Ostafrikas zeigen. Vieles spricht dafür, daß alle diese Theorien einen Teil der Wahrheit wiedergeben. Es ist also durchaus möglich, daß einzelne Gruppen ohne Umweg übers Meer kamen, andere entlang der Küsten und wieder andere als Sklaven nach Madagaskar verschleppt wurden.

Trotz der unterschiedlichen Herkunft der Siedler hat sich auf Madagaskar mit dem *Malagasy* eine einheitliche Sprache entwickelt, die allerdings in verschiedenen Dialekten gesprochen wird. Selbst im Laufe der Jahrhunderte ins Land gekommene Europäer, vorwiegend kampfesmüde Seeräuber, haben sich sprachlich integriert und das *Malagasy* übernommen. So heißt es etwa, daß die heute im Gebiet des Lac Alaotra lebenden Sihanaka Nachfahren europäischer Seeräuber seien.

Madagaskar unter europäischem Einfluß

Seit etwa 1500, nachdem der Portugiese Diego Dias eher unfreiwillig an der Nordspitze der Insel, beim heutigen Antsiranana, gelandet war, gibt es schriftliche Überlieferungen von europäischen Besuchern Madagaskars. Der wichtigste überseeische Handelsweg der europäischen Kolonialmächte führte damals um die Südspitze Afrikas herum, entlang der Ostküste Madagaskars nach Indien und in die malayische Inselwelt. Da die madagassische Küste ideale Schlupfwinkel bot, siedelten sich europäische und amerikanische **Seeräuber** an, die Handelsschiffe überfielen. Um sie zu bekämpfen, versuchten die Kolonialmächte, befestigte Küstenstützpunkte zu errichten. Dagegen wehrten sich allerdings die Madagassen – und das wesentlich erfolgreicher als viele andere Völker dieser Epoche, die sehr schnell kolonialisiert wurden.

Zunächst waren es **Portugiesen,** die auf der Insel Fuß zu fassen suchten, was ihnen aber nicht gelang. Nachdem sie mehrmals an der Süd- und Ostküste schwere Niederlagen erlitten hatten, zogen sie sich zu Beginn des 17. Jh. zurück. Auch die **Franzosen** mußten später ihre Stützpunkte wieder aufgeben, da die Madagassen zu starken Widerstand leisteten und das Interesse an der Insel nicht groß genug war, um die hohen Kosten einer totalen Unterwerfung zu rechtfertigen. Zeugnis dieser Epoche ist das heute noch erhaltene Fort Dauphin im Südosten in der heutigen Stadt Tolanaro.

Zur gleichen Zeit schlossen sich überall im Landesinneren unzählige kleine Volksgruppen zu größeren Verbänden zusammen. **Ratsimilao,** dem Sohn eines englischen Seeräubers und einer Madagassin, gelang im 17. Jh. die Vereinigung vieler kleiner Gruppen, die im östlichen Regenwald lebten, zum Volk der Betsimisaraka (›die vielen, die sich nicht trennen lassen‹). Unter König **Andriamandisoarivo** entstand im 18. Jh. ein straff organisiertes Reich im Süden, das etwa ein Drittel der ganzen Insel beherrschte. Nach dem Tode des Königs zerfiel es zwar wieder, doch hatte die Zeit einer einheitlichen staatlichen Organisation eine größere Mobilität der

Wohnhaus des Königs Andrianampoinimerina im Rova von Ambohimanga

Volksgruppen bewirkt – was wiederum zu einer vermehrten Vermischung der Ethnien führte.

Im Hochland sorgte Anfang des 19. Jh. der König **Andrianampoinimerina** für eine politische Einigung der Merina. Er war es auch, der erstmals den Versuch unternahm, die ganze Insel zu vereinen. Er wollte die Grenzen der verschiedenen Volksgruppen nicht anerkennen und forderte, daß erst ›das Meer die Grenze seiner Reisfelder‹ sein sollte. Seinen Worten folgten Taten: In zahlreichen Eroberungszügen unterwarf er sowohl die Betsimisaraka im Osten als auch die Betsileo und andere Ethnien im Süden.

Sein Sohn und Nachfolger, König **Radama I.,** setzte die Feldzüge erfolgreich fort. Dies mag ein Grund dafür sein, daß die hellhäutigen Merina aus dem Hochland noch heute in vielen Gegenden, vor allem an den Küsten, nicht gern gesehen sind. Zur Unterstützung holte Radama I. mehr und mehr Europäer ins Land. Was er von ihnen lernte – nämlich rationale Denkweise und das Streben nach materieller Sicherheit –, versuchte er im Bewußtsein seiner Landsleute zu verankern. Unter seiner Herrschaft wurden europäische Handwerkskunst gelehrt, die lateinische Schrift eingeführt und christliche Missionare ins Land gerufen. Auch entsandte Madagaskar erstmals Botschafter nach Europa. Mit dieser Europäisierung war sein Vater Andrianampoinimerina, der in der Bevölkerung noch großes Ansehen genoß, nicht einverstanden. Er verfaßte ein Testament, welches bestimmte, daß nach seinem Tode seine Schwiegertochter den Königsthron besteigen sollte.

Tatsächlich mußte Radama I. nach dem Tode des Vaters abtreten, und seine Frau **Ranavalona I.** trat an seine Stelle. Entsprechend dem Willen ihres Schwiegervaters vollzog die neue Königin in den folgenden Jahren eine politische Kehrtwendung. Sie ließ die christlichen Berater und Missionare verfolgen, Handel und diplomatische Beziehungen mit Europa einschränken. Schließlich mußte sogar ihr Vertrauter, der Franzose Jean Laborde, der Architekt ihres Palastes in Antananarivo und Schöpfer erster Industrieanlagen, Madagaskar verlassen – ein vergleichsweise glückliches Los, denn viele andere Europäer wurden auf grausame Weise umgebracht und durch einheimische ›Zauberer‹ und ›Medizinmänner‹ ersetzt.

All dies geschah in den Jahren zwischen 1828 und 1861, also zu einer Zeit, in der die Kolonialmächte England und Frankreich sich um jede noch zu erobernde Kolonie stritten. Frankreich nahm die Verfolgung der Europäer in Madagaskar schon bald zum Anlaß, militärisch einzugreifen. 1845 einigten sich Frankreich und England auf einen gemeinsamen Feldzug unter dem Vorwand, ihren Landsleuten zu Hilfe kommen zu müssen. Die militärischen Eingriffe führten zwar nicht zu einem direkten Erfolg, aber sie schufen in der Bevölkerung eine Atmosphäre der Angst und der Unzufriedenheit mit Königin Ranavalona I. Hinzu kam, daß der König der Merina und aller anderen madagassischen Volksgruppen der Tradition nach ein Mann sein mußte. Man konnte so die Niederlagen im Krieg gegen Frankreich auf den Umstand schieben, daß eine Frau herrsche. Ranavalona I. hatte versucht, einem solchen Vorwurf zuvorzukommen, indem sie einen Premierminister eingesetzt hatte, auf den die politische Macht allmählich übergegangen war. Die Stimmung im Volk konnte sie aber nicht mehr entscheidend verändern, und so mußte sie 1861 einem Bruder ihres Ehemannes und Vorgängers, König Radama II., weichen. Dieser wiederum zeigte sich den Franzosen freundlich gesonnen, wurde jedoch bereits zwei Jahre nach seiner Machtübernahme ermordet.

Die Rivalität mit England und die Angst vor dem Verlust einer fetten Beute veranlaßten Frankreich bald, die Küstenstädte Madagaskars von Kriegsschiffen aus zu beschießen, sich an der Küste festzusetzen und die Insel 1875 zum Protektorat zu erklären, was zunächst aber ohne Folgen blieb.

Die französische Kolonialherrschaft

Im Jahr 1885 begann endgültig das Zeitalter der kolonialen Ausbeutung Madagaskars. Französische Truppen landeten an der Ostküste und stießen bis nach Antananarivo vor. Nach der Niederwerfung des Widerstandes beschloß das französische Parlament 1896, aus dem Protektorat eine Provinz Frankreichs zu machen, die offizielle Annexion war erfolgt.

Die Völker des Südens und des Westens leisteten zwar noch lange erbitterten Widerstand gegen die neuen Herren. Mit dem Gouverneur Joseph Simon Gallieni hatte Frankreich aber einen Statthalter eingesetzt, der mit ungeheurer Entschlossenheit und Brutalität gegen die Aufständischen vorging. Den Innenminister General Rainandriamampandry und den Kronprinzen Ratsimamanga ließ er hinrichten, Königin Ranavalona II. schickte er nach Réunion ins Exil. Die ›Terroristen‹ verfolgte er nach bewährtem Muster: echte und vermeintliche Guerilleros wurden ermordet, ganze Dörfer niedergebrannt. Auf diese Weise gelang es ihm, bis 1904 auch die letzte Hochburg des Widerstandes im Süden zu unterwerfen. Seinem Werk, der ›Pazifikation‹, waren in vier Jahren mehr Menschen zum Opfer gefallen als zuvor den antieuropäischen Verfolgungen der nicht gerade zimperlichen Königin Ranavalona I. in den 30 Jahren ihrer Herrschaft.

In der Folgezeit bauten die Franzosen das Verkehrsnetz aus, um die nun in Plantagen angebauten ›Kolonialwaren‹, wie Pfeffer, Vanille und Gewürznelken, schneller und billiger nach Frankreich bringen zu können; aber auch um effektiver gegen die ›Terroristen‹ vorgehen zu können. Bereits im Jahre 1911 war die wichtige Eisenbahnstrecke von der Hauptstadt Antananarivo zur größten Hafenstadt Toamasina (Tamatave) fertiggestellt. Bezeichnenderweise hatten die Franzosen Arbeiter aus China importieren müssen, da sich die Madagassen für diese Arbeit nicht zur Verfügung stellen wollten – ein Zeichen des passiven Widerstandes gegen die gewaltsame Europäisierung des Landes.

Erst nach dem Ende des Zweiten Weltkriegs konstituierte sich 1945 eine Widerstandsgruppe, die sich **Mouvement Démocratique de la Rénovation Malgache** (Demokratische Bewegung zur Erneuerung Madagaskars, MDRM) nannte und rasch politischen Einfluß gewann. Durch dieses Beispiel ermutigt, formierten sich überall im Land weitere national gesinnte Organisationen. Schon wenige Monate darauf landeten Fremdenlegionäre und begannen einen 21 Monate dauernden Krieg, dem Zehntausende von Madagassen zum Opfer fielen. ›Ruhe und Ordnung‹ wurden wiederhergestellt und die Mitglieder des MDRM zum Tode verurteilt. In den 50er Jahren zeichnete sich eine Entspannung der Situation ab, denn Frankreich stand unter de Gaulle den Autonomiebestrebungen seiner Kolonien offener gegenüber. Zunächst erhielten alle Madagassen die Möglichkeit, französische Staatsbürger zu werden, und madagassische Abgeordnete wurden in die französische Nationalversammlung entsandt. Schließlich wurde das Land 1960 in die **Unabhängigkeit** entlassen und trat wenig später den Vereinten Nationen und der Organisation Afrikanischer Einheit (OAU) bei.

Das unabhängige Madagaskar

In den ersten Jahren nach der Unabhängigkeit zeigte sich, daß die Einigkeit der Widerstandsgruppen nur aus dem gemeinsamen Willen entstanden war, die Kolonialherren zu vertreiben. Auch trug die von Gallieni lange Zeit systematisch betriebene Politik nach dem Prinzip ›Teile und herrsche‹ späte Früchte. Er hatte bewußt die verschiedenen Landesteile gegeneinander ausgespielt und so ein Mißtrauen zwischen den Volksgruppen geschaffen, das bis heute spürbar ist. Jeder Vorschlag, wie der Staat geordnet werden sollte, geriet in den Verdacht, er solle lediglich die Herrschaft einer Ethnie über die anderen sichern.

Der Sozialdemokrat und erklärte Antikommunist **Philibert Tsiranana** wurde zum ersten Präsidenten der Republik Madagaskar gewählt und 1965 mit großer Mehrheit im Amt bestätigt. 1970 allerdings erkrankte er und konnte nach seiner Genesung seine Autorität nicht mehr zurückerlangen. Zudem hatte er durch sich ausbreitende Cliquenwirtschaft und Korruption das Vertrauen der Bevölkerung verloren. Im Süden des Landes brachen 1971 Unruhen aus, die mit Gewalt niedergeschlagen wurden. Der Präsident vermutete ein Komplott seines Innenministers, den er verhaften ließ. Daraufhin kam es 1972 unter den Studenten in Antananarivo zu Revolten. Tsiranana wußte sich wiederum nicht anders zu helfen, als diese mit Polizeigewalt blutig niederzuschlagen.

Da sich weiterhin keine Lösung des Konfliktes abzeichnete, übernahm eine

Militärregierung unter General Gabriel Ramanantsoa die Macht. Dieser gelang es jedoch ebenfalls nicht, die Probleme Madagaskars in den Griff zu bekommen. Das Land verarmte und zerfiel mehr und mehr. Ramanantsoa trat daraufhin 1975 freiwillig zurück. Sein Nachfolger, Richard Ratsimandrava, wurde nur 55 Tage nach Amtsantritt ermordet, und ein aus hohen Militärs bestehender **Revolutionsrat** setzte sich an die Spitze des Landes. Zum Vorsitzenden der provisorischen Regierung wurde zunächst General Gilles Andriamahatso ernannt, der aber noch im gleichen Jahr von Admiral **Didier Ratsiraka** abgelöst wurde.

Durch ein Referendum wurden Ende 1975 die **Demokratische Republik Madagaskar** gegründet, eine neue Verfassung verabschiedet und das politische Programm Ratsirakas in der ›Charta der sozialistischen Revolution Madagaskars‹ niedergelegt. Als 1977 die ersten Wahlen zum Parlament stattfanden, erhielt die Partei von Didier Ratsiraka, die **Avantgarde de la Révolution Malagasy** (AREMA), außer in Antananarivo überall die absolute Mehrheit. 1982 wurde Ratsiraka ungefochten auf weitere sieben Jahre wiedergewählt. 1989 allerdings meldete sich eine starke Opposition, und die erneute Wiederwahl gelang mit einer für totalitäre Systeme knappen Mehrheit von nur 62 % – die Opposition war der Ansicht, das für Ratsiraka immerhin noch positive Ergebnis sei nur durch massive Wahlfälschung zustandegekommen. Es kam zu Unruhen und Auseinandersetzungen zwischen Studenten und Militär. Ein Papstbesuch allerdings lenkte die Bevölkerung von der Innenpolitik ab: Johannes Paul II. rief zu friedlicher Auseinandersetzung auf und verhinderte, daß eine gewaltsame Gegenrevolution in Gang kam.

Infolge der starken Opposition mußte die Pressezensur gelockert und eine politische und wirtschaftliche Öffnung zum Westen in Gang gesetzt werden. Regierungsfeindliche Flugblätter wurden in Umlauf gebracht, bis sich schließlich alle oppositionellen Gruppen zu den sogenannten **Forces Vives** zusammenschlossen. Diese legten durch politische Generalstreiks 1991 für mehrere Monate die gesamte Wirtschaft und Verwaltung des Landes lahm und forderten die Erarbeitung einer neuen Verfassung, die Absetzung des Präsidenten und demokratische Neuwahlen. In einem weitgehend friedlich verlaufenden Prozeß gelang diese Umstrukturierung. 1993 schließlich wurde eine neue Verfassung verabschiedet – die **Dritte Republik** war geboren. In Neuwahlen wurden sowohl ein neuer Präsident als auch eine neue, demokratische Regierung gewählt.

Dem gewählten Präsidenten **Albert Zafy** wurde von der Bevölkerung großes Vertrauen entgegengebracht, und es wuchs die Hoffnung, nun endlich den Weg aus der Armut und der Isolation beschreiten zu können. Bald aber zeigte sich, daß die neuen Machthaber zu wenig Erfahrung mit der Verwaltung hatten, daß auch sie von den Möglichkeiten der Macht korrumpiert wurden und sich keine Wende zum Besseren einstellte. Die Unzufriedenheit wuchs, zumal aufgrund der nun offenen Wirtschaft der Unterschied zwischen den wenigen Reichen und den vielen Armen immer deutlicher spürbar wurde. 1996 beschloß eine Mehrheit des Parlamentes, dem Präsidenten das Mißtrauen auszusprechen und Neuwahlen anzusetzen. Aus diesen ging zum Schrecken vieler Madagassen – insbesondere der Parlamentarier, die Zafy das Mißtrauen ausgesprochen hatten – der frühere Präsident Ratsiraka als Sieger hervor.

Warum brennt Madagaskar?

Wer im August und September – gegen Ende der trockenen Jahreszeit – Madagaskar bereist, findet bestätigt, was man in Zeitungen immer wieder lesen kann und worüber in jedem Film über Madagaskar berichtet wird: Madagaskar brennt, Regenwälder werden kleiner, Trockenwälder versteppen, Steppen verwandeln sich in Wüsten.

Für den Reisenden scheint Madagaskar ein von innenpolitischen Problemen weitgehend verschontes Land zu sein. Dörfer ernähren sich von dem, was auf den umliegenden Feldern wächst, die Hauptstadt und die Politik sind weit weg. Doch dieser Schein trügt. Wie überall auf der Welt herrscht die Angst, daß die Staatsmacht einzelne Volksgruppen bevorzugt, andere Regionen aber vernachlässigt oder gar unterdrückt. In einem so weitläufigen Land wie Madagaskar, in dem die verschiedenen Ethnien nur wenig über einander wissen, viele Menschen keine Zeitung, kein Radio und schon gar kein Fernsehen kennen, kommt leicht – und oft nicht zu Unrecht – das Gefühl auf, daß das durch den Export von Vanille, Zukker, Gewürznelken und Rindfleisch verdiente Geld in falsche Hände gelangt, die Taschen der Politiker füllt oder für Prestigeprojekte verschwendet wird. Wie soll ein arbeitsloser, von Hunger, Durst und Krankheiten geplagter Viehhirte seinem Protest dagegen Ausdruck verleihen, daß er vom Staat weder Sozialhilfe noch eine medizinische Grundversorgung bekommt? Streiken kann er nicht, denn er und alle seine Freunde haben keine Arbeit. Eine Partei kann er nicht gründen, denn er kann weder lesen noch schreiben. Aber einen Wald kann er anzünden, und das wird sich herumsprechen, denn die Flammen, der Rauch und die verbrannte Erde sind weithin sichtbar!

Beim Überfliegen Madagaskars sieht man in der Trockenzeit viele Rauchsäulen am Horizont stehen. Zunächst überrascht es, daß diese in der Mehrzahl nicht über brennenden Wäldern den Himmel verdunkeln, sondern über weiten, ohnehin fast vegetationslosen Steppen im Westen und Süden. Jähr-

lich einmal zünden die Rinderzüchter das hochgewachsene, aber nach langer Trockenheit strohtrockene Gras an, das die Rinder nicht mehr fressen. Schon nach wenigen Tagen wächst aus der Grasnarbe in der verbrannten Erde frisches grünes Gras, und die hungrigen Rinder stürzen sich mit Heißhunger darauf. Innerhalb weniger Wochen verwandeln sich ausgemergelte, knochige Tiere in prächtige, kraftvolle Rinder. Wenn man weiß, welche Bedeutung die Rinder für Sakalava, Bara, Mahafaly und Antandroy im Süden und Westen Madagaskars haben, wird auch klar, daß das bestehende Verbot, die Steppen anzuzünden, völlig sinnlos und lächerlich ist.

Viele Betsimisaraka, Tsimihety, Tanala und Angehörige anderer Volksgruppen im Regenwald des Ostens sind bisher nicht seßhaft. Sie bauen sich im Wald eine Hütte, die nur für zwei, drei Jahre gedacht ist, grenzen einen Berghang nahe ihrer neuen Ansiedlung ab, schlagen das nutzbare Holz, um ihre Häuser zu bauen, und zünden das verbliebene Unterholz an. So entstehen die *Tavy* genannten kleinen Felder an den Berghängen, auf denen zwei bis drei Jahre lang Maniok, Mais und Bananen angebaut werden können. Danach ist der wenig fruchtbare Boden von den heftigen Regenfällen weggewaschen oder erschöpft, und die Familie oder das ganze Dorf zieht weiter. Ein oder zwei Täler weiter taucht man wieder in dichten Urwald ein, findet eine Quelle, einen Flußlauf, eine zum Bauen geeignete Ebene und läßt sich erneut für ein paar Jahe nieder. Dieser Rhythmus bestimmt das ganze Leben – und die Brandrodung und der Anbau von Maniok gehören dazu. Wer sich nicht danach richtet, verstößt gegen die Traditionen, verliert jede Möglichkeit, sich zu ernähren, und riskiert den Tod seiner Familie. Der einzige Ausweg wäre der Umzug in einen Slum bei Antananarivo.

Madagaskar heute

Wirtschaft

Im Jahre 1975 hatte die Regierung Banken, Versicherungen und Energieversorger sowie viele weitere Unternehmen verstaatlicht. Die kleinen Betriebe wie Hotels, Lebensmittelläden, Autowerkstätten oder Restaurants blieben in privater Hand. Der Lebensstandard der Madagassen sollte angehoben werden, was sich aber als schwierig herausstellte. Tatsächlich hatte sich erst seit 1986 mit der Zunahme des westlichen Einflusses die Wirtschaftslage verbessert. Der Schwarzimport aus Réunion und Mauritius ist zurückgegangen, und der Schwarzmarkt ist durch eine liberalisierte Wirtschaftspolitik nahezu verschwunden. Es wurden wieder private Banken zugelassen, der Warenimport ist wieder frei möglich, in Kaufhäusern in Tana ist sehr vieles erhältlich – meist jedoch für einen normalen Haushalt zu teuer.

Die wichtigsten Ausfuhrgüter des Landes sind Kaffee (knapp 20 % des Exportwertes), Vanille (80 % des Weltbedarfs!), Gewürznelken, Fisch, Zucker, Sisal, Tabak, Kakao, Holz, Pfeffer, Chrom und Graphit. Madagaskar ist assoziiertes Mitglied der EU, und Frankreich fungiert nach wie vor als bei weitem wichtigster Handelspartner. Mit liberalen Wirtschaftsgesetzen wird versucht, Investitionen im Land anzuregen. Mit der Weltbank wurde ein Vertrag geschlossen, der dem Land hohe Kredite zugänglich machen wird, dafür aber die vollkommene Liberalisierung der noch vom sozialistischen Wirtschaftssystem geprägten Gesetze fordert.

Obwohl Madagaskar vom Bruttosozialprodukt her eines der ärmsten Länder der Erde ist, ist die Ernährung der Bevölkerung in den meisten Gebieten gesichert. Im trockenen Süden (zwischen Tolanaro und Toliara) kommt es allerdings fast jährlich zu Hungersnöten.

Gesundheitswesen

Madagaskar besaß ein für afrikanische Verhältnisse überdurchschnittlich gut ausgebautes Gesundheitswesen, dessen Standard allerdings aufgrund der wirtschaftlichen Schwierigkeiten der vergangenen Jahrzehnte stark gesunken ist. Die früher häufigen Lepraerkrankungen sind seltener geworden, Syphilis und Tuberkulose gehen zurück. Häufig treten allerdings Malaria und Geschwulsterkrankungen auf.

Madagassen außerhalb der großen Städte gehen ungern in Krankenhäuser. Sie ziehen es vor, sich von den einheimischen ›Medizinmännern‹ und Heilkundigen behandeln zu lassen. Erst wenn die Behandlung dort erfolglos bleibt, bitten die Patienten um die Erlaubnis, ein Krankenhaus aufsuchen zu dürfen. Die madagassische Regierung unterstützt die Erforschung der traditionellen madagassischen Medizin. Es gibt sogar ein Universitätsinstitut, das sich mit den Wirkungen der Kräuter und Pflanzen befaßt, mit denen die ›Zauberer‹ der Antaimoro seit Jahrhunderten umgehen.

Kunst und Kultur

Sprach- und Schriftkultur

Die wichtigste der alten madagassischen Künste ist die **Kabary,** die feierliche öffentliche Ansprache. Bei Festlichkeiten, Hochzeiten, Begräbnissen, *Famadihanas,* Beschneidungen, bei Versammlungen der Dorfräte werden solche *Kabarys* gehalten. Die Redner sind wahre Meister der anschaulichen Schilderung, die Reden durchsetzt mit Beispielen, Gleichnissen und Bildern. Große Bedeutung – oft eine größere als der Inhalt der Worte – haben Betonungen, Pausen am rechten Fleck und auch die Abstufungen in der Lautstärke des Gesagten. Nach europäischen Maßstäben werden einfache Sachverhalte lange und umständlich dargelegt, ein im Zuhören geübter Madagasse aber erkennt die Feinheiten, die ›zwischen den Worten‹ verborgen sind. Häufige Wiederholungen und verschiedene Darstellungen ein und desselben Sachverhaltes sollen dazu dienen, Mißverständnisse zu vermeiden. Der Redner wird aber keinesfalls eine Person oder ein Verhalten ansprechen oder gar kritisieren. Dies widerspräche der Höflichkeit und dem Respekt vor den Mitmenschen.

In den regenarmen Monaten kann man, meist sonntags, auf den Marktplätzen (z. B. in Antananarivo, Stadtteil Isotry) die **Mpilalao** (auch: *Hira Gasy*) beobachten. Dabei stehen sich zwei Theatergruppen von jeweils etwa sechs Männern und sechs Frauen gegenüber. Das Publikum gruppiert sich im Kreis um die Schauspieler, die zunächst ebenfalls einen Kreis um eine Musikgruppe bilden. Langsam drehen sie sich um die Musiker, die auf Flöten, Geigen, Trompeten und Tamburins spielen. Anschließend stellt einer aus der Gruppe dem Publikum seine Kollegen vor und bittet um Nachsicht, wenn nicht alles so gut klappt wie geplant. Die Geschichten, die dann erzählt werden, haben immer einen moralischen Inhalt. Sie zeigen etwa, wie man sich den Eltern gegenüber verhalten soll oder wie sich das Verhältnis von Arm und Reich gestaltet. In Abständen von jeweils etwa einer Stunde wechseln die beiden Gruppen einander ab. Die Vorführung dauert den ganzen Tag, bis am Abend die bessere Gruppe vom Publikum zum Sieger des Wettstreits bestimmt wird.

Bis vor 100 Jahren existierte auf Madagaskar keine Schrift. Es gab nur mündliche Überlieferungen, die in Form von *Kabarys* oder *Mpilalao* von Generation zu Generation weitergegeben wurden. Erst nach der Einführung der lateinischen Schrift durch christliche Missionare entstand eine Literatur, die sich damit beschäftigt, diese mündlichen, von Dorf zu Dorf und von Familie zu Familie unterschiedlichen Überlieferungen festzuhalten: **Lovan-Tsofina** (›das Erbe der Ohren‹).

Die aus dem arabischen Raum stammenden Antaimoro brachten aus ihrer Heimat die Schrift mit. Die Bedeutung der arabischen Schriftzeichen war früher nur den ›Zauberern‹ und Königen dieser Volksgruppe bekannt. Um ihre Kenntnisse in Astrologie, Handlesekunst und Mathematik niederschreiben zu können, fertigten sie mit eingelegten Blumen kunstvoll geschmücktes Papier an. Die **Schriften der Antaimoro,** abgefaßt in einem *Sorabe* genannten arabischen Dialekt, besitzen unschätzbaren Wert und dürfen selbstverständlich nicht ausgeführt werden. Neue Exemplare dieser Papierart, die u. a. auch als Wandschmuck, Briefpapier und Lampenschirme benutzt wird, kann man in Antananarivo und Ambalavao kaufen.

Musik

Die **Valiha** ist das wichtigste Instrument der Musiker im Hochland. Sie besteht aus einer 1–1$^1/_2$ m langen Bambusstange, die einen Durchmesser von 5–10 cm hat. In Längsrichtung spannt man rund um dieses Rohr Saiten verschiedener Länge, die mit den Fingern gezupft werden. Damit der Klang voller wird, stützt der Spieler das Rohr auf einen Holzkasten auf.

Kunsthandwerk

Bis in die Mitte des 19. Jh. wurde in Madagaskar ausschließlich mit Holz gebaut. Entsprechend hat sich im Lauf der Zeit aus dem Holzhandwerk eine ausgeprägte **Schnitzkunst** entwickelt. Vor allem die nur schwer zugänglichen Dörfer der Zafimaniry können als wahre Freilichtmuseen dieser Kunst gelten. Es gibt dort keine Tür, kein Dach, keinen Mörser, der nicht mit Schnitzereien verziert wäre. Im Süden und im Westen Madagaskars tragen die Grabmäler der Mahafaly kunstvolle Schnitzereien. Auf Pfählen stehen Holzfiguren, die besondere Situationen aus dem Leben des Verstorbenen darstellen. Früher sah man meist unzählige geschnitzte Zeburinder, heute werden auch kleine Autos oder Flugzeuge auf die Gräber gesetzt, wenn der Verstorbene in seinem Leben mit diesen Dingen zu tun gehabt hat. Die Mitglieder einer anderen Volksgruppe im Süden, die Antandroy, bemalen ihre Gräber mit Ornamenten und Szenen aus dem Leben der Toten. Die hölzernen Grabstätten der Sakalava an der Westküste der Insel sind mit erotischen Skulpturen geschmückt.

Jede Region Madagaskars hat eigene **Trachten.** An den Küsten trägt man oft bunte *Lamba Oany,* die um die Hüften gewickelt werden. Früher waren das aus Naturfasern handgewebte Tücher, heute sind es bunt bedruckte Stoffe. Im Hochland trägt man weiße *Lamba Landy* als Schulterüberwurf. Traditionell waren sie aus Seide gefertigt und kunstvoll bestickt. Sie werden bis heute traditionell in den Hochlandorten Arivonimamo, Mahitsy und Manjakandriana hergestellt. Aus Ambalavao, südlich von Fianarantsoa, stammt das bunt bemalte *Lamba Arindrano.*

Auf den Märkten im äußersten Süden, vor allem in Amboasary und Ambovombe, kann man **silberne Armreifen** kaufen, die kultische Bedeutung haben. Schöne Mohair-Teppiche werden in Ampanihy in mühevoller Handarbeit angefertigt und sind gelegentlich in Antananarivo zu bekommen.

Sport und Spiele

Nationalsport der Madagassen ist Fußball, danach folgen Kampfsportarten wie Judo, Karate und Taekwondo.

Die Sakalava kennen – ähnlich wie etwa die Chinesen – eine Art von **Schattenboxen** *(Ringa),* bei dem der Gegner nicht berührt wird. Für einen Europäer sieht das auf den ersten Blick wie eine fürchterliche Schlägerei mit bloßen Fäusten aus, doch nach einer Weile wird der aufmerksame Beobachter feststellen, daß die ›Kämpfer‹ die krachenden

Hahnenkampf in Antananarivo

Schlaggeräusche erzeugen, indem sie sich blitzschnell mit der flachen Hand auf die eigene Brust schlagen. Ein Schiedsrichter bewertet die Kunst, einen wirklichen Schlagabtausch täuschend echt nachzuahmen, und kürt letztlich einen Sieger.

Das Nationalspiel der Madagassen ist **Fanorona,** ein Brettspiel, das eine gewisse Ähnlichkeit mit unserem Dame hat, jedoch um einiges kompliziertere Regeln besitzt. Man nimmt an, daß einst die arabischen Einwanderer dieses Spiel mitbrachten. Es hatte jahrhundertelang die Funktion, die ethnischen Gruppen Madagaskars einander näher zu bringen, indem Wettkämpfe ausgetragen wurden, zu denen Abgesandte aus allen Gegenden des Landes nach Antananarivo kamen.

An einigen wenigen Stellen der Hauptstadt Antananarivo finden regelmäßig am Wochenende **Hahnenkämpfe** statt. Die dem Wettkampf und dem Wettfieber verfallenen Zuschauer sitzen auf der nackten Erde im Kreis und geben ihre Wetten ab, bei denen häufig das gesamte Hab und Gut einschließlich des heiligen Landes, das von den Ahnen ererbt worden ist, verwettet wird. Schriftlich festgelegte Regeln benötigt der Kampf nicht, der machmal nur einige Minuten, manchmal mehrere Stunden dauern kann, denn sein Ende ist für jeden leicht erkennbar: Entweder ist der unterlegene Hahn tot bzw. bewußtlos, oder er versucht zu fliehen. Viel kann der Besitzer nicht tun, um seinem Hahn den Sieg zu sichern und ihm damit den Kochtopf zu ersparen. Ein liebevoller Besitzer wird seinem Hahn noch blutiges, frisch geschlachtetes Fleisch zu fressen geben, er wird ihn vor dem Kampf liebevoll streicheln und ihm – wie der Coach einem Boxer – ruhig und leise seine Tips ins Ohr flüstern, bevor der Kampf beginnt. Dann nimmt das Schicksal seinen Lauf. Es entscheidet über Leben und Tod des Hahnes, über Ehre und Schande seines Besitzers und über Armut und Reichtum der wettsüchtigen Zuschauer.

Das ›Tor zum Süden‹, nördlich von Ihosy ▷

Reiserouten auf Madagaskar

Das zentrale Hochland

Antananarivo

■ (S. 270) Zwischen 1610 und 1630 errichtete der Merinakönig Andrianjaka erstmals ein befestigtes Königshaus *(Rova)* auf einer Bergkuppe und ließ es durch eine Armee von 1000 Kriegern schützen. Die als unbesiegbar geltende Riesenarmee gab dem Ort und der heutigen Hauptstadt ihren Namen: Antananarivo, ›die Stadt der Tausend‹. Im Laufe der folgenden Jahrzehnte wurde Antananarivo das ungefochtene Zentrum des Merinareiches und somit der ›blaue Hügel‹ (Analamanga) zum Königssitz für die folgenden Jahrhunderte – bis die Kolonialmacht Frankreich die Monarchie abschaffte. Aber auch der französische Gouverneur Gallieni wollte im Herzen des Gebiets der mächtigsten Volksgruppe herrschen und wählte Antananarivo zur Hauptstadt ganz Madagaskars und zum Sitz der Kolonialverwaltung. Er schaffte das Königtum ab und führte eine moderne Verwaltung mit Schulen, Straßen und Gerichten ein.

Nach dem Zweiten Weltkrieg begann Antananarivo sich in die umliegenden Reisfelder auszudehnen, wo auch Industriebetriebe angesiedelt wurden. Ein neues Verwaltungszentrum entstand rund um den Lac Anosy, das erste Hochhaus, das Hotel ›Hilton‹, überragt nun die untere Stadt nahe dem kleinen See. Stadtzentrum ist die breite Araben'ny Fahaleovantena (Avenue de l'Indépendance). Hier geht es zu wie in vielen Großstädten der Welt. Autos, Motorräder und Lastwagen machen viel Lärm, es stinkt nach Abgasen, und die Menschen hasten geschäftig aneinander vorbei, um in den Läden und auf dem Markt an der ehemaligen Prachtstraße einzukaufen oder sich im *Bistrot* zum Kaffee oder zum Bier zu treffen. Etwas abseits wird es ruhiger. Steile Steintreppen winden sich zwischen Wohnhäusern hindurch in die Oberstadt, von der sich ein herrlicher Ausblick über die Hochebene, die Reisfelder und die Seen des Imerina-Landes bietet, auf die sich

Blick vom Lac Anosy auf die Oberstadt von Antananarivo mit den Überresten des Rova

ausweitenden Außenbezirke der Stadt und wild wuchernde Bretterstädte.

Antananarivo – kurz Tana genannt – stellt das unumstrittene Zentrum von Kultur, Industrie, Handel und Politik Madagaskars dar. Es ist die einzige Stadt des Landes, die mit dichtem Straßenverkehr, Supermärkten und Kaufhäusern bereits die Errungenschaften der Zivilisation besitzt. Als alles überragender Mittelpunkt des Landes zieht Antananarivo die Eliten anderer Volksgruppen, insbesondere der benachbarten Betsileo und Betsimisaraka an, was dem kulturellen Leben guttut – aber auch Landflüchtlinge, die in ihren Heimatorten nicht genug bebaubares Land finden. Heute zählt Antananarivo etwa 1,5 Mio. Einwohner (die Schätzungen gehen weit auseinander). Echte Slumviertel gibt es wenige, jedoch hat die Landflucht in einem Maße eingesetzt, daß es eine schwierige Aufgabe werden wird, die vielen in die Stadt strömenden Menschen zu integrieren. Die Zahl der Arbeitssuchenden erhöht sich drastisch, parallel dazu ist eine Zunahme der Kleinkriminalität zu beobachten. Auto-

Straßenkinder in Tana

Wer Geld gibt, tut nicht unbedingt etwas Gutes – auch wenn es an hungrige, zerlumpt bettelnde Kinder geht. Ihnen einen Dollar in die Hand zu drücken, ist keine sinnvolle Form der sozialen Unterstützung und der Entwicklungshilfe. Den Gegenwert eines US-$ verdient eine Verkäuferin in einem guten Fachgeschäft in Antananarivo, wenn Sie zehn Stunden arbeitet. Wollen Sie mitverantworten, daß sie ihr Gehalt vervielfacht indem sie sich Lumpen anzieht und vor dem Bahnhof bettelt? Oder daß Eltern oder kriminelle Banden Kinder ›abrichten‹ oder gar – wie in Indien – verstümmeln, um so an den begehrten Touristendollar zu kommen?

Wenn Sie hungrig und verwahrlost aussehenden Straßenkindern spontan helfen möchten, kaufen Sie etwas zum Essen oder Anziehen und gehen Sie nicht weg, bis das Kind gegessen oder die Kleidung übergezogen hat. So ist sichergestellt, daß Ihre Hilfe dort angekommen ist, wo Sie sie haben wollten.

Noch besser ist es aber, wenn Sie eine der vielen Hilfsorganisation unterstützen, die sich mit mehr oder weniger Erfolg um die Bedürftigen des Landes kümmern. Dazu gehören Einrichtungen von Mutter Theresa, Projekte der Kirchen oder kleine, oft engagiert geführte Privatinitiativen, die in den großen Städten wie Antananarivo, Antsirabe oder Mahajanga Sozialstationen für Straßenkinder eingerichtet haben, wo sie medizinisch versorgt werden und – sofern sie es wollen – Unterricht erhalten, um die notwendigsten sozialen Verhaltensweisen zu lernen. Eindrucksvolles Beispiel ist das SOS-Kinderdorf nahe Antananarivo, das nach den international gleichen Regeln den ärmsten der armen Kindern Madagaskars Heimat, Ausbildung und Zukunft gibt. Aber auch ein privates Krankenhaus in Toliara, das schwerkranke Bedürftige kostenlos versorgt und dafür bei reichen Patienten ein wenig aufschlägt. Werkstätten in Antananarivo bieten Straßenkindern die Möglichkeit, bei der Herstellung von Souvenirs wie dem ›Papier der Antaimoro‹ (s. S. 177) oder von aus Coladosen gefertigten Spielzeugautos ein wenig Geld zu verdienen.

Wie überall auf der Welt gibt es aber auch in Madagaskar unseröse Unternehmen. Man hört von Einrichtungen, die Spendengelder unterschlagen und von Mitarbeitern, die abhängige Kinder mißbrauchen. Die lokalen madagassischen Reiseveranstalter kennen in der Regel seriöse Einrichtungen, denn viele Reisende äußern ihnen gegenüber den Wunsch, sich sozial zu engagieren. Aber auch die Botschaften europäischer Länder (s. S. 307) beobachten die Hilfsorganisationen – insbesondere die aus ihren Heimatländern – sehr genau. Erkundigen Sie sich dort, wenn Sie helfen wollen. Nehmen Sie sich ein paar Tage Zeit, um die ausgewählte Organisation zu besuchen, und geben Sie eine großzügige Spende, wenn auch Ihr persönlicher Eindruck positiv ist.

Auf dem Zoma (Freitagsmarkt) von Antananarivo

reifen, Ersatzreifen, Rückspiegel etc. werden am hellichten Tage abmontiert, auf Märkten und in immer überfüllten Linienbussen wird gestohlen, und auch verwahrloste, meist elternlose Kinder ernähren sich durch Bettelei, Taschen- und Trickdiebstahl.

Die Unterstadt

Rechts und links der **Araben'ny Fahaleovantena (Avenue de l'Indépendance)** stehen rote Steinhäuser im eigentümlichen, sehr gemütlich wirkenden Kolonialstil. Eines davon, das ehemalige Rathaus, ist bei den Unruhen 1972 ausgebrannt und wird nun, wie die gesamte ehemalige Prachtstraße, mit japanischer Hilfe wieder aufgebaut.

Am Südostende der Avenue de l'Indépendance befindet sich der Stadtteil Analakely. Hier wurde schon 1925 ein großer Marktplatz errichtet. Ursprünglich dienten die hübschen Steingebäude jeden Freitag als Stand für Bauern aus der Umgebung, für Metzger und Handwerker, um vor dem Wochenende ihre Waren anzubieten. Daher hat der Markt seinen Namen **Zoma 1**, was übersetzt ›Freitag‹ heißt. 1925 hatte Antananarivo knapp 100 000 Einwohner, so daß die Markthallen ausreichten und kein Gedränge auf dem Zoma herrschte. Inzwischen findet der Markt jeden Tag statt und breitet sich am Freitag auch entlang der Arkaden der Avenue de l'Indépendance aus. Auf den Bürgersteigen sind die Waren zu Bergen aufgetürmt, so daß man zu Fuß kaum mehr durchkommt. Man versinkt in einem Meer von Marktständen unter schmutzigweißen Sonnenschirmen, unter denen Gemüse und Heilkräuter, Talismane, aus Autoreifen gefertigte Sandalen und Spielzeugautos aus Coladosen, unbekannte Früchte, Kugelschreiber, bestickte Tischtücher, Blumen und vieles mehr angeboten werden.

Um das Gedränge auf dem Zoma zu entlasten wurde 1998 ein weiterer Marktplatz im Stadtteil Andravaohangy

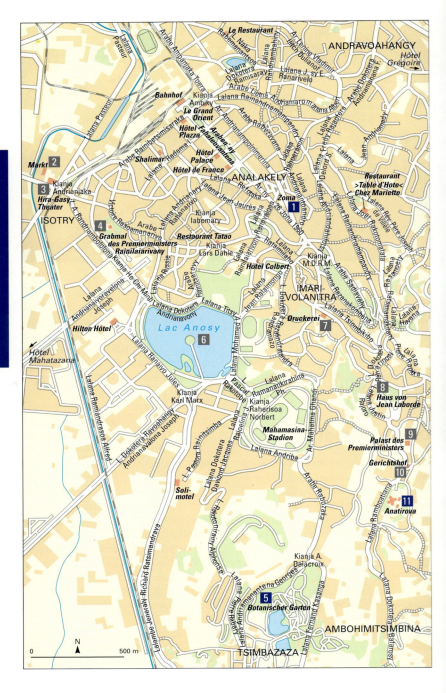

Restaurant ›Le Grand Orient‹

Unter den Hunderten von Restaurants von Antananarivo gibt es feine Adressen, in denen man hervorragend und in gepflegter Atmosphäre speisen kann. ›La Rotonde‹, ›La Taverne‹, ›Le Palace‹, ›Le Restaurant‹ – und wie sie alle heißen – servieren von erstklassigen französischen Köchen kreierte Speisen zu für uns Europäer durchaus akzeptablen Preisen. Doch gerade das chinesische Essen ist auf Madagaskar besonders gut und auch nicht teuer. In Tana sollte man es daher nicht versäumen, wenigstens einmal im ›Grand Orient‹ zu essen. Es liegt in der Kianja Ambiky Nr. 4, zu Fuß nur drei Minuten vom Bahnhof, der Avenue de l'Indépendance und den Hotels der Innenstadt entfernt. Gehen Sie (bitte ohne goldene Armbanduhr und glitzernde Ohrringe und nicht allein!) vom Bahnhof am Hotel ›Muraille de Chine‹ vorbei, und schon stehen Sie 50 m weiter vor dem unscheinbaren Eingang des Restaurants, vor dem ein freundlicher Kellner die Gäste erwartet. Drinnen trifft man auf einen einfachen, aber gemütlichen Gastraum mit großen, teilweise runden Edelholztischen. Wie in den meisten chinesischen Restaurants erhalten Sie eine riesige Speisekarte mit Dutzenden von Gerichten. Egal was Sie bestellen, es wird immer gut zubereitet sein und ausgezeichnet schmecken! Wenn Sie das Glück haben, mit einem Madagassen ins Gespräch zu kommen, brauchen Sie sich nicht zu wundern, wenn sich herausstellt, daß es ein Minister oder ein anderer Prominenter ist. Auch manches Mitglied der *Society* genießt die einfache Gemütlichkeit und die freundliche Unkompliziertheit des ›Grand Orient‹, das gute Essen – und die günstigen Preise!

---

eröffnet. Hauptmarkttag ist der Mittwoch, dann ist der Markt vom Angebot her noch reichhaltiger, allerdings auch von Käufern überschwemmt. Hier finden sich Gebrauchsgegenstände des täglichen Lebens wie geflochtene Körbe, Hüte, Matten, Ledertaschen, aber auch das in Madagaskar reichlich zu findende Kunsthandwerk wie geschnitzte Holz- und Hornfiguren, das Papier der Antaimoro und alle denkbaren Gegenstände aus geschliffenem Halbedelstein. Es gibt alles, was in Madagaskar wächst oder produziert wird, und es lohnt, sich Zeit zu nehmen, zu vergleichen und zu handeln.

Wer den Rummel weniger mag, braucht nicht auf den Freitag zu warten, denn der Markt ist die ganze Woche über gut bestückt, wenn auch nicht ganz so überladen wie am Freitag. Längst reicht ein Tag nicht mehr aus, um die Millionenstadt zu versorgen. Alle Waren

Antananarivo

finden Sie auch an allen anderen Wochentagen, wenn auch nicht in ganz so großer Auswahl wie am Freitag. (Achtung: Der Markt ist – neben den überfüllten öffentlichen Bussen – einer der wenigen Orte in Madagaskar, wo Taschendiebe auf Beute lauern. Kein Madagasse würde Schmuck bei sich tragen oder mehr Geld in der Tasche haben, als er für seine Einkäufe benötigt!)

Nicht ganz so spektakulär wie der Zoma, aber dafür ruhiger ist der Markt im ärmeren Stadtteil **Isotry** 2. Er ist am Samstag geöffnet, und man erreicht ihn vom Bahnhof aus zu Fuß in zehn Minuten. Gehen Sie in Richtung Westen die Arabe Rainibetsimisaraka bis zum Ende hinunter. In den Straßen findet samstags ein ›arabisch-afrikanischer Flohmarkt‹ statt. Einen dritten Markt, mit vielen kunsthandwerklichen Ständen, gibt es im Stadtteil Andravoahangy im Osten der Stadt.

Von Mai bis Oktober wird sonntags zwischen 10 und 16 Uhr in Isotry madagassisches Theater *(Hira Gasy, Mpilalao)* unter freiem Himmel aufgeführt. Im Sommer, wenn die Gefahr zu groß ist, daß die Vorstellung durch Regengüsse unterbrochen wird, finden die Aufführungen im **Theatergebäude** 3 statt (Lalana Dr. Charles Rabemananjara, ›Salle de spectacle d'Isotry‹). Auch wenn Sie die Sprache nicht verstehen, ist das Theater wegen der ausdrucksvollen Gestik der Schauspieler und der vielen Musik-, Tanz- und Akrobatikeinlagen ein Genuß.

Im Stadtteil Isotry steht auch das **Grabmal des Premierministers Rainilaiarivony** 4, das Königin Ranavalona I. errichten ließ. Es ist ein Beispiel für die Integration des Christentums in die madagassische Kultur und Religion – eine Mischung europäischer und madagassischer Stile. Seine Größe aber ist nur aus der madagassischen Tradition heraus erklärbar, wonach das Haus der Toten für die Ewigkeit gebaut und daher würdiger und größer sein muß als die Häuser der Lebenden.

Etwa 15 Minuten Fußweg vom ›Hilton Hotel‹ entfernt findet man den **Botanischen Garten Tsimbazaza** 5, in welchem viele Pflanzenarten des Landes, Lemuren, Tenreks, Krokodile, Schlangen, Chamäleons, Schildkröten, Insekten usw. zu finden sind, so daß er für interessierte Biologen ein absolutes Muß ist. Im Museum der Académie Malgache am Parkeingang werden die 18 Volksgruppen Madagaskars vorgestellt, auf den Wiesen des Parkgeländes hat man Grabstätten aus allen Teilen des Landes aufgebaut, so daß Sie sich einen guten Eindruck von der Grabmalkunst der madagassischen Ethnien verschaffen können. Im Museum befindet sich auch ein Skelett des berühmten Vogel Rock *(Aepyornis maximus;* s. S. 34), das allerdings einem kleinen Exemplar gehört haben muß. Auch ein Ei dieses Vogels wird im Museum aufbewahrt, das aus Schalenstücken zusammengesetzt wurde. Seine enorme Größe läßt eher nachvollziehen, daß der Vogel etwa 3 m groß gewesen sein soll. Der Garten ist einen Spaziergang wert, Sie sollten aber keine Sensationen erwarten!

Es bleibt noch der hübsche kleine **Lac Anosy** 6 zwischen dem ›Hilton Hotel‹ und dem Hügel, auf welchem das *Rova* thront, zu erwähnen. Er ist von Jacarandabäumen gesäumt, die im Oktober und November leuchtend lila blühen. Auf einer Insel inmitten des Sees befindet sich eine Säule mit einem goldenen Friedensengel, der an die madagassischen Soldaten erinnert, die im Zweiten Weltkrieg für die französische Armee starben und daher nicht im Familiengrab beerdigt werden konnten – für Ma-

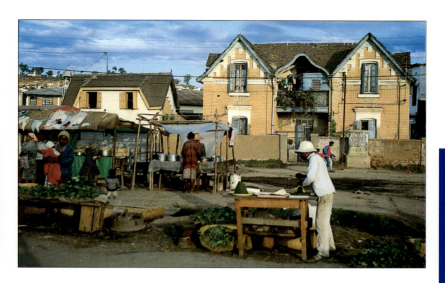

dagassen ein schreckliches Schicksal. In der Nähe des Lac Anosy befindet sich das Mahamasina-Stadion, früher Exerziergelände und Ort aller feierlichen Versammlungen der Königszeit, heute ein Fußballplatz.

Die Oberstadt

An einem freien Nachmittag sollten Sie sich Zeit für einen gemütlichen Spaziergang vom Zoma hinauf in die Wohnviertel der Oberstadt nehmen und die verschiedenen historisch interessanten Gebäude besuchen. Steigen Sie die Treppe am Südostende des Marktes hinauf, streunen Sie durch die Gassen und genießen Sie die sich immer wieder eröffnenden weiten Ausblicke auf die Stadt.

Ein Spaziergang ist besonders zu empfehlen: Ausgangspunkt ist das Hotel ›Colbert‹, etwa 100 m oberhalb des Zoma, am Südostende der Avenue de l'Indépendance. Von hier aus wandert man in Südostrichtung auf schmalen Straßen zunächst durch die Lalana Ratsimilao in Richtung *Rova*. Dieser Stadtteil stellte in früheren Jahren den Kern der Altstadt dar. Hier befinden sich 14 Kirchen verschiedener christlicher Konfessionen, die in den 80er und 90er Jahren des 19. Jh. errichtet wurden. Im Stadtteil Imarivolanitra kann man an Wochentagen die **Druckerei** 7 besichtigen, in der die erste madagassische Bibel und die erste Zeitung in madagassischer Sprache gedruckt wurden. Ein Stück weiter treffen Sie in Andohalo auf das **Wohnhaus von Jean Laborde** 8, dem Freund und Berater der Königin Ranavalona I.

In Andrafihavaratra befindet sich der wiederaufgebaute **Palast des Premierministers** 9, umgeben von hohen Steinhäusern, die zur Zeit der Königinnen von deren Beamten bewohnt wurden. Am Hang unterhalb der Straße stehen noch einzelne alte Holzhäuser, wie sie ursprünglich auch im *Rova* zu finden waren. Das **Musée de l'Art et d'Archéologie Malgache** liegt gleich neben dem Palast des Premierministers. Es ist ein hübsches Museum mit Holzskulptu-

Anatirova – Palast und Heiligtum der Merinakönige und -königinnen

Rovas gibt es in vielen größeren Orten des madagassischen Hochlandes. Es sind befestigte Wohnsitze königlicher Familien, meist leicht erhöht gebaut und von einer Mauer, manchmal einem Graben umgeben. Innerhalb der vielen *Rovas* im Hochland nimmt das **Anatirova** 11 von Antananarivo eine Sonderstellung ein, denn von hier aus begann die Einigung ganz Madagaskars durch die Merina. König Radama I. befehligte eine Elitetruppe, die sich *Voromahery* (›der Adler, der ein mächtiger Vogel ist‹) nannte, zu deren Erinnerung noch heute ein Bronzeadler das Eingangstor zum Königshof bewacht. Das *Rova* auf dem höchsten Hügel der Stadt ist aber nicht nur ein interessantes weltliches Bauwerk, sondern mit den Gräbern aller bisherigen Merinakönige das wichtigste Heiligtum in der madagassischen Religion. So läßt sich das Entsetzen verstehen, das die Bevölkerung Madagaskars ergriff, als das gesamte *Rova* im Frühjahr 1996 niederbrannte und nur die aus Stein errichteten neueren Teile übrigblieben. Seither wird in Madagaskar gesammelt, internationale Organisationen sichern Unterstützung zu, und man hofft, die Anlage bald originalgetreu wieder herrichten zu können.

Nach madagassischem Glauben sind die Verstorbenen Mittler zwischen den Lebenden und Gott, ähnlich den Heiligen im katholischen Christentum. Die Mitglieder der Königsfamilien hatten zu Lebzeiten unumschränkte Macht über ihre Untertanen, noch viel mächtiger sind sie nach ihrem Tode in der ›Zwischenwelt‹, wo sie sowohl mit dem Diesseits und ihren Nachkommen als auch mit dem Schöpfergott *Zanahary* unmittelbar in Kontakt treten können. Daher ist das Anatirova ein religiöses Zentrum, denn General Gallieni, der erste französische Gouverneur in Madagaskar, hatte 1897 veranlaßt, daß die sterblichen Überreste der bis dahin in Ambohimanga beigesetzten Könige und Königinnen in das Anatirova umgebettet wurden. Andrianampoinimerina war schon zu Lebzeiten wie ein Heiliger verehrt worden, und sein Ansehen bei den Merina geht weit über das eines großen weltlichen Herrschers hinaus. Seine sterblichen Überreste befinden sich im zweiten der neun **Gräber** ren, Musikinstrumenten und kunsthandwerklichen Gegenständen. Der **Gerichtshof** 10, zwischen dem Palast des Premierministers und dem *Rova,* ist ein weiteres Beispiel für die Architektur, die durch den Einfluß europäischer Bauherren entstand.

Abschluß und Höhepunkt des Rundganges durch die Oberstadt ist die Besichtigung des **Anatirova** 11 (s. o.) –

des Anatirova. Im ersten liegen die Königinnen Ranavalona I., Rasoherina, Ranavalona II. und Ranavalona III. vereint und in den anderen sieben die Überreste der Könige, welche vor Andrianampoinimerina geherrscht hatten.

Das einfache Holzhaus namens **Mahitsielafanjaka** (›ein aufrechter Geist herrscht lange‹) und sein Nachbargebäude Besakana wurde 1796 für König Andrianampoinimerina als Nachbau seines Palastes in Ambohimanga errichtet. Im Stil der einfachen Häuser der früheren Herrscher befinden sich eine Kochstelle und Werkzeug ebenerdig, die Schlafstelle steht erhöht und ist über eine Leiter erreichbar, so daß der König vor Angriffen geschützt war.

Das als **Palast der Königin** (Palais de la Reine) bekannte Gebäude (Manjakamiadana – ›wo es sich gut regieren läßt‹) wurde 1839 von Jean Laborde, einem Vertrauten der Königin Ranavalona I., errichtet. Es ist dem Stil der hölzernen Königshäuser nachempfunden, jedoch um vieles größer. Als zentraler Stützpfeiler diente ein einziger Palisanderstamm von 39 m Länge und einem Durchmesser von 1 m! Hunderte von Sklaven hatten diesen Urwaldriesen von weit her geschleppt und mit einfachsten Mitteln aufgerichtet. Im Inneren wurde das Gebäude in drei Stockwerke unterteilt und ein Jahrzehnt später von dem schottischen Baumeister Cameron von einem Steingebäude umschlossen. Nach dem Brand von 1996 ist nur der Steinbau übriggeblieben und von weitem als Symbol der Hauptstadt zu sehen.

Neben den Königsgräbern befindet sich ein mehrstöckiges Holzgebäude, das Königin Ranavalona I. im Jahr 1845 für ihren Sohn und designierten Nachfolger Rakoto hatte errichten lassen. Zur Verbindung der Bretter wurden aus Silber gefertigte Nägel verwendet – daher der Name **Tranovola** (›Silberhaus‹).

1866 kam ein im europäischen Landhausstil errichtetes Holzhaus namens Manimpisoa (›überwältigende Schönheit‹) hinzu, das – bis zum Brand 1996 – ein zweistöckiges Museum mit den Haushalts- und Schmuckgegenständen der Königsfamilie beherbergte.

In der Südwestecke des Geländes ließ die zum Christentum konvertierte Königin Ranavalona II. zwischen 1869 und 1881 vom Missionar William Pool eine **Anglikanische Kirche** errichten. Als 1835 Königin Ranavalona I. die Ausübung des christlichen Glaubens untersagt hatte, waren madagassische Christen, die ihrem Glauben nicht abschwören wollten, nahe dieser Kirche gefoltert und die Mauern hinuntergeworfen worden. Ein Opfer dieser Christenverfolgung war die madagassische Christin Rasalama, die bis heute als Märtyrerin verehrt wird. Insgesamt sollen etwa 200 Christen ihr Leben verloren haben – eine große Zahl, doch gering, wenn man sie mit der Gesamtzahl derer vergleicht, die als potentielle Gegner des Königshauses getötet wurden. Es sollen etwa 200 000 gewesen sein!

sofern es geöffnet ist! Anschließend nehmen Sie am besten ein Taxi zurück ins Stadtzentrum oder wandern weiter nach Süden. So gelangen Sie zu dem Berg **Ambohimitsimbina,** auf dem Vazimba gelebt haben sollen, bevor sie vermutlich im 17. Jh. durch die Merinakönige vertrieben wurden. Über malerische Fußpfade kann man unterhalb des *Rova* zurückwandern.

Die Umgebung von Antananarivo

Im unmittelbaren Einflußbereich der Hauptstadt befindet sich das Hochland Imerina, das Land der Merina, der größten und mächtigsten Volksgruppe Madagaskars. Ihre Kultur prägt das Gesicht der Landschaft mit Reisfeldern, über weite Hügel verstreuten Dörfern, wasserreichen Flüssen und Seen.

Im Osten von Antananarivo

An der Grenze zwischen dem Hochland und dem Regenwald der Ostküste liegt der Lac Mantasoa. Bei der Fahrt mit dem Zug oder über die gute Landstraße werden Sie zunächst die Vororte der Hauptstadt durchqueren, kommen am Sammelplatz der *Charettes* vorbei, mit denen die Bauern ihre Waren zum Markt bringen, sehen riesige glattgeschliffene Granitberge, Stromschnellen und kleine Dörfer. Von **Manjakandriana** (›wo die Königin regiert‹) und **Ambatolaona** zweigt eine jeweils ca. 12 km lange Piste nach Süden in Richtung Mantasoa ab (insgesamt ca. 60 km, bei gemächlicher Fahrt ca. 3 Std.).

Der **Lac Mantasoa** 1 (S. 285) ist ein 1936 angelegter Stausee, der für die Bewässerung des Hochlandes und zur Stromerzeugung genutzt wird. Rund um den See mischen sich Pinien- und Eukalyptuswälder mit Resten des Regenwaldes, der früher ganz Madagaskar bedeckte. Wenn Sie sehr früh aufbrechen, bekommen Sie einen herrlichen Eindruck von der Landschaft der Imerina, die sich in der Morgensonne in besonders klarem Licht zeigt. Der von Bergen umgebene See streckt viele Arme in die umliegenden Täler, so daß man von keinem Punkt seine ganze Ausdehnung überblicken kann. Er überflutete einen Großteil der Industrieanlagen, die Königin Ranavalona I. im 19. Jh. von 20 000 Arbeitern errichten ließ. Hier lag eine Industriestadt, wie sie zur damaligen Zeit auch in Europa nur selten zu finden war. Nach den Plänen des französischen Beraters der Königin, Jean Laborde, ent-

Am Lac Mantasoa

standen u. a. Glasbläsereien, eisenverarbeitende Betriebe, Schmieden, Färbereien, Tischlereien, Sägewerke, Papierfabriken. Die Anlage war allerdings ein Fremdkörper in der hiesigen Kultur und wurde von der Bevölkerung und vor allem von den Arbeitern gehaßt, die in einer Art Hand- und Spanndienst monatelang ohne Lohn arbeiten mußten. Als Laborde bei der Königin in Ungnade fiel, mußte er nach Réunion flüchten. Die Arbeiter zerstörten sofort alle Anlagen, und die beginnende Industrialisierung Madagaskars war beendet. Heute ist das Seeufer an Wochenenden Ausflugsziel wohlhabender Bewohner der Hauptstadt. In den Pinienhainen finden sich schöne Plätze zum Zelten, Verpflegung muß man jedoch aus der Hauptstadt oder dem Ort Mantasoa mitbringen.

Ein interessantes Ausflugsziel für Biologen, aber auch für den an der madagassischen Natur Interessierten Laien ist die **Marazevo Breeding Farm** des seit Jahrzehnten in Madagaskar lebenden und arbeitenden, französischen Biologen André Peyrieras. Sie liegt bei Marazevo nahe dem Ort **Mandraka** 2. Die Hauptstraße Antananarivo – Toamasina windet sich auf dem Weg dorthin in spektakulären Kurven einen steilen Gebirgsabbruch hinunter, der unvermittelt

aus dem gemäßigt kühlen Hochland in heißere, tropischere Gegenden führt. Gegen Eintrittsgebühr werden Sie durch den Garten geführt, in dem die verschiedensten Schmetterlingsarten, Geckos und Orchideen des Regenwaldes gezüchtet und deren Lebensweise erläutert werden. André Peyrieras hat in vielen verschiedenen Gehegen jene Pflanzen gezogen, welche jeweils für die gezüchteten Schmetterlinge, Chamäleons oder Geckos (darunter der bizarre *Uroplatus*) erforderlich sind. Viele der Tiere sind so hoch spezialisiert, daß sie nur in Symbiose mit bestimmten Pflanzen überleben können. In einem Bretterverschlag hängen Dutzende von Kokons des riesigen *Comète,* eines Schmetterlings mit einer Flügelspannweite von bis zu 30 cm. Fast alle Chamäleonarten, die es in Madagaskar gibt, sind vertreten, Krokodile leben in einem sicheren Gehege, ebenso Schlangen und Eidechsen von bis zu 50 cm Größe. Wenn Sie Glück haben und von Herrn Peyreiras selbst durch die Anlage geführt werden, spüren Sie die Faszination, die jeden Biologen erfaßt, der sich mit der so speziellen und ungewöhnlichen Natur Madagaskars beschäftigt. Man sollte sich mindestens zwei Stunden Zeit nehmen!

Von Mandraka sind es nur noch knapp 50 km bis nach **Moramanga** (›wo die Mangos billig sind‹) 3 (S. 287), dem wichtigsten Ort zwischen Antananarivo und Toamasina. Es gibt eine gute Asphaltstraße von Tana bis Moramanga, aber auch die Bahnfahrt ist interessant und bietet zudem den hautnahen Kontakt zum wirklichen Madagaskar und seiner Bevölkerung. Die Eisenbahn ist in der Regel hoffnungslos überfüllt, nicht nur von Menschen, sondern auch von Hühnern und Gepäck. Wenn die Bahn das Hochland hinter sich gelassen hat, klettert sie zunächst über einen Paß, und

mit einem Mal befinden Sie sich im dichten Wald. Die Schienen winden sich nun durch das enge Tal des Mandraka, der Zug muß mehrere Schleifen am Hang fahren, um steile Abhänge zu überwinden. Etwa eine Stunde vor Moramanga erreicht man wieder eine Ebene, die Luft ist nun deutlich wärmer und feuchter, die Hütten sind nun meist aus Holz. In der Stadt Moramanga dominiert nochmals die Steinarchitektur – allerdings neben vielen Holzhäusern im traditionellen Stil. Auf dem Markt finden Sie alle möglichen Obstsorten, die in dem fruchtbaren Agrargebiet um die Stadt wachsen. Moramanga ist nicht nur ein lebhaftes und reiches Städtchen, sondern auch ein Verkehrsknotenpunkt zwischen dem größten Reisanbaugebiet Madagaskars im Norden, der Hauptstadt im Westen und dem größten Hafen des Landes im Osten. Daher gibt es preiswerte und gute Restaurants, in

Comète: der größte Schmetterling Madagaskars

denen Fernfahrer ebenso wie gutsituierte Einheimische und natürlich ausländische Reisende Mittagspause auf halbem Weg machen.

Eine selten befahrene Piste von Moramanga nach Süden führt geradewegs in den Dschungel und endet nach 72 km in dem Ort **Anosibe An'Ala.** Bei Regenwetter ist sie unpassierbar, und auch in der Trockenzeit kommt man nur langsam vorwärts. 27 km südlich von Moramanga überqueren Sie eine Brücke. Dahinter zweigt rechts ein Fußweg ab zu den **Niagarakely,** den ›kleinen Niagarafällen‹. Das Wasser wird in einem künstlichen Wasserbecken aufgefangen, in dem Sie gefahrlos baden können. Nach weiteren 24 km kommen Sie an den Chutes de la Mort (›Wasserfälle des Todes‹) vorbei. Hier im Regenwald

Die Umgebung von Antananarivo

Östliches Tor des Rova von Ambohimanga

sehen Sie zum ersten Mal die auf Pfählen stehenden, strohgedeckten Holzhütten. In Anosibe An'Ala sollten Sie sich auf jeden Fall beim *Président du Fokontany* vorstellen, der Ihnen auch behilflich sein kann, eine Unterkunft zu finden.

Im Norden von Antananarivo

Nördlich von Antananarivo erstreckt sich eine sanfte Hügellandschaft mit Reisfeldern in Flußtälern und weiten, mageren Wiesen rund um die Dörfer mit ihren charakteristischen schmalen Häusern aus rotem Ziegelstein. Um diese karge, aber dennoch schöne Landschaft zu genießen, sollten Sie sich einen Tag Zeit nehmen.

Die Fahrt durch die Vororte Antananarivos ist abwechslungsreich, denn dichter städtischer Verkehr windet sich über Hügelkuppen und durch plötzlich sich öffnende Täler, in denen Reis- und Gemüsefelder angelegt wurden. Besonders in der frühen Morgensonne ist die Landschaft ein Erlebnis. Die RN 3 passiert die Abzweigung nach **Ilafy,** einem der zwölf heiligen Hügel der Merina, auf denen König Andrianampoinimerina jeweils einer seiner zwölf Ehefrauen ein *Rova* errichtet hatte. Einen Stopp ist **Sabotsy** (›Samstag‹) wegen des lebhaften Samstagsmarktes wert, dem das Dorf seinen Namen verdankt.

Nach etwa 20 km erreichen Sie schließlich den ›Blauen Hügel‹, den heiligsten Ort der Merina, nur noch übertroffen von den Grabstätten der Könige im *Rova* von Antananarivo. Hier in **Ambohimanga** 4 (S. 263) kam König Andrianampoinimerina, der berühmteste aller Merinakönige, zur Welt und residierte über sein Teilreich, bis er nach Antananarivo übersiedelte und von dort aus seinen Machtbereich vergrößerte. Wegen seiner religiösen Bedeutung darf der Ort bis heute nicht verändert werden und sieht daher noch fast genauso aus wie vor 200 Jahren. Das Königshaus (*Rova*) in einem kleinen Garten, in dem noch der Opferplatz für Zebus zu sehen ist, wurde ebenfalls in seinem ursprünglichen Zustand belassen. Im Unterschied zum *Rova* in Antananarivo besteht es ausschließlich aus Palisanderholz. Hier bekommt man einen guten Eindruck davon, wie einfach die Merina noch vor einem Jahrhundert lebten. Die ruhige Atmosphäre im Dorf und der weite Blick vom *Rova* über die Hochebene lohnen den Ausflug. Auf einem Platz vor dem *Rova* stehen schattenspendende Feigen- und Kautschukbäume, die an heiligen Orten der Andriana, der obersten Merinakaste, gepflanzt wurden.

Das östliche Eingangstor (*Ambatomitsangana*) zum Dorf wird von einem Turm bewacht. In früheren Zeiten rollten abends 40 Sklaven einen gigantischen, tellerförmigen Stein von 6 m Durchmesser vor den Durchgang, heute bleibt der Stein auch des Nachts neben dem Tor. Von dort führt ein Fußweg zum eigentlichen Wohnbezirk der Königsfamilie, zunächst an einem Platz (*Ambatorangotina*) vorbei, auf dem der König Ansprachen (*Kabary*) an sein Volk hielt. Eine Treppe führt weiter bergan zu einem großen Hof (*Fidasiana*), auf dem Feierlichkeiten, Zebuopfer und Theateraufführungen durchgeführt wurden. Im Norden begrenzt eine mehrere Meter dicke Steinmauer den Platz, die den Gipfel des ›Blauen Hügels‹ abstützt, auf welchem sich der innerste Bereich des *Rova* mit dem Haus des Königs, einigen später von Ranavalona II. errichteten Sommerhäusern und – natürlich an der höchsten Stelle – den königlichen Grabstätten befinden. Im Norden des Hügels befindet sich ein kleiner See, aus dem das Wasser für das heilige Bad des Königs entnommen wurde.

Das wichtigste und heiligste Haus des *Rova* ist das schlichte Wohnhaus des Königs. Wie die heutigen Holzhäuser in den Küstenregionen befinden sich in dem einzigen Raum die Feuerstelle, zwei Betten (eines in etwa 5 m Höhe am zentralen Stützpfeiler befestigt) für den König, ein weiteres für seine Frauen und seine Kinder. In den 10 m hohen Palisanderstamm, der das Haus in seinem Zentrum stützt, sind Löcher gebohrt, in welche man Stäbe einführen und leicht wieder herausnehmen kann. Wenn Fremde in die Nähe des *Rova* kamen, setzte der König die Stäbe ein, benutzte sie als Leitersprossen und kletterte so auf eine in etwa 5 m Höhe liegende Plattform, wo sein Speer lag. Anschließend zog er die Stäbe aus dem Pfahl wieder heraus und hatte so eine strategisch überlegene Position, sollten die Fremden versuchen, ihn anzugreifen.

Wenn Sie die Ruhe und die Würde genossen haben, die Ambohimanga ausstrahlt, können Sie auf einer Piste nach Westen durch Reisfelder zu einem weiteren der zwölf heiligen Hügel fahren. Dort liegt heute der Ort **Ambohitratrimo** 5 an der RN 4 nach Mahajanga. Dieses typische Hochlandstädtchen und sein *Rova* sind einen kurzen Besuch wert. Daß der Golfplatz nördlich des Ortes gut gepflegt aussieht, verwundert nicht, denn es spielt ohnehin nur die absolute (Geld-)Elite des Landes Golf. Außerdem sieht die Imerina auch ohne Pflege mit ihren kargen Wiesen, den Erosionseinbrüchen (Bunker!), kleinen Seen und einzelnen Wäldchen aus wie ein großer, gepflegter Golfplatz!

An der Straße zum Flughafen Ivato liegt der Villenvorort **Ambohibao** 6. An einem hübsch gelegenen, kleinen See haben einige Botschaften ihren Sitz.

Im benachbarten Dorf **Andronoro** befindet sich ein Haus, auf dessen Türe

Im Süden von Antananarivo

Obwohl die RN 7 von Tana nach Ambatolampy, Antsirabe und Fianarantsoa die meistbefahrene Strecke des Landes ist, begegnen Sie nur alle paar Minuten einem Fahrzeug. Meist sind es *Taxis-Brousse* oder Lastwagen, die die Hauptstadt mit Produkten aus den landwirtschaftlich ergiebigen Gebieten im Süden versorgen. Mehrmals pro Woche fährt die Eisenbahn von Tana nach Antsirabe und hält in allen interessanten Orten. Der Zug durchquert zunächst die Reisfelder im Süden der Hauptstadt. Nach 20 km tauchen rechter Hand die Ausläufer des Ankaratra-Gebirges auf. Den höchsten Punkt der Bahnstrecke – über 1700 m – erreicht man in Sambaina, wo es in den Monaten Juli, August und September nachts empfindlich kalt werden kann.

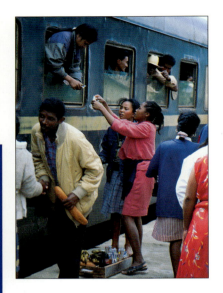

Nach 15 km erkennt man bei **Iavolona** 7 rechts der Straße ein riesiges modernes Gebäude, dessen Architektur an das *Rova* in Antananarivo erinnert. Es wurde in den 80er Jahren vom damaligen Präsidenten Ratsiraka mit nordkoreanischer Entwicklungshilfe errichtet und war sein Wohnsitz, bis er 1991 zurücktreten mußte. Ähnlich wie beim *Rova* waren auch hier Unterkünfte von Soldaten an den Hängen des Hügels rund um das Hauptgebäude gruppiert. In der Bevölkerung kursieren abenteuerliche Gerüchte, daß alle Bauarbeiter, einschließlich des verantwortlichen Architekten, nach der Fertigstellung des Palastes spurlos verschwunden seien, daß sich in den unentdeckten Kellergewölben Geheimgänge befänden und mystische Zeremonien dort abgehalten worden seien. Sicher allerdings ist, daß im August 1991 vor den Toren dieses Gebäudes der tragischste und politisch

geschrieben steht: ›Rovan Ny Masina Ranoro Sy Ny Fianakaviany‹ (›Palast der heiligen Ranoro und ihrer Familie‹). Es handelt sich um das Zentrum eines religiösen Kultes aus vorchristlicher Zeit. Wer das Haus betreten will, muß die Schuhe ausziehen und darf weder Salz noch Zwiebeln oder alkoholische Getränke bei sich haben. Die Gläubigen bringen Honig als Opfergabe mit. Die verehrte heilige Ranoro, eine Wassernixe, war der Legende nach dem See entstiegen, um den Prinzen Andriambodilova vom Volk der Vazimba zu heiraten. Bis 1869 opferten die Merinakönige hier regelmäßig Zebus. Selbst sie mußten an dieser heiligen Stätte barfuß vorüberzugehen, durften sich nicht in der Sänfte tragen lassen oder einen Regenschirm öffnen. Diese Vorschriften sind ein Hinweis, daß die geheimnisumwitterten Vazimba keine primitive Urbevölkerung, sondern ein kulturell hochstehendes Volk waren, das starken Einfluß auf die Kultur der Merina ausgeübt haben dürfte (s. S. 198 ff.).

folgenschwerste Zusammenstoß zwischen der damaligen Staatsmacht und der Opposition stattfand. Zehntausende von Arbeitern und Studenten versammelten sich damals in der Avenue de l'Indépendance im Zentrum der Hauptstadt zu einem friedlichen Protestmarsch vor die Tore des Präsidentenpalastes in Iavolona. Dort angekommen, forderten sie Ratsiraka zum Rücktritt auf. Die Spannung wuchs, als ein Hubschrauber vom Flughafen Ivato zum Präsidentenpalast flog, dort landete, später wieder aufstieg und in Richtung des Demonstrationszuges flog. Teilnehmer berichten, daß kurz darauf ein schreckliches Chaos ausbrach, denn aus dem Hubschrauber wurden Handgranaten auf die Demonstranten geworfen. Diese flüchteten in die umliegenden Reisfelder, wo aber anscheinend vorher Minen gelegt worden waren. So nahm eine friedliche Demonstration ein blutiges Ende. Gleichzeitig aber markierte dieser Tag auch das endgültige Ende der Sozialistischen Republik Madagaskar. Air Madagascar und die Flugsicherung der Hauptstadt begannen sofort einen wochenlangen Streik. Sie gaben an, sie hätten dem Hubschrauber die Starterlaubnis erst erteilt, nachdem ausdrücklich versichert worden sei, daß er nicht zu Kampfzwecken gegen die Demonstranten eingesetzt werde. Diese ›Ereignisse des August 1991‹ haften bis heute im Gedächtnis der Madagassen, vergleichbar mit dem Tag der Unabhängigkeit.

Bei km 22, gleich hinter einer Brücke, zweigt von der RN 7 nach Osten eine Piste ab, die am Fluß Sisaony entlangführt und diesen mehrmals überquert. Der ausgebaute Teil dieser Straße endet nach 18 km in **Andramasina.** Von dort aus sind die Wasserfälle des Sisaony zu sehen. Den **Lac Tsiazompaniry** 8 erreicht man auf einer nach Südosten weiterführenden Straße. Er liegt in einer noch ursprünglicheren Umgebung als der benachbarte Lac Mantasoa (s. S. 74 f.). Die Rundfahrt Tana – Andramasina – Lac Tsiazompaniry – Ambohimiadana – Lac Mantasoa – Manjakandriana – Tana ist übrigens eine herrliche Tagestour mit dem Auto oder mit dem Motorrad. Wegen der möglicherweise (je nach Jahreszeit) schlechten Straßenverhältnisse zwischen Andramasina und dem Lac Mantasoa sollten Sie aber sehr früh aufbrechen.

Am Wochenende herrscht in **Ambatolampy** (›Stadt unter den Felsen‹) 9 (S. 261) Ausflugsbetrieb aus Antananarivo, und in den Hotels müssen dann Zimmer und Tische für die Mahlzeiten vorbestellt werden. Das weite Tal um den Ort mit Reis- und Gemüsefeldern ist eine Bilderbuchlandschaft mit den Gipfeln des Ankaratra-Gebirges im Hintergrund. Wenn die Eisenbahn funktioniert (in Antananarivo erkundigen!), stellt sie eine gute Alternative zur 2 1/2-stündigen Fahrt mit dem Auto dar. Sie kurvt durch Reisfelder, hält in kleinen Dörfern, wo Essen in den Zug gereicht wird, und überquert reißende Flüsse. Die Zugfahrt dauert zwar länger als die mit dem Auto, doch sieht man auch mehr! Wer einmal die ›folkloristische‹ Stimmung einer Bahnfahrt kennenlernen möchte, dem sei diese kurze Strecke empfohlen!

In der Nähe des Bahnhofs von Ambatolampy mündet eine von Osten kommende Piste in die RN 7. An der Kreuzung stehen die *Taxis-Brousse,* die nach Antsampandrano und Tsinjoarivo fahren. Die Stadt **Antsampandrano** liegt weitab jeglicher Zivilisation inmitten weiter Reisfelder, ein *Vazaha* ist hier eine Sensation. Doch findet hier einer der schönsten Märkte Madagaskars statt. Die Straße schlängelt sich weiter durch ein weites Tal und berührt mehrmals den Fluß Onive. Bei **Tsinjoarivo** 10, wo der Fluß vom Hochplateau in die Tiefe stürzt, steht auf einer Anhöhe ein renoviertes *Rova,* in dem Königin Rasoherina ihre Wochenenden verbrachte. Nicht weit entfernt braust das Wasser des Onive zwischen den Felsen hindurch nach Osten, wo in der Ferne die Reisfelder in den tropischen Regenwald übergehen.

Bei Andraraty befindet sich der Haupteingang zur Station Forestière et Piscicole de Manjakatompo, dem Ausgangspunkt für die Besteigung des 2643 m hohen **Tsiafajavona** 11, aber auch für einige Spaziergänge – so über den ›Rundweg der Mimosen‹ (6 km) zum Lac Froid und zum Bassin des Dames. Für die Besteigung des Tsiafajavona sollten Sie einen Führer anheuern, den Sie in Manjakatompo finden. Der Berggipfel gilt als heiliger Ort; mehrmals im Jahr werden dort Opferzeremonien abgehalten, bei denen sich alle *Mpsidiki* (Zauberer, Naturheilkundige) der Gegend treffen. Bringen Sie kein Schweinefleisch als Proviant mit, denn das würde Unheil bewirken! Am Eingang der Forststation bekommen Sie ein Heft mit Informationen über Fauna und Flora des Parks, über Wanderwege und die zu respektierenden *Fadys.*

Im Westen von Antananarivo

Im Jahr 1980 wurde die RN 1 von Antananarivo bis Tsiroanomandidy fertiggestellt. Die Straße führt durch einige der schönsten Landschaften des Hochlandes und passiert zahlreiche interessante Ortschaften, die in der Geschichte der Merina eine bedeutende Rolle gespielt haben. Nach der Überquerung der Brücke über den Sisaony-Fluß biegt von der RN 1 eine Piste nach links ab, die über Faliarivo nach **Antsahadinta** führt. Dort finden sich sehr gut erhaltene Gebäude einer alten Königsstadt, zahllose heilige Steine, heilige Wälder und heilige Häuser.

Erste größere Stadt (10 000 Einwohner) an der RN 1 ist **Arivonimamo.** In den Wintermonaten ist die Piste von hier nach Faratsiho befahrbar und ermöglicht es, das Ankaratra-Gebirge ›von hinten‹ zu erreichen. In dieser abgelegenen Gegend trifft man kaum andere Reisende an.

Etwa 25 km hinter Arivonimamo erreichen Sie die hübsche, auf einem Hügel gelegene Kleinstadt **Miarinarivo** 12, von der sich ein weiter Blick über das Hochland bietet. Auch von hier aus führt eine nur im Winter befahrbare Piste in Richtung Süden, die östlich des Lac Itasy vorbei nach Soavinandriana führt.

An der Abzweigung einer asphaltierten Straße nach Ampefy (Süden) und zum Lac Itasy liegt **Analavory.** Nahe des Ortes befinden sich Geysire, die man mit einem geländegängigen Wagen erreichen kann. Von Analavory folgen Sie der Piste etwa 8 km nach Nordwesten und verlassen sie an einer Abzweigung bei einem großen Mangobaum nach links (Westen). Fahren Sie etwa 1 km bis zu einem Steinbruch und weiter, bis Sie einen Bach erreichen. Am gegenüberliegenden Ufer befinden sich zwei Quellen, aus denen das warme, stark mineralhaltige Wasser unter Druck bis zu 3 m hochschießt.

Wenn Sie in Analavory auf die gute Asphaltstraße nach Süden abbiegen, erreichen Sie nach etwa 30 Minuten Fahrt durch eine sanfte, bewaldete Hügellandschaft vulkanischen Ursprungs das malerisch am Ufer des Kavitaha-Sees gelegene Städtchen **Ampefy** 13 (S. 264). Von der Brücke über das Flüßchen Lily am Ortseingang haben Sie einen schönen Blick über den See. Von links fließt das vom Itasy-See kommende Wasser in mehreren Kaskaden über Basaltfelsen in den Kavitaha-See. Auf den Felsen haben die Fischer Hütten errichtet, in denen sie ihre Harpunen aufbewahren. Der Ort ist mit Orchideen, Bougainvilleen und Rosen geschmückt, an der Hauptstraße stehen Mango- und Papayabäume. Wenn Sie am Südausgang des Ortes auf die nach Osten führende Asphaltstraße abbiegen, erreichen Sie ein paar Kilometer weiter das Ufer des großen Lac Itasy.

Von Ampefy führt eine reizvolle Wanderung zum Wasserfall des Flusses Lily. Vom Ortszentrum aus gehen Sie etwa 300 m nach Norden, bis kurz vor der Brücke ein Weg in westlicher Richtung abzweigt. Er folgt zunächst dem Flußlauf, biegt dann nach links ab, führt einen sanften Hügel hinauf und schlängelt sich an sanften Vulkankegeln vorbei. Nach 1½ Stunden erreichen Sie ein Dorf. 100 m davor zweigt ein Weg nach links ab, dem Sie bis zu einem Haus und dann weiter über eine Hügelkette bis an das Ufer des Flusses folgen. Am linken Ufer gehen Sie nun flußabwärts und werden schon bald das Getöse des Wasserfalles hören. Bei der Brücke, die zum Dorf Antafofo führt, halten Sie sich links, durchqueren das Gelände einer zerfallenen Mühle und schauen von dort auf den **Wasserfall des Lily.** Wer nicht den gleichen Weg zurückgehen will, überquert die Brücke kurz oberhalb des Wasserfalles, geht durch das Dorf Antafofo und folgt einer Piste, die nach 4,5 km in die Asphaltstraße Ampefy – Analavory mündet. Es kommen *Taxis-Be* vorbei, die Sie mitnehmen können. (Hin- und Rückweg 4 Std. Proviant gibt es unterwegs nicht zu kaufen!)

Eine besonders schöne Wanderung führt von Ampefy zum Lac Itasy (2–3 Std.). Gehen Sie vom Ortszentrum nach Süden und biegen Sie links in die Asphaltstraße ab, die zum Hotel ›Kavitaha‹

Ochsenkarren im Hochland, westlich von Antananarivo

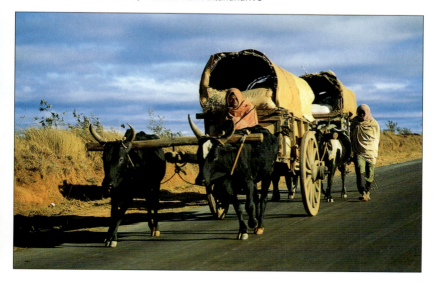

Wasserfall des Lily bei Ampefy

führt. Nach etwa 500 m zweigt rechts ein Pfad ab, der über eine Wiese führt, dann den Hügel hinauf bis zum Gipfel. Gehen Sie auf der anderen Seite des Hügels wieder bergab, erreichen Sie ein Dorf, hinter dem der Weg endet. Von nun an halten Sie sich am Rande der Felder in Richtung Südwesten. Sie überqueren eine Hügelkette und schauen vom Gipfel der zweiten Kette (aus etwa 300 m Höhe) auf den **Lac Itasy** hinunter. Zwei Halbinseln vulkanischen Ursprungs ragen in das Wasser hinein; auf der linken liegt ein Fischerdorf, auf der rechten stehen einzelne Hütten. Im See sollte man besser nicht baden, denn angeblich leben hier nicht nur viele Krokodile, sondern es lauert auch die Bilharziose. Um nach Ampefy zurückzukommen, folgen Sie vom See aus einer von Avocado- und Litschibäumen gesäumten Piste in westlicher Richtung. Nach 2 km mündet sie in die Hauptstraße von Ampefy nach Soavinandriana. Hier warten Sie entweder auf ein *Taxi-Brousse* oder marschieren in Richtung Norden die 2 km zurück nach Ampefy.

Folgen Sie der Straße von Ampefy nach Süden, so zweigt bei km 14 rechts eine Piste ab. Nach 1 km erreicht sie das Ufer des kreisrunden **Kratersees von Andranotoraho,** der einen Durchmesser von etwa 200 m hat. Die Bauern der Gegend behaupten, ein Ungeheuer wohne darin, das in der Nacht an Land komme.

Der nächste größere Ort an der RN 1 westlich von Analavory ist **Sakay (Babetville)** 14. In der Kolonialzeit wurden in diesem fruchtbaren, aber bis dahin ungenutzten Gebiet Kreolen von Réunion angesiedelt. Mit finanzieller Unterstützung Frankreichs betrieben sie hier Landwirtschaft, legten einen Stausee an und produzierten Milch und Käse. Der Ort wurde parkartig um eine Kirche herum angelegt. Viele kleine Häuser stehen in Gärten, die von tropischen Pflanzen förmlich überquellen. (Fahrzeit ab Analavory 1–1½ Std.) Etwa 20 km nördlich von Sakay liegt der malerische **Lac Loko II,** zu dem eine reizvolle Wanderung führt.

Endpunkt der RN 1 im Westen ist die Stadt **Tsiroanomandidy** 15 (S. 298).

Eine Verlängerung der Straße bis nach Maintirano an der Westküste ist geplant, bislang kommt man aber nur in den Wintermonaten mit einem Geländefahrzeug weiter. Neben Ambalavao, südlich von Fianarantsoa, besitzt Tsiroanomandidy den größten und wichtigsten Rindermarkt Madagaskars. Rinderdiebe wie ehrliche Bauern und Händler treiben ihre Herden hierher, wo Einkäufer aus der Hauptstadt und Exporteure warten, die sie weiter nach Mahajanga an die Westküste und von dort ins Ausland bringen. Zukunftsmusik ist die Weiterfahrt per Boot auf dem Manambolo-Fluß von Tsiroanomandidy über Ankavandra durch die Schlucht am Südende des Bemaraha-Plateaus. Dort liegt das Dorf Bekopaka, von dem aus man in einer ein- oder mehrtägigen Wanderung das Naturreservat der Tsingy de Bemaraha erkunden kann (s. S. 196).

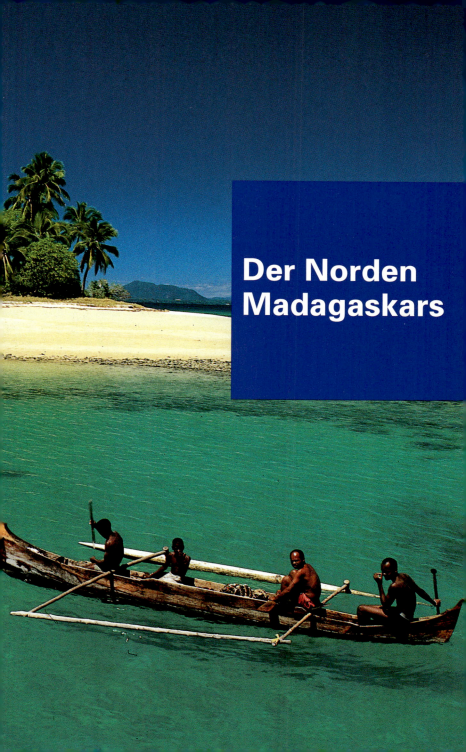

Der Norden Madagaskars

Der Lac Alaotra

Die Umgebung des Lac Alaotra gehört zu den Regionen Madagaskars, in die sich nur wenige Besucher verirren. Der See hat auch keine besonderen landschaftlichen Reize zu bieten, denn er liegt inmitten eines riesigen, flachen Reisanbaugebietes, seine Ufer sind sumpfig, schwer erreichbar und ›krokodilverseucht‹.

Die Fahrt von Moramanga (s. S. 76 f.) nach Ambatondrazaka aber ist mit dem Auto wie mit der Bahn ein Erlebnis, denn völlig unerwartet verläßt man bald das grüne, unbewaldete Umland Moramangas und findet sich in einer riesigen Ebene wieder. Die bei Trockenheit gut befahrbare Piste führt 160 km entlang der Eisenbahnschienen, manchmal in engen Schlangenlinien, meist aber kerzengerade nach Norden und endet im Zentrum des Reisanbaugebietes rund um den Lac Alaotra. Die Fahrzeit beträgt bei guten Bedingungen 3–4 Stunden, nur die letzten 30 km sind asphaltiert.

Ein großer Teil der madagassischen Reisproduktion stammt von den Feldern an der Süd- und Westseite des 182 km^2 großen Lac Alaotra, die mit Hilfe von Kanälen einfach zu bewässern und wieder trockenzulegen sind, denn weder Berge noch Wälder unterbrechen die unendlich weite Ebene. Am Horizont im Westen sind die Hügelketten des Hochlandes zu erblicken. An der Ostseite des Sees erheben sich kahle Gipfel, deren östliche Abhänge von dichtem Wald bedeckt sind.

Wichtigste Stadt der Region ist **Ambatondrazaka** 1 (S. 261), im Südosten des Sees, eine gemütliche Kleinstadt mit Markt und über mehrere Hügel verteilten hübschen Hochlandhäusern. Ein schöner Blick über die Hügel, den Ort und die Reisfelder bietet sich von der oberhalb des Bahnhofs liegenden Kathedrale St-Trinité aus.

Ambatondrazaka ist die Hauptstadt des Volkes der Sihanaka (›die ins Marschland irrten‹). Ihr Leben kreist noch mehr als das anderer Ethnien um Wunderheiler, Zauberer, Hexen und *Fadys.* Die überlieferte Sozialstruktur ist unverändert erhalten. Wenn Sie einige Zeit bleiben, können Sie Aufführungen des traditionellen Theaters *(Mpilalao)*, von Faustkämpfen *(Moraingy)* oder Volkstänzen erleben. Ambatondrazaka bedeutet ›unter dem Stein der Razaka‹. Der Sihanakakönig Andriambololona soll lange mit den früher hier lebenden Vazimba um die Vorherrschaft gekämpft haben. In einer Entscheidungsschlacht

Der Lac Alaotra

am Südwestufer des Sees konnte er sie letztlich besiegen und vertreiben. Zum Andenken an diesen Kampf ließ er einen Stein aufrichten und nach einer seiner Töchter ›Razaka‹ nennen. Der Ort entstand um diesen Stein herum und erhielt so seinen Namen.

Nicht weit östlich des Lac Alaotra soll es im Regenwald ein Dorf namens Andrebabe geben, wo Heilige aus königlichen Familien leben. Sie kommen gelegentlich zu Fuß in die Stadt Ambatondrazaka, um auf dem Markt Waren zu tauschen, wo man sie an ihren Hemden erkennt, die nicht vorne, sondern hinten geknöpft werden. Allerdings hat noch niemand das Dorf aus der Nähe gesehen, mit dem man darüber sprechen könnte. Wenn sich nämlich jemand dem Dorf nähere, der nicht zu den heiligen Bewohnern zähle, so könne er es zwar von weitem am Hang eines Berges erkennen. Sobald er aber näher komme, verschwinde es auf unerklärliche Weise. Sowohl ein europäischer Priester, der in Ambatondrazaka lebt, als auch ein Reporter einer Radiostation haben versucht, die Geschichte zu überprüfen, indem sie einem Bewohner von Andrebabe nach seinen Einkäufen auf dem Markt zurück in den Regenwald folgten. Beide berichten übereinstimmend, daß sie das Dorf gesehen haben. Als sie jedoch näherkamen, sei es verschwunden und unauffindbar gewesen.

Etwa 45 km südöstlich von Ambatondrazaka, unmittelbar an der Grenze zum Regenwald des Ostens, liegt die Ortschaft **Didy** 2. Die Reisfelder bedecken einen Teil der großen Sumpfebene westlich davon. In den 70er Jahren wurden hier zwei riesige Auslegerboote gefunden, wie es sie sonst nur am Meer gibt. Die Einwohner von Didy erklären die Herkunft der Boote mit folgender Geschichte: Andriandrambondranitra

Durch Stampfen werden die Reiskörner von den Hülsen befreit

(›der Herr der Wirbelstürme‹) kam von der Ostküste und siedelte sich mit seiner Familie in Didy an. Da er glaubte, auf einer kleinen Insel zu sein, hatte er seine Boote mitgebracht, um auf der anderen Seite weiterfahren zu können. Auf dem Hochplateau angekommen, beschloß er jedoch zu bleiben, denn es war weit und breit kein Meer zu sehen. Er hatte zwei Brüder, die mit ihren Familien weiter nach Westen zogen und zu den Stammvätern der Merina und der Betsileo geworden sein sollen. Die Straße nach Didy biegt am Nordausgang von Amba-

Der ›Schmugglerpfad‹
Erlebnis für leidensfähige Wanderer

Imerimandroso am Lac Alaotra ist der westliche Endpunkt eines Pfades, auf dem früher von Mauritius und Réunion eingeschmuggelte Waren ins Hochland gebracht wurden – und angeblich noch werden. Bevor die Piste von Toamasina nach Antananarivo und die Eisenbahn existierten, stellte er die normale Verbindung von der Küste ins Hochland dar. Die Regierung plant, in den nächsten Jahren dort eine Straße zu bauen; bislang kann man die Strecke aber nur zu Fuß gehen. Die Wanderung ist ein Erlebnis der ganz besonderen Art, wenn Sie bereit sind, Unannehmlichkeiten in Kauf zu nehmen, um dem Land und seiner Natur wirklich nahe zu kommen.

Die im folgenden beschriebene fünftägige Tour, die nur zwischen Juni und September empfohlen werden kann, führt durch sehr abgelegenes Gebiet. Sie finden weder Straßen noch Hotels, Restaurants oder *Hotelys* und nur selten einen Laden. Der ›Schmugglerpfad‹ wird von Einheimischen stark frequentiert, so daß die Möglichkeit besteht, sich zum nächsten Ort durchzufragen. Dennoch ist es ratsam, einen Führer mitzunehmen, der es erleichtert, am Abend einen Schlafplatz (in Dorfschulen oder von den Gemeinden frei gemachten Hütten) und etwas Warmes zum Essen zu finden. Auch ist dringend zu empfehlen, sich die beiden entsprechenden topographischen Karten im Maßstab 1:100 000 zu besorgen (FTM Feuille T-43, Vohimanikely und Feuille U-43 Vavatenina).

Die Trekkingtour kann anstrengend werden, insbesondere wenn Sie Regen mitbekommen oder auf den schmalen Pfaden von einer Rinderherde begleitet werden! Richten Sie sich darauf ein, zwischendurch einen Tag Pause einzulegen oder die Etappen etwas abzukürzen, wenn Sie erschöpft sind. Auch außerhalb der Hauptregenzeit muß man mit gelegentlichen Niederschlägen am Nachmittag rechnen; deshalb sollten Sie gute Regenkleidung, feste Schuhe mit griffiger Sohle (jedoch keine Lederschuhe, die sich mit Wasser vollsaugen) und eine kurze Hose zum

Wechseln mitnehmen. Da der Weg manchmal in Bachbetten verläuft, Flüsse durchquert und nach Regenfällen aufgeweicht ist, ist gutes Schuhwerk entscheidend. Versorgen Sie sich auch ausreichend mit Proviant für den Tag. Abends bekommen Sie in den Dörfern einen Teller Reis, gekochte Bohnen und Gurken. Außerdem dringend zu empfehlen sind Mückenschutzmittel und Moskitospiralen. Bei der Ankunft in Dörfern sollten Sie sofort nach dem *Président du Fokontany* fragen und ihn um die Zuweisung einer Unterkunft bitten. Zeigen Sie sich für die Gastfreundschaft erkenntlich, aber nicht, indem sie mit Geld um sich werfen. Die Dorfbewohner freuen sich sehr über Kleidungsstücke oder über Zahnpasta, ein Stück Seife, einen Kugelschreiber oder auch ein Feuerzeug – alles kleine Geschenke, die in jedem Rucksack Platz haben sollten.

1. Tag: Imerimandroso – Antanandava (3 Std.)

Man verläßt Imerimandroso auf der Straße Richtung Osten, an der Kirche vorbei, und geht etwa $1/2$ Std. bergab, durch Antanofotsy, dann über drei ›Brücken‹ (Bretter). Danach rechts abzweigen, bergauf durch die langgezogene Ortschaft Ankasina gehen und sich am Ortsende links halten. Nach gut 1 Std. zweigt der Weg vor der kleinen Ortschaft Bekatsaka nach rechts ab; von dort ist es dann noch etwa 1 Std. bis Antanandava.

2. Tag: Antanandava – Amboditafonana – Manambato (8–10 Std.)

Lassen Sie sich den Weg aus dem Dorf in Richtung Amboditafonana zeigen. Der Pfad führt zunächst etwa $1/2$ Std. bergauf und dann rechts in einem Halbkreis um eine Bergkette herum; danach muß man nach rechts zum Talgrund hinabsteigen. Im Tal dann rechts halten; über ›Brücken‹, die sich als im Wasser oder Schlamm ertastbare Baumstämme erweisen, durch Bach und Sumpf. Etwa $3/4$ Std. später kommen Sie an einem quadratischen Steingrabmal vorbei; einige hundert Meter dahinter zweigt der Weg nach rechts ab hinunter ins Tal. Kurz vor Amboditafonana ist ein kleiner Fluß zu überqueren (Baumstamm!). Lassen Sie sich von den Bewohnern des Dorfes den Weg durch die anschließenden Reisfelder zeigen. Dahinter führt der Weg flußabwärts durch ein langes, enges Tal (Regenwald), der Fluß muß öfter durchwatet werden, teilweise verläuft der ›Weg‹ auch im Wasser. Zwischendurch passiert man ausgedehnte Brandrodungen. Vor einem Sumpf gabelt sich der Weg; folgen Sie dem rechten Pfad, der durch den Sumpf und später durch gartenähnliche Landschaft führt. Kleinere Auf- und Abstiege, vorbei an Brandrodungen und Hütten. Die letzte $3/4$ Std. verläuft der Weg oberhalb des Andasimantsina-Flusses talabwärts. Unmittelbar vor dem Dorf Manambato muß der gleichnamige Fluß durchquert werden (Achtung: unter Umständen hüfthohes Wasser, reißende Strömung!).

3. Tag: Manambato – Sahalangina (7–8 Std.)

Hinter Manambato führt der Weg rechts oberhalb des Flusses weiter flußabwärts, vorbei an Brandrodungen. Nach knapp 1 $1/2$ Std. erreichen Sie ein kleines Dorf, nach insgesamt 3 Std. biegt der Weg rechts vom Fluß ab (leichter Anstieg). Etwa $3/4$ Std. weiter geht es bergab an einem kleinen Bach entlang. Kurz danach endet der Weg an einem Seitenarm des Manambato-Flusses. Hier muß man etwa 50 m nach rechts

›Schmugglerpfad‹

durch das Wasser flußaufwärts waten, dort setzt sich dann am linken Ufer der Weg fort. Es folgen ½ Std. Aufstieg und anschließend 1½ Std. anstrengender Weg durch Regenwald. Man erreicht dann einen größeren, offenen Platz. Nach rechts führt ein kleiner Weg, steil nach unten ein ausgewaschener Tunnel, nach links der Pfad nach Sahalangina, der sich in Serpentinen hinunter ins Tal windet (1 Std.). Kurz vor dem Dorf muß der Sahalangina-Fluß durchquert werden.

4. Tag: Sahalangina – Sahatavy
(4–4½ Std.)
Zunächst führt der Weg am Manambato-Fluß entlang. Bei einer kleinen Siedlung verläßt man den Flußlauf, es folgt ein Aufstieg durch lichten Regenwald und tropische ›Gärten‹. Nach einer weiteren ½ Std. kommen Sie an einer zweiten Siedlung vorbei, noch 1 Std. später zweigt der Pfad nach rechts ins Tal ab. Etwa 50 Min. danach erreicht man den ersten Ortsteil von Ambavala. Nun geht es einen schönen Weg im Talgrund entlang, der wiederholt den Fluß kreuzt. Bald passiert man den zweiten und den dritten Ortsteil, dann jedoch nicht den Fluß durchqueren und zum vierten Ortsteil gehen, sondern ein paar Meter im Fluß weiterwaten. Die Stelle, wo es dann weitergeht, ist nicht zu verfehlen! Es folgt ein kleiner Aufstieg. Nach ½ Std. hat man bereits einen schönen Blick auf den Ort Sahatavy am gleichnamigen Fluß. Sie erreichen das Dorf nach ¾ Std. Abstieg. In Sahatavy gibt es mehrere Läden, in denen Sie

tondrazaka von der bis dahin asphaltierten Straße nach Südosten ab. Nach 3 km erreichen Sie zwei kleine Seen, in denen man baden kann. Eine Stunde Fußmarsch und zwei Stunden Fahrt mit einer Piroge von Didy entfernt sind die **Wasserfälle des Ivondro**. Einen Führer können Sie in Didy oder bereits in Ambatondrazaka finden.

Auf einer Halbinsel im Lac Alaotra liegt 18 km nördlich von Ambatondrazaka die Station Agricole **Ambohitsilaozana** 3, eine Versuchsfarm, auf der alle Kulturpflanzen des Landes gezüchtet werden. In einer parkartigen Landschaft gedeihen auf Versuchsfeldern 3000 verschiedene Reissorten, es werden Tabak, Zuckerrohr (600 Sorten), Pfeffer, Vanille, Bambus, Litschis, Kaffee und Kokospalmen angebaut.

Das **Zahamena-Naturreservat** 4 (S. 299) ist ein selten besuchtes und abgelegenes Reservat, östlich des Lac Alaotra. Die Zufahrt erfolgt auf einer schlechten Piste von Ambatondrazaka aus zunächst nach Norden entlang des Ostufers des Lac Alaotra. Wenige Kilometer vor Ambatosoratra zweigt eine Piste nach Osten ab, die nach 37 km bei Manakambahiny endet. Hier befindet sich der Ausgangspunkt für den Besuch des 73 000 ha großen Naturschutzgebietes, das in zwei sehr unterschiedliche Zonen zerfällt. Im Westen erstreckt sich ein Plateau mit niedrigem, buschigem Wald, im Osten der typische Regenwald der Ostküste – hügelig mit tief eingeschnittenen, kesselförmigen Tälern. Zahlreiche endemische Vogelarten und Lemuren sind hier anzutreffen, darunter auch der Indri (s. S. 95). Der Besuch des Reservates ist noch nicht organisiert, daher schwierig.

Imerimandroso 5 war einmal der wichtigste und reichste Ort am Lac Alaotra. Wegen Problemen bei der Wasser-

sich mit Proviant versorgen können. Übernachtung in der Schule.

5. Tag: Sahatavy – Sahazomena – Bongabe – Vohilava – Ambohibe
(6–7 Std.)

Zuerst durchqueren Sie den Sahatavy-Fluß (sehr breit, aber nur knietief), folgen nach 100 m auf dem anderen Ufer dem Weg nach rechts und halten sich anschließend halblinks. Achtung: Gehen Sie nicht den in der Detailkarte (auch) eingezeichneten Weg über Mahajery (zu schlammig!), sondern erst Richtung Norden am Fluß entlang und dann vor Antsirabe (auf der FTM-Karte anders eingezeichnet) rechts nach Sahazomena (kleiner Aufstieg), das man nach insgesamt 1 1/2 Std. erreicht! Anschließend folgt wieder ein Aufstieg, nach knapp 1 Std. dann ein kleines Dorf. Danach links gehen, weitere 20 Min. Aufstieg. 1/2 Std. später kommt man an Bongabe vorbei, es folgen 20 Min. Wanderung über einen Bergrücken und dann 1 Std. am Bach entlang durch Regenwald, vorbei an einem kleinen Dorf. Von dort ist es dann noch gut 1/2 Std. bis Vohilava, 1 Std. von Ambohibe entfernt. Kurz vorher müssen noch der Sahave-Fluß und danach – um in den Ortskern von Ambohibe zu gelangen – auch der Manambitanona-Fluß durchwatet werden.

In Ambohibe können Sie versuchen, von einem Lkw nach Vavatenina (oder Toamasina) mitgenommen zu werden. Sollte das nicht klappen, geht es zu Fuß weiter bis nach Mahanoro, von wo *Taxis-Brousse* nach Vavatenina fahren.

versorgung wanderten jedoch immer mehr Bewohner nach Ambatondrazaka ab. Imerimandroso liegt überaus reizvoll auf einer Anhöhe, von der aus man einen weiten Blick über den See hat. Die Straßen am Ufer sind von Wäldern gesäumt. Am besten nehmen Sie die Eisenbahn bis Ambatosoratra und steigen dann in ein *Taxi-Be* um (2–3 Std.).

Entlang der Westküste des Lac Alaotra wurde eine gute asphaltierte Straße gebaut, die durch viele kleine Ortschaften an die Nordspitze des Sees führt. **Amparafaravola** 6 ist die größte davon, hübsch auf einer Anhöhe gelegen. Sehenswert ist die von einem rührigen Missionar in eigener Regie ausgebaute und geschmückte katholische Kirche – nichts Großartiges, aber im Vergleich zu den übrigen Kirchen auf dem Land sehr einladend.

Vom Nordende der ausgebauten Straße führt eine Piste weiter nach Norden und endet in Andilamena. Sie steigt zunächst steil an; vom Gipfel der Hügel aus hat man einen schönen Blick über den See. Danach schlängelt sich die Straße durch ein weites, nur spärlich besiedeltes Hügelland. Ab km 30 wird die Piste schmaler; sie führt nun durch die westlichen Ausläufer des Regenwaldes. In einer der zahlreichen Kurven steht – kaum zu übersehen – am Straßenrand ein hoher heiliger Baum, dessen Wurzeln sich um einen Felsen geschlungen haben, wo häufig kultische Opferungen abgehalten werden. **Andilamena** 7 liegt auf einem kleinen Hügel, umgeben von Gemüsegärten und endlos weiten Reisfeldern. Wenn man die Hauptstraße entlanggeht, wird man an Bilder verlassener Wildweststädte erinnert. Im Norden von Andilamena weiden auf Hochebenen große Rinderherden, in den Flüssen werden Gold und Edelsteine gefunden.

Von Antananarivo nach Toamasina

Die erste Etappe dieser Route, die nach **Moramanga** 1 (S. 287) führt, wurde bereits an anderer Stelle beschrieben (s. S. 74 ff.).

Andasibe und das Périnet-Analamazaotra-Naturreservat

Andasibe 2 (S. 266) ist ein kleines Dorf mit Eisenbahnstation, etwa 30 km östlich von Moramanga. Hier werden Edelhölzer geschlagen (Palisander), und nicht weit nördlich des Bahnhofs befindet sich eine große Fabrik, in der Graphit gewonnen und weiterverarbeitet wird. Für Naturliebhaber ist der Besuch des nahegelegenen **Périnet-Analamazaotra-Naturreservats** ein Höhepunkt der Madagaskarreise, denn kaum sonst

irgendwo findet man auf kleinem Raum eine derartige Vielfalt an seltenen Tieren und Pflanzen wie hier. Der nahe Regenwald ist voller Orchideen, Lemuren und seltenen Schmetterlingen. Der Besuch des Reservats muß mit einem ausgebildeten Führer durchgeführt werden, den man am Parkeingang, etwa 2 km vom Bahnhof entfernt, findet. Im Vergleich zu anderen Reservaten ist Périnet mit nur 810 ha sehr klein. Da jedoch die Zufahrt von Antananarivo einfach ist, einige gute Hotels die Übernachtung angenehm machen und ursprünglicher tropischer Regenwald zu finden ist, gehört es zu den beliebtesten Parks Madagaskars.

Das Reservat liegt in einem Bergmassiv mit tropischer Vegetation. Von April bis September ist es vor allem am Abend kühl, und es fällt nur gelegentlich feiner Regen. Den Rest des Jahres über ist es feuchtheiß mit starken, gewittrigen Regenfällen und Stürmen. Die meisten Besucher des Reservates interessieren sich für den Indri (s. S. 95). Neben ihm finden sich aber auch viele andere seltene Tiere im Reservat von Périnet – darunter Dutzende verschiedener Chamäleons, nachtaktive Lemuren und seltene endemische Vögel, wie etwa die blaue Madagaskartaube. Wer an Reptilien und Amphibien interessiert ist, sollte einen einheimischen Führer darauf ansprechen, denn dieser wird in der Lage sein, Chamäleons, Frösche und kleine, bunte Schlangen zu finden, wo unsereiner nicht einmal ein Lebewesen vermuten würde. (Fernglas nicht vergessen!)

Ampasimanolotra (Brickaville) und Umgebung

Folgen Sie der Straße am Reservat von Périnet entlang weiter nach Osten, so erreichen Sie nach etwa zwei Stunden den Ort **Ampasimanolotra (Brickaville)**

Richtig Reisen Thema

Der Indri

Der große und leicht im Wald zu findende Indri oder *Babakoto* (›Vorfahre‹) verdankt sein Überleben dem Umstand, daß es den Betsimisaraka verboten ist *(Fady)*, ihn zu töten. Die Legende besagt, daß einst eine Familie mit vielen Kindern im Wald lebte. Als die Kinder groß geworden waren, begann ein Teil von ihnen, den Wald zu roden, Hütten zu bauen und Reis zu pflanzen. Die anderen sammelten Früchte, Blätter und Nüsse. Sie sind die Ahnen der Indris, erstere jene der Betsimisaraka.

Charakteristisch für den Indri ist sein durchdringender Schrei, mit dem er sein Revier abgrenzt. Aber auch sein Stummelschwanz ist einmalig unter den Lemuren, wie auch das lange, dichte schwarz-weiße Fell. Mit 70 cm Körperlänge ist er der größte aller Halbaffen. Wie der Mensch, lebt der Indri in Einehe und in engem Familienverbund. Die Weibchen bekommen nur etwa alle drei Jahre ein Baby, was die Gefahr ihres Aussterbens in dem klein gewordenen natürlichen Lebensraum erhöht. Es kommt hinzu, daß es bisher nicht gelungen ist, den Indri in Gefangenschaft zu halten. Er ernährt sich nämlich von einer Mischung aus etwa 60–70 verschiedenen Blättern, Nüssen und Früchten, die nur im Périnet-Reservat noch in ausreichender Menge zu finden sind. Noch schwieriger wird eine Haltung in Gefangenschaft dadurch, daß ein großer Teil dieser Nahrung botanisch noch nicht bestimmt ist. Zwei Drittel des Tages liegen die Indris schlafend in etwa 15–20 m Höhe in einer Astgabel, meist die ganze Familie eng beieinander. Das aktive Drittel ihres Tages verbringen sie auf der Suche nach Nahrung, ohne sich dabei zu beeilen oder große Distanzen zurückzulegen. Morgens zwischen 6 und 9 Uhr sind sie hungrig, und man kann ihre lauten Rufe bis in eine Entfernung von 3 km hören.

3 (S. 264) am Ufer des träge dahinfließenden Flusses Rianila. An der Straße finden sich mehrere Dörfer, die sich auf Versorgung und Übernachtung von Durchreisenden spezialisiert haben. Ampasimanolotra ist das Zentrum eines großen Anbaugebietes für Kaffee, Orangen, Vanille, Zuckerrohr, Litschis und

Richtig Reisen
Tip

Das ›Buschhaus‹

Als Anfang der 60er Jahre erstmals Madagaskar im Prospekt eines großen deutschen Reiseveranstalters auftauchte, lockte nur wenige dieses unbekannte Land. Ganz anders ging es aber einem Tier- und Pflanzenliebhaber aus Norddeutschland, der schon immer davon geträumt hatte, einmal das Land mit der ungewöhnlichen Natur zu bereisen. Er buchte pauschal drei Wochen und landete am Ende der Welt – in einem kleinen Zehn-Zimmer-Hotel an einem See an der Ostküste Madagaskars. Rundherum nur Wasser, Wälder, ein Dorf, eine Eisenbahnhaltestelle, fleischfressende Pflanzen, Krokodile, Chamäleons, Lemuren und Palmen – kurz: es war für ihn das Paradies.

Es dauerte nicht lange, da beschloß er, mit seiner Frau und der damals noch kleinen Tochter auszuwandern. Er mietete ein Haus in Toamasina und regelte zunächst die finanzielle Seite. Mangels Gästen hatte das Hotel am See schließen müssen. So pachtete er ein großes Stück Land am Seeufer, ließ sich von den Männern im Nachbardorf ein kleines, verstecktes Wochenendhäuschen bauen und fuhr mit seiner Familie per Motorboot regelmäßig jedes Wochenende dorthin. Die Tochter wurde groß, wollte nicht mehr nach Europa zurück und hatte die Idee, mit dem Tourismus Geld zu verdienen. Da schenkte ihr der Vater das Wochenendhäuschen und half ihr, daraus ein Gästehaus zu machen, das mit elektrischem Strom, Wasserspülung und gemütlichen Zimmern das Minimum an Komfort und das Maximum an Charme bot. Da es mitten im Busch lag, bekam es gleich den Namen ›Buschhaus‹.

Seit 1987 gibt es das ›Buschhaus‹ nun schon, und es hat nicht nur die Träume seiner Besitzer, sondern auch die vieler Gäste aus aller Welt erfüllt. Sonja, die Eigentümerin, organisiert nun die Versorgung mit Lebensmitteln von Toamasina aus, hat eine Köchin und ein paar Hausmädchen angelernt, ein Motorboot und Windsurfer herbeigeschafft, und vor allem aber – trotz der Zerstörung durch mehrere Wirbelstürme – die einfachen Bungalows immer heimeliger gestaltet. Dabei ist ihr rühriger und technisch begabter madagassischer Ehemann behilflich, der ständig neue Ideen einbringt und sie auch realisiert. Sogar eine Graspiste hat er so weit geebnet, daß ein kleines Motorflugzeug landen kann!

Aber auch Sonjas Vater ist noch mit von der Partie. Mit den Jahren ist er zum Spezialisten für die madagassische Fauna und Flora geworden. Auf einem benachbarten Grundstück, das man mit einem Ruderboot in zehn Minuten erreicht, hat er ein Naturreservat eingerichtet, in dem er in gepflegten Gehegen Reptilien hält, Orchideen und Pachypodien aus dem ganzen Land anpflanzt und den Wald rundum so wild wie möglich erhält, damit sich seine Lemuren und Schmetterlinge wohl fühlen und keinen Grund haben auszuwandern.

Gewürznelken, die im feuchten und heißen Tiefland erstklassig gedeihen. Wichtigstes Produkt des Ortes ist Zuckerrohr, das entlang des Flusses in großen Plantagen angebaut wird.

Südwestlich von Ampasimanolotra liegt an der Küste, zwischen Canal des Pangalanes und Indischem Ozean, der hübsche Ort **Andevoranto** 4 (S. 267). Zerfallende Kolonialhäuser erinnern an die Zeit, als der Ort den größten Hafen der Ostküste besaß und Feriendomizil der Prominenz war.

Vatomandry 5 (S. 299) ist ebenfalls ein aus Kolonialzeiten bekannter Badeort an der Ostküste. Er ist leider nur schwer erreichbar, da die 85 km lange Piste sich in schlechtem Zustand befindet. (Erkundigen Sie sich in Moramanga, ob Taxis nach Vatomandry fahren.) Der Ort ist hübsch angelegt, mit palmengesäumten und blumengeschmückten Straßen. Seinen Namen ›schlafende Felsen‹ hat er von den eindrucksvoll im Mündungsdelta des Kanals in den Indischen Ozean liegenden Felsen.

Von Ambila-Lemaitso an fährt die Eisenbahn auf der schmalen Landzunge zwischen dem Canal des Pangalanes

Von Antananarivo nach Toamasina

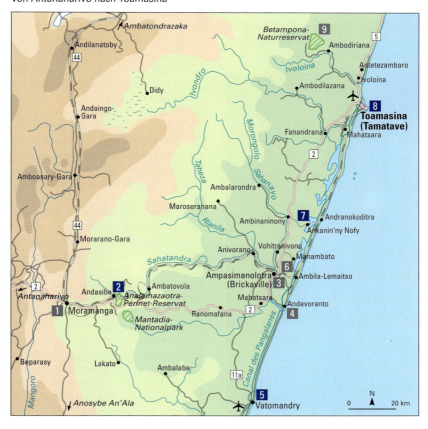

und dem Indischen Ozean nach Norden, die jetzt schlechtere Autostraße schlängelt sich im Landesinneren durch die Tiefebene nach Toamasina (2–3 Std.) Interessanter ist ein Umweg über den **Canal des Pangalanes,** der allerdings nur mit vorheriger Planung möglich ist. 10 km nördlich von Ampasimanolotra (Brickaville) kann man auf einer schlechten Piste von 15 km Länge den Badeort **Manambato** 6 (S. 284) am Canal des Pangalanes erreichen. An einem weiten, weißen Sandstrand wurden Anfang der 90er Jahre Strandhotels mit – für madagassische Verhältnisse – gutem Komfort eingerichtet. Wenn Sie ein Motorboot bestellt haben, das Sie zu einem festgelegten Zeitpunkt abholt, können Sie in einer halben Stunde den Ort Ankanin' ny Nofy an einem der vielen Süßwasserseen entlang des Kanals erreichen.

Ohne Vorausbestellung brauchen Sie entweder Glück oder viel Zeit.

Bei **Ankanin' ny Nofy** (›Traumheim‹) 7 (S. 269) weitet sich der Kanal zu einem großen See mit hellen, feinen Sandstränden, an dessen Ufern vor vielen Jahrzehnten die madagassische Prominenz (darunter Präsident Tsiranana) Ferienhäuser besaß. Diese sind längst zerfallen, bzw. es wurden auf ihren Grundmauern drei kleine, aber besonders gemütliche Gästehäuser errichtet (s. S. 96).

Toamasina (Tamatave)

8 (S. 295) Toamasina bewältigt bei weitem den größten Umschlag aller madagassischen Häfen. Von Seefahrern war der Ort schon im 18. Jh. ständig umkämpft und wechselte häufig seine Besitzer. Auf die Portugiesen folgten die Franzosen, Engländer, danach die Merina aus dem Hochland und wieder Franzosen. Heute ist Toamasina mit 200 000 Einwohnern die zweitgrößte Stadt Madagaskars. Zwar wirkt sie tagsüber längst nicht so geschäftig wie Antananarivo, das Nachtleben ist aber lebhaft!

Die Stadt wird von breiten, palmengesäumten Alleen durchzogen, hat eine mehrere Kilometer lange Strandpromenade und zwei schöne Märkte, die von tropischen Früchten überquellen. Obwohl Toamasina auf den ersten Blick ein wenig ungepflegt wirkt, gibt es zahlreiche große Villen inmitten tropischer Gärten. Manche Hausfassade im Zentrum ist etwas heruntergekommen, was aber nicht (nur) an mangelnder Pflege liegt, sondern am feuchtheißen Klima, dem fast ständig vom Meer her wehenden salzhaltigen Wind und den regelmäßig vorüberziehenden Zyklonen. Im März

Am Canal des Pangalanes

1986 zerstörte ein Zyklon 80 % (!) der Häuser, knickte Palmen und verwüstete die Strandpromenade. Ein weiterer Zyklon unterspülte im Frühjahr 1996 die Strandpromenade am Nordausgang der Stadt endgültig, so daß sie geschlossen werden mußte. Der dort postierte Leuchtturm steht fotogen, aber unbrauchbar, schräg auf den Resten der weitgehend weggespülten Uferböschung und wartet darauf, vom nächsten Zyklon endgültig gefällt zu werden.

Bevor Toamasina von den Engländern Anfang des 17. Jh. zum Hafen für den Warenverkehr zwischen Madagaskar und Mauritius ausgebaut wurde, waren der etwa 150 km weiter im Süden gelegene Hafen Vatomandry und Foulpointe im Norden die wichtigsten französischen Stützpunkte an der Ostküste. Toamasina war lediglich Piratenschlupfloch und Sammelstelle von Sklaven, die an französische Händler zur Versorgung der Besitzungen auf Mauritius und Réunion verkauft wurden. Als England nach der Eroberung von Mauritius die Sklaverei abschaffte, schickte es eine Flotte nach Toamasina, um die Quelle des Sklavenhandels auszutrocknen. Nun begann für den Ort eine wechselvolle Geschichte. 1814 mußte England die Kontrolle über die Stadt wieder den Franzosen überlassen, allerdings nicht, ohne vorher die errichteten Befestigungsanlagen niederzubrennen. 1817 erreichte König Radama I. mit seinen Truppen die Ostküste, unterwarf die Volksgruppe der Betsimisaraka und übernahm die Kontrolle über den Handelsstützpunkt. Er hatte es sich zur Aufgabe gemacht, die Vision seines Vaters und Vorgängers wahr zu machen, daß das Meer die Grenze der Reisfelder der Merina werden sollte. Um sicherzugehen soll Radama das Wasser des Indischen Ozeans probiert und ausgerufen haben: ›toa masina‹ – ›es ist salzig‹. Dies sei fortan der madagassische Name der Stadt geblieben.

1845 beschossen französische und englische Kriegsschiffe die Stadt, die gemeinsam dafür sorgen sollten, daß die dort ansässigen europäischen Händler nicht den strengen Gesetzen der Merina unterworfen und von ihnen verfolgt wurden. Eine Landung gelang den Truppen jedoch nicht, und die Schiffe mußten sich zurückziehen. 1883 schließlich schlug Frankreich entschlossen zu. Die Stadt wurde bombardiert, okkupiert und unter französische Verwaltung gestellt – Auftakt für die endgültige und vollständige Eroberung der Insel und die Eingliederung Madagaskars ins französische Kolonialreich.

Auf einer Fahrt mit dem *Pousse-Pousse* können Sie in ein bis zwei Stunden die Stadt bequem und in Ruhe kennenlernen. Am besten wählen Sie die weniger heißen Morgenstunden, um sich durch die breiten Alleen, am Markt vorbei, über den lebhaften Boulevard Joffre und durchs Hafenviertel mit seinen vielen Lagerhäusern, Geschäften mit Kunsthandwerk, Moscheen und Kirchen kutschieren zu lassen.

Benötigen Sie Landkarten, möchten Sie ein Auto mieten, Geld wechseln oder einen organisierten Ausflug buchen, dann sind Sie auf dem Boulevard Joffre richtig. Hier befinden sich die wenigen modernen Geschäfte, Reisebüros und Banken Toamasinas. Wenn Sie eine Erfrischung suchen, finden Sie sie in stilvollem kolonialem Rahmen auf der Straßenterrasse des Hotels ›Joffre‹ oder in einem der hübschen *Salons de Thé*.

Zwischen den Boulevards Augagneur und Joffre liegt ein farbenfroher, meist von Waren aus dem reichen Agrargebiet rund um Toamasina überfüllter Gemüse- und Obstmarkt, in dem an kleinen Ständen auch einfache, preiswerte madagassische Gerichte zubereitet wer-

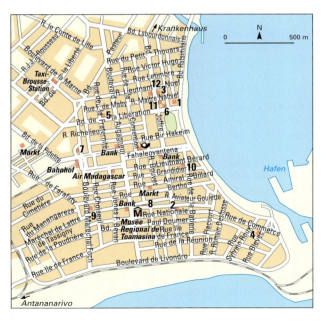

Toamasina (Tamatave)
Hotels:
1 Neptune
2 Joffre
3 Générations (mit Restaurant)
4 Le Toamasina
5 Flamboyant
6 Plage
7 L'Escale
8 Étoile Rouge
9 Noor
10 Capricorne
Abendunterhaltung:
11 Queen's Disco
12 Macumba

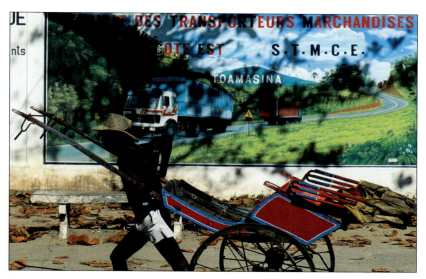

Pousse-Pousse in Toamasina

den. Am Abend werden rund um den Markt, wie in vielen Küstenorten, am Straßenrand Fleischspieße gebraten.

In der Villa Suzette (Boulevard Augagneur) befindet sich das Musée Régional de Toamasina, eine Ausstellung, welche die Kultur und Lebensweise der Betsimisaraka, ihre Häuser, die Herstellung ihrer Pirogen und ihre Traditionen darstellt.

Nordöstlich des Hafens von Toamasina liegt die bewaldete kleine **Ile aux Prunes** mit Leuchtturm und weißen Sandstränden, die durch ein Korallenriff vor Haien geschützt sind, so daß man auf der Insel getrost baden und picknikken kann. Am weiten Strand in der Stadt wird dringend vom Baden abgeraten, da nicht erst einmal ein Badender von Haifischen geschnappt wurde.

12 km nördlich von Toamasina liegt der kleine, aber besonders schöne **Tierpark von Ivoloina** an einer Flußmündung. Mit finanzieller und organisatorischer Unterstützung durch die amerikanische Duke University wurde der Park neu ausgestattet, es wurde sogar ein schattiger, freundlicher Zeltplatz wenige Kilometer vor dem Eingang angelegt. Die Tiere – darunter viele Lemurenarten – stammen zum Teil aus dem Bestand der Zollbehörden, die immer wieder Schmuggler mit jungen Strahlenschildkröten, Schlangen und anderen in Europa wertvollen Tieren am Hafen und auf dem Flugplatz erwischen.

Bei Ambadiriana, 45 km nordwestlich von Toamasina, befindet sich der Eingang zum **Betampona-Naturreservat** 9. Obwohl er reizvoll gelegen und durch die recht gute Straße auch nicht schwer zu erreichen ist, wird dieser kleine Park (2228 ha) nur selten besucht. In hügeliger Landschaft mit Primär- und Sekundärwäldern finden sich viele endemische Orchideen, für die Ostküste typische Palmen, Familien des Indri und andere Lemuren. Wenn sie den Indri in Andasibe verpaßt haben sollten, können Sie versuchen, ihn hier zu finden!

Nosy Boraha (Sainte-Marie)

■ (S. 291) Nosy Boraha ist eine Insel, die alle Klischees einer Tropenidylle in sich vereint. Auf sanften Hügeln (bis zu 100 m hoch) wachsen tropische Früchte, in kleinen Plantagen werden Vanille, Gewürznelken, Kaffee und Kakao angebaut, und in Talböden und auf Terrassen grünen Reisfelder. Die Insel ist von kilometerlangen, unberührten Stränden und kleinen, geschützten Buchten umgeben, und in den Bergen finden sich sprudelnde Bäche, in denen Sie unbekümmert baden können.

Hektik ist auf diesem 50 km langen und 5–6 km breiten, von nur 16 000 Einwohnern besiedelten Eiland unbekannt. Auf Dorfmärkten findet man Maniok, Kokosnüsse, Eier, Bananen, Fisch und ein wenig Gemüse, in der Inselhauptstadt Ambodifototra kann man ›importierte‹ Waren (auch Wein und Bier) bekommen. In den Inselhotels bekommt der *Vazaha* – wie fast überall auf Madagaskar – ausgezeichnete Menüs, es sei denn, ein Versorgungsschiff ist ausgeblieben und das Meer ist zu rauh, als daß frischer Fisch an Land gebracht werden könnte.

Nosy Boraha ist weitaus regenreicher als die andere Badeinsel Madagaskars, Nosy Be, und daher auch grüner und ›tropischer‹ als ihre Konkurrentin im Nordwesten. Die Hügel sind mit Wald bedeckt, in dem lediglich kleine Gewürzplantagen angelegt wurden. In vielen engen Buchten befinden sich Bungalowhotels, die zu niedrigen Preisen einfache, aber schön gebaute Hütten anbieten – einzelne davon mit recht ansprechendem 2- bis 3-Sterne-Komfort, manche mit Klimaanlage, Pool oder schönem Badestrand. Dennoch ist Nosy Boraha bisher nur die kleine, preiswerte Schwester von Nosy Be und wird von manchen wegen des größeren Regenrisikos und der weniger bequemen Flugverbindung gemieden. Wer weniger anspruchsvoll ist, schätzt die Ursprünglichkeit, das niedrigere Preisniveau und das echt mada-

Sonnenuntergang an der Südspitze von Nosy Boraha (links die Ile aux Nattes)

gassische Ambiente, gemischt mit einer Prise ›Globetrotterflair‹ und ersten Ansätzen von Zivilisation in Form von Fahrrädern, Mopeds, Mietwagen und zweier Diskos (nur Freitag und Samstag!).

Weitere Attraktionen von Nosy Boraha sind das Meer und die Buchten, die Wanderungen durch tropischen Wald, vorbei an kleinen Plantagen, durch Dörfer und an endlosen Stränden entlang. Nirgendwo sonst kann man gemütlichere Abende an einfachen Hotelbars oder unter Palmen verbringen. Wer längere Zeit in Madagaskar verbringen möchte, um die Sitten und Gebräuche des Landes besser kennenzulernen, für den ist Nosy Boraha ein geeigneter Platz. Man kann die Umwendung der Toten miterleben (hier nicht *Famadihana*, sondern *Mampandrimandry* genannt), in den Dörfern werden *Trombas* abgehalten. Sogar die Gesänge der Sakalava *(Fijoroana)*, die man sonst nur an der Westküste Madagaskars hören kann, sind kurioserweise hier lebendig. Wer ein wenig Glück hat (und sich umhört), kann eine *Rasariana* miterleben, ein Fest, das drei Tage und drei Nächte dau-

ert und bei dem die Hilfe der Vorfahren erbeten wird, vor allem die des Urahnen *Boto Tsingitsa*, um sterile Frauen fruchtbar zu machen und Kranke zu heilen.

Wer auf Nosy Boraha wandern möchte – was unbedingt zu empfehlen ist –, sollte sich vorher die FTM-Karte der Insel im Maßstab 1:50 000 besorgen. Nehmen Sie auf Wanderungen genügend Verpflegung mit, denn es ist nicht sicher, daß Sie in den Dörfern unterwegs etwas kaufen können. Verlaufen kann man sich kaum, denn man trifft unterwegs immer wieder Bauern, die den Weg weisen können.

Eine Legende der Insel erzählt, ein arabischer Seefahrer namens Abraham sei auf einem Drachen über das Meer gekommen. Als er auf Nosy Boraha (›Insel Abrahams‹) an Land gehen wollte, sei er von einer Gruppe junger Frauen wenig freundlich empfangen worden. Sie jagten den von einer langen Irrfahrt Geschwächten auf das Meer zurück. Wo er auch seinen Fuß an Land zu setzen versuchte, traf er auf diese Frauen. Halb verhungert und verdurstet lief er schließlich in eine Bucht ein, wo ihn eine alte Frau in ihrer Hütte aufnahm. Sie versteckte ihn vor den anderen, gab ihm zu essen und zu trinken und rettete ihm so das Leben. Zum Dank versprach Abraham ihr, daß sie und ihre Nachkommen nie mehr Mangel an Wasser leiden müßten, und schuf eine Süßwasserquelle am Südausgang der Bucht von Ampanihy. Der Besuch dieser *Source d'Ankobahoba*, die bei Flut unter dem Wasserspiegel des Meeres liegt, ist nur Madagassen und nur unter Berücksichtigung vieler Verhaltensregeln gestattet. Uns *Vazaha* ist es verboten, sich ihr zu nähern.

Um 1700 wurde die Insel zum Versteck europäischer und amerikanischer Seeräuber, die um das Kap der Guten Hoffnung nach Indien segelnde Schiffe ausraubten. Einer der zeitweise vermutlich über 1000 Seeräuber, die auf der Insel ihre Basis hatten, war Nathaniel North, der als der ›gute Seeräuber‹ in die Geschichte der Insel einging. Sein Grab befindet sich auf der Ile aux Forbans (›Insel der Freibeuter‹) bei der Hauptstadt Ambodifototra. Viele prominente Namen der Seeräuberbranche sind mit Nosy Boraha verknüpft, darunter Thomas White, John Every, William Kidd, Thomas Tew und viele andere. Sie prägten das Inselleben seit Beginn des 18. Jh., als sie in der friedlichen Absicht auf die Insel kamen, dort ihre Reichtümer zu verstecken und die mehr oder weniger treu auf sie wartenden einheimischen Frauen mit ehrlich erbeutetem Goldschmuck zu behängen. Diese ersten *Vazaha* (übersetzt ›Seeräuber‹) auf Madagaskar waren sehr beliebt, vor allem weil sie nie versuchten, die einheimische Bevölkerung zu unterwerfen, ihr ihre Lebensart aufzudrängen oder gar Steuern abzuverlangen.

La Bigorne (Jean Onésine Filet) war von einer anderen Sorte. Er war Freibeuter, mußte die Hälfte seiner Beute an den französischen König abgeben und garantieren, daß er nur nichtfranzösische Schiffe überfiel. Als er vor einem eifersüchtigen Ehemann von der französischen Insel Réunion fliehen mußte, wurde er auf Ste-Marie freundlich aufgenommen. Er schaffte es, die Liebe von Prinzessin Betty zu gewinnen und die Tochter König Ratsimilaos schließlich zu heiraten. Dieser hatte während seiner 30jährigen Regentschaft seinen Machtbereich ausgeweitet und herrschte über die Betsimisaraka, deren Siedlungsgebiet die Ostküste und die dahinterliegenden Berge sind. Er starb bald nach der Hochzeit seiner Tochter, so daß Betty in

Die Rückkehr der Buckelwale

Vor mehreren Jahrhunderten bevölkerten Buckelwale zu Tausenden die Küsten Madagaskars. Von den madagassischen Fischern blieben sie unbehelligt, denn sie sind *Fady*. Auf Ste-Marie ist nicht einmal gestattet, mit dem Finger auf einen Wal zu deuten! Wenn Fischer sie sahen, wandten sie den Blick ab und kehrten unverrichteter Dinge in ihren Heimathafen zurück. Wale sind nach der Überlieferung schreckliche Monster, die den Tod auf die Erde brachten. Vor ihrer Ankunft hatten die ersten Madagassen, die Vazimba, das ewige Leben. Doch *Zanahary*, der Schöpfergott, hatte Streit mit Erdgottheiten, der darin endete, daß eine von ihnen beschloß, einen Wal aus dem Meer – dem Reich des Todes – an die Küste zu schicken und den Tod auch an Land zu bringen. Im Buckelwal sehen die Madagassen bis heute den Unglücksboten, der den Tod auf die Insel brachte.

Daher fiel es ihnen nicht auf, daß sich die Zahl der in den Gewässern des Indischen Ozeans lebenden Wale mehr und mehr dezimierte. Das Massaker begann zu Beginn des 19. Jh., als insbesondere in den USA große Walfangflotten entstanden. Das Öl aus dem Fett der Wale war wertvoll wie Gold, Grundstoff für Hunderte von neuen Produkten. Als die Zahl der Wale im östlichen Atlantik zurückging, sprach sich herum, daß im Indischen Ozean noch reiche Beute zu machen war, und die Walfangflotten erreichten neue Rekordmarken bei der Jagd in den Buchten vor der Ostküste Madagaskars. Die Bucht von Antongil verwandelte sich in ein Blutbad, als sich Anfang des 20. Jh. vor den Küsten Madagaskars Dutzende von technisch hervorragend ausgerüsteten Walfängern tummelten. Erst als die Population dezimiert war, kam die Wende. Die großen Walfangnationen verzichteten 1979 auf die Jagd im Indischen Ozean, da der Fang sich ohnehin nicht mehr lohnte. Vereinzelt und von der Welt unbeachtet kehrten daraufhin die Wale zurück.

Besonders die Bucht von Antongil ist ein ideales, geschütztes Gewässer, in das riesige Flüsse ununterbrochen nahrhaftes Sediment aus den bewaldeten Bergen der Ostküste einschwemmen. Die Wale lieben das zwischen Juli und Oktober nicht ganz so warme, trübe und aufgewühlte Wasser dieser Bucht. Die Haie, welche im übrigen Jahr das Baden gefährlich machen, sind dann verschwunden. Kommen die Wale hierher, um ihre Jungen zur Welt zu bringen, weil keine Haie da sind, oder sind es die Wale, die die Haie vertreiben? Die ausgewachsenen Buckelwale, die seit 1980 jedes Jahr in größerer Zahl anzutreffen sind, werden 14–19 m lang und wiegen 30–40 t. Ihre Jungen kommen mit einem Geburtsgewicht von über einer Tonne zur Welt und haben eine Lebenserwartung von 40 bis 50 Jahren. Sie sind beliebte Beobachtungsobjekte, weil sie die einmalige Fähigkeit haben, Sprünge vorzuführen, bei denen sie aus dem Wasser heraussteigen, sich seitlich drehen und anschließend mit einem dumpfen Schlag auf der Wasseroberfläche landen. Ob sie dies aus Spieltrieb tun, als Imponierverhalten gegenüber den paarungswilligen Weibchen oder zur Abgrenzung eines Reviers durch den weithin hörbaren Donnerschlag, konnte bisher nicht überzeugend geklärt werden. Jedenfalls ist ein solcher Sprung für jeden, der ihn erlebt hat, ein unvergeßlicher Eindruck. Die meiste Zeit allerdings bewegen sich die Säugetiere friedlich und mit einer Wandergeschwindigkeit von 2–4 Knoten nur wenige Meter unter der Wasseroberfläche fort. Nur selten tauchen sie in tiefere Regionen ab.

Im April verlassen die Buckelwale die planktonreichen Gewässer der Antarktis und schwimmen am Kap der Guten Hoffnung vorbei nach Norden an der afrikanischen Küste entlang. Einige biegen dann in Richtung Madagaskar ab, um an der Westküste zu den Komoren oder entlang der Ostküste nach Ste-Marie und in die Bucht von Antongil zu gelangen. Dort kommen sie im Juni zur Paarung und zur Geburt der Jungen an. Die Mütter mit ihren Babys bleiben bis Ende September, damit die Jungen vor der langen Rückreise so viel Kraft wie möglich in den warmen Gewässern sammeln können.

Da Wale vor allem während ihres Aufenthaltes in warmen Gewässern ›singen‹, finden rund um Madagaskar seit einigen Jahren wissenschaftliche Studien statt. Warum geben Wale diese grunzenden, jammernden, singenden Laute von sich, die sich oft in identischer Form und Reihenfolge über eine halbe Stunde hinweg wiederholen? Noch ist es nicht geklärt, doch dürften verschiedene Elemente enthalten sein: der Werbung um die Weibchen (denn nur die Männchen ›singen‹), aber auch zur Abgrenzung eines Reviers für die eigene Gruppe, zur Abschreckung von Rivalen um die paarungsbereiten Weibchen und zur persönlichen Identifizierung einzelner Exemplare dürften die Laute dienen. Mit speziellen Mikrofonen wurde festgestellt, daß der ›Gesang‹ auch tiefe Frequenzen enthält, die vom menschlichen Ohr nicht gehört werden. Diese Frequenzen haben aber die Eigenschaft, sich im Wasser mit nur geringem Verlust auszubreiten. Es wird vermutet, daß Wale die Stimmen anderer Tiere noch in mehreren tausend Ki-

lometern Entfernung wahrnehmen und identifizieren können!

Walbeobachtung ist seit Anfang der 90er Jahre zu einer Attraktion mancher Madagaskarreise geworden. Allerdings muß immer damit gerechnet werden, daß auch im August oder September Bootsausflüge erfolglos bleiben. Taucher, die die Wale unter Wasser beobachten möchten, sollten sich bewußt sein, daß zu dieser Jahreszeit das Wasser insbesondere an der Ostküste häufig trüb ist. Zum Zentrum der Walbeobachtung hat sich in den vergangenen Jahren die Insel Ste-Marie entwickelt, wo fast alle Hotels und einige unabhängige Unternehmen Ausflüge zur Walbeobachtung anbieten. In der Bucht von Antongil entwickelt sich momentan eine *whale-watching*-Basis, die gute Aussichten hat, zu einem idealen Ausgangspunkt für die Walbeobachtung zu werden. Die Bucht ist wegen der einmündenden Flüsse recht trüb, dafür aber vor den Winden und den Wellen des Indischen Ozeans geschützt. Ein neues Hotel (›Relais du Masoala‹) hat sich darauf spezialisiert, interessierte Walliebhaber zu informieren und mit ihnen in der großen Bucht nahe der Insel Nosy Mangabe auf Walsuche zu gehen. Wenn Sie sichergehen wollen, Wale zu sehen, sollten Sie mindestens 4–5 Tage einplanen. Die beste Zeit liegt zwischen dem 15. Juli und dem 15. September, obwohl man mit etwas Glück auch schon einen Monat früher oder einen Monat später Erfolg haben kann. Noch kaum ausgerüstet, aber ebenso erfolgversprechend sind die Buchten von Ampasindava, nahe der Insel Nosy Be, und die Bucht von St-Augustin, südlich von Toliara. Beide haben den Vorzug, daß das Meer ruhiger, das Wasser klarer und die Wintermonate regenärmer sind als an der Ostküste.

jungen Jahren Königin des ausgedehnten Volkes der Betsimisaraka wurde. Sie schenkte ihrem Mann die Insel Nosy Boraha, der sie wiederum am 30. Juli 1750 in einem feierlichen Staatsakt an Bord des französischen Segelschiffes ›Mars‹ – wohl aus alter Freibeutergewohnheit – an die französische Verwaltung auf Réunion weitergab. So kam Frankreich erstmals in den Besitz eines ansehnlichen Stückes von Madagaskar – und schon begann der Ärger.

Die Franzosen schickten mit Einverständnis der Königin einen Verwalter, der sofort Plantagen anlegen ließ, Arbeiter benötigte und natürlich Steuern eintreiben wollte. Ohne Wissen der Königin, die im Verdacht stand, allzusehr mit den Franzosen zu kooperieren, wurde eine Revolte angezettelt, der ein großer Teil der französischen Verwalter und Pflanzer zum Opfer fiel. Die konsequente Kolonialmacht zog umgehend die Königin zur Rechenschaft, exilierte sie zusammen mit ihrem Hofstaat nach Mauritius und machte ihr den Prozeß. Die heimatliche Revolte aber ging unvermindert heftig weiter, bis Frankreich sein Interesse an Ste-Marie verlor, weil es an der Ostküste Madagaskars hatte Fuß fassen können. 1818 aber kamen die Franzosen wieder, begannen Gewürzplantagen anzulegen, verwalteten die Insel mit strenger Hand und vertrieben die Seeräuber – was wohl der wesentliche Grund ihres Kommens gewesen war. Sie blieben bis zur Unabhängigkeit Madagaskars 1960.

Zwischen 1902, dem Beginn der großen Aufstände gegen die Kolonisierung Madagaskars, und der Unabhängigkeit war Nosy Boraha die Sträflingsinsel der französischen Kolonialverwaltung. Die Befestigungen aus der ersten französischen Besatzungszeit waren noch intakt und konnten als Gefängnisse für aufrüh-

Nosy Boraha (Sainte-Marie)

sich gelegentlich einen Urlaub auf der friedlichen Insel gönnten. Erst in den 70er Jahren kamen erste Gäste aus aller Welt, und es entstand mit dem Tourismus nach dem Export von Gewürznelken – die kurioserweise in ihr Heimatland Indonesien zur Produktion von Kretekzigaretten geliefert werden – die zweitwichtigste Devisenquelle der Insel. Der bescheidene Wohlstand verteilt sich gleichmäßig über die Insel, da sich die 250 Zimmer in etwa 30 kleinen, meist von Einheimischen geführten Gästehäusern an der Westküste befinden.

Ambodifototra und der Süden von Nosy Boraha

Den besten Überblick über die Insel erhalten Sie bei den von allen Hotels angebotenen Tagesfahrten mit Chauffeur. Es sind zwar insgesamt nur etwa 90 km zurückzulegen, doch ist die Qualität der Straße, bis auf ein kleines Stück zwischen Ambodifototra und Lonkintsy, miserabel. Insbesondere wenn es geregnet hat – und das ist auf Ste-Marie nicht selten der Fall –, schaffen Sie kaum einen Schnitt von 20 km/h. Wenn Sie bei Einbruch der Dunkelheit zurück sein wollen und unterwegs in Ambodifototra einen Spaziergang machen, in einem der Hotels eine Pause einlegen und ein- oder zweimal ins Wasser springen möchten, sollten Sie nicht nach 8 Uhr morgens aufbrechen!

Ausgangspunkt unserer Fahrt ist eines der Hotels wenige Kilometer nördlich des Flughafens (›Soanambo‹, ›Lakana‹, ›La Balaine‹ usw.), die alle ein Auto oder Moped für Sie besorgen können. Genießen Sie die Morgenstimmung über dem Indischen Ozean, der sich auf den ersten Kilometern der leicht hügeligen Küstenstraße (eher Piste!) nach

rerische Widerständler dienen. Wenigen gelang es, dem Gefängnis zu entfliehen, dann war jedoch schon Schluß, denn Flugverbindungen ans Festland gab es nicht und Bootsverbindungen waren selten und konnten leicht kontrolliert werden.

Mit der Unabhängigkeit setzte zaghaft der erste Tourismus ein, nachdem die Strafgefangenen die Voraussetzungen dafür geschaffen hatten. Sie mußten nämlich die Graspiste, auf der bald die ersten Flugzeuge landen konnten, und die Straße bauen, die von der Südspitze der Insel bis in den Norden führt. Zunächst waren es in den 50er Jahren auf Madagaskar lebende Franzosen, die

Norden bietet. Im Dorf **Mahavelo** zweigt eine noch kleinere Straße rechts ab, der Sie nun durch enge, mit Reis und Gewürzen kultivierte Täler, bis zur Ostküste und dann weiter bis Ambodifototra folgen. Bei der Statue zu Ehren der heiligen Maria, der Namenspatronin der Insel, zweigen Sie nach rechts unten ab und erreichen bald den Hauptplatz vor dem Hafen der Hauptstadt.

Ambodifototra 1 (S. 263), die Hauptstadt von Nosy Boraha, besitzt einen kleinen Hafen, in dem gelegentlich aus Toamasina oder Maroantsetra kommende Frachter einlaufen, ein Krankenhaus, eine Bank, das Büro von Air Madagascar und einige Läden. Es erwarten Sie keine ›Attraktionen‹, einen Rundgang durch das verträumte Nest sollten Sie dennoch machen, um so einen Eindruck vom täglichen Leben der Inselbewohner zu bekommen. Donnerstag ist der wichtigste Markttag, denn es ist *Fady*, an diesem Tag auf den Feldern zu arbeiten. Ein kleinerer Markt findet außerdem am Dienstag statt – planen Sie Ihren Spaziergang also entsprechend.

Wenn Sie nur einen Ausflug von Ihrem Hotel in die Stadt planen, lassen Sie sich am besten am Südende der Brücke absetzen, die über die **Baie des Forbans** (›Seeräuberbucht‹) nach Ambodifototra führt. Von hier aus sind es etwa 20 Minuten Fußweg nach Südosten zum alten **Piratenfriedhof**, der allerdings nur bei Ebbe sicher begehbar ist. Mit etwas Glück finden Sie aber einen Einheimischen, der Ihnen gegen Entgelt die Führung oder gar die Überfahrt mit einer Piroge anbietet. Sie sehen auf dem Friedhof alte, von Vegetation überwucherte Grabsteine, die an verstorbene christliche Seeräuber erinnern. Nach ihrer Rückkehr wandern Sie über die Brücke zur **Ilot Madame**, auf der sich Verwaltungsgebäude, ein wenig attraktives Meerwasseraquarium und ein kleiner Fischerhafen befinden.

Jenseits der nächsten Brücke sehen Sie rechts die älteste katholische Kirche Madagaskars, die 1857 von Frankreich den Bewohnern der Insel geschenkt worden war. Oberhalb der Kirche liegen die Befestigung, die später als Gefängnis diente, und das Grabmal von Sylvain Roux, einem der ersten französischen Verwalter der Insel. Wenn Sie der Lalana Sylvain Roux nach Norden folgen, gelangen Sie zur Küste zurück und ins Zentrum der Stadt mit ihrem Hafen, der Schule, einigen Geschäften, Restaurants und einfachen Hotels. Als Treffpunkt mit dem Chauffeur, der Sie abholen soll, bietet sich das recht gute Restaurant ›Au Bon Coin‹ an, das an der Einmündung der Lalana Champon in die Küstenstraße liegt.

Etwa 3 km nördlich von Ambodifototra beginnt eine Wanderung in Richtung Ostküste. Dort zweigt ein Pfad nach rechts ins Landesinnere ab. Zunächst

durchqueren Sie lichten Wald, dann kommen Sie in den Dschungel, den Sie erst kurz vor dem Dorf **Maromandia** wieder verlassen. Hier wird der Weg breiter und führt leicht bergab nach Osten, wo Sie an der Küste auf eine Piste treffen. Gehen Sie nun an der Küste entlang zunächst nach Süden. Nach einigen Kilometern wendet sich die Piste nach Westen und endet in Ambodifototra (ca. 18 km, 5–6 Std.).

Von Ambodifototra nach Lonkintsy

Nach einem Rundgang über den Markt von Ambodifototra geht es auf der von hier an asphaltierten, recht guten Straße durch den hübschen, blumengeschmückten Nordteil der Stadt, entlang eines langgestreckten Strandes. Rechts der Straße sehen Sie kleine Reisfelder, Vanille-, Gewürznelken- und Pfefferplantagen. Manchmal öffnen sich atemberaubende Ausblicke über die Küste und auf schwer erreichbare Traumbuchten tief unterhalb der Straße. Etwas nördlich von **Lonkintsy** 2, dem zweitgrößten Ort der Insel und wichtigen Fischerhafen, sollten Sie eine (Mittags-)Pause in der traumhaften Bucht des kleinen Bungalowhotels ›La Crique‹ (s. S. 111) einlegen, bevor Sie auf der nunmehr holprigen, steinigen und kurvenreichen Piste nach Norden weiterfahren.

Von Lonkintsy führt eine herrliche Wanderung an die Ostküste. Sie verlassen Lonkintsy auf der Piste nach Norden, gehen an der Abzweigung nach ›La Crique‹ vorbei und überqueren dann einen Bach. Hinter dem großen Restaurant auf dem Hügel zweigt rechts ein Weg ins Landesinnere ab, der sich nach etwa 300 m nach links wendet. In dieser Biegung gehen Sie nach rechts einen steilen Pfad hinauf und folgen diesem nun weiter über mehrere Hügelketten nach Osten. Etwa 40 Minuten später erreichen Sie das Dorf **Beanana**. Halten Sie sich hier rechts. Hinter dem Dorf wird der Wald lichter. Sie erreichen eine Hochebene, durchqueren danach ein Tal und gelangen schließlich zu dem Dorf **Anafiafy** in der Baie d'Ampanihy. Fragen Sie nach einem Fischer, der Sie mit einem Auslegerboot über die Bucht hinüber zum Forêt d'Ampanihy bringt. Nach der Durchquerung des Waldes erreichen Sie die Küste des Indischen Ozeans. Nun wenden Sie sich nach Norden und gehen etwa eine Stunde an dem weißen Sandstrand entlang. Baden ist hier ungefährlich, da ein Korallenriff Schutz bietet. Dort, wo die Küste eine Biegung nach links macht, sehen Sie einen Weg, der in die Dünen hinaufführt. Diesem folgen Sie durch weite Wiesen und erreichen nach 30 Minuten wieder die Straße, die weiter nach Norden verläuft. Sie biegt bald nach Westen ab, überquert die Insel und führt an der Westküste wieder zurück nach Lonkintsy (ca. 20 km, 6–7 Std.).

Der Norden von Nosy Boraha

An der Piste von Lonkintsy nach Norden finden sich immer wieder herrliche Plätze mit wunderbaren Ausblicken auf den Ozean. Bei guten Straßenverhältnissen erreichen Sie in etwa einer Stunde (reine Fahrzeit) die **Pointe des Cocotiers** 3, bei der sich die Bungalowhotels ›Cocoteraie Robert‹ und ›La Nouvelle Cocoteraie‹ befinden. Beide haben gute Restaurants, wobei das erste eher familiär und gemütlich, das zweite für madagassische Verhältnisse ausgesprochen luxuriös ausgestattet ist.

›La Crique‹

Monsieur Blondel, mit einer Ste-Marienne verheirateter Franzose, baute schon in den 70er Jahren die ersten einfachen Bungalows in einer herrlichen Bucht nördlich von Lonkintsy. Inzwischen sind seine Töchter groß, verheiratet und helfen mit, das Familienunternehmen den gestiegenen Ansprüchen der Gäste anzupassen. Unter Rucksackreisenden haben sich mittlerweile andere Herbergen als preiswert und gemütlich herumgesprochen. ›La Crique‹ rangiert eine Kategorie höher, irgendwo zwischen ›Edeltrotter‹ und ›internationalem Touristen‹. Der Preis ist nach wie vor bezahlbar, im Vergleich zu anderen tropischen Paradiesen sogar billig, doch für ein Globetrotterbudget ein wenig zu hoch. Was geboten wird, ist mehr, als man für einen traumhaften Inselurlaub braucht, aber weniger, als in internationalen Resorthotels zum Standard gehört.

Einen Friseur, Billardtische, ein Wassersportzentrum, chinesische, indische und französische Restaurants, Wasserhähne aus Messing und mamorumrandete Waschbecken werden Sie vergeblich suchen. Doch dafür werden Sie gleich hinter Ihrer Hütte Chamäleons finden, die gemächlich einen Ast entlangwandern, werden vom Aussichtspunkt auf dem Hügel neben der Bucht unvergleichliche Sonnenuntergänge erleben, werden vom Strand oder einem Boot aus Buckelwalen beim Spielen mit ihren Neugeborenen zuschauen können. Sie haben die Wahl!

Die kleine Boutique in einer hübschen Palmhütte gleich neben dem Restaurant führt das beste Kunsthandwerk der Insel, meist auch einige Landkarten und Bücher. In der urgemütlichen Bar gibt es die verschiedensten Sorten *Rhum arrangée*, kleine Snacks, bequeme Lesesessel und sanfte Musik – wenn Sie danach fragen! Der 200 m lange, halbmondförmige, weiße Sandstrand ist rechts und links von 50 m hohen Felsnasen begrenzt. Er wird von geneigten Kokospalmen gesäumt, hinter denen sich saftig grüner, gepflegter Rasen bis zu den halb aus Stein, halb aus Holz und Palmblättern errichteten einfachen Bungalows erstreckt. Eine Klimaanlage ist in solchen Hütten sinnlos, doch stehen Moskitonetze zur Verfügung, sollten Mücken Sie belästigen.

Warum im Anschluß an eine Madagaskarreise zur Erholung nach Mauritius fliegen, wenn ›La Crique‹ (›die kleine Bucht‹) so nah ist?

Etwa 3 km vor der Pointe des Cocotiers zweigt rechts eine sanft bergauf führende Piste zum **Phare Albrand** (Leuchtturm) und weiter in das Dorf **Ambodiatafana** 4 ab. Hier sollten Sie Ihr Fahrzeug stehenlassen und zu Fuß an den herrlichen, allerdings oft aufgewühlten Strand hinuntergehen. Nach ei-

Bei den Lavafelsen von Ambodiatafana

nigen hundert Metern werden Sie schwarze Lavafelsen entdecken. Zwischen den Felsen und der steilen Küste haben sich mehrere Wasserbecken gebildet, in die das Meerwasser strömt, um im Norden in flachen Kaskaden über Lavafelsen ins Meer zurückzufließen. Bei günstigem Wasserstand finden Sie hier traumhafte, ruhige Pools für ein erfrischendes Bad. Bitte achten Sie aber darauf, nicht mit Schuhen oder Sandalen auf den Lavaklippen zwischen Ozean und Lagune herumzuklettern, denn einige dieser Felsen sind *Fady* und dürfen nur barfuß betreten werden!

Ile aux Nattes (Nosy Nato)

5 (S. 293) Der Südspitze von Nosy Boraha vorgelagert liegt die kleine Insel Nosy Nato (besser als Ile aux Nattes bekannt), ein romantisches Inselparadies zum Träumen. Sie ist für nur ein paar Mark per Kanu oder mit einem gecharterten Boot von der Südspitze der Landebahn aus erreichbar. Mutige versuchen es auch schwimmend, was von der Entfernung her zwar kein Problem ist. Doch herrscht in dem schmalen Durchgang zwischen den beiden Inseln meist eine starke Strömung, die Sie in die offene See hinaustreiben kann. Auf der Insel angekommen, haben Sie zwei Möglichkeiten. Entweder umrunden Sie die Nordspitze der Insel nach Westen und suchen sich einen ruhigen Badeplatz am feinen, weißen Sandstrand. Sie können aber auch nach links durch den Palmenhain gehen. Am Ende der Bungalowsiedlung wendet sich ein Weg nach rechts ins Inselinnere, dem Sie durch das Inseldorf leicht bergan folgen. Später gehen Sie an Feldern und tief eingeschnittenen Tälern vorbei bis zum höchsten Punkt der Insel, auf dem ein Leuchtturm (Phare Blévec) und einige alte Verwaltungsgebäude stehen. Im Süden der Insel befindet sich ein wunderbarer, unberührter Strand mit dem unpassenden Namen Berlin.

Nosy Nato hat auch eine botanische Besonderheit zu bieten: Im September und Oktober blüht eine lila Orchidee *(Eulophiella roempleriana)*, die auf dieser Insel endemisch und darauf spezialisiert ist, sich an Pandanusbäumen (Vacoa) hochzuranken. Sowohl die Orchidee als auch ihr Partner, der Pandanus, stehen unter strengstem Naturschutz!

Von Toamasina nach Maroantsetra

Mit einem erstklassigen Geländewagen ist es möglich und auch lohnend, von Toamasina bis Maroantsetra über Land zu reisen. Aus verschiedenen Gründen müssen Sie aber mit etwa vier Reisetagen rechnen – wenn es regnet (und das ist an der Ostküste nördlich von Toamasina oft der Fall), können Sie auch ganz steckenbleiben. Die ersten Probleme beginnen schon einige Kilometer nördlich von Toamasina, da verschiedene Brücken immer wieder Opfer der häufigen Zyklone werden. Ist eine Brücke eingestürzt, so müssen Fähren die Autos auf die andere Seite des Flusses bringen – und das kann dauern, da pro Fähre nur zwei oder drei Fahrzeuge transportiert werden! Erkundigen Sie sich daher in Toamasina nach dem augenblicklichen Straßen- und vor allem Brückenzustand, bevor Sie sich entschließen, per Auto nach Norden zu fahren! Wegen dieser Probleme ist es üblich, mit dem Flugzeug nach Mananara oder Maroantsetra zu reisen. Zwischen Maroantsetra und Antalaha ist ohnehin der beste Geländewagen überfordert. Wer nicht fliegen will, muß zu Fuß gehen! Bis Soanieranalvongo allerdings ist die Straße recht gut, wenn die Brücken benutzbar sind (ca. 160 km, 3–4 Std.).

Die Küste nördlich von Toamasina

60 km nördlich von Toamasina liegt **Mahavelona (Foulpointe)** 1 (S. 283), das wegen der üppigen Vegetation und seines haifischsicheren, durch Korallenriffe geschützten Strandes schon zur Kolonialzeit ein beliebtes Ferienziel war. Mahavelona gehört auch heute noch zu den beliebtesten Badeorten an der Ostküste. Neben zwei einfachen, alten Hotels besitzt der Ort mit dem ›Manda Beach‹ auch ein neues, gepflegtes Strandhotel. Wie so viele Orte an der Küste nördlich Toamasinas war Mahavelona im 17. Jh. ein kleines, von europäischen Seeräubern beherrschtes Reich. Wegen seines günstigen Hafens und des fruchtbaren Hinterlandes nahm die französische Flotte den Ort zu Beginn des 18. Jh. als ›Ersatz‹ für Ste-Marie in Besitz und baute ihn zu einem wichtigen Hafen aus. Der Merinakönig Radama I. ließ nach der Eroberung der Ostküste zu Beginn des 19. Jh. eine Befestigungsanlage bauen, die renoviert wurde und besichtigt werden kann.

34 km nördlich von Mahavelona, an der Abzweigung der guten Straße in Richtung Westen (Vavatenina), liegt in einer Bucht das Dorf **Mahambo** 2 (S. 283). Auch hier gibt es einen von Korallenriffen geschützten Strand und einige einfache Bungalows – ideal zum Ausruhen, wenn man von Imerimandroso zu Fuß durch den Dschungel gekommen ist (s. S. 90 ff.).

Nach Mahavelona ist **Fenoarivo (Fénérive)** 3 (S. 280) Madagaskars beliebtester Ferienort an diesem Küstenabschnitt – ein lebendiges Städtchen mit überdachtem Markt, blumengeschmückten Gärten, Schwimmbad, mehreren Buchten am Strand und einfachen Strandhotels. Um diesen Ort haben sich schon im 16. Jh. die vielen kleinen Volksgruppen der Ostküste Schlachten geliefert, bis König Ratsimilao zu Beginn des 18. Jh. das Königreich der Betsimisaraka gründete, dem sich

die anderen Ethnien unterordneten. König Ratsimilao ist auf einer kleinen Insel vor der Küste begraben. In der Umgebung werden Gewürznelken, Pfeffer, Vanille und Kaffee angebaut; die größeren Plantagen können besucht, Gewürznelkendestillerien besichtigt werden.

Am Ende der ausgebauten Straße liegt, etwa 60 km weiter im Norden, das hübsche Dorf **Soanierana-Ivongo** 4. Wer seefest ist und Mut hat, kann von dort mit einem Boot mit Außenbordmotor nach Ambodifototra auf der Insel Nosy Boraha übersetzen (4 Std.). Das ist nicht teuer, aber wegen oft starken Seegangs und Strömungen auch nicht ungefährlich. 1991 fiel ein Reisender über Bord und wurde nicht wieder gefunden. Wem die Überfahrt mit dem Motorboot ins ›gelobte Land‹ Nosy Boraha (Ste-Marie) noch nicht spektakulär, gefährlich und billig genug ist, der quetscht sich in ein *Taxi-Brousse* nach **Manompana** (45 km auf einer schlechten Piste, 2–3 Std.) und läßt sich von dort aus von Fischern nach Lonkintsy auf Nosy Boraha übersetzen.

Mananara und Umgebung

Etwa 84 km nördlich von Manompana erreichen Sie – vorausgesetzt das Wetter ist trocken und Sie und Ihr Geländewagen sind in erstklassiger Kondition – in vier bis fünf Stunden den hübschen kleinen Ort **Mananara** 5 (S. 284), wobei sechs Fähren benutzt werden müssen, von denen die meisten nicht motorisiert sind. Die Strecke von Manompana bis Mananara wird die ›Riviera Madagaskars‹ genannt. Die Piste schlängelt sich am Fuße der Berge entlang, die bis un-

Von Toamasina nach Maroantsetra

mittelbar ans Meer reichen. Mananara liegt am südlichen Ausgang der Bucht von Antongil, an der Mündung des Flusses Mananara. Das Wasser in der Bucht ist selten klar, am Strand finden sich meist vom Fluß aus den Bergen mitgebrachte Blätter, Zweige und Äste. Das trübe Wasser ist ein Grund, warum die Bucht von Antongil einer der Lieblingsplätze der Buckelwale und der Dugongs (Seekühe) ist, die sich von dem reichlich vorhandenen Seegras ernähren. Ein Badeort wird Mananara daher nicht werden, doch für Naturliebhaber ist es ein Paradies.

Ein lohnenswerter Ausflug ist der Besuch des Wasserfalles am Fluß Fahambany, der 11 km nördlich des Ortes ins Meer mündet. Wenn man den Fluß entlang aufwärts wandert, erreicht man nach etwa einer Stunde den **Wasserfall von Daravangy** und befindet sich in unberührter Natur. Wer den Aye-Aye in seiner natürlichen Umgebung sehen möchte, wende sich an das Hotel ›Chez Roger‹, das Ausflüge zur **Aye-Aye-Insel** organisiert, die nur von einigen Lemuren und einem Wärterehepaar bewohnt wird.

Ein Gelände von etwa 140 000 ha südwestlich von Mananara wurde in den 80er Jahren zum **Biosphärenreservat** erklärt. Es umschließt ein 23 000 ha großes Gebiet, welches als Nationalpark einen nahezu 100 %igen Schutz genießt, während der Rest eingeschränkter, natürlicher Nutzung zugänglich bleibt. Ein kleiner Teil des Nationalparks umfaßt auch einen Küstenabschnitt mit einigen kleinen Inseln (Nosy Atafana) und den sie umgebenden Korallenriffen. Bisher ist der Park touristisch völlig unerschlossen, obwohl er mit Aye-Ayes, Indris, Chamäleons, Fossas, Boas, endemischen Palmen und vielen Orchideen fast die gesamte Fauna und Flora der Ostkü-

Der Aye-Aye
Das unheimliche Fingertier

Das Fingertier hat es in Madagaskar schwer, denn es gilt als böser Geist. Die Begegnung mit ihm bringt Unglück, und wenn es in der Nähe eines Dorfes gefunden wird, muß es sofort getötet werden. Tatsächlich sieht das Fingertier wie ein lebendiger kleiner Teufel aus. Es hat große Ohren wie eine Fledermaus, ein Rattenmaul mit scharfen, ständig nachwachsenden Nagezähnen, ein struppiges schwarzes Fell, weit aufgerissene, stechende Augen und einen buschigen Schwanz wie ein Fuchs. Die Finger sind knochig, dünn und lang, wobei der Mittelfinger die übrigen nochmals in der Länge um fast die Hälfte übertrifft.

Im Jahr 1774 wurde der Aye-Aye (*Daubentonia madagascariensis*) erstmals vom französischen Biologen Buffon als ›Fingermaus‹ beschrieben. Erst 1866 erkannte ein anderer Wissenschaftler, als er das Gebiß genau analysierte, daß er einen Primaten vor sich hatte. Mitte unseres Jahrhunderts hielt man den Aye-Aye schließlich für ausgestorben, bevor 1956 erstmals wieder einige Exemplare im Nordosten Madagaskars gefunden wurden. Als die internationale Naturschutzvereinigung ihn zu dem Säugetier erklärte, das dem Aussterben am nächsten ist, beschloß die madagassische Regierung, die damals unbewohnte Insel Nosy Mangabe zum *Réserve Speciale* zum Schutz des Fingertieres zu erklären. 16 Exemplare wurden ausgesetzt und viele Jahre völlig alleine gelassen. Nosy Mangabe war ausschließlich Wissenschaftlern zur Beobachtung der Lemuren zugänglich. Nun, nach 30 Jahren, ist gesichert, daß der Aye-Aye auf Nosy Mangabe heimisch geworden ist und sich gut vermehrt.

Er bewohnt die ökologische Nische, die bei uns vom Specht besetzt ist, und klopft mit seinen langen, knochigen Fingern die Baumrinde nach Hohlräumen ab, die Insekten oder Larven beinhalten. Mit seinem langen, dünnen Mittelfinger fährt er in die Gänge unter der Rinde und zieht seine Opfer heraus, um sie zu verspeisen. Mit seinen scharfen Zähnen kann das Fingertier aber auch die harte Schale einer Kokosnuß durchbeißen und mit seinem Mittelfinger das Fruchtfleisch herauskratzen! Das Überleben des Aye-Aye scheint vorerst gesichert, zumal der berühmte Tierfotograf Frans Lanting während seiner drei Jahre in Madagaskar Aye-Ayes sogar im Westen der Insel gefunden hat. Es scheint, als seien diese Lemuren gar nicht so selten, sondern nur besonders schwer zu finden.

stenregion beheimatet. Die Errichtung von Biosphärenreservaten wird seit Anfang der 70er Jahre durch die UNESCO weltweit propagiert. Bis heute gibt es rund 300 von ihnen in allen Klimazonen, in denen der Versuch gemacht wird, eine Naturlandschaft im Einklang mit gemäßigter Nutzung durch den Menschen in ihrem Urzustand zu erhalten. Anders als bei den übrigen Reservaten soll also der Mensch nicht ganz herausgehalten, sondern lediglich dafür gesorgt werden, daß er die Landschaft nicht ›übernutzt‹ und so zerstört. Jedes Biosphärenreservat teilt sich in drei Bereiche. Der Kernbereich ist ein von jeder Nutzung freigehaltener Naturpark, der nur für Erholungs- und Forschungszwecke zugänglich ist. Um ihn herum liegt eine Zone eingeschränkter Nutzung, die das Ökosystem nicht beeinträchtigt. Diese wiederum wird von einer Übergangszone umgeben, die als Puffer zwischen der ›harten Wirklichkeit‹ und dem geschützten Kern dient.

Maroantsetra und die Bucht von Antongil

Gut 100 km nördlich von Mananara liegt die Provinzstadt **Maroantsetra** 6 (S. 285), die weitgehend von der Umwelt abgeschnitten ist. Nach Norden ist jeder motorisierte Verkehr unmöglich, von Süden her ist der Ort nur bei Trockenheit und mit gutem Geländewagen, per Flugzeug oder in einer abenteuerlichen Fahrt per Boot erreichbar. Gelegentlich fährt ein *Taxi-Brousse,* jedoch ohne festen Fahrplan. Maroantsetra erschien erst 1990 auf der touristischen Landkarte, als ein brauchbares Bungalowhotel am Flußufer entstand, als die geschützte Insel Nosy Mangabe einem interessierten Publikum zugänglich gemacht wurde und seitdem sich in den Wintermonaten von Juni bis Oktober wie in früheren Zeiten Buckelwale zur Geburt ihrer Babys in der Bucht von Antongil einfinden (s. S. 105 ff.). Eine erstklassige Bungalowanlage (›Relais du Masoala‹) am

Gut behütet: Frauen auf dem Markt in Maroantsetra

Blick auf Maroantsetra

Ufer eines Süßwasserkanals nahe dem Ozean wurde als Basis für Gäste errichtet, die komfortabel wohnen und Wale beobachten möchten. Maroantsetra hat ein Mikroklima, das dem von Nosy Boraha (Ste-Marie) ähnelt: Viel Regen von April bis August, September und Oktober sind in der Regel trocken, und im Sommer werden mehrwöchige Trockenperioden von heftigen tropischen Gewittern unterbrochen.

Durch seine isolierte Lage ist Maroantsetra ein ruhiges, beschauliches Städtchen, das zudem von einer reichen tropischen Natur umgeben ist. Die **Halbinsel Masoala** 7 zählt zu den ursprünglichsten aller Primärwälder Madagaskars und ist mit Hilfe von Führern problemlos, aber nicht ohne Mühe zu erforschen. Allerdings sollte sich jeder Wanderer bewußt sein, daß Maroantsetra zu den regenreichsten Orten Madagaskars zählt und es keine Jahreszeit gibt, in der nicht mit Niederschlägen gerechnet werden muß. Rein statistisch sind fürs Trekking wohl August und September am besten geeignet, denn die Niederschlagsmengen sind dann geringer, die Luftfeuchtigkeit ist nicht ganz so hoch, und es kühlt in der Nacht angenehm ab.

Wenn Sie am Flughafen von Maroantsetra auf die Piste nach Nordwesten abbiegen, erreichen Sie nach 26 km das hübsche, von wilden Orchideen geschmückte Dorf **Ambinanitelo,** inmitten einer reichen Agrarregion. Für die Rückfahrt bietet es sich an, ein Fischerboot anzuheuern.

Im Scheitelpunkt der Bucht von Antongil liegt die unbewohnte, nahezu unberührte gebirgige Insel **Nosy Mangabe** 8 Sie wurde zum Naturschutzgebiet erklärt, um dem besonders gefährdeten Aye-Aye eine sichere Heimat zu geben. Die Insel ist aber nicht nur deshalb einen Besuch wert. Nirgendwo sonst auf Madagaskar sind so eindrucksvolle Urwaldriesen zu sehen, nirgendwo sonst in freier Natur herrscht eine solche Dichte an bizarren Reptilien (darunter der Plattschwanzgecko), die auf Tages- und

Nachtexkursionen beobachtet werden können. Die Insel war in vergangenen Jahrhunderten besiedelt (man findet Grabstätten an heiligen Orten) und wurde auch teilweise abgeholzt. Seit einigen Jahrzehnten aber wächst die natürliche Vegetation ungehindert nach. Die höchste Erhebung der 529 ha großen Insel ist 332 m hoch und vollkommen von dichtem tropischem Primärwald bedeckt. Ein Tagesausflug mit Inseldurchquerung auf den wenigen vorhandenen Pfaden ist ein Muß, besser bleiben Sie aber eine Nacht, um auf einer Exkursion im Dunkeln die Aye-Ayes beobachten zu können.

Von Maroantsetra nach Sambava

Die Masoala-Halbinsel

Auf der Halbinsel von Masoala befindet sich einer der unberührtesten Urwälder des Landes, in den man nur mit einem Führer eindringen sollte. Auch für den unten beschriebenen **Masoala Trek,** der von Einheimischen regelmäßig begangen wird, empfiehlt es sich, einen oder mehrere Träger/Führer mitzunehmen. Mit wenig Gepäck auf dem Rücken ist das Abenteuer weniger ›schmerzhaft‹, besonders wenn nach Regengüssen der Schlamm wadenhoch steht. Die Entlohnung des Trägers kann aber nach dem Gesetz von Angebot und Nachfrage erheblich schwanken. Also: erkundigen, verhandeln, nicht knausern, aber auch nicht mit Geld um sich werfen. Zusätzlich ist für die Verpflegung der Träger in Form von Reis, ausgegeben in Tagesrationen, zu sorgen. Bei trockenem Wetter und sehr guter Kondition sind die folgenden Tagesetappen zu bewältigen. Bei regnerischem Wetter kann sich der Zeitaufwand verdoppeln. Es ist ferner empfehlenswert, einen bis zwei Tage Pause einzuplanen.

Von Maroantsetra nach Sambava

1. Tag: Maroantsetra – Andranofotsy – Navana – Mahalevono – Fizoana (vor Andranofotsy Überquerung von vier Flüssen mit Pirogen). 2. Tag: Fizoana – Ankovona – Ampokafo (zunächst bequemer Weg am Mahavelona-Fluß entlang mit schönen Badeplätzen; hinter Ankovona 2–3 Std. steiler Aufstieg). 3. Tag: Ampokafo – Ankoba – Androfary – Antsambalahy (am Sahafihitra-Fluß entlang). 4. Tag: Antsambalahy – Marofinaritra – Maromandia (zunächst am Sahafihitra-Fluß entlang; ab Marofinaritra je nach Wasserstand bis Maromandia mit der Piroge). 5. Tag: Maromandia – Ambohitsara – Antalaha (zu Fuß bis Ambohitsara; von dort per *Taxi-Brousse* oder Lkw nach Antalaha).

In Maroantsetra (Hotels) finden sich Führer, die Gäste durch den Regenwald bis Andapa begleiten. Die Gehstrecke ist etwa um 30 % länger (ca. 200 km) als die nach Antalaha, die Wege werden weitaus seltener begangen und sind schwieriger zu finden. Ohne Führer ist dringend von dieser Tour abzuraten, denn Sie treffen nur gelegentlich jemanden, der sich mit Ihnen in französischer Sprache verständigen kann. Ein echtes Abenteuer – aber Sie sollten über eine exzellente Kondition verfügen und ›leidensfähig‹ sein, denn unterwegs gibt es keinen Komfort. Von Andapa (s. S. 123) aus ist es über die erstklassige Asphaltstraße nicht mehr weit bis Sambava und damit zurück in die Zivilisation.

Seit Einwanderer von Réunion 1905 mit dem Anbau der Vanille begannen und riesige Plantagen bewirtschaften, ist **Antalaha** **1** (S. 269) nicht nur Madagaskars ›Hauptstadt der Vanille‹, sondern die der Welt, denn etwa 50 % der Weltproduktion stammen von hier! Ebenso wie guter Wein oder guter Käse bedarf auch die Vanille sorgfältiger Pflege. Von der Ernte bis zum Export erstrecken sich diese Arbeitsgänge über mehrere Wochen. Zunächst müssen die noch grünen Vanilleschoten mit heißem Wasser behandelt und in die Sonne gelegt werden. Dann werden sie im Schatten zum Trocknen ausgelegt, was eine Kristallisation der Duftöle bewirkt, und schließlich für den Export abgepackt. 20 km südwestlich von Antalaha, kurz vor dem Ort Maromandia kann man eine Vanille-Versuchsplantage besichtigen.

Die Stadt ist großzügig angelegt, man sieht ihr den Reichtum an, den die Vanilleproduktion beschert hat. Die einfachen, aber hübschen Bungalowhotels und einige Stadtunterkünfte machen Antalaha, ähnlich wie Maroantsetra, zu einem idealen Ausgangspunkt für abenteuerliche Wanderungen durch den Regenwald.

Ambohitralanana **2** ist einer der abgelegensten Orte des Nordostens mit noch völlig ungenutzten touristischen Möglichkeiten. Von Antalaha fahren Sie auf der Asphaltstraße 15 km nach Süden, dann weitere 47 km auf einer schlechten Piste entlang der Küste. Nur bei trockenem Wetter, wenn die Straßenverhältnisse es zulassen, bedienen Buschtaxis die Strecke. Während der Fahrt sieht man Lemuren, faszinierende Schmetterlinge und viele wilde Orchideen. Von Ambohitralanana bietet sich eine Wanderung entlang der Ostküste weiter nach Süden an. Hier schließt sich ein korallenriffgeschützter Strand an den anderen an, das Hinterland bedeckt dichter, unberührter Urwald.

Sambava und Umgebung

Es sind nur 90 km von Antalaha bis Sambava, doch die Fahrt ist wegen der abwechslungsreichen Landschaft ein

Genuß (4–6 Std.; nur je 5–10 km um die beiden Städte Asphaltstraße). Die Piste wird wenig befahren und führt zeitweise am Meer entlang, manchmal durch weite Graslandschaften, die an Golfplätze erinnern. Dann wieder wird dichter Urwald durchquert, man findet Dörfer, die von gepflegten Reisfeldern umgeben sind und in denen für *Taxi-Brousse-* und Lastwagenfahrer Essen und Früchte angeboten werden. Vorsicht beim Baden, denn in den Flußmündungen gibt es Krokodile!

Sambava 3 (S. 294) ist nicht so charmant angelegt wie Antalaha, hat aber einiges zu bieten: weißen Strand, gute Hotels und einen lebendigen Markt. Bei klarem Wetter hat man einen weiten Blick entlang der Küste und bis zum Tsaratanana-Massiv (2876 m) im Westen. Am Strand bei den Hotels kann man bei Flut gut baden, schöner aber ist der Strand nahe dem Flughafen. In der Cooperative de la Vanille nördlich der Stadt können Sie sich über die Verarbeitung der Vanille informieren und aus Vanilleschoten kunstvoll geflochtene Skulpturen erstehen: Krokodile, Früchte, Auslegerboote und vieles mehr. Südlich der Stadt erstreckt sich die größte zusammenhängende Kokosplantage des gesamten Indischen Ozeans, und es ist interessant zu sehen, mit welchem Aufwand und welcher Gründlichkeit neue Sorten gezüchtet, die Nüsse geschält, getrocknet und schließlich die Kopra gepreßt wird.

Von Sambava aus ist eine Einbaumfahrt auf dem **Bemarivo** oder dem **Lokoho** lohnend. Beide Flüsse dienen als Transportwege für die landwirtschaftlichen Produkte des Hinterlandes und werden daher regelmäßig von großen Pirogen befahren. Die Hotels und die Agentur ›Sambava Voyages‹ organisieren den Transport mit dem Auto ins Hinterland, wo Sie durch fruchtbare, kul-

Mann mit halbierten Kokosnüssen und deren Basthüllen

Frau beim Bündeln getrockneter Vanilleschoten

tivierte Landschaften mit kleinen Dörfern bis zum Flußufer wandern, um von dort aus mit der Strömung in einer Piroge zurück an die Küste gebracht zu werden – ein unvergeßlicher Tag!

Der Ort **Andapa** 4 (S. 266) liegt am westlichen Endpunkt der guten Asphaltstraße, die von Sambava in den Regenwald führt. Im Norden des Ortes erheben sich die bis über 2000 m hohen Berge des Marojezy-Naturreservats, und in dem fruchtbaren Talkessel rund um Andapa erstreckt sich das zweitgrößte Reisanbaugebiet Madagaskars (nach dem Lac Alaotra). Sehenswert sind die im Norden der Stadt gelegenen Stromschnellen und Wasserfälle des Lokoho sowie die gelegentlich auftretenden Musikgruppen der Tsimihety.

Die eigentliche Attraktion ist aber die Fahrt auf der gewundenen Straße am Marojezy-Naturreservat entlang, auf der man durch vanilleproduzierende Dörfer, durch dichten Regenwald und über Pässe fährt, die atemberaubende Ausblicke ermöglichen. Andapa ist eine merkwürdige Mischung aus Wildweststadt mit kleinen Holzhäusern und Urwaldmetropole, die rundum von Reisfeldern und dahinter von dichtem Wald eingeschlossen ist.

Das **Marojezy-Naturreservat** 5 (S. 286) ist das regenreichste Gebiet ganz Madagaskars. An der Südostseite des gleichnamigen Berges (2133 m) regnen sich die feuchtigkeitsgeladenen Wolken, die von Südosten kommen, ab. Mehr als 100 Gattungen mit mehr als 2000 Arten endemischer Pflanzen leben auf engem Raum und stellen eines der artenreichsten Biotope der Welt dar. Man findet viele Lemuren (Brauner Lemur, Bambuslemur, Mausmaki u. a.), zahlreiche Vögel und Insekten in dem gut 600 km² großen Schutzgebiet, dessen Besuch bisher nicht organisiert und daher schwierig ist. Man erreicht es von der Straße zwischen Sambava und Andapa aus, das Dorf Manantenina liegt dem Schutzgebiet am nächsten.

Die Nordspitze Madagaskars

Von Sambava nach Antsiranana (Diégo-Suarez)

Während die Umgebung von Sambava zu den regenreichsten Regionen Madagaskars gehört, beginnt schon etwa 50 km nördlich davon eine Trockenregion ähnlich der an der Westküste. Der Norden Madagaskars gliedert sich in die verschiedensten Klein- und Mikroklimata, Regenwälder wechseln mit Trockengebieten, in denen Baobabs und Pachypodien die einzigen auffälligen Bäume in sonst karger Busch- und Weidelandschaft darstellen.

Es ist geplant, auch die Verlängerung der Straße von Iharana (Vohémar) bis nach Ambilobe an der Nordwestküste zu asphaltieren. Bisher sind diese 170 km jedoch im Winter staubige, im Sommer schlammige Piste durch dünn besiedeltes Bergland. Die Fahrt im *Taxi-Brousse* oder mit dem Geländewagen dauert mindestens acht Stunden, kann aber auch mehrere Tage in Anspruch nehmen. Von Ambilobe bis Antsiranana sind es dann nur noch 140 km auf guter bis sehr guter Asphaltstraße, die flott gefahren werden können. Vorsicht ist allerdings bei Ortsdurchfahrten geboten, denn sicher nicht ohne Grund haben Dorfbewohner für Stoßdämpfer schmerzliche *Speedbumps* auf den Asphalt gesetzt. Solange die Straße von Iharana nach Ambilobe nicht fertiggestellt ist, empfiehlt es sich, nach Antsiranana zu fliegen und von dort aus die Nordwestküste entlang nach Mahajanga zu fahren.

Die schöne, 153 km lange Asphaltstraße von Sambava nach Iharana wurde 1976 von einem Wirbelsturm stark mitgenommen und 1996 komplett erneuert. Seither fährt man wieder bequem durch schmucke, von Reisfeldern und Plantagen umgebene Dörfer, überquert wasserreiche Flüsse – und findet sich völlig unvermittelt auf weiten Grasflächen ohne Baum und Strauch wieder! Erst nach der Überquerung eines niedrigen Passes südlich von Iharana senkt sich die Straße in eine von Korallenriffen und Felsen geschützte Bucht.

Iharana (Vohémar) **1** (S. 282) ist ein verschlafenes Dorf mit einem aufwendig erneuerten Hafen. Da die große Bucht von Riffen geschützt und ›zyklonsicher‹ ist, wird ein Großteil des Exportes von Vanille (aus Antalaha und Sambava), Reis (aus Andapa) und Rindern (aus den Trockengebieten um Iharana) über diesen Hafen abgewickelt. Mangels Tourismus gibt es bis auf ein recht hübsches Bungalowhotel (mit wenigen Gästen) am Strand kaum Infrastruktur. Hier herrscht Beschaulichkeit und Ruhe an einem schönen, haifischsicheren Sandstrand. Die Außenriffe der Bucht sind für Hochseefischer ein ganz besonderes Erlebnis – nicht nur wegen der dort patrouillierenden Haie.

Etwa 10 km südlich von Iharana liegt der **Lac Andronotsara** inmitten einer weiten, sanft hügeligen, parkähnlichen Landschaft. Vom Ende der Graspiste entlang des Indischen Ozeans, 70 m oberhalb des Sees, hat man einen traumhaften Blick auf das bei steil stehender Sonne türkisgrün, bei bewölktem Himmel dunkelgrün schimmernde Wasser. Sich dem See weiter zu nähern ist nicht ratsam, da er von heiligen Krokodilen wimmelt, die als Inkarnation der

Die Piratenrepublik Libertalia

Zu Beginn des 18. Jh. tauchte ein junger französischer Pirat namens François Misson in den Gewässern des westlichen Indischen Ozeans auf. Es heißt, er sei als Schiffsjunge auf einem Begleitschiff reicher Handelsschiffe gefahren, und es sei seine Aufgabe gewesen, diese vor Seeräubern zu schützen. In der Karibik sei er in einem Kampf mit Seeräubern schwer verletzt worden, doch von allen Überlebenden des Gemetzels der Höchstrangige gewesen und daher zum Kapitän gewählt worden. Da das Schiff noch seetauglich war, beschlossen er und der Rest der Mannschaft, in Zukunft den Beruf zu wechseln. Von nun an plünderten sie reiche Handelsschiffe, waren aber bald dafür bekannt, mit den Opfern ungewöhnlich human umzugehen. Sie töteten nur, wenn es nötig war, raubten wertvolle Fracht, befreiten Sklaven von Sklavenschiffen und ließen die Schiffe anschließend weitersegeln.

Misson träumte von einer Gesellschaft gleichberechtigter Menschen, die mit der damaligen Feudalstruktur Europas unvereinbar war. Auf der Suche nach einem geeigneten Platz, um seine Schätze zu verstecken, gelangte er auf die Komoren, wo er die Schwester einer Königin heiratete. Doch auch in der dortigen Gesellschaft war Gerechtigkeit nicht zu erreichen, und Misson beschloß, sich in der Bucht von Antsiranana niederzulassen, um dort sein Traumreich ›Libertalia‹ zu gründen. Er und seine Männer teilten all ihren Reichtum mit der Bevölkerung, heirateten und lebten nach deren Traditionen als Viehhirten und Bauern. Gelegentlich allerdings ging Misson auch wieder auf Raubzüge aufs Meer. Als er eines Tages nach mehreren Monaten auf See zurückkehrte, fand er sein Reich völlig zerstört wieder. Die Dörfer waren niedergebrannt, Frauen und Kinder ermordet, die Rinderherden verschwunden. Misson verließ den Ort, an dem sein Traum von der gerechten und egalitären Gesellschaft zerplatzt war, und widmete sich wieder seinem ›erlernten Beruf‹.

Ahnen betrachtet werden. Zu ihren Ehren werden auf der Sandbank zwischen See und Indischem Ozean regelmäßig Zebus geopfert und gelegentlich Heilungszeremonien abgehalten. Eine Legende erzählt, daß sich vor langer Zeit dort, wo heute der See liegt, ein Dorf befand. Im Ozean nahe dem Dorf lebte ein siebenköpfiges Monster. Eines Tages habe es Streit zwischen dem Monster und einigen Fischern gegeben, das Monster entstieg dem Meer und ging in das Dorf. Unter dem Gewicht des Tieres versank das Dorf in der Tiefe, und ein Unwetter füllte die entstandene Senke mit Wasser. Das Dorf wurde vom Wasser bedeckt, und seine Bewohner verwandelten sich in Krokodile. Verschie-

dene *Fadys* sind zu beachten, weshalb es ratsam ist, den Ausflug mit einem Führer aus Iharana durchzuführen.

Reizvoll ist auch eine Wanderung von Iharana zu dem Leuchtturm im Nordwesten der Bucht. Von dem Hügel aus haben Sie einen großartigen Ausblick auf die gesamte Bucht. Der Küste vorgelagert ist die kleine, bewaldete Insel **Nosy Be** mit weißem, haifischsicherem Badestrand, zu der ein Bootsausflug lohnt.

Wegen der schlechten Straßenverhältnisse ist es nicht sinnvoll – in der trockenen Zeit aber möglich – überland nach Ambilobe und von dort nach Antsiranana zu fahren. Die Fahrt ist anstrengend (12–16 Std. bei guten Wetterverhältnissen), aber interessant, da man unterschiedliche Klima- und Vegetationszonen durchquert. Streckenweise findet man Baobabs und Pachypodien wie im Süden und Westen Madagaskars, manchmal die für die feuchte Ostküste typischen Palmen und Bäume der Reisenden.

Antsiranana (Diégo-Suarez)

2 (S. 277) Antsiranana ist mit 50 000 Einwohnern die größte Stadt des Nordens und an einer traumhaft schönen Bucht gelegen. Diese hat einen Durchmesser von etwa 30 km und zum Indischen Ozean nur einen schmalen Durchlaß, was ihr den Charakter eines Binnensees verleiht. Auch die Differenz zwischen Ebbe und Flut ist gering, da das Wasser nicht schnell genug ein- und ausfließen kann, um den Wasserspiegel in der Bucht um mehr als 1–2 m anzuheben.

Die Nordspitze Madagaskars

Am 10. August 1500 landete der Portugiese Diego Dias als erster Europäer, der Madagaskar betrat, beim heutigen Antsiranana. Sechs Jahre später kam auch sein Landsmann Fernão Soares, ohne allerdings den Versuch zu machen, eine Ansiedlung zu gründen. Ihnen zu Ehren gaben die Kolonialmächte der Stadt später den Namen Diégo-Suarez. Die Stadt mit ihren großen Steinhäusern und breiten Straßen ohne Verkehr hat eine angenehme, ruhige Atmosphäre, die sich von der aller anderen madagassischen Städte unterscheidet. Das Stadtbild wird nicht nur von den zerfallenden Kolonialbauten, sondern von vielen Moscheen geprägt, denn ein großer Teil der hier lebenden Antankarana ist islamischen Glaubens. Mit über 50 % ist der Anteil der Moslems größer als in jeder anderen Stadt Madagaskars.

Der Anteil an Europäern ist gering, nur einzelne arbeiten in der Fischverarbeitung als Berater und im neuen Tou-

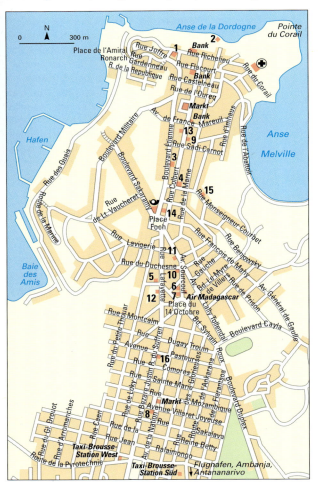

Antsiranana (Diégo-Suarez)
Hotels:
1. Hôtel de la Poste
2. Le Triskele
3. Fian Tsi Laka
4. Nouvel Hôtel
5. Maymoune
6. Orchidée
7. La Rascasse
8. Paradis du Nord
9. Valiha

Restaurants
10. Le Vénilla
11. L'Extrême Orient
12. Aux Lotus
13. La Pirogue
14. La Candela
15. Glace Gourmande
16. Salon de Thé Nina

Gesunkene Schiffe im Hafen von Antsiranana

rismus, der sich dank der Nationalparks, der Badestrände bei Ramena und des immer sonnigen Klimas vorsichtig entwickelt. Das war anders, als französische Fremdenlegionäre das Stadtbild bestimmten. Seit sie 1972 abzogen, wirkt Antsiranana mit seinen breiten Alleen und zerfallenden Kolonialbauten wie ausgestorben.

Die Stadt hat einen wichtigen Fischereihafen, mit Lagerhäusern und einer Thunfischfabrik. In den 40er Jahren war die Bucht ein Schlachtfeld zwischen der französischen Marine (die unter dem Vichy-Regime auf deutscher Seite kämpfte) und englischen Bombern. In der Bucht liegen nicht weniger als 96 Wracks aus dieser Zeit, die wohl nicht so bald gehoben werden. Im Hafenbecken ragen, unmittelbar neben modernen Frachtern, Schiffsrümpfe, Kommandostände und ein japanisches U-Boot aus dem Wasser und dienen badenden Kindern als Spielplatz und Sprungturm.

Sehenswürdigkeiten gibt es in Antsiranana nicht zu bewundern – es sei denn, man betrachtet die Stadt als solche als kuriose Sehenswürdigkeit. Die Mischung aus arabischer Altstadt und europäischer Kolonialarchitektur, die kleinen Cafés, Eisdielen und Nachtbars, der für madagassische Verhältnisse lebhafte Hafen und einige gute Restaurants laden zu ausgiebigen Spaziergängen ein. Daß es wenig zu sehen gibt, erkennt man auch daran, daß der englische Soldatenfriedhof am Ostausgang der Stadt als ›Attraktion‹ gehandelt wird.

Im Januar und Februar regnet es bei Antsiranana regelmäßig jeden Nachmittag ab ewa 14 Uhr bis in die Nacht. Die Morgenstunden sind dann sonnig und klar. Ab März werden die Regenfälle unregelmäßig, im April selten. Von Mai bis Dezember fällt kein Regen. Alle Pisten, wie die von Ambilobe nach Iharana (Vohémar) oder zu den Tsingy, sind von Januar bis April nahezu unpassierbar.

Die Umgebung von Antsiranana

Etwa 10 km östlich von Antsiranana (Richtung Ramena) liegt der **Montagne des Français** (›Berg der Franzosen‹). Am Fuße des Berges (der Taxifahrer weiß wo!) beginnen zahlreiche Pfade auf den Gipfel (1–2 Std.). Von dort haben Sie einen unvergleichlichen Blick über die Bucht, auf die umgebenden Berge und die Stadt. Die Wanderung führt durch einmalige Trockenvegetation, vorbei an endemischen Baobabs mit riesigen Ästen, die am oberen Ende des Stammes nahezu ebenso dick wie der Stamm selbst waagerecht in alle Richtungen wachsen. Unterhalb eines Felsabhanges, den Sie nach knapp einer Stunde erreichen, finden sich zahlreiche Grotten und Reste französischer Befestigungen.

Bei **Ramena,** 20 km östlich der Stadt, liegt der beliebteste Badestrand von Antsiranana. Neben einem Fischerdorf reihen sich Wochenendhäuschen, Restaurants und Cafés am Strand unter Kokospalmen auf. Das Wasser ist klar und ruhig, da die Bucht nur einen schmalen Ausgang zur offenen See hat. Am Wochenende fahren Taxis, *Taxis-Brousse* und Busse mit Schulklassen nach Ramena, es werden Zelte aufgebaut, und alles badet. Einige Hotels und Restaurants sorgen für die preiswerte Versorgung der Ausflügler – das Hotel ›Ramena Nofy‹ nur für die wohlhabendsten unter ihnen. Der Badestrand ist bei schönem Wetter traumhaft, bei starkem Südoststurm, wie er im Winter vorkommt, manchmal von Blättern und Ästen übersät.

Zweigt man 5 km vor Ramena auf eine Sandpiste nach Osten ab, so gelangt man nach guten 15 Minuten zur **Bucht der Sakalava** an der Ostküste, wo sich eine Kette von Stränden aneinanderreiht, die von Korallenriffen geschützt sind. Daher sind sie von weißen Sandstränden gesäumt und ideal zum Baden. 1999 hat dort das komfortable Strandhotel ›Club Baie du Sakalava‹ eröffnet.

Verläßt man mit dem Motorboot von Ramena aus die Bucht, gelangt man direkt nördlich ihres Eingangs in eine tagsüber türkisgrün leuchtende Bucht: das **Mer d'Emeraude** (›Smaragdmeer‹). Schneeweißer Sand reflektiert das Sonnenlicht in der flachen Lagune, die gegen die Wucht der Wellen noch zusätzlich durch die vier Inseln Nosy Diego, Nosy Lava, Nosy Suarez und Nosy Antaly-Be geschützt ist. Dieses Paradies wartet noch darauf, für den Bade- und Tauchtourismus erschlossen zu werden.

Am Südwestende der kilometerlangen Baie du Courrier, 30 km westlich von Antsiranana, liegt das Dorf **Ampasindava.** Zu Kolonial- und Fremdenlegionszeiten war es ein beliebtes Wochenendziel, ähnlich Ramena östlich der Stadt. Heute verirren sich nur noch sehr selten Badegäste hierher, und es fehlt jede Infrastruktur. Wem Ramena zu belebt und ›touristisch‹ ist, der findet hier, was er sucht – weiten, weißen Strand und eine eindrucksvolle Landschaft mit Blick auf Berge und Felsformationen des Cap d'Ambre, die wegen ihrer bizarren Silhouette ›Windsor Castle‹ genannt werden.

Die Franzosen errichteten während der Kolonialzeit einen hübschen Ferienort am Rande des kühlen Montagne d'Ambre, der für Madagassen *Fady* ist und daher nicht bewohnt werden durfte: **Joffreville (Ambohitra).** Sie siedelten Bauern von Réunion an, die Gemüse und Kartoffeln anpflanzten, und ließen es sich gutgehen. Das feuchte und kühle

Am Strand von Ramena

Klima war eine Erholung im Vergleich zur trockenen Hitze, die fast das ganze Jahr auf Antsiranana lastet. Seit die Franzosen 1974 die Fremdenlegion abziehen mußten, ist Joffreville allerdings ausgestorben, die Hotels sind zerfallen. Auf halbem Wege zwischen Antsiranana und Joffreville befindet sich das Dorf **Sakaramy,** ein schöner Ort, um in der kühleren Bergluft zu Abend zu essen und die grandiose Abendstimmung mit Blick auf die Bucht von Antsiranana und den Indischen Ozean zu genießen.

Wenige Kilometer südlich von Joffreville liegt die Grenze des **Montagne-d'Ambre-Nationalparks** 3 (S. 286). Der 300 000 ha große Park umfaßt die Bergregionen eines vulkanisch entstandenen Gebirges in einer Höhe von 1000–1500 m. Der Vulkan ist seit langem erloschen, und die Krater sind zu kreisrunden Seen geworden. Das Klima ist tropisch (im Winter manchmal angenehm kühl) und regenreich. So entsteht ein Mikroklima, das sich vollkommen von dem des übrigen Nordens unterscheidet, der trocken und heiß ist. Einer der sechs Kraterseen (Lac Maudit) ist verwunschen und *Fady.* Die Roussettes-Wasserfälle gehören zu den beeindruckenden landschaftlichen Schönheiten des Parks, den man unbedingt mit einem kundigen Führer besuchen sollte, um die (noch) intakte und artenreiche Natur richtig genießen zu können. Die Vegetation ähnelt der der Ostküste mit Palmen, Orchideen, Schlingpflanzen und Baumfarnen. Auf Nachtexkursionen kann man den kleinsten aller Lemuren, den Mausmaki, finden, der auf einer Handfläche Platz findet und ganze 50 g wiegt. Auch Aye-Ayes, Fossas, die igelartigen Tenreks und winzige Chamäleons kommen hier vor. Eine Tageswanderung führt vom Parkeingang und der Station des Roussettes zum großen Wasserfall, am Lac de la Coupe Verte entlang und über einen besonders artenreichen ›botanischen Weg‹ zum kleinen Wasserfall.

Von Antsiranana nach Ambilobe

Air Madagascar fliegt zwar mehrmals pro Woche nach Nosy Be. Wegen der schönen Landschaft, der vergleichsweise guten Straße und der vielen touristischen Möglichkeiten sollten Sie sich aber überlegen, diese Strecke trotzdem anders zurückzulegen. Beispielsweise können Sie eine Nord-Süd-Durchquerung des Montagne-d'Ambre-Nationalparks in die Reise nach Süden integrieren. Eine lohnende Alternative zum Flug oder der etwa achtstündigen Autofahrt ist auch eine Durchquerung des Ankarana-Naturreservats von Nordwesten nach Südosten mit anschließender Fahrt nach Ambilobe.

Anivorano 4 (S. 268) ist ein gemütliches Provinznest mit lebhaftem, reichhaltigem Markt und verschiedenen hübschen *Hotely Gasy,* einer Tankstelle und freundlichen Bewohnern, die die Frage nach dem Lac Sacré, der einzigen – etwas zweifelhaften – Attraktion der Stadt bereits gewohnt sind. In den Seitenstraßen befinden sich Möbelwerkstätten, hübsche Geschäfte und an die kreolischen Inseln Réunion und Mauritius erinnernde Häuschen.

Die Legende von der Entstehung des heiligen Sees kursiert in ähnlicher Form auch auf Nosy Boraha (Quelle von Ankobahoba, s. S. 104), bei Iharana (Lac Andranotsara, s. S. 124 ff.) und auf den Komoren (Lac Salé, Grande Comore). Vor langer Zeit lag das Dorf Antanavo an der Stelle, die heute vom See bedeckt wird. Eines Tages kam der Zauberer Antemorotenany auf einer Wanderung in das Dorf, dessen Bewohner sich jedoch weigerten, ihm Wasser zu geben, und ihn fortjagten. Am Rande des Dorfes traf er eine alte Frau mit vielen Kindern, die Mitleid mit ihm hatte und ihm zu trinken gab. Bevor er weiterzog, gab Antemorotenany seiner Retterin noch den Rat, den Ort sofort zu verlassen und auf einen Hügel zu gehen, wenn ihre jüngste Tochter zu weinen beginne. In der folgenden Nacht weinte das kleine Kind bitterlich. Bald darauf begann es zu regnen, und dort, wo das Dorf lag, senkte sich die Erde, so daß sich alles Regenwasser dort sammelte. Das Dorf versank im See, und die Menschen verwandelten sich in Krokodile. Die Familie der Frau und der Wanderer aber siedelten sich nahe des Sees im heutigen Anivorano an und opferten ihren ungastlichen Ahnen Zebus.

Diese Tradition hält bis heute an. Zu besonderen Anlässen – etwa zur Heilung von Krankheiten – opfern die Bewohner Anivoranos Rinder am Ufer des Sees. Die rechte Hälfte des Rindes legen sie nahe dem Wasser ab und warten, bis die Krokodile herauskriechen, um sie sich zu holen. Die linke Hälfte gehört traditionell der Familie, die das Zebu geopfert hat, und wird unter den Anwesenden verteilt. Als Beweis für die Blutsverwandtschaft zwischen Menschen und Krokodilen gilt, daß angeblich noch nie ein Krokodil versucht hat, sich ein Stück des Fleisches zu holen, das den Menschen zugedacht ist. Auch wurde noch nie einer der vielen Fischer, die ihre Angeln vom Ufer ins Wasser halten, von einem der Tiere angefallen.

In einem benachbarten, kleineren See leben ebenfalls Krokodile, die aber als angriffslustig und gefährlich gelten. Niemand wagt, dort zu fischen oder sich dem Ufer zu nähern. Ein französischer Forscher schlug 1989 alle Warnungen in den Wind. Um die Lebensweisen der dortigen Süßwasserfische zu studieren, tauchte er mit einer Harpune bewaffnet im See – und verschwand für immer. Einzelne Körperteile wurden gefunden und zum Begräbnis nach Frankreich zurückgeschickt. Wieder einmal hatte sich bewahrheitet, was den Bewohnern von Anivorano schon immer bekannt war: Die Krokodile im Lac Sacré sind die Inkarnation von Ahnen und ihnen freundschaftlich gesinnt; die im Nachbarsee sind gewöhnliche gefährliche Raubtiere.

Das **Analamera-Naturreservat** 5 (S. 265) gehört zu den schwer zugänglichen und wenig erschlossenen Reservaten. Für Botaniker ist es aber von besonderem Interesse, da dort dicht beieinander die Vegetation der feuchten Ostküste und die Trockenvegetation gefunden werden. Die typische Regenwaldlandschaft findet man vor allem in engen Tälern und an Ostabhängen, während die Hochflächen von niedriger Trockenwaldvegetation bedeckt sind. Entsprechend findet man auch in der Tierwelt alles, was den beiden unterschiedlichen Klimazonen angepaßt ist, vom Diademsifaka bis zum Aye-Aye. Die Piste zum Naturreservat zweigt 23 km nördlich von Anivorano nach Osten ab und erreicht nach 11 km das Dorf Ankarongana, von wo nur noch Fußwege in den Park führen.

Die hübsche und sichtbar wohlhabende Stadt **Ambilobe** 6 (S. 262) am Mahavavy-Fluß ist das kulturelle Zentrum der Antankarana. Der Prinz dieses Volkes lebt in Anivorano und hat eine Vielzahl von Anhängern, die ihn noch wie in früheren Zeiten als König respektieren. Die Übersetzung des Ortsnamens ›wo man häufig den Bilo tanzt‹ deutet auf eine Besonderheit im Glauben der Antankarana hin. *Bilo* ist ein Freudentanz, der die Wiedergeburt der Ahnen feiert. Die Reinkarnation ist sonst nicht Glaubensinhalt der madagassischen Religion, die Antankarana aber glauben, daß Verstorbene in Form aller Lebewesen wiedergeboren werden können – egal ob als Pflanze oder Tier, sogar die Reinkarnation als Berg, Wasserfall oder See ist möglich.

Das Mündungsdelta des Mahavavy, nordwestlich von Ambilobe, ist das mit Abstand größte Zuckerrohranbaugebiet Madagaskars. Für die Arbeiter hat die staatliche Zuckergesellschaft den Ort **Sirama** errichtet und mit Luxusgütern wie einem Schwimmbad, Krankenhaus und großem Marktplatz ausgestattet, auf dem unter den Sakalava Faustkämpfe *(Moraingy)* ausgetragen werden.

Die Umgebung von Ambilobe

Etwa 30 km westlich von Ambilobe, auf einer guten Straße erreichbar, liegt der Hafen Antsohimbondrona, von dem aus die Zuckerernte Ambilobes verschifft wird. Wer die bisher nur selten besuchte Inselgruppe **Nosy Mitsio** (s. S. 154) kennenlernen will, kann sich hier nach Möglichkeiten zur Überfahrt erkundigen.

Das Ankarana-Massiv mit dem **Ankarana-Naturreservat** 7 (S. 269) ist das ursprüngliche Siedlungsgebiet der Antankarana und hat für sie bis heute eine ganz besondere religiöse Bedeutung. In Ambatoharanana, einem Dorf wenige Kilometer westlich des Gebirges, finden alle fünf Jahre Feierlichkeiten statt, in deren Verlauf ein riesiger Edelholzstamm im Dorfzentrum aufgerichtet wird. Er erinnert daran, daß dieses Dorf das Zentrum und der ursprüngliche Heimatort der Antankarana und ihrer Königsfamilie war. Viele heilige Stätten, wie die Grotten, in welchen die Königsfamilie vor den Truppen des Merinakönigs Radama I. Zuflucht gesucht hatte, und die Gräber der Königsfamilie, müssen respektiert werden. Sie sind mit

Fadys belegt, die nur die Mitglieder der Königsfamilie kennen. Sie sind auch die einzigen, die diese Orte anläßlich religiöser Zeremonien besuchen dürfen. Wegen des Interesses, das seit einigen Jahren sowohl Wissenschaftler als auch Reisende am Ankarana-Gebirge zeigen, wurde hier ein Spezialreservat mit zugänglichen und vollends geschützten Bereichen eingerichtet.

Ankarana heißt übersetzt ›wo es spitze Steine gibt‹ – und dieser Name paßt gut. Ursprünglich war das heutige Gebirge eine riesige Korallenbank, die später aus dem Meer herausgehoben wurde. Im Lauf der Jahrmillionen haben Regenfälle, reißende Flüsse und Gletscher das weiche Kalkgestein geformt. Aufgrund der unterschiedlichen Härte des Gesteins wurden nadelspitze Felsen geschliffen, auf denen man nur sehr vorsichtig von einer Spitze zur anderen balancieren kann – ein Sturz hätte schlimme Verletzungen zur Folge. Zwischen den Korallenblöcken von jeweils 5–6 km Durchmesser liegen etwa 300 m tiefe Täler, in welchen ein ursprünglicher, lichter Trockenwald wächst. Die Täler dienen in den trockenen Monaten als Zugang zu den Tsingy. In der Regenzeit (November–März) sind sie von reißenden Flüssen überschwemmt und machen einen Besuch der Gesteinsformationen unmöglich.

Sowohl Grotten ohne Grabstätten als auch Seen und karstige Gebirgsstöcke **(Tsingy)** wurden seit Beginn der 90er Jahre dem Tourismus zugänglich gemacht und können in ortskundiger Begleitung besucht werden. Der WWF hat Wege durch den Trockenwald, zu verschiedenen nicht mit *Fadys* belegten Grotten und zu einem spektakulär im Zentrum eines riesigen Tsingy gelegenen See sowie mehrere Übernachtungsplätze angelegt. Die Anfahrt dorthin erfolgt über eine holprige, staubige Piste, die wenige Kilometer südlich von Anivorano von der RN6 abzweigt und zum Parkeingang auf der Westseite des Gebirges führt (2 Std.). Von hier aus kann man den See, die Tsingy und verschiedene Grotten erkunden. Proviant muß mitgebracht werden, denn allein von der Frucht mit dem Namen *Mokotra* kann man sich nicht ernähren. Sie hat eine grüne, harte und holzige Schale und die Größe einer Grapefruit. Wenn man sie an einem Stein aufbricht, kommt gelbliches, süß-saures Fruchtfleisch zum Vorschein, das im Geschmack zwischen Banane und Zitrusfrüchten liegt.

Einen sehr guten Eindruck von der faszinierenden Landschaft des Ankarana-Gebirges erhalten Sie auf einer eintägigen Wanderung (6–7 Std.), die am Campement des Anglaises im Westen des Parks beginnt. Von dort wandern Sie durch den Trockenwald bergauf und erreichen nach 1–2 Stunden das Hochplateau eines Tsingy, auf dem Sie sich abseits des Fußweges nur noch vorsichtig und mit gutem Schuhwerk bewegen können. (Die Felsnadeln sind messerscharf!) Unvermittelt stehen Sie an einem 200–300 m tiefen Abgrund und sehen unten einen dunkelgrünen, unerreichbaren See, der von Kalksteinwänden umgeben ist. Zurückgekehrt zum *Campement*, nehmen Sie einen schmalen Fußweg nach Osten, der durch einen märchenhaften, lichten Wald im Tal zwischen zwei Gebirgsstöcken führt, überqueren mehrere Bäche (die hoffentlich nicht zu viel Wasser führen!) und erreichen nach etwa einer Stunde eine Abzweigung nach Süden, die zur Grotte Ampondriampaihy führt. Die letzte halbe Stunde müssen Sie einen steilen

Tsingy im Ankarana-Naturreservat

Abhang hinuntergehen, den man selbst bei Trockenheit nur dank der Lianen bewältigt, an denen man sich festhalten kann. Nun stehen Sie vor einer unheimlichen schwarzen Öffnung, in die man hineingehen kann, um einen Eindruck von dem gewaltigen Höhlensystem zu bekommen, welches sich im Inneren des Gebirgsmassivs befindet. Wenn Sie wieder zum Weg hinaufgeklettert sind, folgen Sie dem Canyon weiter nach Osten, bis Sie die asphaltierte Straße nach Ambilobe erreichen.

Nur mit Sondererlaubnis des Prinzen Tsimiharo III. und in Begleitung eines Mitglieds der Familie ist die folgende Exkursion für Europäer möglich. Im Dorf Marivonahona, 14 km nördlich von Ambilobe, biegen Sie von der RN6 links in eine Piste ein und folgen dieser weitere 20 km zum Ufer des Flusses Mananjeba. Hier suchen Sie sich ein Kanu (natürlich mit dessen Eigentümer) und fahren auf dem Fluß in die Höhlen. Jeweils im zweiten und siebten Jahr eines Jahrzehnts beim ersten Vollmond im November findet hier die ›Zeremonie des Betretens der königlichen Höhlen‹ statt.

Ambanja und Umgebung

Am Fluß Sambirano, der 15 km weiter westlich in die Bucht von Ampasindava und damit in den Golf von Mosambik mündet, liegt **Ambanja** 8 (S. 260). Wegen seiner schönen Lage in einem reichen Agrargebiet und der vielen Ausflugsmöglichkeiten ist Ambanja ein paar Tage Aufenthalt wert. In der weitläufig angelegten Stadt mit zwei großen Kirchen, einem reich gefüllten Markt und einer schattigen Allee gibt es mehrere gemütliche Hotels, in denen man sich von den Strapazen der Reise erholen kann.

Die Abzweigung auf die **Halbinsel Ambaro** 9 liegt etwa 25 km nördlich von Ambanja, nahe dem Ort Andilamboay. Von der Kreuzung aus sind es nochmals etwa 25 km auf einer abenteuerlichen, aber landschaftlich sehr schönen Piste in Richtung der heiligen Insel **Nosy Faly,** auf der Grabmale einiger Königsfamilien der Sakalava liegen. Auf einer gepflegten Zufahrt erreicht man den weiten, weißen Sandstrand von Ampasindava (Achtung: auch auf Nosy Be und bei Antsiranana gibt es Dörfer dieses Namens!). Nosy Faly und die Halbinsel Ambaro sind mit dichtem Urwald bewachsen; es gedeihen die verschiedensten Sorten tropischer Früchte, in den Wäldern leben Wildschweine und in den Küstengewässern riesige Fischschwärme.

Die Meeresbucht westlich von Ambanja, die **Bucht von Ampasindava,** war im Zweiten Weltkrieg ein Versteck russischer Kriegsschiffe, die von einer überlegenen japanischen Flotte gejagt

Flußlandschaft bei Ambanja

wurden. Die Bucht wird daher auch *Baie des Russes* genannt. Schon im 12. Jh. siedelten arabischstämmige Einwanderer an der Küste der westlich der Bucht gelegenen Halbinsel Ampasindava. Im Dorf Mailakapasy zeugt die Ruine der ältesten Moschee Madagaskars von diesen ersten Ansiedlungen islamischen Glaubens.

Wegen seiner großen Höhenunterschiede (230–2800 m) finden sich verschiedenste Klima- und Vegetationszonen innerhalb des **Tsaratanana-Naturreservats** 10, das über 480 km² dicht bewaldeten Berglandes umfaßt. Die Berge sind teilweise durch vulkanische Tätigkeit entstanden, teilweise aber bestehen sie auch aus Granitformationen. Fauna und Flora sind entsprechend der vielen Klimazonen extrem vielfältig, aber noch kaum wissenschaftlich erfaßt.

Die Besteigung des **Maromokotro,** des höchsten Gipfels Madagaskars, ist kein Ausflug, sondern eine ausgewachsene Expedition für Bergsteiger und Abenteurer. Der Weg muß freigeschlagen werden, und es müssen erfahrene Bergsteiger und Kenner der Region zur Begleitung mitgenommen werden. Hinzu kommen Versorgungsprobleme und zahlreiche *Fadys.* Daher ist eine Besteigung nur nach ausgiebiger Vorbereitung und mit entsprechender Ausrüstung möglich.

Nosy Be

(S. 289) Nosy Be ist der am besten entwickelte ›Urlaubsort‹ Madagaskars. Die Insel, etwa so groß wie Rügen, hat insgesamt gut 350 Gästezimmer – ist also vom Massentourismus Lichtjahre entfernt. Auf den Seychellen verbringen im Schnitt ständig 3500 Gäste ihren Urlaub, auf Mauritius 11 000, auf Mallorca in den Sommermonaten 700 000! Da nehmen sich die durchschnittlich 400 Gäste, die ständig auf Nosy Be weilen, doch sehr bescheiden aus. Dennoch hat Nosy Be nicht die Ursprünglichkeit anderer Regionen Madagaskars. Dies liegt an den vielfältigen Qualitäten dieser paradiesischen Insel. Ihr vulkanischer Boden ist fruchtbar wie kaum ein anderer Madagaskars, die Insel hat weite ebene Flächen, auf denen seit vielen Jahrzehnten Zuckerrohr-, Ylang-Ylang-, Kaffee-, Vanille- und Gewürznelkenplantagen gepflegt werden. Sie leidet mit

knapp 50 000 Einwohnern an keinem Arbeitskräftemangel, ist aber auch keineswegs dicht oder gar überbevölkert. Das umgebende Meer ist voll von Thunfisch, der mit der kleinen Fangflotte von ›Nosy Pêche‹ gefangen wird.

Das klingt paradiesisch – und ist es auch, wenn man nicht das biblische Paradies auf Erden erwartet. Selbstverständlich gibt es auf Nosy Be Probleme, die einem mit offenen Augen Reisenden nicht verborgen bleiben. Prostitution ist nicht erst mit dem Tourismus entstanden, aber sie ist offensichtlicher geworden. Daß Andoany (Hell-Ville) und Djamandjary nicht über Kläranlagen verfügen, stört allerdings erst ernsthaft, seit Urlauber an den angrenzenden Stränden baden wollen. Wer sich bewußt ist, daß Nosy Be weder ein unberührtes Südseeparadies ist, in dem man mit fröhlichen ›Eingeborenen im Baströckchen‹ bei Sonnenuntergang ums Lagerfeuer tanzt, noch eine perfekt durchorganisierte Urlaubsinsel, der wird den Aufenthalt genießen und zugeben müssen, daß man sich schwerlich einen schöneren Ferienort vorstellen kann.

Es stimmt natürlich, daß die Strände auf den Seychellen weißer sind, die Menschen auf Mauritius offenherziger, die Straßen und Mietwagen auf Réunion besser und die Natur auf Nosy Boraha (Ste-Marie) ursprünglicher. Dennoch ist Nosy Be ein Juwel mit kleinen Kratzern – dazu gehört auch, daß Hell-Ville weitaus teurer ist als die übrigen Städte Madagaskars. Die bessere Entwicklung hat ihren Preis, denn jeder möchte an der im Vergleich zum Rest des Landes florierenden Wirtschaft partizipieren. Es gibt wenig echte Armut, aber auch kaum Reichtum. Nosy Be hat primären Urwald im Lokobe-Naturreservat, kultivierte Zuckerrohrfelder und Gewürzplantagen, von Krokodilen bevölkerte Kraterseen, eine in den vergangenen Jahrzehnten vernachlässigte, wieder im Aufstreben begriffene koloniale Hafenstadt und unberührte Trauminseln, nicht weit von der Küste. Die Kombination aller dieser Attraktionen macht den ungewöhnlichen Reiz von Nosy Be aus.

Spätestens seit dem 15. Jh. war Nosy Be ein umkämpfter, weil von der Natur so bevorzugter Ort. In den Jahrhunderten zuvor war die Insel von indischen und komorischen Händlern sowie den

Am Strand von Ambatoloaka

Badebedingungen auf Madagaskar

An den Stränden Madagaskars herrschen nicht den ganzen Tag über gleich gute Badebedingungen, denn der Tidenhub, der Unterschied zwischen höchstem und niedrigstem Wasserstand, ist ausgeprägt. Er liegt bei 3–6 m, je nach dem Stand des Mondes und der Sonne. Nur wenige Strände fallen so steil ab, daß sowohl bei Höchst- als auch bei Niedrigststand ideale Badebedingungen herrschen.

Wer viel auf den Trauminseln dieser Welt herumgekommen ist, weiß, daß es nur wenige Strände gibt, die dem Idealfall nahekommen. Manchmal ist das Wasser nicht so klar, wie es die Katalogbilder versprechen, oder das Korallenriff liegt zu weit vom Strand entfernt. Oft reicht der weiße Sand nur wenige Meter weit ins Wasser und wird dann von Seegrasfeldern oder Erde abgelöst.

Jeder Strand hat aber seine Tageszeit, zu der er zum Baden am besten geeignet ist. Manche brauchen etwas mehr Wasser, um die bei Ebbe herausschauenden Korallen oder Seegrasbänke zu bedecken, bei anderen reicht das Wasser bei Flut bis an die Palmen, so daß kein Platz bleibt, es sich im Sand gemütlich zu machen. Die folgenden Erläuterungen sollen es Ihnen ermöglichen herauszufinden, um welche Tageszeit während Ihres geplanten Strandurlaubs der höchste, wann der niedrigste Wasserstand zu erwarten ist und wie ausgeprägt der Tidenhub sein wird.

Sowohl bei Neumond als auch bei Vollmond wirken die Anziehungskräfte von Sonne und Mond gleichgerichtet auf die Wasserbewegung der Weltmeere ein – die Flut steigt am höchsten, die Ebbe sinkt am tiefsten. Bei Halbmond wirken die Anziehungskräfte von Mond und Sonne gegeneinander, heben einander also teilweise auf. Der Unterschied zwischen höchstem und niedrigstem Wasserstand ist also am geringsten. Da auf Madagaskar der Tidenhub aber auch bei Halbmond noch 3–4 m ausmachen kann, sollten Sie sich einen Strand vorher ansehen, um festzustellen, zu welcher Tageszeit die besten Bedingungen herrschen werden.

Bei Halbmond wird der höchste Wasserstand morgens gegen 6 Uhr und abends gegen 18 Uhr erreicht. Ab 6 Uhr beginnt der Wasserspiegel zu sinken, erreicht seinen tiefsten Stand gegen 12 Uhr mittags und steigt dann langsam bis 18 Uhr wieder an. Bei Neu- und Vollmond ist es umgekehrt: Morgens um 6 Uhr ist der Wasserstand am niedrigsten, mittags gegen 12 Uhr am höchsten und am Abend wieder am niedrigsten.

Anhand der genannten Regeln können Sie Ihren Tagesrhythmus auf Ihre bevorzugten Badebedingungen einstellen. Bitte bedenken Sie aber auch, daß neben Sonne und Mond auch klein- und großräumige Strömungsverhältnisse sowie aktuelle Wetterbedingungen auf Ebbe und Flut einwirken. Sie können den Tidenhub verstärken oder abschwächen und zu verzögertem oder frühzeitigem Eintreffen der Flut führen.

Antankarana besiedelt worden, die heute ihr Zentrum weiter nördlich in Ambilobe und Antsiranana haben. Sie wurden von den nach Norden strebenden Sakalava vertrieben, die die Insel in ihr Reich eingliederten. Eine erste feste Ansiedlung hatten allerdings indische Schiffbrüchige etwa 5 km östlich von Andoany (Hell-Ville) errichtet, wo man heute noch einige Ruinen findet (s. S. 149). Nachdem die Engländer Anfang des 17. Jh. erfolglos versucht hatten, einen kolonialen Stützpunkt in der Baie de St-Augustin (südlich von Toliara) zu gründen und gegen den Widerstand der Madagassen zu halten, unternahmen sie 1649 einen erneuten Versuch – diesmal auf Nosy Be. Aber auch hier wollten sich die Sakalava nicht unterwerfen lassen, und die englische Kolonie mußte sich wieder verabschieden.

Mitte des 19. Jh., als die nach der Vorherrschaft auf ganz Madagaskar strebenden Merina die Hafenstadt Mahajanga und das nördliche Festland okkupierten, flohen sowohl Sakalava als auch weiter nördlich siedelnde Antankarana nach Nosy Be. In höchster Not und Angst, die Merina könnten auch die Insel erobern, suchte Königin Tsiomeko bei den Franzosen Hilfe. Der Preis dafür war, daß Nosy Be und Nosy Ambariovato 1841 zur französischen Kolonie wurden, die von Réunion aus verwaltet wurde. Gouverneur de Hell erkannte schnell die landwirtschaftlichen Möglichkeiten und ließ Zuckerrohr, Ylang-Ylang und andere Gewürze anbauen, die noch heute zum Wohlergehen der Insel so sehr beitragen, daß der Lebensstandard sichtlich über dem des übrigen Madagaskar liegt. Sogar eine Schmalspureisenbahn wurde gebaut, um das Zuckerrohr aus den weit auseinanderliegenden Feldern in die Fabrik bei Djamandjary zu bringen. Das Bimmelbähnchen fährt noch heute und kreuzt gelegentlich völlig ohne Warnung die schmale Straße entlang der Zuckerrohrfelder. Von den erfolgreichen und von der heimischen Bevölkerung aktiv unterstützten Aktivitäten der Kolonialzeit zeugen auch die notdürftig in Stand gehaltenen Hafenanlagen und die kolonialen Prunkbauten im Zentrum der Inselhauptstadt Andoany (Hell-Ville).

Rund um Nosy Be finden sich herrliche, meist rötlich gefärbte und von Kokospalmen gesäumte Sandstrände. Einige von ihnen sind Heimat von Fischern, vor deren Hütten große Edelholzpirogen mit Segeln und Auslegern am Strand liegen. Entlang der Westküste führt eine gut ausgebaute Asphaltstraße ans Nordende der Insel, wo die letzten von der Zivilisation berührten Strände liegen. Wer mit einem guten Geländewagen die schlechten Pisten in Richtung Osten weiterfährt, findet – mühsam allerdings – abgeschiedene Traumbuchten, in denen man sich in eine andere, unberührte Welt versetzt fühlt.

Nosy Be hat nicht nur Strände, sondern auch herrliche Landschaften, ein günstiges Klima und ein strahlendes blaues Meer, kleine Hotels und Gästehäuser mit einfachem Standard, deren beste international wohl mit drei Sternen bedacht würden. Auf den fruchtbaren Vulkanböden wachsen Zuckerrohr und Ylang-Ylang, Kaffee, Vanille, Pfeffer und Gewürznelken. Es regnet weniger als an der Ostküste, denn das knapp 3000 m hohe Tsaratanana-Massiv hält die von Osten heranziehenden Wolken zurück. In den Kratern von sieben Vulkanen haben sich Seen gebildet, in denen Krokodile unbehelligt leben, denn die Bewohner der Insel sehen in den Gewässern die Heimat ihrer Ahnen. Wer sich ihnen nähern will, muß barfuß gehen, darf nur mit einem Wickeltuch bekleidet sein und keine Kopfbedeckung tragen. Angeln oder gar Baden ist nicht nur verboten *(Fady)*, sondern wegen der Krokodile auch gefährlich.

Auch wenn Sie reine Badeferien geplant haben, sollten Sie sich mindestens für einen Tag einen Mietwagen mit Chauffeur nehmen oder einfach ein Taxi anheuern, um gemütlich die Insel kennenzulernen. Eine ›Rundfahrt‹ ist dabei nicht möglich, denn die einzige gute Straße führt vom Flughafen Fasenina über die Inselhauptstadt Andoany (Hell-Ville) an die Westküste und dort nach Norden bis zu den Traumstränden von Andilana.

Ambatoloaka und der Südwesten von Nosy Be

In **Ambatoloaka** **1**, an der Südwestspitze von Nosy Be, ist der Strand weißer und feiner als sonst in Madagaskar, denn er liegt geschützt hinter einem Korallenriff, und nur über einen schmalen Bach wird vulkanische Erde aus den Bergen eingeleitet. Er ist etwa 2 km lang und hat sich seit Anfang der 80er Jahre zu *dem* Bade- und Urlaubszentrum Madagaskars entwickelt. Eine Handvoll kleiner Bungalowhotels haben sich rechts und links des Fischerdorfes etabliert. Daneben gibt es ein paar Bars, eine Tauchbasis und urgemütliche, preiswerte Restaurants (bei denen man seinen Besuch vorher anmelden sollte, damit der Koch genügend Lebensmittel einkaufen kann). Ab und zu flanieren Fischer und Bauern aus dem Dorf den Strand entlang und bieten Eier, frisch gesammelte Austern, Hummer oder Krabben, aber auch mehr oder weniger kitschiges Kunsthandwerk an. Unweit des ersten Strandhotels von Nosy Be steht am Strand ein heiliger Baum, vor dem von Zeit zu Zeit Opferzeremonien abgehalten werden. Die Einwohner haben ihn mit einem Zaun vor respektlosen Urlaubern geschützt, die ihn als Schattenspender mißbrauchten.

Ambatoloaka ist ein Traum für Weltenbummler mit mittlerem und kleinem Budget, die sich in das idyllische Kuta Beach (auf Bali) der 60er Jahre zurückversetzt fühlen wollen. Ein Alptraum allerdings für Globetrotter, die lieber in der Fischerhütte schlafen, den Tag mit einheimischen Familien am Holzkohleofen verbringen und eine Entwicklung, wie sie in Bali in den vergangenen Jahrzehnten stattgefunden hat, vermeiden möchten.

Von Ambatoloaka führt eine kurze Wanderung (2–3 Std.) zur **Pointe du Cratère**. Verlassen Sie Ambatoloaka auf der geteerten Straße nach Norden und biegen Sie dort, wo die Straße die Eisenbahnschienen kreuzt, rechts ab. Durch das Dorf Andampy gelangen Sie zum Hafen Port du Cratère. Die Straße führt weiter über einen Bergrücken und hinunter in den Fischereihafen der Thunfischflotte von ›Nosy Pêche‹. Bei Ebbe können Sie rechter Hand um einen Berghang herum wieder zum Strand von Ambatoloaka zurückkehren.

Reizvoll ist auch die Besteigung des Vulkans **Antsamantsara**. Gehen Sie bis zum Nordende der Bucht von Ambatoloaka und biegen Sie dann nach rechts ab. 100 m weiter, vor dem Beginn der Zuckerrohrfelder, wenden Sie sich nach links und umrunden den Fuß des Vulkans. Danach durchqueren Sie eine Geröllhalde, an deren oberem Ende ein Pfad nach links oben erkennbar wird, der zum Gipfel führt. Der Berg ist nur 118 m hoch, bietet aber einen weiten Blick in alle Himmelsrichtungen. Besonders eindrucksvoll ist von hier die Beobachtung des Sonnenuntergangs. Damit ist der Berg eine gute Alternative zum Mont Passot, dem Treffpunkt aller, die nicht so gut zu Fuß sind.

Besonders in der Regenzeit (Oktober bis April) sollten Sie dem herrlichen **Wasserfall von Androadroatra** 2 einen Besuch abstatten. Er liegt versteckt auf dem Gelände einer Plantage, doch wer auf Nosy Be autofahren kann, kennt auch den Weg. Etwa 500 m östlich der Abzweigung von der Hauptstraße zum Strand von Ambatoloaka steht rechts ein alter Verladekran neben den Bahngleisen. Hier biegt ein schmaler Fahrweg ins Landesinnere ab. Durch Zuckerrohrfelder erreichen Sie nach 2 km das Dorf Androadroatra und eine Plantage mit einer Ylang-Ylang-Destillerie, wo ein Eintrittsgeld zu entrichten ist. Der Weg endet an einem kleinen Parkplatz, von dem aus es noch 100 m leicht bergab geht, bis zum Ufer eines kreisrunden Tümpels, in den das klare Was-

Nosy Be

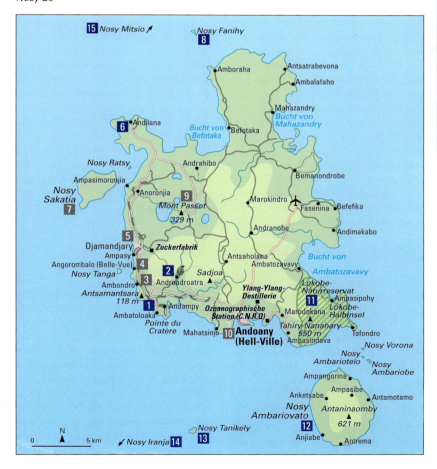

ser aus 50 m Höhe herunterstürzt. Die Felswände sind von Moos und Flechten bewachsen, die das immerfeuchte Mikroklima dieses nur kurz von der Mittagssonne beschienenen Ortes lieben.

Im Norden schließen sich an den Strand von Ambatoloaka, von diesem durch eine Halbinsel getrennt, die Strände von **Ambondro** 3 und **Angorombalo (Belle-Vue)** 4 an. Der erste ist weiß und bei hohem Wasserstand gut zum Baden geeignet, der im Norden anschließende Strand von Angorombalo ist optisch schön und mit Palmen bewachsen, aber wegen der hier eingeleiteten Abwässer der Stadt Djamandjary mit der großen Zuckerfabrik an seinem Nordende zum Baden ungeeignet. Bei Ebbe kann man von Angorombalo zum Inselchen **Nosy Tanga** hinüberwandern, das durch eine Sandbank mit der Hauptinsel verbunden ist, oder den Fischerbooten zusehen, die mit geblähten Segeln auf die weite Sandbank auflaufen.

Wenige Kilometer weiter nördlich tauchen rechts die **Zuckerfabrik** und merkwürdige aus Beton gebaute ›Iglus‹ auf, die vor vielen Jahrzehnten für die Fabrikarbeiter errichtet wurden. Wenn es Sie interessiert, sollten Sie versuchen, sich die Zuckerproduktion anzusehen oder eine Flasche des hervorragenden und billigen *Rhum de Djamandjary* zu erstehen (Flasche mitbringen, denn der frisch abgefüllte Rum ist der beste!). Mit etwas Glück können sie auch eine der bald 100 Jahre alten und funktionstüchtigen Lokomotiven sehen, die während der Erntezeit von Mai bis August das Zuckerrohr von den Feldern in die Fabrik transportieren.

Der Ort **Djamandjary** 5 ist keine Touristenattraktion – und der öffentliche Strand am Ende der Stichstraße erst recht nicht. Sie sollten aber trotzdem einmal aussteigen und einen Spaziergang die Hauptstraße entlang machen, wenn Sie sich für die Lebensweise der Fischer und der Zuckerrohrarbeiter und ihrer Familien interessieren, die hier in Djamandjary auf engstem Raum zusammenleben, ohne daß eine städtische Verwaltungs- oder Organisationsform erkennbar wird. Djamandjary sieht aus, als hätte man 40 Dörfer genommen und einfach zusammengeschoben, so daß nur noch schmale Wege zwischen den Hütten bleiben.

Andilana und die vorgelagerten Inseln

Nördlich von Djamandjary führt die recht gute Asphaltstraße zwischen Zuckerrohrfeldern hindurch und an kleinen Dörfern vorbei. Nach 8 km zweigt eine zunächst gut erhaltene Asphaltstraße nach Osten ab, links (im Westen) führt eine Piste in das idyllische abseits gelegene Dorf Ampasimoronjia und dann weiter in eine traumhafte Bucht mit Kokospalmenhain und einem gewaltigen Baobab, der den Strand dominiert. Wenn Sie Hunger oder Durst haben,

Traditionelles Auslegerboot vor Nosy Be

können Sie dort im Hotel ›Baobab‹ eine Pause einlegen.

Nächste Station der Fahrt ist das nördliche Ende der ausgebauten Straße: **Andilana** 6. Hier, am schönsten Strand der Insel, ist der Sand strahlend weiß, malerisch liegen schwarze Lavafelsen in der Bucht. Am mittleren der drei von Fischerdörfern gesäumten Strände wurde das ›Andilana Beach Hotel‹ umfassend renoviert und von einem italienischen Ferienclub gepachtet. Wenn der Flughafen auf Nosy Be ausgebaut ist (in Planung) wird wohl Badetourismus mit ›internationalem Standard‹ auf der Insel Einzug halten. Obgleich – und vielleicht weil – Andilana weitab von allen Aktivitäten der Insel liegt, befinden sich hier mehrere kleine Bungalowhotels der preiswerten Klasse, einige Läden, in denen man das Nötigste erstehen kann, und Restaurants mit herrlichem Blick über das Meer. Ein einfacher, aber schöner Platz für eine Mittagspause!

Nosy Sakatia 7 beherbergt mehrere kleine Bungalowanlagen, eine Tauchbasis und eine etwas teurere Bungalowanlage, die sich aufs Hochseefischen spezialisiert hat. Die Insel ist wesentlich ruhiger als der Westen von Nosy Be und wegen der nur wenigen Einwohner auch in weit geringerem Maße erschlossen. Nur ein paar Fußwege verbinden die Dörfer und die vielen Strände miteinander. Auf der Bootsfahrt von der Westküste Nosy Bes nach Nosy Sakatia passieren sie einen eindrucksvoll aus dem Meer ragenden Felsen mit dem Namen **Nosy Ratsy** (›verwunschene Insel‹), der die Heimat einiger Königsgräber und der Ahnen ist. Der Besuch ist durch *Fadys* mit vielen streng einzuhaltenden Verhaltensregeln belegt, so daß man das Inselchen – wenn überhaupt – nur in Begleitung eines kundigen Madagassen besuchen sollte.

Sehr selten besucht wird **Nosy Fanihy** 8, denn organisierte Ausflugsfahrten gibt es (noch) nicht. Die Insel liegt im Norden von Andilana, ein bis zwei Bootsstunden entfernt. Wer dort ein Picknick machen will, muß darauf achten, nicht bei Flut anzukommen, wenn der Sandgürtel um das Eiland komplett überschwemmt ist und nur ein von Flughunden bewohnter schwarzer Felsen aus dem Wasser ragt. Bei mittlerem oder niedrigem Wasserstand dagegen liegt eine strahlend weiße Sandbank frei, und ein fischreicher Korallengarten umgibt sie in nur wenigen Metern Tiefe.

Mont Passot

Der Besuch des **Mont Passot** 9 gehört zum ›Pflichtprogramm‹ auf Nosy Be. In jeder Inselrundfahrt ist er enthalten, egal ob Sie sich einer Gruppe anschließen oder ein Taxi nehmen und sich in ein paar Stunden die Insel zeigen lassen. Von jedem Hotel wird diese Tour angeboten, und meist beginnt sie am späten Nachmittag, denn die Ausblicke sind traumhaft und die Beobachtung des Sonnenuntergangs vom Gipfel aus einzigartig. Eine brauchbare, wenn auch teilweise weggewaschene Asphaltstraße, die knapp 10 km nördlich von Djamandjary nach Osten abzweigt, windet sich durch eine vulkanische Hügellandschaft, durch kleine Dörfer, in denen Ylang-Ylang angebaut wird, und an den sieben heiligen Kraterseen vorbei, fast bis zum 329 m hohen Gipfel hinauf.

Doch der eigentliche Tip ist eine Wanderung zum Gipfel in den frühen Morgenstunden! Von Djamandjary, der zweitgrößten Stadt auf Nosy Be, führt ein Fußweg von 8 km Länge (1^1/$_2$–2 Std.), der früher sogar für Autos befahrbar war, zunächst durch Zuckerrohrfelder, später sanft ansteigend durch weite Wiesen hinauf. Wenn Sie bald nach Sonnenaufgang losgehen, herrscht morgendliche Stille, es ist noch nicht heiß, und das schräg einfallende Licht läßt die sanfte Hügellandschaft noch plastischer und grüner erscheinen, als sie ohnehin schon ist. Nehmen Sie ein Taxi nach Djamandjary und bitten Sie den Chauffeur, Sie hinter der Zuckerfabrik abzusetzen, wo der Weg nach oben führt, und am Gipfel wieder auf Sie zu warten. Sich zu verlaufen ist unmöglich, denn man hat sowohl das Ziel der Wanderung als auch die Westküste der Insel ständig im Blick. Den Weg sollten Sie allerdings nicht verlassen, insbesondere sollten Sie nicht versuchen, in einem der nahen Kraterseen ein erfrischendes Bad zu nehmen. Das ist nicht nur *Fady,* sondern möglicherweise auch gefährlich, denn einige sind von Krokodilen bevölkert!

Andoany (Hell-Ville) und Umgebung

Schon einige Kilometer vor dem Ortseingang der Inselhauptstadt **Andoany (Hell-Ville)** 10 (S. 267) wird die Bebauung dichter, man sieht sowohl hübsche, traditionelle Dörfer als auch einzelne moderne Privat- und Bürogebäude, wie etwa das Verwaltungsgebäude der Air Madagascar. Am Ostende des großen Friedhofes der Stadt biegt man nach rechts ab und fühlt sich plötzlich in eine andere Welt versetzt. Rechts und links der Straße liegen dicht an dicht kleine Geschäfte, Souvenirläden, Friseure, Restaurants und *Hotely Gasy.* Hier, auf dem Boulevard Général de Gaulle, befindet sich das Zentrum der vielen kleinen Unternehmungen, die rund um die neue Verdienstquelle Tourismus seit 1980 entstanden sind. Alles ist vertreten, vom Auto- und Fahrradverleih bis hin zum Jachtcharterunternehmen. Am Ende der

Blick vom Mont Passot über die Kraterseen auf Nosy Sakatia

Straße befindet sich ein überquellender Gemüse-, Obst- und Fleischmarkt, wie er auf Madagaskar selten zu finden ist. Folgt man der breiten Straße am Markt vorbei, so wird es wieder ruhiger. In alten, einfachen Steinhäusern befinden sich am Boulevard de l'Indépendance Lebensmittelgeschäfte, Bars, Büros von Schiffahrtsgesellschaften und die einzige Bank der Stadt. Der Boulevard endet an der einstigen Prachtstraße der Stadt, der Rue Passot. Sie ist zwar nur 250 m lang, doch erinnert sie mit ihrem Grünstreifen in der Mitte, den prunkvollen Villen und den zum Schmuck aufgestellten Kanonen an eine reiche Garnisonsstadt. Allerdings sind die Prunkbauten mangels Pflege nicht mehr prunkvoll, der Grünstreifen ist nicht mehr grün und wird von Händlerinnen zum Verkauf von gestickten Tischdecken genutzt. Am Ende der Allee geht es in einer Schleife steil hinunter zum wenig reizvollen Hafen, in dem neben einzelnen Frachtschiffen auch viele traditionelle Auslegerboote und einige Segel- und Motorjachten liegen.

Über echte ›Sehenswürdigkeiten‹ verfügt Andoany nicht, doch ist ein Spaziergang durch die Gassen der Stadt eine reizvolle Abwechslung. Allerdings ist zu empfehlen, ihn nicht in der Hitze des Nachmittags, sondern erst kurz vor oder während des Sonnenuntergangs zu ma-

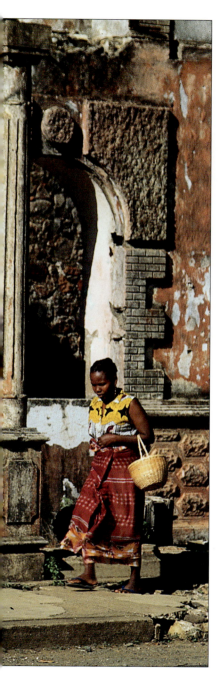

chen. Abends werden die Straßen rund um den Markt lebendig. An allen Kreuzungen gibt es bei Kerzenlicht an offenen Ständen gebackene Fische und gut gewürztes, über Holzkohle am Spieß gegrilltes Zebufleisch zu kaufen.

Eine Asphaltstraße führt vom Hafen zunächst am Fußballstadion vorbei durch sumpfiges Gelände und folgt dann der Küste nach Osten. Bevor die Berge der Halbinsel Lokobe nahe ans Ufer reichen, zweigt in der großen Bucht vor der Brücke eine Piste nach links ab, die nach ca. 800 m an einer **Ylang-Ylang-Destillerie** endet. Es handelt sich um die einzige größere, ganzjährig betriebene Wasserdampfdestillerie der Insel. Sie arbeitet mit modernen Maschinen, die alten Anlagen können aber noch besichtigt werden.

Folgt man der schlecht asphaltierten Küstenstraße weiter nach Osten, gelangt man bald zur **Ozeanographischen Station** von Nosy Be (C.N.R.Q), einer einstmals gepflegten Forschungsanstalt mit Museum. Sie wurde 1982 von einem Zyklon verwüstet. Inzwischen ist sie teilweise restauriert und wird – auch mit deutscher Entwicklungshilfe – notdürftig am Leben gehalten. Ein Stück weiter stößt man auf geschichtsträchtige Ruinen: Steinmauern, die von der tropischen Vegetation überwuchert und schon fast verschlungen sind. Der Ort nennt sich **Marodokana,** und man vermutet, daß er Mitte des 17. Jh. von indischen Händlern errichtet wurde, die Edelholz in den dichten Wäldern von Nosy Be schlugen und an europäische Händler veräußerten – aber Genaueres ist nicht bekannt. Am Ende der Bucht, in **Ampasindava,** befand sich von 1869 bis 1914 eine Faktorei der Handelsfirma Oswald aus Hamburg.

In Andoany (Hell-Ville)

Ausflug in das Lokobe-Naturreservat

Mit 740 ha bedeckt das **Lokobe-Naturreservat** 11 einen Teil der Halbinsel östlich von Andoany (Hell-Ville) und reicht von der Küste bis zum Gipfel des 550 m hohen Vulkankegels Tahiry Nanahary. Lokobe wurde 1923 von der Kolonialverwaltung unter Schutz gestellt und war jahrzehntelang unerreichbar, so daß Flora und Fauna nahezu unberührt erhalten sind.

Jean-Robert, ein Madagasse aus dem Dorf Ampasipohy an der Nordostküste der Halbinsel Lokobe, hat einen herrlichen Tagesausflug ›kreiert‹, der bei den Besuchern von Nosy Be immer beliebter wird. Morgens holt er die Gäste im Hotel ab und fährt mit ihnen zunächst durch Andoany. Bei dem Dorf Ambatozavavy beginnt die Führung mit einer kleinen Wanderung durch ein Mangrovengebiet, wobei Jean-Robert und seine Begleiter die verschiedenen Mangrovenarten und deren Fortpflanzung erläutern. Bei einer Flußmündung warten Auslegerboote, die die Gäste in einer geruhsamen einstündigen Küstenfahrt nach Süden bringen – wenn Sie möchten, sind Sie als zusätzlicher Paddler willkommen! In Ampasipohy folgt nach einer kurzen Erfrischungspause eine ›Dschungelwanderung‹, auf der viele Pflanzen des Waldes, aber auch die Kaffee-, Vanille- und Nelkenplantagen erklärt werden. Und irgendwie gelingt es Jean-Robert immer, als Höhepunkt der Wanderung eine echte *Do* von fast 2 m Länge aus dem Gebüsch zu ziehen und sich – oder Ihnen – die Schlange aus der Familie der Boas um den Hals zu hängen.

Die Führung ist abwechslungsreich und angenehm entspannend. Für den naturkundlich Interessierten hat der

Wald auch außerhalb der Grenzen des Reservates ungewöhnlich viel zu bieten. An den Parkrändern wächst Vanille, eine aus Mexiko importierte Orchidee, deren Schoten das wichtigste Exportgut Madagaskars sind. Plantagen der importierten Kaffeesorten *Coffea robusta* und *Coffea arabica* werden kommerziell betrieben, daneben wachsen in Madagaskar wild 50 (!) weitere endemische Kaffeearten, die kein oder nur wenig Koffein enthalten. (Die Dorfbewohner trinken übrigens selbst keinen Kaffee, seit ein Dorfältester ein Verbot ausgesprochen hat!) Tiefer im Wald – wohin man auf der normalen Rundwanderung allerdings nicht vordringt – leben Mohrenmakis (das Männchen ist schwarz, das Weibchen dunkelbraun), wie man sie gezähmt auf Nosy Ambariovato sehen kann. Im dichten Regenwald finden sich Hunderte endemischer Pflanzenarten, zahlreiche Vögel und auch weitere Lemurenarten.

Nach der Rückkehr ins Dorf erwartet Sie in einem einfachen Unterstand ein dreigängiges Menü, das Frauen aus dem Dorf in der Zwischenzeit zubereitet haben. Nebenan bauen Handwerker selbst hergestellte Souvenirs auf – in der Hoffnung, das eine oder andere Stück verkaufen zu können. Gegen 15 Uhr geht es mit den Pirogen wieder zurück in die Zivilisation, während Jean-Robert und seine Begleiter lauthals melancholische madagassische Lieder vom Schmerz des Abschiednehmens singen.

Achtung: Nehmen Sie auf den Ausflug Mückenschutzmittel, einen wasserdichten Plastiksack für Ihre Kamera, Sonnencreme und eine Wasserflasche als eiserne Reserve mit. Besonders wenn sie mitpaddeln, wird Ihnen ein gelegentlicher Schluck aus der Flasche gut tun!

Auf dem Rückweg nach Andoany zweigt kurz hinter der Ozeanographischen Station nach links eine Zufahrt zum Hotel ›Blue Fish‹ ab. Es ist nicht luxuriös, gilt aber dennoch hinsichtlich der Qualität von Zimmern wie auch Essen als erste Adresse von Andoany. Von einer breiten, überdachten Terrasse hat man einen schönen Blick über das Hafenbecken auf die Stadt und nach Südwesten zur winzigen Insel Nosy Tanikely, einem Schnorchelparadies mit unberührten Korallenriffen und klarem, türkisem Wasser. Wie wäre es mit einem guten Abendessen vor der Rückkehr nach Andoany?

Nosy Ambariovato und seine Nachbarinseln

12 Die wichtigste der bewohnten Inseln nahe Nosy Be ist Nosy Ambariovato (›die von Felsen umschlossene Insel‹). Sie wird allgemein auch als Nosy Komba bezeichnet, was im örtlichen Dialekt ›Lemureninsel‹ bedeutet. Die Insel besteht aus einem kreisrunden Vulkan, der 621 m aus dem Meer aufragt und nahezu vollständig mit Wald und Plantagen bedeckt ist. Nur wenige Fußwege führen zu den abgelegenen kleinen Dörfern, von denen das größte, Ampangorina, zwei traumhaft schöne, durch Lavafelsen voneinander getrennte Strände besitzt. Da man die Insel nur mit einem Charterboot erreichen kann, werden Fahrten von den Hotels und Agenturen in Hell-Ville organisiert.

Am Rande des Dorfes **Ampangorina** haben Fischer einen Garten angelegt, in dem sie früher Mohrenmakis fütterten. Inzwischen müssen sie das nicht mehr tun, denn täglich kommen zahlreiche Gäste von Nosy Be herüber, die den Einkauf der Bananen und die Fütterung

›Chez Remo et Bernie‹

Wer luxuriöse Badeferien genießen möchte, ist auf Madagaskar am falschen Ort. Auf Nosy Be, Ste-Marie, an der Ostküste bei Fenoarivo, Maroantsetra und nördlich von Toliara gibt es zwar durchaus komfortable und saubere Strandhotels. Von Luxus kann jedoch nirgends die Rede sein. Alles ist aus Materialien hergestellt, die sich in der näheren Umgebung finden lassen, die Bedienungen stammen aus dem nächsten Dorf und haben noch nie eine Hotelfachschule – oft nicht einmal eine Grundschule – gesehen. Unter diesen Hotels gibt es ein Juwel auf Nosy Ambariovato.

Eigentlich ist es gar kein richtiges Hotel, sondern eher das Wochenendparadies von Bernie und Remo. Die Madagassin und ihr italienischer Mann haben ein Strandgrundstück auf der Südseite von Nosy Ambariovato gekauft. Es liegt in einer traumhaften, schmalen Bucht von 50 m Länge, die auf beiden Seiten von schwarzen Lavafelsen eingerahmt ist. In der Nachbarbucht wohnt eine Fischerfamilie mit vielen Kindern, zehn Buchten weiter liegt das winzige Dorf Anjiabe, das nur per Boot erreichbar ist – und der Anlegeplatz der Ausflugsboote auf der Nordseite der Insel scheint eine Unendlichkeit entfernt.

Remo hat ein Gespür für natürliche, schöne Handarbeit. Er baute mit seinen madagassischen Helfern ein Restaurant und eine Küche an den Strand sowie vier gemütliche Bungalows in den

übernehmen und sogar noch ein kleines Eintrittsgeld zahlen! Die Lemuren konnten auf der Insel überleben, weil das fischreiche Meer genug proteinreiche Nahrung liefert und ein weiser Dorfältester einst den Verzehr der Mohrenmakis zum *Fady* erklärte. Im Dorf befinden sich einfache, kleine Gästehäuser in sehr schöner Lage am Strand und mit gemütlichen Terrassenrestaurants. Die Frauen des Dorfes verkaufen gestickte Tücher an Tagesausflügler. Im übrigen leben die Einwohner der Insel ›von der Hand in den Mund‹ – das Meer und die Insel liefern das ganze Jahr über genügend Lebensmittel, und die Möglichkeiten, Geld auszugeben, sind auf Nosy Ambariovato sehr beschränkt.

Rund um die Insel befinden sich viele weitere schöne Buchten, die auch über intakte Korallenriffe verfügen – darunter der Strand des winziges Dorfes **Anjiabe** im Südwesten, der Strand bei dem kleinen, aber exquisiten Gästehaus von Reymond und Bernie (s. o.) sowie der bei dem Dorf **Antrema.** Die Strände sind mangels Wegen oder Straßen nur mit Booten erreichbar!

Von Ampangorina führt ein Pfad an einer Missionsstation vorbei, durch Ylang-Ylang-Pflanzungen und Urwald (viele Stechmücken!), bis auf den Gipfel

Hang dahinter. Auch hier gibt es keinen Luxus, aber alles, was man braucht, ist da – in überraschend simpler, aber praktischer Form. Der Strom wird von einem abseits der Bungalows untergebrachten Generator erzeugt, der von Sonnenuntergang bis 10 Uhr nachts leise in der Ferne brummt. Wer noch nicht schlafen will, der kann sich bei Mondschein und Kerzenlicht mit Remo, Bernie oder anderen Gästen unterhalten oder von seiner Terrasse aus die wenigen Lichter an der fernen Küste Madagaskars betrachten.

Was aber macht ›Chez Remo et Bernie‹ zu etwas Besonderem? Es sind die freundliche Haushälterin und der Bootsführer, die schon nach wenigen Stunden alte Bekannte zu sein scheinen. Es sind Remo und Bernie, für die der Aufenthalt ebenfalls ›Urlaub‹ ist. Nur wenn Gäste gebucht haben, kommen sie auf ihrer Jacht von Andoany herüber ins ›Wochenendparadies‹, bringen die Lebensmittel mit und verbringen mit ihren Gästen ein paar Tage abseits der Zivilisation. Es ist aber auch die unvergleichliche Kochkunst von Bernie, die einen Teil der Magie dieses Luxushotels besonderer Art ausmacht. Sie zaubert aus den von den Gästen gefangenen Fischen, Hummern und Krabben und mit frischen Gewürzen Gerichte, die aus einer anderen Welt zu stammen scheinen. Hinzu kommt der wohl weltweit nur selten gebotene Luxus, daß eine (nicht ganz moderne) 15 m lange Motorjacht, ein Boot mit Außenbordmotor und ein traditionelles Auslegerboot zur freien Verfügung stehen. Natürlich immer mit Skipper und Bootsjunge – bei Tagesausflügen auch mit einem herrlichen Picknick an Bord! Wer Zeit genug hat, sollte die Chance nutzen, mit der Jacht auch weitere Fahrten nach Nosy Mitsio, Nosy Iranja oder rund um Nosy Be zu unternehmen. Wenn es zu weit ist, um am Abend nach Nosy Ambariovato zurückzukehren, macht das auch nichts – Sie machen einfach ein Barbecue an einem einsamen Strand bei Mondschein und schlafen in der Kajüte der Jacht – alles ist im Vollpensionspreis inbegriffen!

des Vulkans **Antaninaomby** (621 m). Gehen Sie am frühen Morgen los, denn gegen Mittag wird es heiß (Hin- und Rückweg ca. 4 Std.).

Für Tauch- und Schnorchelausflüge eignen sich die winzigen unbewohnten Inseln Nosy Vorona, Nosy Ambariotelo und Nosy Ambariobe, die im Kanal von Vorona zwischen Nosy Be und Nosy Ambariovato liegen. Auf **Nosy Vorona** befindet sich die Ruine eines Leuchtturmes aus der Kolonialzeit, auf **Nosy Ambariobe** das Grab eines französischen Pflanzers, der zu Beginn des 20. Jh. Plantagen bei Ambanja errichtet hatte.

Nosy Tanikely

13 Nosy Tanikely (›Insel der kleinen Erde‹) ist ein wahres Schnorchelparadies mit klarem, türkisem Wasser und gut erhaltenem Korallenriff unmittelbar vor dem weißen Sandstrand. Von Andoany (Hell-Ville) und von Ambatoloaka aus fahren regelmäßig Ausflugsboote an den großen Strand im Süden der Insel. Hier haben die Gäste dann ausgiebig Gelegenheit zu baden und zu schnorcheln, bevor ein Picknick unter schattenspendenden Bäumen serviert wird. Die Unterwasserwelt steht unter strengem Naturschutz, und das sonst in den Ge-

wässern Madagaskars leider noch übliche Harpunieren ist hier streng verboten, so daß die natürliche Vielfalt noch vorhanden ist. Auch können Sie einen Spaziergang zum Leuchtturm auf dem 47 m hohen ›Gipfel‹ unternehmen oder bei Ebbe die Insel umrunden.

Nosy Iranja und Nosy Mitsio

Diese beiden Inselgruppen liegen so weit von Nosy Be entfernt, daß ein Besuch nur lohnt, wenn Sie mindestens drei Tage einplanen und Ihre Verpflegung sowie Zelte mitbringen.

Nosy Iranja 14 45 km südwestlich von Nosy Be, besteht aus zwei palmengesäumten Inseln mit einigen kleinen Dörfern. Bei Ebbe sind diese durch eine 2 km lange, weiße Sandbank miteinander verbunden. Rund um die Insel mit ihrem schneeweißem Sandstrand befindet sich ein hervorragendes Tauchgebiet.

Bei **Nosy Mitsio** 15 handelt es sich um einen kleinen Archipel, 40 km nordöstlich von Nosy Be. Grande Mitsio, die Hauptinsel, liegt im Zentrum mehrerer kleiner Inselchen mit teils bräunlichen, teils strahlend weißen Stränden aus Korallenstaub. Vulkanisch entstandene, dichtbewaldete Felsformationen ragen im Inselinneren von Grande Mitsio auf. Mit dem ›Tsarabanjina‹ wurde auf einer der unbewohnten Inseln ein Bungalowhotel der Komfortklasse eröffnet.

Von Nosy Be nach Mahajanga

Von **Ambanja** führt eine schlechte Piste 230 km nach Süden, bevor sie kurz vor Antsohihy wieder auf eine brauchbare Asphaltstraße trifft. Im August, September und Oktober besteht eine gewisse Chance, die Strecke mit einem guten Geländefahrzeug zurücklegen zu können. *Taxis-Brousse* fahren unregelmäßig, und das Risiko steckenzubleiben ist nicht gering. Daher sollte man zumindest die Strecke bis Antsohihy fliegen.

Von Ambanja nach Antsohihy

96 km südlich von **Ambanja** liegt **Maromandia** 1. Die Landschaft auf dem Weg dorthin ist tropisch wie aus dem Bilderbuch. Maromandia besitzt einen schönen Strand an der Mündung des Andranomalaza-Flusses, und Unternehmungslustige können eine Bootsfahrt nach **Anorotsangana** machen, zu einem auf dem Landweg unzugänglichen Fischerdorf an der Südwestküste der Ampasindava-Halbinsel. Hier versteckten sich Königsfamilien der Sakalava vor den Truppen der Merina, bevor sie weiter auf die Komoren flüchten mußten. Das Boot fährt zunächst flußabwärts in die Bucht von Sahamalaza, dann zwischen Festland und Nosy Berafia hindurch nach Norden bis Anorotsangana. Auch die Inseln Nosy Valiha, Nosy Antanimora, Nosy Berafia und Nosy Kalakajoro sind mit Segelbooten zu erreichen. Auf allen Inseln außer der

Von Nosy Be nach Mahajanga

Ambanja

155

Typisches Dorf im Norden Madagaskars

letztgenannten gibt es ein Dorf oder wenigstens eine Hütte, aber keinen Laden (Proviant, Zelt, Schnorchel und Taucherbrille nicht vergessen!).

Antsohihy ›wo es viele Sohihy-Bäume gibt‹ 2 (S. 278) liegt 400 km nordöstlich von Mahajanga, weit abseits von Häfen und größeren Ortschaften, hat aber durch den Ausbau der RN 6 an Bedeutung gewonnen. In den Sümpfen im Norden werden Krabben und Krevetten gefangen und auf dem Landweg nach Mahajanga gebracht.

Eine abenteuerliche Bootsfahrt kann man auf der Flußmündung des Loza bis nach **Analalava** unternehmen, das einst ein wichtiger Hafen und das Verwaltungszentrum eines großen Gebietes nordöstlich von Mahajanga war. Zerfallende Kolonialgebäude aus besserer Zeit stehen noch, und auch die herrliche Lage im Mündungsbereich des Loza und die unendliche Ruhe sind geblieben.

Von Antsohihy nach Mahajanga

Die Fahrt auf der Asphaltstraße von Antsohihy nach **Port-Bergé** 3 dauert nur zwei Stunden. Bewässerte Felder mit Reis, Maniok, Mais, Baumwolle und Tabak werden durchquert. Früher lag Port-Bergé 5 km weiter östlich, am Ufer des Flusses Bemarivo. Als dieser versandete, siedelte man den Ort auf die Anhöhe um.

An der Einmündung der von Nordosten kommenden RN 6 in die RN 4 von Antananarivo nach Mahajanga liegt **Ambondromamy** 4. Im Umkreis von 60 km um den kleinen Ort werden Edel- und Halbedelsteine sowie Versteinerungen gefunden, die im ›Hotel de l'Ile Rouge‹ zu kaufen sind. Wegen seiner zentralen Lage zwischen dem Westen mit seiner Hauptstadt Mahajanga, dem Norden und Antananarivo hat sich das

Dorf zu einem lebhaften Marktplatz mit vielen Marktständen und *Hotely Gasy* entwickelt.

Das **Ankarafantsika-Naturreservat** umfaßt eine Hochfläche von gut 600 km^2 Größe, die sich etwa 250 m aus der umgebenden Ebene heraushebt. Trotz des im Januar manchmal heftigen Niederschlags ist die Vegetation typisch für die westlichen Trockenregionen, da von Mai bis Oktober nahezu kein Regen fällt. Die Wälder sind unberührt, dicht und voller Lianen, Lemuren, Schlangen, Chamäleons und Schildkröten. Der Zugang zum Reservat ist bisher nicht organisiert und nur mit Genehmigung der Naturschutzbehörde erlaubt.

Die **Forststation Ampijoroa** 5 (S. 265) liegt 109 km südöstlich von Mahajanga, unmittelbar neben der Nationalstraße (RN 4). Der Zugang ist wesentlich einfacher als zum Naturreservat, da die Station über einige Lehrpfade und gut ausgebildete Führer verfügt. Am Parkeingang steht eine Hütte, in der Gäste übernachten können, auf einem schattigen Campinggelände (Zelte mitbringen!) kann man ebenfalls Station machen. Außerdem gibt es eine vom WWF und dem Jersey Wildlife Preservation Trust finanzierte Rettungsaktion für die vom Aussterben bedrohte Schildkrötenart *Angonoka (Geochelone yniphora)*. Heimat der *Angonoka* sind die Trockenwaldgebiete bei Soalala, westlich von Mahajanga. Obwohl sie dort von einem *Fady* belegt ist und von den Sakalava nicht gegessen wird, hat sich die Zahl der Schildkröten auf nur wenige hundert reduziert. In früheren Jahrhunderten stoppten Schiffe im Hafen von Soalala ausschließlich, um *Angonoka* als lebenden Proviant an Bord zu nehmen, da das *Fady* den Sakalava nicht verbot, die Schildkröten zu sammeln und zu verkaufen. Heute zerstören Buschfeuer die

Wälder, die die Schildkröte als Lebensraum benötigt.

Marovoay (›wo es viele Krokodile gibt‹) 6 war einst eine gepflegte Kleinstadt mit Palmenalleen und von Gärten umgebenen Villen. Die ehemalige Hauptstadt des Sakalavareiches Boina und Zentrum des Widerstandes gegen die Kolonisierung liegt am Betsiboka-Mündungsdelta, wo es auch heute noch ›viele Krokodile gibt‹. Vom Flußhafen aus können Sie Bootsfahrten nach Ambato Boen oder Mahajanga, bei hohem Wasserstand sogar bis Ambalabongo unternehmen. Die Bedeutung von Marovoay litt unter dem Ausbau des Hafens von Toamasina an der Ostküste. Als Mahajanga noch wichtigster Hafen Madagaskars war und Exportgüter aus dem Hochland hierher gebracht wurden, um auf dem Wasserweg weitertransportiert zu werden, blühte die Stadt. Der Ausbau des Hafens in Toamasina bedeutete das Ende des Glanzes von Marovoay.

Mahajanga

7 (S. 282) Mitte des 18. Jh. wurde Mahajanga (›die Stadt der Blumen‹) als Nachfolgerin von Marovoay Hauptstadt des Sakalavareiches Boina. Der Hafen wurde von arabischen Handelsschiffen frequentiert, die Waffen, Stoffe und Schmuck gegen Sklaven tauschten und diese nach Réunion und Mauritius weiterverkauften. Dieser lohnende Handel machte die Sakalava zu gefürchteten Sklavenjägern sowohl in ihren eigenen Gebieten als auch bei den Merina und auf den Komoren. König Radama I. eroberte Mitte des 19. Jh. die Stadt, bekam aber nur Schutt und Asche, da der Sakalavakönig Andriantsoli sich mit seinem Volk über den Betsiboka nach Katsepy zurückzog und die Stadt vorher niederbrennen ließ. Radama I. baute die Stadt wieder auf, mußte sie aber schon Ende des 19. Jh. den Franzosen überlassen, die von Mahajanga aus die Kolonisierung Madagaskars starteten.

Da die Sakalava den Kolonialherren alles andere als wohlgesonnen waren und sie nicht für sie arbeiten wollten, siedelten die Franzosen zu Beginn des 20. Jh. Inder und Komorer an. Erst einige Jahrzehnte später kehrten wieder Madagassen in die Stadt zurück, und es entstand eine Konkurrenzsituation, die bis heute zu Rassenproblemen führt. 1977 entluden sich die Spannungen, als ein Komorer (so die Version der Madagassen) ein madagassisches Kind in einer Weise beleidigte, daß nur ein Zebuopfer die Schande wieder hätte tilgen können. Der Komorer aber weigerte sich, ein Rind zu opfern, und machte sich statt dessen über die ›abergläubischen‹ Madagassen lustig. Der in seiner Ehre nochmals verletzte Vater des Kindes tötete den Komorer, und als Folge kam es zu Straßenschlachten, in denen 1000 Komorer ihr Leben verloren und 16 000 die Stadt fluchtartig verlassen mußten. Viele von ihnen sind inzwischen zurückgekehrt. Noch immer ist aber zu spüren, daß die Komorer auf wenig Sympathie stoßen und sich nicht wohl in ihrer Haut fühlen.

Dem Stadtbild allerdings tut die ethnische Vielfalt gut. Neben Kirchen finden sich viele Moscheen, europäische Kolonialarchitektur wechselt mit arabisch wirkenden Vierteln ab, in denen Eingangstore aus geschnitztem und verziertem Edelholz zu blütengeschmückten Innenhöfen führen. Neben einem für Madagaskar regen Autoverkehr sind die Straßen von Fußgängern und vielen *Pousse-Pousses* bevölkert, die meistens von Antandroy gezogen werden, die aus den Wüstengebieten Südmadagaskars stammen.

Die träge, vor allem am Abend mit etwas Vorsicht zu genießende Hafenstadt mit ihrem Bevölkerungsgemisch bildete einst eine Insel, die bei hohem Wasserstand (Neumond) vollständig vom Meer und dem Mündungsdelta des Betsiboka umspült war. Erst als die Franzosen die Straße zum Flughafen anlegten und Neuland aufschütteten, um Baugrund zu gewinnen, entstand eine Verbindung zum Festland.

Der moderne Hafen von Mahajanga ist der zweitgrößte des Landes. Hier werden gefrorenes wie auch Frischfleisch verschifft, besonders aber die landwirtschaftlichen Produkte des Nordens – im wesentlichen Zucker und Reis. Daneben liegt der traditionelle Hafen, in welchem die im Land verkauften Produkte wie Raffiablätter, Kokosnüsse und Holz gehandelt und von dort auf dem Betsiboka weitertransportiert werden. Lebendes Symbol Mahajangas ist der vermutlich im 12. Jh. von Einwanderern aus Ostafrika mitgebrachte Baobab am

Boulevard Marcoz im Zentrum der Stadt.

In und um Mahajanga lebt die Mehrheit der indischstämmigen Bevölkerung Madagaskars. Es heißt, daß um das Jahr 1600 nordindische Händler auf der Suche nach neuen Märkten an der Ostküste Madagaskars landeten. Sie tauschten Stoffe, Geschirr und Werkzeuge aus Indien gegen Häute, Edelsteine und Gold. Der Richtungswechsel des Monsuns ermöglichte erst nach sechs Monaten die Rückfahrt. Die Händler nutzten die Zeit, um den Tauschhandel auf den Komoren, auf Sansibar und an der afrikanischen Ostküste fortzusetzen. Die Gastfreundschaft ermutigte einige von ihnen, Madagaskar zu ihrer neuen Heimat zu machen. Sie integrierten sich allerdings nur wenig in das madagassische Alltagsleben, da ihnen Landwirtschaft und Rinderzucht fremd waren. So eroberten sie den Handel – ein Geschäftszweig, der den Madagassen bis heute nicht liegt. Ähnlich den Komorern, die in großer Zahl in Nordmadagaskar, vor allem um Mahajanga, aber auch auf Nosy Be, leben, sind die *Karana* – wie indischstämmige Menschen genannt werden – wenig beliebt. Man wirft ihnen vor, sich abzusondern, die madagassische Kultur nicht zu respektieren und sich zu bereichern. Es gibt vielerlei Gründe für diese Absonderung. Dazu gehört beispielsweise, daß es *Karana* bis heute nicht gestattet ist, in der staatlichen Verwaltung zu arbeiten oder Land zu erwerben. Ähnlich den europäischen Juden früherer Jahrhunderte sind sie auf Handelsberufe beschränkt, was zu ihrem Wohlstand, nicht aber zu ihrer Beliebtheit beiträgt.

Die Umgebung von Mahajanga

Der **Lac Mangatsa** liegt 18 km nordöstlich von Mahajanga am Ende einer Piste, die 1 km östlich des Flughafens rechts von der geteerten Straße abbiegt. Er ist wegen seines glasklaren Wassers und der vielen großen Fische ein beliebtes Ausflugsziel. Angeln ist streng verboten, denn nach dem Glauben der Bewohner des Umlandes sind die Fische Reinkar-

Mahajanga
Hotels:
1 *Les Roches Rouges*
2 *Kanto*
3 *Hôtel de France*
4 *Ravinala (mit Bar und Dancing)*
5 *Kismat*
6 *Chez Madame Chabaud (Restaurant nebenan)*
Restaurants:
7 *Sampan d'Or*
8 *Taj*
9 *Vietnamien*

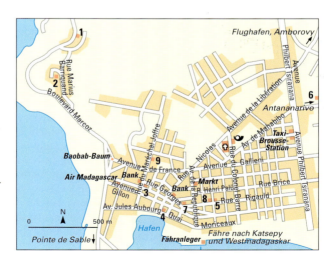

nationen der Ahnen. Auch Chamäleons, Eidechsen und Spinnen, die an den Ufern des Sees leben, sind heilig.

Fahren Sie von Mahajanga zunächst nach Nordosten und biegen Sie 2 km nach der Flughafen-Kreuzung in eine nach links abzweigende Piste ein, so erreichen Sie nach 5 km den schönen Strand von **Amborovy,** an dem am Wochenende einiger Betrieb herrscht. Wenn Sie der am Flughafen vorbeiführenden Straße geradeaus folgen, erreichen Sie nach 4 km den Strand von **Ampazony.** Die Reichen aus Mahajanga besitzen dort Wochenendhäuser; Restaurants, Snack Bars und das ›Zahamotel‹ sorgen für die Tagesgäste.

Etwa 20 km südöstlich von Mahajanga zweigt von der RN 4 nach links eine Piste ab, die zu den **Grotten von Anjohibe** (Andranobata) führt (53 km, 2 Std.). Zu deren Erforschung sollten Sie

einen Führer mitnehmen, denn es gibt über 30 Eingänge, von denen nur einige zu interessanten Höhlen führen.

Das Fischerdorf **Katsepy** liegt auf der Westseite der Bucht von Bombetoka, gegenüber von Mahajanga. Katsepy ist ein kleines, verschlafenes Dorf mit schönem Strand und ein paar *Hotelys*. Man sollte sich Verpflegung mitnehmen, es sei denn, man gönnt sich ein Essen bei der stadtbekannt guten Köchin Madame Chabaud. Sie führt ein paar einfache Bungalows am Strand und bereitet am Wochenende nach Voranmeldung köstliche Krebse und Austern für Feinschmecker zu.

Südlich von Katsepy beginnt der ›wilde Westen‹ Madagaskars, dessen größte Städte, Soalala, Besalampy und Maintirano, mehrere Tagesreisen von der Zivilisation entfernt liegen. Selbst mit dem Flugzeug kann man nur ein- bis zweimal pro Woche hinfliegen und ist dann auf die Erkundung der unmittelbaren Umgebung beschränkt, denn schon nach 5–10 km enden die befahrbaren Pisten, und der Kampf gegen Staub, Schlamm und Schlaglöcher beginnt. Dies ist das

Zimmer in einem typischen madagassischen Hotely Gasy

Land der Rinderherden, der Viehdiebe und Viehhändler, der Baobabs und der großen Flüsse aus dem Hochland, die durch unendliche, abgebrannte und erodierte Hügelketten zum Golf von Mosambik mäandern. Ein Reisender muß schon ein besonderes Interesse haben, um sich von Mahajanga aus weiter nach Westen zu bemühen, denn Komfort und Erholung sind dort nicht zu finden! Übernachtet wird in einfachen bis einfachsten *Hotely Gasy,* Restaurants mit europäischem Essen sind eine Seltenheit. Kurz, der ›wilde Westen‹ ist ein Paradies für abenteuerlustige *Traveller* mit viel Zeit, wenig Geld und Freude an einer Welt, die weit weg von aller Zivilisation ist.

Von Mahajanga nach Antananarivo

Die Strecke von Mahajanga nach Ambondromamy wurde bereits beschrieben (s. S. 156 f.). Was von dort bis Antananarivo bleibt, sind 300 km löchriger, dringend erneuerungsbedürftiger Asphaltstraße durch karges, unendliches Weideland.

Von Ambondromamy zur Ostküste

Etwa 7 km südlich von **Ambondromamy** zweigt eine Piste nach Osten ab und führt durch kaum besiedeltes, sanft gewelltes Bergland nach **Bekapaika** (68 km) und von dort aus nach Süden weiter bis **Andriamena** (96 km). Wenn Sie es geschafft haben, sich mit einem Geländewagen, per Autostopp auf einem Laster oder gar mit dem *Taxi-Brousse* bis dorthin durchzuschlagen, ist Ihnen eine lohnende Abkürzung in Richtung Ostküste gelungen. Wenige Kilometer südlich von Andriamena treffen Sie nämlich auf die relativ gut ausgebaute *Route du Chrome,* eine Straße, die die Chromminen von Brieville mit

Von Mahajanga nach Antananarivo

dem **Lac Alaotra,** Moramanga und schließlich dem Exporthafen Toamasina verbindet. Von Juni bis Oktober ist es einen Versuch wert, sich auf diese Weise den Umweg über Antananarivo zu ersparen, wenn man zum Lac Alaotra unterwegs ist. In den Sommermonaten ist die Piste bis Andriamena unpassierbar, auch im Winter nur für Abenteuerlustige mit viel Zeit zu empfehlen, da weder regelmäßige Taxiverbindungen noch echte Hotels vorhanden sind. Ein Tourist ist die Strecke mit dem Fahrrad gefahren und berichtet, Einheimische seien vor dem merkwürdigen Menschen mit Stahlgestell davongelaufen, für Geld habe es nichts zu kaufen gegeben. Gute Ausrüstung, Respekt vor der Kultur des Landes und ein paar Worte *Malgasch* sind die Mindestvoraussetzungen für solch eine Tour.

Von Ambondromamy nach Antananarivo

Südlich von **Ambondromamy** 1 wird die Straße (RN 4) kurven- und schlaglochreich, die Vegetation spärlich. Bei **Mahatsinjo** überquert man den Betsiboka, der ein landwirtschaftliches Anbaugebiet bewässert. Nur selten durchfährt man Wälder. Nach einem grandiosen Steilabfall südlich von Mahatsinjo liegt das Tiefland endgültig hinter und **Maevatanana** (›hübscher Ort‹) 2 vor dem Reisenden. Die Stadt ist eine Gründung der Sakalavakönige, wurde aber als eine der ersten von König Radama I. erobert. Die Merina verloren die Stadt bereits 1880 an französische Truppen, die von hier aus versuchten, das Hochland zu erobern. Der Ort ist vergleichsweise wohlhabend, da genug Wasser für den

Anbau von Reis- und Tabakkulturen vorhanden ist und in der Umgebung Gold und Halbedelsteine gefunden werden.

Am Rand einer nahezu unbewohnten Hochebene liegt **Ankazobe** (›dort, wo die Bäume groß sind‹) 3, die nördlichste Stadt des Hochlandes. 17 km nördlich der Stadt, auf einer Piste erreichbar, befinden sich die Grotten von **Talata-Angavo.** Sie dienten den Kriegern der Sakalava als Versteck vor den Truppen Andrianampoinimerinas und später als Hauptquartier der Widerstandskämpfer, die die Warentransporte der Franzosen zur Hafenstadt Mahajanga überfielen.

Etwa 40 km nördlich von Ankazobe befindet sich an der RN 4 die Forststation **Manankazo,** die damit befaßt ist, die kahlen Flächen des Hochlandes aufzuforsten und das **Ambohitantely-Naturreservat** 4 (S. 263) zu beaufsichtigen. Dieser Rest des natürlichen Hochlandwaldes wurde 1982 unter strikten Schutz gestellt. Er liegt auf 1600 m über dem Meeresspiegel, östlich der Straße zwischen der Forststation Manankazo und Ankazobe. Von den 5600 ha des Reservats werden knapp 2000 ha von intaktem ursprünglichem Hochlandwald bedeckt. Die übrigen Flächen wurden mit Pinien, Eukalyptus und Zypressen aufgeforstet. Im ›Urwald‹ finden sich Orchideen, Vögel, Edelhölzer und in den tiefergelegenen Teilen sogar Palmen. Da der Eingang zum Reservat nur gute 100 km nördlich von Antananarivo liegt und gute Pisten existieren, wird er zum ›Naherholungsgebiet‹ der bessergestellten Einwohner der Hauptstadt. Es sollen bald Unterkünfte entstehen und Führer ausgebildet werden, die Fauna und Flora erläutern können.

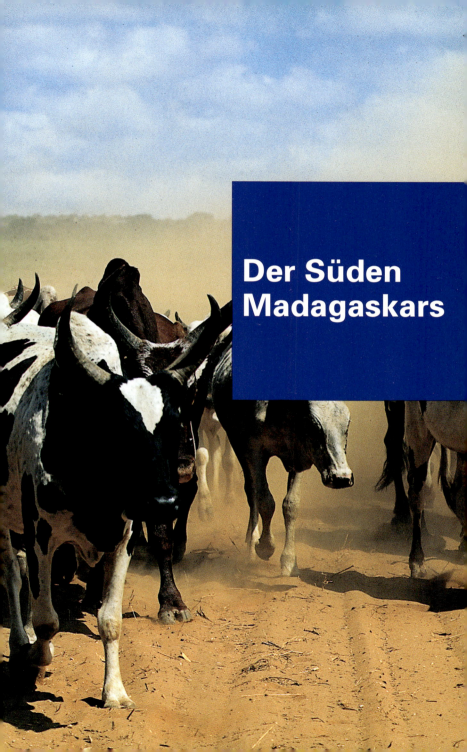

Der Süden Madagaskars

Von Antananarivo nach Antsirabe

Egal, auf welcher Route Sie den Süden erkunden wollen, die ersten 170 km über Ambatolampy (s. S. 80 ff.) nach Antsirabe sind ihnen gemeinsam. Sie können bequem mit dem Mietwagen, dem *Taxi-Brousse* oder der Bahn zurückgelegt werden.

Im Süden von **Ambatolampy** 1 (S. 261) schlängeln sich Eisenbahn und Straße am Fluß Onive entlang, im Westen sieht man die Abhänge des Tsifajavona (2648 m), des dritthöchsten Gipfels Madagaskars, im Osten erstrecken sich Reisfelder in den Tälern und an flachen Berghängen.

In einem ergiebigen Reisanbaugebiet 65 km südlich von Ambatolampy liegt **Ambohibary-Sambaina** 2 an der Kreuzung der RN 7 nach Antsirabe mit der Straße nach Faratsiho und zum Lac Itasy, von wo aus man auf der gut ausgebauten RN 1 nach Antananarivo zurückkehren kann. Hier beginnt das große und fruchtbare Reisanbau-, aber auch Industriegebiet der Betsileo, dessen beide wichtigsten Städte Antsirabe und Fianarantsoa sind. Die Betsileo gehören zu den Volksgruppen, denen man die südostasiatische Herkunft deutlich ansieht. Sie sind zierlich und haben in der Regel glattes, dunkles Haar. Die Landschaft erinnert mit ihren kunstvoll angelegten Reisterrassen in engen Tälern an Java und Bali. Wegen des fruchtbaren Bodens vulkanischen Ursprungs und des Fleißes der Betsileo sind Antsirabe und sein Umland eine der reichsten Regionen Madagaskars. Reich bedeutet jedoch nicht, daß man ein großes Auto fährt, eine Villa baut und modische Kleidung trägt. Diese Statussymbole sind den Betsileo unbekannt. Reich ist, wer eine Rinderherde von mehr als 20 Tieren, viele gesunde Kinder, eine gute Reisernte, ein Einzimmerhaus aus Stein und ein großes Grabmal für die Ahnen besitzt. Lassen Sie sich aber umgekehrt auch nicht von der Kleidung der Menschen in den Dörfern täuschen. Nicht jeder ist arm, dem ein zerrissenes T-Shirt in Fetzen von den Schultern hängt, dessen Hose riesige bunte Flicken oder gar

Blick vom Kraterrand des Tritriva auf Reisfelder in der Nähe von Antsirabe

Löcher aufweist! Kleidung hat nicht die Bedeutung wie bei uns, und nur dem Pfarrer zuliebe sucht man sich zum sonntäglichen Kirchgang ein hübsches Kleid oder eine saubere Hose – egal ob man arm oder reich ist.

Für einen Betsileo ist es *Fady,* einen Angehörigen einer anderen Volksgruppe zu heiraten; meist stammen die Ehepartner sogar aus der gemeinsamen Großfamilie. Im Juli oder August findet ein großes Beschneidungsfest statt. In einem besonders gesäuberten und hergerichteten Haus versammeln sich alle Familien aus den umliegenden Dörfern, die einen noch unbeschnittenen Sohn haben. Um den Schmerz bei der Operation zu lindern, erhalten die Kinder am Vorabend einen Tee, der aus Kräutern hergestellt wird. Am frühen Morgen des Beschneidungstages geht eine Gruppe junger Männer zur nächsten Wasserstelle, um einige Gefäße voll sauberen Wassers zu holen, mit dem die Wunden der Kinder gereinigt werden sollen. Einige Zeit später folgt ihnen eine zweite Gruppe und versucht, der ersten in einem symbolischen Kampf das Wasser zu entreißen. Sieger bleibt stets diejenige Gruppe, die für die Durchführung der Beschneidung vorgesehen war. Diese kehrt nun zurück zum Versammlungshaus, umrundet es siebenmal, tritt ein und führt die Beschneidung durch.

Ziegelhaufen am Straßenrand: Die ausgestochenen Lehmziegel werden kunstvoll aufgeschichtet und dann mittels eines im Inneren des Stapels entzündeten Feuers getrocknet

Erst mit diesem Akt werden die Kinder vollwertige Mitglieder der Gemeinschaft, erst jetzt haben sie das Recht erworben, nach dem Tode im Familiengrab bestattet zu werden. Mädchen erhalten dieses Recht in dem Augenblick, wo sie entweder aufrecht gehen oder das erste Wort sprechen können.

Antsirabe

3 (S. 275)   Antsirabe (›wo es viel Salz gibt‹) liegt auf 1500 m Höhe und ist von bis zu 2300 m hohen Bergen umgeben. Die Stadt wurde 1872 von norwegischen Missionaren ausgebaut, nachdem bereits Königin Ranavalona II. sich in den Thermalbädern hatte pflegen lassen und sich am Ufer des Lac Andraikiba erholte. Heute hat Antsirabe fast 100 000 Einwohner und wird wegen der kühlen Bergluft und seiner Thermalquellen auch das ›Vichy Madagaskars‹ genannt.

In vergangenen Jahrzehnten erholten sich Missionare und Kolonisten beim Baden in heißen Quellen, bei Spaziergängen durch den Parc de l'Est und an den Ufern der nahen Seen. Symbol dieser ›guten alten Zeit‹ ist das riesige Kolonialhotel ›des Thermes‹, das am Westende der Grande Avenue nahe den Thermalquellen majestätisch auf einem Hügel thront. Nördlich der 500 m langen Prachtallee, die das Hotel mit dem Bahnhof verbindet, liegen in der Kolonialzeit errichtete Villen in großzügigen Gärten. Südlich davon, bis zur Kathedrale, befinden sich Verwaltungsgebäude, Hotels, die Post und Banken. Je weiter man nach Süden gelangt, um so ›madagassischer‹ wird die Stadt. Hier liegen der Markt, enge Gassen mit Geschäften, die gleichzeitig Wohnhäuser der Händler sind, die *Taxi-Brousse*-Haltestelle und westlich des Sees der große freie Platz, an dem der Samstagsmarkt abgehalten wird.

Antsirabe hat nahezu so viel Industrie wie die Hauptstadt Antananarivo. Das madagassische Bier (›Star‹) wird hier gebraut, es werden Baumwolltücher und Zigaretten hergestellt, Halbedelsteine geschliffen, und norwegische Missionare stellen Milchprodukte her. Auf dem täglichen Markt im Stadtzentrum bekommen Sie neben tropischen Früchten auch Äpfel, Erdbeeren und alle Sorten Gemüse. Der große **Samstagsmarkt** im Westen, der *Sabotsy,* ist Treffpunkt der Bauern, die ihre Produkte ohne Zwischenhandel an den Käufer zu bringen versuchen. Samstag früh, kurz nach Sonnenaufgang, herrscht hier eine wunderbare Stimmung.

Machen Sie einen Spaziergang auf den Aussichtsberg Ivohitra südlich des Samstagsmarktes, wo Sie sich einen Überblick über die Umgebung verschaffen können, oder spazieren Sie vom Bahnhof auf einem Fußweg zum wenig gepflegten, aber dennoch hübschen **Parc de l'Est.** Gönnen Sie sich eine Stadtrundfahrt in einem der vielen *Pousse-Pousses,* die noch nicht von motorisierten Taxis verdrängt wurden wie in Antananarivo. *Vazaha* sind die beliebtesten Fahrgäste, und kein Rikschafahrer erträgt den Anblick eines *Vazaha* auf eigenen Füßen. Grund dürften dessen finanzielle Mittel und seine Schwierigkeiten sein, einen günstigen Preis auszuhandeln! Wenn Eltern ihre Kinder in der Rikscha zur Schule bringen lassen, Händler ihre Waren mit Rikschas ausliefern, ganze Familien in einer (!) Rikscha zur Kirche fahren, warum dann nicht auch Sie mit Ihrem Gepäck zum Hotel oder auf einer Stadtrundfahrt mit sachkundiger Führung?

Die Gebäude der **Thermalbäder** auf der Halbinsel im Lac Ranomafana (unterhalb des ›Hôtel des Thermes‹) befinden sich in wenig einladendem Zustand. Die medizinische Abteilung und die Massagen genießen aber einen hervor-

Antsirabe
Hotels:
1 Hôtel des Thermes
2 Arotel
3 Diamant (mit Club Tahiti)
4 Villa Nirina
5 Trianon
6 Buffet de la Gare (mit Restaurant)
Restaurants:
7 Le Fleuve Parfumé
8 Razafimamonji
Abendunterhaltung:
9 Club Sagittaire

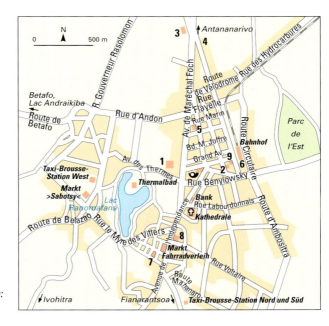

ragenden Ruf und sind preiswert. Nach einem anstrengenden Tagesausflug zum Lac Tritriva, nach einer Hochlandfahrt von Fianarantsoa oder einigen Stunden auf dem Samstagsmarkt sind ein Bad und eine Massage ein Genuß.

Die berühmtesten, aber nicht die einzigen Verkaufsausstellungen für Halbedelsteine im Hochland um Antsirabe sind die im Hotel ›Trianon‹, einem kleinen Kolonialbau nördlich des Bahnhofs, und die Schleiferei von Père Joseph in einer engen, namenlosen Gasse nahe dem Marktplatz. Nur wer sich mit Steinen auskennt und gut verhandeln kann, hat aber die Chance, ein Schnäppchen zu machen.

Die Umgebung von Antsirabe

Nur 6 km außerhalb Antsirabes biegt von der RN 34 nach Betafo eine Piste nach links ab, die zum Segelclub am **Lac Andraikiba** führt. Der See war früher das Wassersportzentrum der High Society von Antsirabe und unterlag schon immer einigen *Fadys*. Seit der See als Wasserreservoir für die Stadt genutzt wird, sind die Wassersportaktivitäten beendet. Es liegt aber ein Restaurant am Ufer, wo an offenen Ständen Halbedelsteine und Kunsthandwerk verkauft werden. Wenn Sie der Straße weitere 3 km nach Süden folgen, erreichen Sie das Dorf **Belazao,** das etwa 10 km vom Fuß des Vulkanes **Tritriva** entfernt liegt. Eine staubige Piste zwischen Reisfeldern und Dörfern führt zum Fuß des Berges und hinauf zum Kraterrand, von dem aus man einen grandiosen Rundblick auf die Hochebene von Antsirabe, umliegende Ortschaften und den tiefgrünen Kratersee hat. Am Kraterrand wird Ihnen ein sich ›offiziell‹ gebender Führer die Legende von dem Liebespaar erzählen, das sich gemeinschaftlich ertränkte, da ihre Familien der Hochzeit nicht zustimmen wollten. Er wird Ihnen zwei Sträucher am Seeufer zeigen, aus denen blutroter Saft quillt, wenn man einen Zweig anritzt, denn nach der Legende sind sie Reinkarnationen der Liebenden. Baden im See ist möglich, denn ein schmaler Fußpfad führt vom Kraterrand hinunter ans Ufer. Wegen starker Strömungen, die durch Flüsse in unterirdischen Höhlensystemen hervorgerufen werden, sollte man sich aber nicht weit vom Ufer entfernen. Wie so oft an heiligen Plätzen, ist es auch hier untersagt, Schweinefleisch zu essen!

Von Antananarivo nach Antsirabe

Von Antsirabe nach Ihosy

Für die einzige durchgängig mit dem Auto befahrbare Strecke von der Hauptstadt nach Toliara hat sich der Name ›Route du Sud‹ eingebürgert. Die knapp 1000 km von Antananarivo bis Toliara sind auch mit dem Fahrrad oder dem *Taxi-Brousse* gut zu bewältigen, denn die Straßen sind, bis auf einige Teilstücke zwischen Ambalavao und Ihosy sowie vor Ranohira, in brauchbarem, wenn auch nicht gutem Zustand. Wenn Sie sich eine Woche Zeit nehmen und zwischendurch den einen oder anderen Tag Pause machen, ist die Reise nicht anstrengend und gut planbar. Sie führt durch das Hochland in Zentralmadagaskar, durch das reiche Reisanbaugebiet zwischen Antsirabe und Fianarantsoa, am Andringitra-Gebirge vorbei in die Steppen des Südens. Je mehr Übernachtungen Sie einplanen, um so intensiver werden Sie die Vielfalt der Landschaften und Kulturen kennenlernen, um so eher haben Sie die Chance, spontan an Ereignissen am Rande der Piste teilzunehmen. Besonders im Juli und August kommt es nicht selten vor, daß in einem der Dörfer Totenumwendungen stattfinden, bei denen auch Reisende gerngesehene Gäste sind. Für Überlandreisen gibt es entlang der Strecke ausreichend Hotels aller Kategorien.

Ambositra und Umgebung

Die 90 km von **Antsirabe** nach Ambositra sind gut ausgebaut und asphaltiert, so daß die Strecke in zwei Stunden bequem zurückzulegen ist. Die Straße windet sich durch das mit Reisterrassen bebaute Bergland, gelegentlich durchqueren Sie Eukalyptuswälder und können in der Ferne die Ausläufer des Regenwaldes der Ostküste erkennen. Je näher man Ambositra kommt, desto näher rücken der Regenwald und das Siedlungsgebiet der Zafimaniry. Diese kleine Volksgruppe ist durch eine Mischung von Merina, Betsileo und Tanala entstanden. Ihre Holzschnitzereien zählen zu den bekanntesten kunsthandwerklichen Leistungen Madagaskars und können in Antananarivo, aber vor allem in Ambositra erworben werden. Schon etwa 20 km nördlich der Stadt finden sich an der Straße Werkstätten, in denen Holzschnitzereien angefertigt und zum Verkauf angeboten werden.

Die Stadt **Ambositra** (›Ort der Eunuchen‹) **1** (S. 263) ist hübsch an einem Berghang gelegen und bietet mit einem Benediktinerkloster, Zafimaniry-Werkstätten und einem lebhaften Markt auch touristisch interessante Aspekte. Allerdings fehlt es an guten Hotels und einer Infrastruktur, die die Umgebung erschließt. Im Benediktinerkloster befindet sich die einzige Schule Madagaskars, in der Ausländer die madagassische Sprache erlernen können.

Von der Hauptstraße zweigt 15 km südlich von Ambositra im Ort Ivato-Centre eine asphaltierte Straße nach Westen ab. Sie stellte früher mit 500 km Länge die kürzeste und schnellste Verbindung vom Hochland an die Westküste dar. Allerdings sind die Straßenverhältnisse inzwischen so schlecht, daß Buschtaxis lieber den knapp 200 km längeren Umweg über Antsirabe und Miandrivazo nach Morondava an der Westküste in Kauf nehmen.

Fianarantsoa

Im dichten Regenwald östlich der Stadt Ambositra wohnen die Zafimaniry, eine Volksgruppe von nur etwa 20 000 Menschen. Sie bauen sowohl Reis als auch Maniok an, leben seßhaft in versteckten Dörfern tief im Wald und bauen ihre Häuser aus massivem Edelholz, wie dies auch im Hochland geschah, bevor Holz knapp wurde. Heute sind die Zafimaniry als Holzschnitzkünstler bekannt, und manche von ihnen arbeiten in Werkstätten in Ambositra, wo sie ihre Stühle, Tische, Haushaltswerkzeuge und Schmuckstücke auf dem Markt und neuerdings auch in gut eingerichteten Geschäften anbieten. Gelernt haben sie die Holzschnitzkunst in ihren Dörfern im Wald, wo die Türen und Balken der ganz aus Edelholz und ohne Nägel gebauten Häuser mit Ornamenten geschmückt sind. Wer die Schnitzkunst der Zafimaniry im Original sehen möchte, muß beschwerliche Reisen in Kauf nehmen.

Antoetra ist der einzige Ort der Zafimaniry, der mit dem *Taxi-Brousse* erreichbar ist. 15 km südlich von Ambositra, beim Ort Ivato-Centre, zweigt eine 25 km lange Piste nach Osten ab, die im Ort Antoetra endet. Hier gibt es einige Zimmer in einfachen *Hotely Gasy*. Abenteuerlustige Reisende mit Zeit und Zelt können von hier aus in Tagesmärschen verschiedene Zafimaniry-Dörfer, wie Ifasina, Ankidodo, Ambohimanarivo oder Faliarivo, erreichen. Solche Trekkingtouren sollten nur in Begleitung von Einheimischen durchgeführt werden, die die Ankunft der *Vazaha* in den Dörfern traditionskonform melden, auf *Fadys* aufmerksam machen und für eine sichere Orientierung sorgen.

Am Nordausgang von Ambositra zweigt eine Piste in Richtung Osten ab, die nach 11 km den Ort **Imerina-Imady** erreicht. Von dort geht es zu Fuß weiter in südlicher Richtung (sehr gebirgig). Nach etwa 20 km beginnt der tropische Regenwald, weitere 10 km südlich erreicht man **Ambohimitombo.** Das Dorf liegt eindrucksvoll an einem Berghang, morgens hat man einen weiten Blick auf den mit Nebelschwaden bedeckten Urwald. Eine lohnende Tour, wenn Sie Anstrengungen nicht scheuen. Ohne Führer ist sie allerdings nicht zu empfehlen!

Von Ambositra nach Fianarantsoa, der nächsten großen Stadt, sind es nur 150 km auf recht guter Straße. In **Ambohimahasoa** 2, etwa auf halber Strecke, gibt es ein einfaches Restaurant.

Fianarantsoa

3 (S. 280) Königin Ranavalona I. gründete Fianarantsoa im Jahre 1830 als Verwaltungszentrum ihrer Neueroberungen im Süden und Osten des Landes. Um die Stadt schnell zu entwickeln, erlaubte sie Missionaren, Kirchen, Klöster und Schulen zu errichten, was bei den Betsileo auf viel Interesse stieß. Fianarantsoa ist heute das Zentrum eines reichen Agrargebietes und ein intellektuelles Zentrum Madagaskars. Die traditionellen Produkte wie Reis, Maniok und Mais, aber auch der madagassische Wein und Tee werden hier produziert. Die alte, von den Merina errichtete Stadt *(Haute Ville)* liegt auf der obersten der drei Ebenen Fianarantsoas, von wo aus man einen weiten Blick über das Umland, den Lac Anosy und die beiden tiefer gelegenen Stadtteile hat. Hier errichteten die verschiedenen Missionen ihre Kirchen, am höchsten Punkt allerdings lag das *Rova,* das Königshaus Ranavalonas I. Heute ist es nicht mehr zu sehen, denn es wurde durch einen Radiosender und einen Wasserspeicher ersetzt. Die mittlere Ebene *(Nouvelle Ville)* wurde während der Kolonialzeit errichtet. Entsprechend sind die Straßen schachbrettartig angelegt. Dieser Stadtteil wirkt überdimensioniert, etwas leer und ist Sitz der größeren Büros und Banken, einiger Hotels und eines wenig charakter-

Fianarantsoa
Hotels:
 1 Soafia
 2 Radama
 3 Hôtel Moderne du Betsileo (mit Restaurant Chez Papillon)
 4 Rubis
 5 Tsara Guesthouse (mit Restaurant)
 6 Plazza Inn
 7 Cotsoyannis
 8 Escale
Restaurants:
 9 Mangabe
 10 Lotus Rouge
Abendunterhaltung:
 11 Moulin Rouge

vollen Marktplatzes. Die untere Stadt (*Basse Ville*) hat sich vom Bahnhof aus um die breite Allee herum und nach Norden entlang der Bahntrasse und der Hauptstraße (Rue Printsy Ramaharo) gebildet. Hier liegen kleine Geschäfte, die *Taxi-Brousse*-Haltestellen, einige Hotels, Restaurants und das Postamt gleich neben dem Bahnhof.

Südlich von Fianarantsoa liegen Weingärten, die in den 70er Jahren mit schweizerischer Entwicklungshilfe ausgebaut wurden. Der Versuch war ein großer Erfolg, und inzwischen bestreiten 700 Winzer ihren Lebensunterhalt auf kleinen Anbaugebieten in einem Umkreis von 20 km rund um die Stadt. Die Weinmarken Lazan'ny Betsileo, Soavita, Domremy oder Gris de Manamisoa haben einen guten Ruf in Madagaskar, für den Export reicht aber weder die produzierte Menge noch die Qualität. Auch die Weingärten und Keller des Klosters Maromby können besucht werden (Weinproben sind bei Voranmeldung möglich).

Die Qualität des von einer englischen Gesellschaft nahe Fianarantsoa produzierten Tees hingegen ist ausgezeichnet. Man passiert die **Sahambavy-Teeplantage** 22 km östlich von Fianarantsoa auf der Bahnfahrt an die Ostküste beim Ort Ampaidranovato, den man auch mit dem *Taxi-Brousse* erreichen kann.

Bahnfahrt an die Ostküste

Wenn Sie planen, mit dem Zug an die Ostküste zu fahren, sollten Sie gleich nach Ihrer Ankunft in Fianarantsoa klären, wann der nächste Zug fährt, und einen Sitzplatz reservieren. Die Fahrt

Von Antsirabe nach Ihosy

nach Manakara ist spektakulär, langsam, folkloristisch, anstrengend, unvergeßlich und alles andere als bequem oder zuverlässig. Es gibt einen Fahrplan – er stellt aber nur einen ungefähren Anhaltspunkt dar, denn die Lokomotiven sind altersschwach, die Bahntrasse von Erosion gefährdet und gelegentlich auch unterbrochen. Wenn Sie aber endlich im Wagen sind und einen halbwegs komfortablen Platz gefunden haben, im Schneckentempo die Serpentinen hinunterfahren, die abwechslungsreiche Landschaft an sich vorüberziehen lassen, an den vielen Haltestellen von angebotenen Snacks probieren und sich mit dem einen oder anderen Fahrgast unterhalten, erleben Sie die Seele Madagaskars und der Madagassen im Wortsinne ›hautnah‹. Für die knapp 170 km braucht der Zug 6–8 Stunden (bergab!), in umgekehrter Richtung können es auch ein paar Stunden mehr sein. Zunächst geht es noch recht flott über Wiesen und an einem See vorbei Richtung Osten. Nach 40 km beginnt dann der zeitraubende Abstieg durch den Urwald, doch eröffnen sich immer wieder weite Ausblicke.

Bei km 45 hält der Zug im Dorf Andrambovato, in dessen Nähe die **Wasserfälle des Mandriampotsy** liegen. (Hinter dem Bahnhof beginnt ein Pfad zum Dorf Beromazava, von wo aus schon das Donnern des Wasserfalles zu hören ist. Wenn man dem Bach nach links folgt, gelangt man, vorbei an einigen Kaskaden, zur Eisenbahnbrücke, von wo aus man auf den Wasserfall blickt.) Je weiter Sie nun nach Osten kommen, desto häufiger überragen *Ravenalas* (Bäume der Reisenden) die übrige Vegetation. Etwa 10 km vor Manakara beginnt die Küstenebene. Kurz vor der Stadt kommt man am Flughafen vorbei, die ersten Dünen tauchen auf.

Ambalavao und Umgebung

Ambalavao (›die neue Stadt‹) **4** (S. 260) zählt 12 000 Einwohner und ist ein Zentrum madagassischer Kultur. Hier werden das Papier der Antaimoro und die besten Seidentücher des Landes hergestellt, auf den Märkten werden Heil- und Zauberkräuter von den kundigsten Naturmedizinern und Zauberern des Landes angeboten. Die Stadt liegt nur 56 km südlich von Fianarantsoa auf 1000 m Höhe in einem weiten Tal. Ein 1800 m hoher Paß, das ›Tor zum Süden‹ genannt, begrenzt das Tal im Norden, im Süden und Südosten schützt es das über 2600 m hohe Andringitra-Gebirge vor den Regenwolken von der Ostküste. Im Westen erhebt sich die auf 1400 m Höhe gelegene fruchtbare Hochebene von Horombe.

Auf dem Mittwochsmarkt von Ambalavao werden besonders schöne handgewebte Seidentücher aus dem wenige Kilometer entfernten Dorf Andriamamovoka, Töpferwaren aus Andranotenina und natürlich das in Ambalavao selbst hergestellte Papier der Antaimoro verkauft. Antaimoro-Zauberer bieten Kräuter und Fetische an, die gegen jede Art von Krankheit helfen sollen; auch einen ›Liebestrank‹, ein geheimes Kräutergemisch, in Wasser und Honig gelöst, können Sie hier kaufen.

Am nördlichen Ortseingang befindet sich ein Atelier, wo das Papier der Antaimoro hergestellt wird. Nach der Besichtigung können Sie dort auch verschiedene Produkte wie Briefumschläge und Lampenschirme kaufen.

Die madagassische Seide ist im Vergleich zur asiatischen grob und fühlt sich fast wie feines Leinen an. Die Seide aus Ambalavao gilt als die hochwertigste und feinste und wird von reichen Familien benutzt, um die Verstorbenen darin zu begraben. Eine gröbere Qualität, das *Landibe,* stammt aus dem Hochland weiter im Norden von Seidenraupen, die in den dortigen Trockenwäldern leben. Das feine Material der Seide von Ambalavao hingegen stammt von Seidenraupen, die auf dem *Avoha*-Baum leben, dessen Blätter auch den Rohstoff für die Herstellung des Papiers der Antaimoro liefern. Moderne Stoffe werden sowohl traditionell mit Naturfarben behandelt – insbesondere wenn sie für zeremonielle Zwecke gebraucht werden –, inzwischen gibt es aber auch Hersteller, die mit modernen Kunstfarben arbeiten und damit lebendigere und vor allem haltbarere Muster fertigen.

Das **Andringitra-Naturreservat** **5** mit dem 2658 m hohen Pic Boby zählt zu den am striktesten geschützten Gebieten des Landes. Das hat verschiedene Gründe. Zum einen handelt es sich nach Ansicht von Naturschützern um ein völlig einzigartiges Biotop, das wissenschaftlich nahezu unerforscht ist; zum anderen hat das Gebirge eine besondere religiöse Bedeutung und unterliegt strengen *Fadys*. Wegen seines touristischen Potentials mit einer reichen Fauna und Flora und eindrucksvollen Felsformationen setzt sich der WWF dafür ein, im Norden dieses etwa 300 km^2 großen Naturreservates nahe Antanifotsy (50 km südlich von Ambalavao, am Ende einer mit Geländewagen befahrbaren Piste) begrenzten Ökotourismus unter strengen Auflagen zu ermöglichen.

Von Ambalavao nach Ihosy

Zwischen Ambalavao und Ihosy ist die Straße nur streckenweise asphaltiert, der Rest ist eine teilweise gute, teilweise

Das Papier der Antaimoro

Seit Beginn des 12. Jh. wurde Madagaskar auch von islamischen Einwanderern besiedelt. Man nimmt an, daß sie aus arabischen Ländern kamen – teilweise mit einem Zwischenaufenthalt in Ostafrika, auf Sansibar oder den Komoren, wo bis heute der islamische Einfluß stark ist. Es scheint, als hätten sie sich sehr schnell in die madagassische Kultur integriert, ihr aber auch viele neue Impulse gegeben. Die madagassische Astrologie basiert auf den astronomischen Kenntnissen Arabiens, und ein Teil des Wissens über Heilpflanzen in Madagaskar ist arabischen Ursprungs.

Arabische Einwanderer haben auch die Kunst der Papierherstellung mitgebracht, denn sie wurde bis vor einigen Jahrzehnten ausschließlich von den Antaimoro an der madagassischen Südostküste gepflegt. Ihre heiligen Bücher, die *Sorabe*-Schriften, sind auf diesem Papier der Antaimoro überliefert worden. Sie stammen aus einer Zeit, lange bevor im übrigen Madagaskar geschrieben wurde, und sind nicht etwa in Madagassisch, sondern in *Sorabe,* einer dem Arabischen ähnlichen Sprache, verfaßt. Sie beinhalten sowohl religiöse Texte als auch Anweisungen zur Herstellung von Heiltees oder Kräutermischungen und Abhandlungen über die Wirksamkeit von Hölzern und Fetischen gegen Unfruchtbarkeit oder Krankheit.

Erst in den 30er Jahren brachten Handwerker der Antaimoro die bis dahin geheime Kunst der Papierherstellung ins Hochland, wo sie heute sowohl in Antananarivo als auch in Ambalavao gepflegt wird. Die Blätter des *Aroha,* eines Maulbeerbaumgewächses, werden zu Brei zerstoßen, mit Wasser vermischt auf Baumwolltüchern verstrichen und anschließend getrocknet. Seit das Papier auch zu Dekorationszwecken genutzt wird (z. B. für Lampenschirme, Briefpapier) legt man frische Blütenblätter auf die noch feuchte Masse und bedeckt diese mit einer dünnen Schicht des Breis. Wenn die Masse getrocknet ist, läßt sie sich leicht vom Baumwolltuch abheben.

---

nur sehr langsam zu befahrende Piste. Die Fahrt ist wegen des Staubes und der fast immer intensiven Sonneneinstrahlung anstrengend. Die Landschaft allerdings ist wirklich spektakulär. Am Wegesrand sitzen Hirten, mit Gewehr oder Speer bewaffnet, um ihre riesigen Herden gegen Rinderdiebe zu verteidigen. Dahinter dehnen sich unendliche Weideflächen aus, die von mehreren hundert Meter hohen granitenen Felsen begrenzt werden. Als die Merina das Land der Betsileo eroberten, zogen sich die unterlegenen Betsileo-Truppen aus Fianarantsoa und Ambalavao in diese Berge zurück. Als ihre Niederlage unver-

meidbar schien, stürzten sie sich gemeinsam eine Felswand hinunter, um nicht in die Gefangenschaft der Merina zu geraten. Am Fuß dieser *Rocher d'Infandana* genannten Felsen liegen von der Sonne ausgeblichene Gebeine, auf die mit dem Finger zu deuten verboten ist *(Fady)*. Fahren Sie nicht alleine dorthin, denn das könnte als Mißachtung des heiligen Ortes betrachtet werden! Mit Führer können Sie auf einen der Felsen klettern und haben dann einen herrlichen Ausblick auf die Reisfelder und Weiden rundum.

Ihosy 6 (S. 282) ist die wichtigste Stadt am Rande des Hochlandes von Horombe. Es herrscht trockenes, heißes Klima, wegen der Höhenlage (700 m) bleiben die Temperaturen aber erträglich. Die gemütliche, provinzielle Kleinstadt läßt in ihrer Architektur den Einfluß der Merina erkennen, ist aber vom Lebensstil der Bara als Rinderzüchter geprägt. Die Merina hatten von hier aus versucht, die Betsileo im Norden und die Bara im Süden unter Kontrolle zu halten und dafür ein Verwaltungszentrum gebaut.

Ihosy liegt zwar an einer Straßenkreuzung, von der aus man per Auto das Hochland (Ambalavao, Fianarantsoa), die Südwestküste (Toliara), die Ostküste (Farafangana) und die Südküste (Tolanaro) erreichen kann. Bis auf die *Route du Sud* ist das aber mehr Theorie als Praxis, denn die Pisten in den Süden und Osten sind wegen ihrer mangelnden Qualität selten und nur sehr mühsam befahrbar. Die Piste nach Farafangana (300 km) wird gelegentlich von Lastwagen benutzt; es ist auch schon seit langem davon die Rede, daß sie verbessert werden soll, doch wird das wohl noch dauern. Im August und September aber fahren gelegentlich sogar *Taxis-Brousse* nach Farafangana.

Ein- bis zweimal wöchentlich fährt ein Bus von Tolanaro (Fort Dauphin) nach Antananarivo und zurück. Bei normalen, d. h. trockenen Wetterverhältnissen benötigt er im günstigsten Fall etwa 35 Fahrstunden pro Strecke. Die Fahrzeit kann sich erheblich verlängern, wenn es im Osten regnet und die Flüsse anschwellen, die im Andringitra-Gebirge entspringen.

Von Ihosy nach Toliara

Von Ihosy ins Isalo-Gebirge

Der größte Teil der 90 km langen Strecke von Ihosy nach Ranohira ist asphaltiert. Zunächst steigt die Straße aus dem Flußtal des Ihosy hinauf auf die Hochebene von Horombe, eine unendliche Viehweide ohne Baum und Strauch. Nach zwei Stunden wird im Südwesten das Isalo-Gebirge sichtbar, man erkennt die Oasen in den Bergtälern und erreicht schließlich das Städtchen Ranohira.

Ranohira 1 (S. 293) liegt am Ostausgang des Isalo-Gebirges, das eine Nord-Süd-Ausdehnung von gut 100 km aufweist und sich seit Mitte der 80er Jahre zu einer der wichtigsten touristischen Attraktionen des Landes entwickelt hat. Das Dorf besteht nur aus ein paar Häusern, von denen sich vier in Hotels verwandelt haben, um die inzwischen häufiger auftauchenden Wanderer und Trekker aufzunehmen. Im Zentrum von Ranohira unterhält die Naturschutzbehörde ein Büro, in dem man die Genehmigungen zum Wandern im nördlich der RN 7 gelegenen Nationalpark erhält und wo man die obligatorischen Führer findet. Das Gebirge ist biologisch extrem vielseitig mit seiner Trockenflora (Zwergbaobabs, Euphorbien, Didieraceen) einerseits und seiner tropischen Feuchtvegetation in den Flußtälern (Palmen, Schraubenpalmen, Farne und darin lebende Lemuren und schwarze Papageien) andererseits. Hinzu kommen die bizarre, ausgewaschene Sandstein-

Von Ihosy nach Toliara

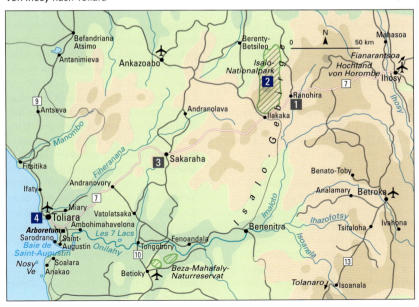

landschaft, die in unterschiedlichen Rottönen leuchtende Erde und die vielfältigen Täler, die dieses Gebirge so interessant machen.

Der geschützte Teil des Gebirges, der **Isalo-Nationalpark** 2 (S. 282), liegt nördlich der RN 7 und hat eine Fläche von gut 800 km². Die Ebene liegt auf 500 m über dem Meer, die höchsten Erhebungen bei knapp 1300 m. Das Sandsteingebirge ist extrem porös, so daß Niederschläge sich schnell in Tälern und Flußbetten sammeln. Längere Wanderungen sind daher nur in der Trockenzeit von Mai bis Oktober möglich.

Trekking im Isalo-Gebirge

Von Ranohira aus können Sie unvergeßliche Trekkingtouren durch das Isalo-Massiv unternehmen. Auf längere Wanderungen empfiehlt es sich, einen Schlafsack, möglichst auch ein Zelt mitzunehmen, denn nachts kann es im trockenen Winter kühl werden. Bitte beherzigen Sie, was eigentlich selbstverständlich sein sollte: Lassen Sie die Natur unberührt, lassen Sie nichts zurück als Ihre Fußstapfen, nehmen Sie nichts mit außer Fotos!

Der Weg zum **Piscine Naturelle** beginnt etwa 5 km westlich von Ranohira und führt durch landschaftlich einmalige Gegenden zu einer Oase, wo sich ganzjährig glasklares, vom Sandstein gefiltertes Wasser in einer tiefen Senke sammelt. (Hin- und Rückweg 3–4 Std.)

10 km südwestlich von Ranohira, nur ein paar hundert Meter von der RN 7 entfernt, liegt ein weiteres natürliches Bad, umgeben von tropischem Grün inmitten der Felsenwüste. Die Oase liegt links der Straße, kurz bevor man die aus dem Sandstein geformte Felsengruppe passiert, die als Symbol des Gebirges ›La Reine‹ (›die Königin‹) genannt wird.

Falls Sie für die Nacht ein Zimmer im Hotel ›Relais de la Reine‹ gebucht haben, sollten Sie versuchen, noch vor Mittag in Ranohira anzukommen. Holen Sie sich dort gleich die Genehmigung zum Parkbesuch und suchen Sie einen Führer, der den Weg durch den Park zum Hotel kennt. Ihr Gepäck können Sie mit dem Taxi ins Hotel bringen lassen. Es ist ein Erlebnis der besonderen Art, kurz vor Sonnenuntergang zu Fuß in dem erstklassigen Hotel nahe einer Oase einzutreffen, wo absolute Wildnis mit geschmackvollem Komfort kontrastiert.

Etwa 5 km südwestlich des Hotels ›Relais de la Reine‹ liegt eine ausgewaschene, bizarr geformte Felsformation, die wegen ihrer kreisförmigen Öffnung **La Fenêtre** (›das Fenster‹) genannt wird. Im Hotel kann man Ihnen den Weg beschreiben oder einen Führer besorgen.

Eine landschaftlich einmalige Wanderung führt durch das **Tal der Affen**. Durch hohes Steppengras und an einem Flußbett entlang geht es in einen eng eingeschnittenen Canyon mit Kletterpartien über feuchte Felsen. Der Rückweg führt über eine grandiose Hochebene. (2 Tage)

Auf der Nordwestseite des Isalo-Gebirges wurde eine Höhle gefunden, die offensichtlich vor langer Zeit von Menschenhand in den weichen Sandstein gegraben wurde: die **Portugiesengrotte**. Bis heute ist nicht geklärt, wer sie gebaut hat. Es gibt verschiedene Theorien, die in ihr eine Wohnhöhle der Mikea, ein Lagerhaus arabischer Händler (11. Jh.) oder die Überreste einer portugiesischen Ansiedlung (15. Jh.) sehen. Der Reiz der Wanderung dorthin liegt nicht im Besuch der Höhlen, die außer dem Geheimnis ihrer Entstehung wenig zu bieten haben. Die grandiose Land-

Im Isalo-Gebirge

schaft, die einmalige Pflanzenwelt, das klare Wasser in den Oasen und die völlige Unberührtheit der Natur werden aber lange in Erinnerung bleiben! Ein Führer ist für die mehrtägige Tour unbedingt erforderlich und wird von der Parkverwaltung vermittelt. Proviant bringen Sie am besten schon aus Ihosy oder Toliara mit. (Wasserflaschen und Taschenlampen nicht vergessen!)

1. Tag: Anfahrt im Geländewagen von Ranohira nach Norden, vorbei am Dorf Ranohira le Vieux (hier befindet sich das ebenfalls sehenswerte ›Tal der Affen‹; mehrere Flußdurchquerungen und Camping am Ufer, kurz vor dem Dorf Tameantsoa (per Geländewagen 3–4 Std., zu Fuß ein Tag). 2. Tag: Aufbruch vor Sonnenaufgang nach Tameantsoa; Durchquerung weiter Grasflächen bis zum Fuß des Gebirges (1 $^{1}/_{2}$ Std.). Nun folgt ein Anstieg von etwa 300 Höhenmetern, dann eine Höhenwanderung mit Überquerung einer natürlichen Brücke, die zwei Tafelberge miteinander verbindet; Überquerung zweier weiterer Tafelberge mit jeweils anschließendem Ab- und Aufstieg (200–250 m). Schließlich geht es zunächst steil, dann flacher werdend zum Boden einer Oase, die nach der Wanderung über die kargen und heißen Hochflächen wie ein Para-

Termitenhügel am Rande der Straße vom Isalo-Gebirge nach Toliara

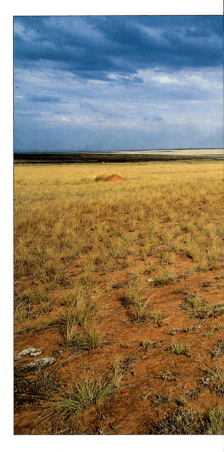

dies erscheint. Glasklares Wasser sammelt sich in einem Steinbecken, von dem es etwa 50 m tief ins Tal stürzt. Am Ufer des Wasserbeckens lassen sich unter schattenspendenden Vacoa-Palmen Zeltplätze finden. Wenn Sie zu spät aufbrechen, wird die nicht sehr schwere Tagestour (4–5 Std.) zur Tortur, da Sie ununterbrochen der sehr intensiven Sonneneinstrahlung ausgesetzt sind. Der Wasserverlust ist riesig, nehmen Sie so viel Wasser mit, wie Sie tragen können! 3. Tag: Morgens leichte Wanderung zunächst in eine weitere Oase (20 Min.), dann sanfter Aufstieg zu den Grotten (1 ½ Std.); weiter nach Sahanafo und zum Wald der Affen (1 Std.). Rückkehr zur Oase und zweite Übernachtung. 4. Tag: Aufbruch bei Sonnenaufgang; dann liegen die beiden ersten Anstiege noch im Schatten und sind kein Problem. Da es meist bergab geht, ist aber der restliche Weg nicht mehr anstrengend. Sie erreichen gegen Mittag wieder das Dorf Tameantsoa und kehren am gleichen Tag mit dem Geländewagen nach Ranohira, Ihosy oder Toliara zurück.

Vom Isalo-Gebirge nach Toliara

Von Ranohira führt eine weitgehend asphaltierte Straße über Sakaraha (110 km) und Andranovory (64 km) nach Toliara (70 km). Die weite Steppenlandschaft zwischen Ranohira und Sakaraha wird von braunem Gras, 20 m hohen Palmen der Art *Bismarckia nobilis* und grünen Flußtälern geprägt. Die Palme ist ›feuerfest‹ und überlebt daher die alljährlichen Steppenbrände nahezu unbeschadet. Über weite Strecken scheint die Steppe nur von Ameisen und Termiten bewohnt zu sein. Wenn Sie die Termitenhügel und ihre Umgebung genauer betrachten, werden Sie Erdlöcher finden, die einen Durchmesser von etwa 10 cm haben. In diesen Höhlen leben Schlangen in einer merkwürdigen Symbiose mit Ameisen (s. S. 32).

Entlang der Durchgangsstraße in **Sakaraha** 3 reiht sich ein *Hotely Gasy* an das nächste, in *Epiceries* werden Plätzchen, Seife, Reis und Zahnpasta verkauft, und hochgewachsene, in Baumwolltücher gehüllte Männer mit Speer in

der Hand bringen ihre Herden auf den Markt. Am Abend bieten Garküchen am Straßenrand Spieße mit Zebufleisch, Reiskuchen und Tee an.

Auf dem weiteren Weg nach Südwesten durchquert die RN 7 die Trokkenwaldregionen von Zombitse und Vohibasia, die seit einigen Jahren unter strengem Schutz stehen. Wenn Sie die Augen offen halten, werden sie rechts und links der Straße, meist leicht erhöht, die ersten Grabstätten der Mahafaly und der Masikoro (einer Untergruppierung der Sakalava) mit ihren bunten Bemalungen und den hölzernen Skulpturen finden. Bitte seien sie rücksichtsvoll, wenn Sie die Grabstellen besuchen, und bestehen Sie nicht darauf, sie zu fotografieren, wenn man Sie bittet, es zu unterlassen. Leider sind Reisende häufiger aus ihren Bussen oder Geländewagen zu den Gräbern gestürmt, haben sie abgelichtet und anschließend als ›Deckung‹ benutzt, um unbemerkt ihre Blase zu erleichtern. Dies wird verständlicherweise als Schändung des Grabes und des dort Begrabenen empfunden. Aus diesem Grund ist so mancher Mahafaly nicht mehr gut auf die respektlosen *Vazaha* zu sprechen!

Toliara (Tuléar)

4 (S. 296) Toliara (›wo man ankern kann‹) ist die Hauptstadt der gleichnamigen Provinz, die von Morondava im Norden bis nach Tolanaro (Fort Dauphin) im Südosten reicht. Die Provinz ist extrem trocken, ihre Ortschaften liegen an Flußbetten, die ihren Ursprung in den Gebirgen weiter im Osten haben. Toliara ist die größte (50 000 Einwohner) und wirtschaftlich bedeutendste Stadt des madagassischen Südens. Im Zuge der Dezentralisierung entstanden seit 1970 eine Universität, ein Museum, ein Krankenhaus und Verwaltungseinrichtungen. Die Häuser sind von Gärten umgeben, die Straßen breit und fast ohne Autoverkehr. Wichtigstes öffentliches Verkehrsmittel ist, wie in Toamasina und Antsirabe, das *Pousse-Pousse*. Die Architektur mit ihren breiten, rechtwinklig zueinander verlaufenden Alleen läßt den Einfluß Frankreichs erkennen. Der Boulevard Gallieni verbindet die Nationalstraße nach Antananarivo mit dem Hafen, der Uferpromenade, Lager- und Handelshäusern. Ein täglicher Markt, Geschäfte und Bars befinden sich im Ortszentrum entlang dem Boulevard Philibert Tsiranana, der schräg zu den übrigen Straßen nach Nordosten aus der Stadt hinausführt. Die jährliche Niederschlagsdauer beträgt in Toliara durchschnittlich 16 Stunden, ansonsten scheint von morgens bis abends die Sonne. Allerdings gibt es in Toliara keine Strände. Entlang der Uferpromenade erstreckt sich bei Ebbe eine braune Schlammebene, die alles andere als einladend ist. Die Schiffe legen an einem 100 m langen Steg an, um auch bei

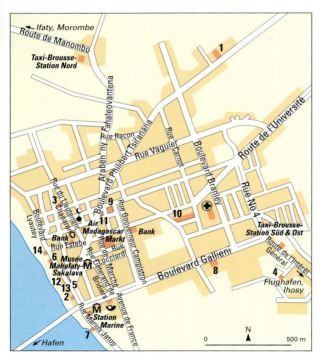

Toliara
Hotels:
1 Capricorne
2 Plazza
3 Bistro du Sud
4 Chez Alain
5 Le Corail Bungalows
6 Voanio
7 La Pirogue
8 Tanomasoandro
9 Sud Hôtel
10 Longo Hotel
11 Central
Restaurants:
12 Étoile de Mer
13 Le Corail
Abendunterhaltung:
14 Zaza Club

Ebbe genug Wasser unter dem Kiel zu behalten. Badestrände liegen nördlich der Stadt bei Ifaty, etwa 30 km entfernt, und ebensoweit südlich bei Anakao, wo der Meeresboden steiler abfällt und heller Sand das Ufer säumt.

Auf der Verlängerung des Boulevard Gallieni, dem langen Steg, der das Watt der Uferzone überbrückt, liegt die **Station Marine,** ein kleines ozeanographisches Museum. Hauptattraktion ist der Ende der 1980er Jahre erstmals vor der Südwestküste Madagaskars gefangene Quastenflosser, der bis dahin nur von den Küsten der Komoren und Südafrikas bekannt war.

Das **Musée Mahafaly-Sakalava** liegt an der Kreuzung des schräg nach Nordosten führenden Boulevard Philibert Tsiranana mit der Rue Lucciardi. Bitte erwarten Sie von diesem völkerkundlichen Museum keine Sensationen! Sie finden dort aber einige schöne Kunstwerke der Sakalava, wie Statuen, Schnitzereien, Speere, Musikinstrumente und Masken.

Zu den Attraktionen Toliaras zählt das Nachtleben in den Diskos ›Zaza Club‹ und ›Corail‹, wo vor allem am Wochenende bei Livemusik die Hölle los ist. Darüber sollte sich vor allem auch im klaren sein, wer in einem der benachbarten Hotels an der Uferpromenade wohnt! Weniger spektakulär, aber schön sind die Abende in den Straßen um den Markt, wo im Freien gegrillt wird.

Die Umgebung von Toliara

Wenn Sie der Route de l'Université stadtauswärts folgen, finden Sie das von der lokalen Bevölkerung sehr verehrte **Grabmal des Königs Baba.** Er war ein Führer der Masikoro, einer Gruppe der Sakalava, die intensiv mit Seeräubern, arabischen Sklavenhändlern und Engländern von der Baie de St-Augustin aus Handel trieb. Das einfache Grabmal liegt in einem Didieraceenwäldchen, das nur barfuß betreten werden darf. Die riesige Würgerfeige (Banyan) hinter einer Mauer geht ebenfalls auf einen – allerdings schon viel länger verstorbenen – König zurück. Als Regen ausblieb und sein Volk zu verdursten begann, beriet er sich mit seinem *Ombiasy.* Dieser befragte seine Orakel, die Sterne und die Ahnen, bevor er dem König folgenden Rat gab: Gott verlange von ihm ein schweres persönliches Opfer. Als Gegenleistung werde er dafür sorgen, daß ein Arm des Flusses Fiherenana aus dem Hauptbett ausscheren und durch das Siedlungsgebiet seines Volkes fließen werde. Daher müsse der König seine Tochter opfern, indem er sie lebendig in einem Kupferkessel begrabe. Der König folgte dem Rat des *Ombiasy,* und tatsächlich teilte sich der Fluß und brachte Wasser. Auf dem Grab der unglücklichen Tochter wuchs in den folgenden Jahren ein heiliger Banyanbaum, der in keiner Weise beschädigt werden darf. Sollte dies doch geschehen, würde eine neben dem Grab der Königstochter lebende Schlange eine Überschwemmung hervorrufen und das Weideland des Dorfes zerstören.

Etwa 30 km nördlich von Toliara befinden sich rund um den Ort **Ifaty** mehrere Badehotels der besseren Kategorie unter schattenspendenden Filaobäumen. Sie sind gut geeignet, sich von einer anstrengenden Reise in den Süden zu erholen und einige Ausflüge in die Umgebung Toliaras zu unternehmen. Besonders von Oktober bis Februar und im April und Mai sind Tauch- und Schnorchelausflüge zu den Korallenriffen vor der Küste eindrucksvoll. Die Fahrt mit dem Geländewagen zu

An der Küste zwischen Toliara und Ifaty

den Stränden kann schwierig und zeitraubend sein, wenn Dünen nördlich von Toliara die Piste überdecken. Daher sollten Sie vor allem bei der Rückfahrt genug Zeit einplanen, wenn Sie nicht Ihren Weiterflug verpassen wollen! Im Trockenwald bei Ifaty finden sich eindrucksvolle Baobabs, riesige Pachypodien und Euphorbien wie im Dornenland zwischen Toliara und Tolanaro (Fort Dauphin).

Etwa 15 km südöstlich von Toliara zweigt zunächst die Piste in Richtung St-Augustin von der asphaltierten RN 7 ab. Wenige Kilometer weiter führt eine nur ein paar hundert Meter lange Piste zur botanischen Station **Arboretum,** in der seit 40 Jahren der Schweizer M. Pelignat mit seiner madagassischen Frau Vertreter der endemischen Flora pflanzt, pflegt und mit Hilfe von europäischen Wissenschaftlern zu bestimmen versucht. Zwei Drittel der Trockenwaldpflanzen, die er in seinem 40 ha großen ›Garten‹ gepflanzt hat, warten darauf, botanisch korrekt eingeordnet zu werden. Für Wissenschaftler, aber auch für botanisch interessierte Reisende, hat M. Pelignat ein paar Hütten mit fließendem Wasser (solarbetrieben!) gebaut, daneben steht sein einfaches, aber gemütliches Restaurant ›Auberge de la Table‹.

Sarodrano ist der erste Ort an der Küste südlich von Toliara, der per Geländewagen über eine schlechte Piste erreichbar ist. Am Strand stehen Privatbungalows, und nicht weit entfernt finden sich Grotten und unterirdische Seen. 4 km südlich von Sarodrano liegt an der Flußmündung des Onilahy das ehemalige Seeräuber- und Sklavenhändlerdorf **St-Augustin.** Im 17. Jh. versuchte ein englischer Kolonist, mit 120 Freunden hier eine Handelsstation einzurichten, scheiterte jedoch kläglich sowohl an den harten klimatischen Bedingungen als auch am Widerstand der Sakalava und Vezo.

Das Fischerdorf **Soalara** am Südausgang der Baie de St-Augustin liegt in den Dünen nahe dem Ozean und wird jeden Morgen von einem Auslegerboot von St-Augustin aus versorgt. Hinter dem Dorf liegen zwei Brunnen, aus denen das Wasser eines unterirdischen Nebenflusses des Onilahy geschöpft wird. Soalara hat zwar einen weißen Sandstrand, doch ist das Meerwasser vom Süßwasser der Onilahy-Mündung getrübt.

Das Fischerdorf **Anakao** erreicht man von Soalara aus zu Fuß auf Sandwegen oder mit dem Auslegerboot. Im Dorf befinden sich eine hübsche kleine Bungalowanlage und ein gutes Bungalowhotel mit Tauchbasis. Hier ist einer der schönsten Badeplätze der Region; das Wasser ist klar, das vorgelagerte Korallenriff unverletzt, fischreich und gut erreichbar. So soll es den besten Tauchgebieten der Malediven, der Seychellen und des Roten Meeres in nichts nachstehen. Vor dem Küstendorf Anakao liegt die kleine, unbewohnte ehemalige Seeräuberinsel **Nosy Ve,** die ebenfalls von einem Korallenring umgeben ist und wohl eines Tages eine Basis für Tauchfahrten werden wird. Nachts kriechen Meeresschildkröten an die Strände, um ihre Eier abzulegen. Von Toliara ist Anakao etwa 20 km entfernt, auf dem Landweg allerdings muß man gute 240 km zurücklegen, um bei Tongobory (160 km südöstlich von Toliara, an der Piste nach Tolanaro) den Onilahy auf einer Brücke überqueren zu können.

An einer Piste, die von Toliara am Onilahy-Fluß entlang nach Osten führt, befinden sich die **Sept Lacs** – sieben kleine, untereinanderliegende Bassins, durch die ein Bach zum Onilahy fließt. Die beiden obersten Seen sind *Fady,* was hier bedeutet, daß Nichtmadagassen sie nicht einmal sehen dürfen. Der fünfte von oben ist der *Vazaha*-See, in dem Europäer baden dürfen. Der unterste ist das Schwimmbecken der Einheimischen. Zunächst fahren Sie auf der RN 7 Richtung Fianarantsoa bis km 17, wo Sie nach rechts auf die Piste nach St-Augustin und nach 500 m gleich wieder links abbiegen. 13 km weiter erreichen Sie das Dorf Ambohimahavelona, von wo es noch 40 km bis zu den Sieben Seen sind. Ab Toliara dauert die Fahrt etwa vier Stunden und führt entlang des Flusses durch eine hügelige, grüne Flußlandschaft inmitten der sonst braunen Steppe.

Pachypodium

Von Antsirabe nach Morondava

Ein großer Teil der Straße von Antsirabe nach Morondava wurde 1988 neu hergerichtet und ist bequem zu befahren. Zwischen Miandrivazo und Mahabo sind Teile der Straße allerdings bereits wieder in schlechtem Zustand, und man muß auf Pisten ausweichen. Bei guten Bedingungen sollte man 10–12 reine Fahrstunden rechnen, also sehr früh am Morgen aufbrechen!

Von Antsirabe nach Miandrivazo

Von Antsirabe aus ist **Betafo** (›wo es viele Dächer gibt‹) **1** auf der RN 34 in einer knappen Stunde zu erreichen. In einem Tal, an sanften Vulkankegeln vorbei, fährt man zwischen Reisterrassen und Gemüsegärten hindurch. Eine breite Straße führt in Betafo vom Marktplatz nach Norden zum Tatamarina-See. Von dort aus sieht man im Norden die Oberstadt, die von einem ›Ferienhaus‹ *(Rova)* des Königs Radama I. überragt wird. Hier liegt der letzte König der Betsileo vor der Machtübernahme durch die Merina begraben.

Zu den **Wasserfällen von Antafofo** gelangen Sie auf einer 3 km langen Piste, die bei einem großen Steinhaus an der Südostseite des Tatamarina-Sees beginnt. Nach etwa 500 m öffnet sich der Blick in das Tal des Flusses Iandratsay. Am Hang entlang führt der Weg nun nach rechts weiter ins Tal hinein. Ein kleiner Bach muß auf einer quergelegten Schiene überquert werden. Nach etwa 1 km endet der Weg am Wasserfall. Wenn Sie nicht auf dem gleichen Weg zurückkehren wollen, gehen Sie zum Fluß hinunter, durchwaten diesen und klettern dann auf der anderen Seite den Hang wieder hinauf. Wenn Sie etwa 500 m in Richtung Osten an den Reisfeldern entlang wandern, treffen Sie wieder auf eine Piste, die zurück nach Betafo führt.

Nächster größerer Ort an der RN 34 (3000 Einwohner) ist, 100 km weiter, **Mandoto** **2**, das in einer bergigen ›Mondlandschaft‹ liegt. Der Boden ist ausgeschwemmt und erodiert, kein Wald und kaum Gras wächst darauf. Die Landschaft hat sich seit Betafo komplett verändert. Das feuchte, fruchtbare Vulkangebiet des Hochlandes ist weiten Weiden in nahezu unbewohnter Hügellandschaft gewichen.

Miandrivazo (›ich erwarte eine Frau‹) **3** (S. 286) liegt am Ufer des Mahajilo, einem Zufluß des Tsiribihina. Durch seine Lage in einem Tal zwischen dem Bemaraha-Plateau im Westen und dem Bongolava-Massiv im Osten ist es in Miandrivazo windstill und heiß.

Auf seinen Eroberungszügen kam der Merinakönig Radama I. auch bis Miandrivazo. Der dortige Sakalavakönig hatte sich allerdings bereit erklärt, auf eine Verteidigung zu verzichten, wenn seine Tochter Rasalimo eine der 12 Ehefrauen Radamas I. würde. Auf diese Weise vermied er eine unabwendbare militärische Niederlage und machte sein Königshaus zum Teil des Königshauses der Merina – daher der Name des Ortes, denn hier erwartete Radama I. die Ankunft der Königstochter. 3 km flußaufwärts von Miandrivazo befindet sich ein hübscher Wasserfall, zu dem Sie mit einer Piroge fahren können.

Miandrivazo ist Ausgangspunkt einer abenteuerlichen Bootsfahrt den Tsiribi-

Ochsenkarren – ein typisches Verkehrsmittel im Süden Madagaskars

hina abwärts bis Belo Tsiribihina. Sie wird von verschiedenen Bootsbesitzern preiswert (ca. DM 200), allerdings wenig komfortabel und unzuverlässig angeboten. Sie einzuplanen ist nur dann sinnvoll, wenn man viel Zeit hat. Zwischen April und November wird die Fahrt mit einem ausgebauten Frachtschiff angeboten, das maximal zehn Personen befördert. Wer mit dem Boot nach Belo Tsiribihina fährt, sollte sich der Bedeutung des Flußnamens bewußt sein! Tsiribihina heißt ›wo man nicht ins Wasser springt‹ – weil es dort Krokodile gibt! Wer die Fahrt noch abenteuerlicher gestalten möchte, kann am Bootshafen nach Fischern Ausschau halten, die bereit sind, die Fahrt nach Belo Tsiribihina durchzuführen. Proviant müssen Sie selbst mitbringen, geschlafen wird auf sandigen Uferbänken (hoffentlich krokodilfrei!). Ein Höhepunkt der Expedition ist die Fahrt durch die Schlucht des Tsiribihina, einen Durchbruch durch das Bemaraha-Massiv. Zelt, Moskitonetz, Taschenlampe und Schlafunterlagen sind für den Trip sehr zu empfehlen!

Achtung: Vor allem in Antsirabe, aber auch in Antananarivo und Fianarantsoa gibt es ›Führer‹, die Globetrottern die Organisation der Flußfahrt nach Belo versprechen. Vor leichtfertiger Vorauszahlung muß gewarnt werden! Einige unehrliche *Guides* versprechen vorauszureisen und vereinbaren einen Treffpunkt in Miandrivazo. Sie wären nicht der erste, der in Miandrivazo allein, ohne Führer, ohne Piroge und ohne Anzahlung steht und vergeblich wartet!

Von Miandrivazo nach Morondava

Von Miandrivazo führt eine teilweise leider nicht mehr befahrbare Asphaltstraße 166 km in südlicher Richtung nach **Malaimbandy** (›ich mag keine

Lügen‹ 4 (S. 284). Je nach Witterung und Zustand der Ausweichpiste dauert die Fahrt 4–6 Stunden. In Malaimbandy trifft die Straße auf die in früheren Zeiten gepflegte, heute aber kaum noch benutzte Straße (bzw. Piste) von Ambositra nach Morondava. Eine Legende erklärt die Entstehung der Namen von Malaimbandy wie auch Miandrivazo, weicht aber leicht von der dort erzählten Version ab: König Radama I. hörte von einer besonders schönen Frau, die im Westen seines Reiches leben sollte. Er beschloß, sie zu heiraten, und brach auf, sie zu suchen. In einem Dorf an der Stelle, wo heute Miandrivazo liegt, wurde er vom Dorfältesten gefragt, warum er gekommen sei. Radama I. antwortete: ›Miandrivazo‹ (›ich erwarte eine Frau‹). Er zog weiter nach Süden auf der Suche nach seiner zukünftigen Frau und fand sie in einem Dorf, wo heute Malaimbandy liegt. Der König erklärte ihr, daß er sie zur Frau nehmen wolle und gestand ihr seine Liebe. Das Mädchen, das gar nicht begeistert war, antwortete ihm ehrlich ›Malaimbandy‹ – ›ich mag keine Lügen‹.

Die Straße nach Morondava biegt kurz hinter Malaimbandy nach Westen ab und erreicht nach weiteren 122 km (teils Asphalt, teils Piste) **Mahabo** (›heiliger Ort‹) 5, die ehemalige Hauptstadt des Sakalavareiches. Am Ende einer Piste nach Norden (20 km) liegt das Dorf **Befotaka,** von wo aus man zu Fuß zu einem der schönsten Königsgräber der Sakalava gehen kann (erkundigen Sie sich beim *Président du Fokontany).* Auf dem weiteren Weg nach Westen durchquert man ein fruchtbares Agrargebiet mit Zitrus-, Erdnuß-, Tabak- und Zuckerrohrplantagen, einen Baobabwald und erreicht schließlich Morondava.

Von Antsirabe nach Morondava

Morondava und Umgebung

Morondava 6 (S. 287) ist ein Hafenstädtchen mit einem lebhaften Markt im Stadtzentrum, auf dem neben den landwirtschaftlichen Produkten der Umgebung auch wilder Honig und gepökelter Fisch angeboten werden. In breiten, rechtwinklig angelegten Straßen finden sich ehemals prunkvolle Steinbauten der Kolonialzeit im Zentrum und hübsche Gartenhäuschen entlang der Uferstraße nach Norden und nach Süden. Am südlichen Ortsausgang befinden sich der Hafen (nach Mahajanga und Toliara der drittgrößte der Westküste) und die schmale Halbinsel Nosy Kely, auf der sich ein Dorf sowie neue Strandbungalows befinden. Seit Beginn der 90er Jahre hat sich Morondava – wohl wegen seines weißen Sandstrandes am südlichen Ortsausgang und des fast immer trockenen, sonnigen Wetters – zu einem Globetrottertreffpunkt entwickelt.

Jedes Jahr während der Osterfeiertage findet ein Fest *(Les Fêtes de la Mer)* mit Pirogenwettfahrten, Wettfischen und anderen maritimen Sportaktivitäten statt. Es erinnert daran, daß ein Großteil der Bevölkerung Morondavas den Vezo, einer eng mit dem Meer verbundenen Volksgruppe, angehört. In Morondava ist außerdem – mehr als in den meisten Städten der madagassischen Westküste – der arabisch-islamische Einfluß spürbar. Die vor mehreren hundert Jahren aus Arabien und von den Komoren eingewanderten Händler (viele von ihnen waren Sklavenhändler, die den Sakalava als Gegenleistung für die Sklaven Feuerwaffen gaben) leben, unbeeinflußt von der madagassischen Kultur, nach islamischen Traditionen. Es gibt in Morondava nur wenige Autos, keinen Lärm und kaum Plastiktüten. Was weggeworfen wird, ist in kürzester Zeit von Ameisen biologisch abgebaut. So macht die Stadt einen ordentlichen, wenn auch wenig aufregenden Eindruck. Es bieten sich jedoch so viele Ausflugsmöglichkeiten, daß man ein paar Tage Aufenthalt einplanen sollte.

In der Umgebung der Stadt befinden sich zahlreiche etwa 1 m hohe, quadratische Holzgrabstätten von Sakalavakönigen. Sie sind in Ost-West-Richtung nebeneinander angeordnet. Obenauf stehen erotische Holzskulpturen. Wenn der Verstorbene viele Frauen und Kinder hatte, wird er mit riesigem Penis dargestellt; Frauen, die viele Kinder zur Welt brachten, sind mit überdimensionalen Brüsten wiedergegeben. Um die Gräber zu besichtigen, müssen Sie einen Führer und ein Taxi anheuern. Fragen Sie im Hotel oder in Reisebüros nach Einzelheiten, aber seien Sie vorsichtig mit Angeboten ›von der Straße‹. So mancher Taxifahrer nimmt die Chance wahr, Sie mit möglichst geringem Zeitaufwand zu Grabstätten zu bringen, kann ihnen aber – oft schon mangels französischer Sprachkenntnisse – nichts erläutern. Wegen der Respektlosigkeit vieler Grabbesucher, aber auch wegen der Gefahr, daß Skulpturen entfernt werden – was leider bereits vielfach geschehen ist und zu unwiederbringlichen Verlusten geführt hat –, ist der Besuch der Gräber nur noch in Begleitung eines einheimischen Führers gestattet. Kaufen Sie nie alt aussehende Grabskulpturen, denn spätestens am Flughafen in Antananarivo wird man sie Ihnen wieder abnehmen! Holzschnitzer fertigen nach wie vor Skulpturen an und verkaufen sie in ihren Werkstätten in und nahe bei Morondava.

Die Gräber von **Mangily** und **Ankirijibe** erreicht man, wenn man von Morondava ca. 5 km die Straße Richtung

Die ›Baobaballee‹, nördlich von Morondava

Osten fährt und dann in eine Piste nach Norden abbiegt (ca. 3 km). Um die Gräber von **Antalitoko** zu erreichen, fahren Sie 12 km auf der Straße in Richtung Mahabo (Osten), biegen dort nach Norden in Richtung Belo Tsiribihina ab und folgen der Piste 6 km bis zum Dorf Bekonazy. Von dort führt ein Weg (zur Trockenzeit mit dem Geländewagen befahrbar) im Schatten hoher Baobabs und Tamarindenbäume in Richtung Antalitoko, der nach 9 km endet. Den Rest bis zum Dorf müssen Sie zu Fuß gehen. Beim *Président du Fokontany* ist die Erlaubnis zur Besichtigung der Grabstätten einzuholen. Die Gräber von **Ambato-sur-Mer** und **Kivalo** sind nur mit einer Piroge erreichbar. In Ambato-sur-Mer wohnt einer der bekanntesten Statuenschnitzer Morondavas.

Die Piste von Morondava nach Belo Tsiribihina führt durch die inzwischen zu einem der Wahrzeichen Madagaskars gewordene ›**Baobaballee**‹. Sie liegt nur 45 Minuten Autofahrt von Morondava entfernt in einem ursprünglichen Baobabwald, führt an Seerosenteichen und abgelegenen Siedlungen der nomadisch lebenden Mikea vorbei. Von der Baobaballee sind es nochmals etwa 40 Minuten Pistenfahrt bis zu zwei Baobabs, deren Stämme sich umschlingen, was ihnen den Namen ›Baobab d'Amour‹ und einige Berühmtheit als botanische Extravaganz eingetragen hat.

Etwa 50 km nördlich von Morondava, beim Dorf Marofandilia, liegt die **Kirindy-Forststation.** Mit Hilfe von schweizerischen Forstwissenschaftlern wird hier versucht, den Trockenwald als Holzquelle zu nutzen, ohne ihn als Lebensraum zu zerstören. Es werden nur ältere Bäume gefällt, einheimische Baumarten nachgepflanzt, und mit verschiedenen Methoden wird versucht, das Unterholz beim Herausholen der gefällten Bäume nicht zu schädigen. Zu diesem Zweck wurden rechtwinklig zueinander gelegene Schneisen geschlagen, die gleichzeitig als Brandschneisen dienen. In einem eigenen Sägewerk werden die Baumstämme zu Brettern, die verbleibenden Äste zu Holzkohle verarbeitet. Obwohl die Forstverwaltung sich nicht als Tourismusorganisation versteht, kann man den Wald besuchen und das reiche Tier- und Pflanzenleben beobachten. Entlang eines Forstweges

sind die Bäume sogar mit Schildern versehen.

Nochmals etwa 10 km weiter in Richtung Belo Tsiribihina passiert die Piste ein 4000 ha großes Privatreservat der Familie de Haulme (s. S. 212 f.), das seit mehreren Jahrzehnten vor fremden Einflüssen geschützt ist – den **Analabe-Naturpark** 7 (S. 265). Früher wurde hier Sisal angebaut, für die nahe Zukunft ist geplant, das Gelände – ähnlich Berenty bei Tolanaro – dem Tourismus als gepflegten und erstklassig organisierten Naturschutzpark zugänglich zu machen.

Es umfaßt neben ausgedehnten Trockenwäldern mit reicher Tierwelt (zahlreiche Lemurenarten, Fossas und Schlangen) auch vogelreiche Mangroven- und Sumpfgebiete.

Wer langfristig planen kann, sollte versuchen, im Sommer des vierten oder neunten Jahres eines Jahrzehnts nach **Belo Tsiribihina** 8 (S. 279) zu fahren, denn dann findet dort ein riesiges Fest der Sakalava statt. Allerdings sind die genauen Termine nicht frühzeitig zu erfahren. Sie werden kurzfristig nach astrologischen und anderen Gesichts-

Fitampoha – Die Reinigung der königlichen Reliquien

In manchen Landesteilen, besonders in den Küstenregionen, weichen die Riten zur Ehrung der Ahnen von der *Famadihana* des Hochlandes ab. An der Westküste beispielsweise wird alle fünf Jahre ein Fest gefeiert, zu dem die Königsfamilien der Sakalava in Belo Tsiribihina zusammenkommen. Dort werden die königlichen Reliquien *(Dady)* aufbewahrt. Es handelt sich um Überreste verstorbener Vorfahren der Königsfamilie, deren Besitz Kraft und Macht über die Untertanen verleiht. Die Zeremonie entstand, als der mächtige Sakalavakönig Andriamisara im 16. Jh. den Beistand seiner Ahnen suchte, da sein Reich von einer langanhaltenden Trockenperiode betroffen war. Er feierte eine Totenumwendung, wobei er einen Freitag wählte, der – vermutlich durch den Einfluß arabischer Händler oder gar von den Sakalavakönigen bezahlter arabischer Lehrer – der heilige Wochentag der Sakalava ist. Aus dem Erfolg der Zeremonie entwickelte sich die Tradition, daß alle fünf Jahre einmal in Belo Tsiribihina die Reliquien der Könige in einer feierlichen, früher einige Wochen andauernden Zeremonie gewaschen werden.

Die Gäste des *Fitampoha* reisen aus allen Teilen des Sakalavagebietes zwei bis drei Tage vor Beginn der Zeremonien an und kampieren im Ortszentrum, nahe dem Haus *(Zomba)*, in dem die Reliquien aufbewahrt werden. Die Feierlichkeiten beginnen an einem Freitag, der wenige Wochen zuvor von den *Ombiasy* (Zauberern und Astrologen) festgelegt wurde. In den frühen Morgenstunden des Freitags begeben sich Mitglieder der königlichen Familien *(Anakandriana),* Wächter über die Zeremonie *(Mpiamby)* und zehn junge Männer *(Mpibaby),* die die Urnen *(Moara)* tragen werden, feierlich zum *Zomba.* Die Prozession wird von einer neugierigen Menge begleitet, die den Hof des Hauses nicht betreten darf. Der Chef der Wächter des Rituals öffnet die Tür und tritt, gefolgt von den Urnenträgern, ein. Wie alle Menschen innerhalb des Hofes, tragen sie ein rot-weißes Hüfttuch *(Lamba Oany),* ein rotes Tuch um den Kopf und sind barfuß. In dieser Kleidung der Sakalavakrieger werden sie die zehn Urnen mit den sterblichen Überresten von zehn Königen sowie die ebenfalls im Haus aufbewahrten Speere, Schwerter und Gewehre der Königsgarde zum Fluß tragen. Außerhalb des Hauses beginnen Frauen zu singen, in die Hände zu klatschen und zu trommeln. Viele sind erschöpft vom Alkohol und den Tänzen der vergangenen durchgefeierten Nächte. Nach einer Ansprache des Königs schlachtet ein Priester ein Rind. Der Lärm, die Musik und die rituelle Schlachtung heizen die Stimmung an, die Menschen beginnen zu tanzen, ihre Körper werden von den Seelen der verstorbenen Könige in Besitz genommen, und sie verfallen in Trance. Nun wendet sich der König an die Menge, dankt allen für ihr Kommen und wünscht, daß die Feier den Wohlstand mehren möge, die Herden wachsen, Regen fallen und den Fluß anschwellen lasse. Anschließend wird das Fleisch des geopferten Rindes unter den Anwesenden verteilt, die es vor Ort zubereiten und essen.

Mann mit Reliquiengefäß

Am Nachmittag macht sich die Menge auf den Weg nach Ampasy, einer Sandbank im Tsiribihina, etwa 5 km außerhalb des Ortes. Dort wurden in den vorangegangenen Tagen fünf offene, schattenspendende Strohdächer errichtet. Unter dem südlichsten legen die Urnenträger die Reliquien ab, im zweiten nimmt der König Platz, das dritte ist den Urnenträgern, das vierte den Wächtern des Ritus und das fünfte und größte den Gästen vorbehalten. Nun folgen sieben Tage und sieben Nächte des Feierns und des Singens.

Einen weiteren Höhepunkt der Feierlichkeiten stellt die Nacht vom Donnerstag auf den Freitag dar. Diese *Valabe* (große Nacht) genannte Nacht stellt alles Normale auf den Kopf. Es wird getrunken, es wird getanzt, und die Regeln der Moral sind außer Kraft gesetzt. In früheren Zeiten uferte die *Valabe* in eine Orgie aus. Heute wird gefeiert und gesungen, den Frauen wird vom König ausdrücklich gestattet, sich einen Mann zu wählen, mit dem sie die Nacht verbringen möchten.

Am darauffolgenden Morgen beginnt die feierliche Reinigung der Reliquien. Die Urnenträger, die an den Feiern der vergangenen Woche nicht teilnehmen durften, waschen sich im Fluß, der König setzt sich an die Spitze einer Prozession, an welcher weiß gekleidete, von den Seelen der Ahnen besessene Frauen, die Wächter des Rituals und die Urnenträger teilnehmen. Der König und die Frauen nehmen in einem Kanu Platz, die Urnenträger schreiten feierlich ins Wasser, bis sie bis zu den Hüften darin stehen. Nun reichen sie einer nach dem anderen einer der weiß gekleideten Frauen die Urnen. Diese entnehmen die Reliquien, die aus Haarbüscheln, Zehennägeln und Knochensplittern bestehen, reinigen sie sorgfältig, geben sie den Urnenträgern zurück, die sie wieder an Land tragen und zum Trocknen auf Matten legen.

Nun folgt die letzte Nacht auf der Sandbank, in der alles friedlich ist. Am nächsten Morgen begibt sich die Menge zusammen mit den Königsfamilien in einer feierlichen Prozession zurück in den Ort, wo die Urnen, die Schwerter, die Speere und Gewehre in das *Zomba* zurückgebracht werden. Das Fest ist vorüber, die Menschen sind erschöpft und die Ahnen und *Zanahary* zufrieden.

punkten von den hochrangigen Zauberern der Sakalava festgelegt. Bei diesem Fest, dem *Fitampoha,* werden die in der Stadt aufbewahrten Reliquien verschiedener Sakalavakönige im Fluß gewaschen (s. S. 194 f.). Der Ort liegt auf einer Sandbank am Nordufer des Tsiribihina-Flusses. Wenn Sie von Morondava kommen, müssen Sie die Flußmündung zunächst auf einer Fähre überqueren, was einige Zeit in Anspruch nehmen kann. Belo hat wenig zu bieten, 10 km nordwestlich liegt jedoch das Grabmal des Sakalavakönigs Bahary, andere Königsgräber finden Sie in **Serinam**, 20 km östlich der ehemaligen Hauptstadt der französischen Kolonialverwaltung. Dort liegen der von den Franzosen enthauptete letzte Sakalavakönig Toera und seine Söhne und (machtlosen) Nachfolger Pierre und Georges Kamamy.

Die Tsingy de Bemaraha

Das **Tsingy-de-Bemaraha-Naturreservat** 9 (S. 298) ist mit 1500 km² Fläche das bei weitem größte aller madagassischen Schutzgebiete und liegt zwischen 75 und 700 m über dem Meeresspiegel. Ausgangspunkte für die Erkundung sind Antsalova im Westen und Bekopaka im Süden, etwa 3 Stunden mit dem Geländewagen von Belo Tsiribihina entfernt. Jahrzehntelang interessierte sich niemand für dieses abgelegene Reservat, bis 1987 in dem amerikanischen Magazin ›National Geographic‹ ein ausführlicher Artikel mit hervorragenden Fotos erschien. Mit Hilfe von UNESCO-Geldern (die Tsingy gehören zum Weltnaturerbe) versucht man seither, Zugangsmöglichkeiten für einen kontrollierten, ökologischen ›Abenteuertourismus‹ zu schaffen, der keinesfalls einen Eingriff in die gut erhaltene Natur des Kalksteingebirges darstellen darf. Wegen der in dem Gebirge fließenden Gewässer ist ein Besuch ausschließlich von April bis November möglich. Reiseagenturen in Antananarivo, Antsirabe und Morondava bieten mehrtägige Expeditionen mit Wanderungen am Rande des Schutzgebiets an. Die Organisation ist äußerst schwierig, da schon die Zufahrtswege blockiert sein können und ein Zeitplan nur mit Glück eingehalten werden kann.

Wie bei den Tsingy du Nord nahe Ambilobe handelt es sich bei den Tsingy de Bemaraha um ein verwittertes und zerklüftetes Kalksteingebirge, das von zahlreichen Flüssen durchzogen und von kilometerlangen Höhlensystemen untertunnelt ist. Die nadelspitzen Felsen sind noch höher als in den Tsingy du Nord, weitaus unzugänglicher und von einer völlig unerforschten Fauna und Flora belebt. Ein kleines Gebiet außerhalb des Reservates wurde bereits für den Tourismus erschlossen, indem Wege beschrieben und teilweise auch einfacher zugänglich gemacht wurden. Alle Besucher der Tsingy de Bemaraha bewegen sich in diesem Bereich, für den kein wissenschaftlicher Auftrag nachzuweisen ist. Die vier Rundwege nehmen zwei Stunden bis zwei Tage in Anspruch, wobei erstklassiges Schuhwerk notwendig ist, denn man muß über die nadelspitzen Tsingy balancieren.

Unmittelbar angrenzend an das Südende des Reservates durchbricht der Fluß Manambolo das Kalksteingebirge. Es ist möglich, in Bekopaka eine Piroge zu mieten und auf dem Fluß in die Schlucht bis zu den Vazimbagrabstätten zu fahren. Voraussetzung sind allerdings das Einholen der Genehmigung bei der Wächterin der Grabstätten *(Rasoala)* in Bekopaka und die Mitnahme von Rum oder Honig, der den Verstorbenen geopfert werden muß.

Von Morondava nach Toliara

Die knapp 500 km lange Piste von Morondava über Belo-sur-Mer, Manja, Morombe, Andavadoaka, Befandriana Atsimo und Antanimieva nach Toliara gehört zu den harten Überlandstrecken Madagaskars, ist aber Ende der Trockenzeit (September/Oktober) gut befahrbar. Ein regelmäßig pendelndes *Taxi-Be* kalkuliert für die Strecke hin und zurück eine Woche, wobei bei problemloser Fahrt – also ohne Reifenpannen, Regenfälle oder blockierte Fähren – 30 Stunden reine Fahrzeit pro Strecke gerechnet werden müssen. Der Lastwagen ist die Strecke schon Hunderte Male gefahren, sein Fahrer kennt jede Schwierigkeit und hat alles dabei, was an Ersatzteilen gebraucht werden könnte. Auch wenn Sie einen guten Fahrer und einen Geländewagen zur Verfügung haben, könnte die Fahrt schwierig werden. Wenn Sie einen Termin für die Weiterreise ab Toliara haben, sollten Sie zumindest bis Morombe (besser gleich bis Toliara) fliegen, denn von dort gibt es täglich *Taxi-Brousse*-Verbindungen (8–10 Stunden Fahrzeit) nach Toliara, und der härteste Teil der Überlandstrecke liegt hinter Ihnen.

In Morondava hat man die Wahl, entweder nahe der Küste über Belo-sur-Mer oder durch das Landesinnere über Mahabo und Mandabe nach Manja zu fahren. Am besten erkundigen Sie sich in Morondava (an der *Taxi-Brousse*-Station oder der Tankstelle), welche Strecke augenblicklich von den *Taxis-Brousse* bevorzugt wird. Schöner ist die Strecke an der Küste entlang, denn erstens ist sie bis Manja um etwa 70 km kürzer und zweitens passiert man die Küstendörfer Ankevo und Belo-sur-Mer mit gut erhaltenen Grabstätten und hat immer wieder einen schönen Ausblick auf den Kanal von Mosambik.

Das Dorf **Belo-sur-Mer** 1 (S. 279) liegt 60 km südlich von Morondava auf einer weißen Sandbank und war zu Kolonialzeiten ein beliebter Badeort mit Kokospalmen und Strandbungalows. Danach geriet er vollkommen in Vergessenheit, bis dort Ende der 80er Jahre eine Bungalowanlage errichtet wurde. Die Straßenverbindung (80 km) wurde

Von Morondava nach Toliara

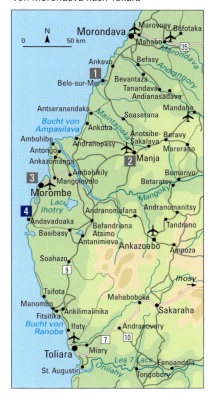

Die geheimnisumwitterten Völker der Vazimba und Mikea

Aufgrund jüngerer Funde von einfachem Werkzeug, das in der Zeit um Christi Geburt gefertigt wurde, wird geschlossen, daß Madagaskar besiedelt war, lange bevor die bekannten Einwanderungswellen aus Afrika und Südostasien um 800 eintrafen. Es gab Menschen, ›die schon immer da waren‹, was eine der möglichen Bedeutungen des Namens **Vazimba** ist. Man nimmt an, daß auch die Vazimba, wie viele der später eingewanderten Völker Madagaskars, aus dem indonesisch-malayischen Raum gekommen sind. Sie kannten kein Metall und nutzten daher Holz, die Eierschalen des Vogel Rock oder die halbierten Schalen der Baobabfrucht als Werkzeuge, Haushaltsgegenstände und Waffen.

Mythen der Antehiroka, die im westlichen Hochland (nahe dem Lac Itasy) leben, und aus verschiedenen Dörfern der Sakalava weisen darauf hin, daß zumindest Teile dieser Volksgruppen Angehörige der Vazimba zu ihren Ahnen zählen. Manche bezeichnen sich sogar selbst als Vazimba – wie zum Beispiel einige Bewohner des Ortes Betafo, westlich von Antsirabe. Eine ethnologische Theorie besagt daher, daß die *Hova*, eine der vier Kasten im Sozialsystem der Merina, sich weitgehend aus Nachfolgern der Könige der Vazimba rekrutieren, während die übrigen Vazimba in kleinen, lediglich untereinander heiratenden Volksgruppen in verstreut liegenden Dörfern sowohl im Südwesten als auch im Westen Madagaskars leben.

Als Begründung für diese Theorie dienen mündliche Überlieferungen, wonach die Merina für ihre Beschneidungszeremonien die Hilfe der Könige und Priester von Menschen ›die schon immer da waren‹ in Anspruch nahmen. Viele dieser ›Spezialisten‹ seien im Hochland geblieben und in die Gesellschaft der Merina aufgenommen worden. Ein ehrgeiziger Merinakönig habe einige Jahrhunderte später beschlossen, sein Reich nach Westen, in das Siedlungsgebiet der Vazimba auszudehnen, diese verfolgt und in die Flucht getrieben. Die Königsfamilien der Vazimba aber blieben als angesehene Gruppe bei den Merina, während die wenigen überlebenden einfachen Bauern weit verstreut und in versteckten Gebieten neue Dörfer gründeten.

Diese Theorie würde erklären, warum unter den Vazimba der Westküstenregion die Beschneidungszeremonie nicht üblich ist. Die Zauberer und Könige, die diese Tradition pflegten und ausschließlich durchführen durften, waren im Hochland geblieben. Von Dörfern im Sakalavagebiet nahe Miandrivazo ist bekannt, daß die Besucher bei religiösen Zeremonien eine von den übrigen Sakalava nicht zu verstehende Sprache sprechen, die nichts mit dem heutigen *Malagasy* zu tun hat. Schließlich nennen sich die Bewohner des Dorfes Bekopaka (Andadoany), südlich der Tsingy de Bemaraha, Tsingy-Vazimba und sind überzeugt, nicht der Volksgruppe der Sakalava anzugehören. Auch die an den Ufern des Manambolo-Flusses in Höhlen liegenden Gräber und Gebeine sollen von Vazimba stammen, die versteckt in den umliegenden, nahezu unzugänglichen Wäldern leben.

Eine andere Volksgruppe, über deren Abstammung wenig bekannt ist, lebt nomadisch im Trockenwald rund um Ejeda, südlich von Toliara, und in den Trockenwäldern bei Morombe. Es sind die **Mikea,** die weder Rinderzucht noch Ackerbau betreiben. Nur einzelne kleine Gruppen sind in Dörfern seßhaft geworden. Das Hauptproblem ihrer Ernährung ist das Auffinden von Wasser. Da Pflanzen das gleiche Problem haben, mußten auch sie eine Lösung finden – und das bietet die Chance für den Menschen. In den Trockengebieten finden sich wasserspeichernde Pflanzen (Sukkulenten), die nur zu einem kleinen Teil aus der Erde herauswachsen. Der größte Teil bleibt unter der Erde und saugt sich mit Wasser voll, das die Pflanze den seltenen Regenfällen, in erster Linie aber dem Tau entnimmt. Eine solche Pflanze nennen die Mikea *Baboha,* und sie stellt neben dem gesammelten Honig ihre Lebensgrundlage dar. Die Mikea graben mit ihren Speeren neben der Pflanze ein Loch, entnehmen einen Teil der Wurzel und bedecken den Rest wieder mit Erde, um die Pflanze am Leben zu erhalten. Ein solcher Wurzelstrang ist mehrere Kilogramm schwer, etwa 15 cm dick und 50 cm lang. Wenn man ihn roh ißt, zerplatzen die vielen gefüllten Zellmembranen, und eine leicht süßliche Flüssigkeit löscht den Durst. Die Mikea rösten die *Baboha* aber auch über der Holzglut, wodurch sie einen kartoffelartigen Geschmack bekommt und sättigend wird.

Im Jahr 1993 besuchte der Ethnologe Edward L. Powe eine Mikeafamilie. Ihm wurde vom Ältesten folgende Geschichte über die Herkunft des Namens seines Volkes und ihre Lebensweise erzählt: Vor langer Zeit mußte ein König aus dem an Früchten, Fleisch und Honig reichen Osten fliehen und wanderte mit seinen Untertanen und Rinderherden aus. Am Rande eines dichten und für die Neulinge undurchdringlichen, dornigen Trockenwaldes ließ er sich nieder und gründete ein Dorf. Den Wald nannten sie *Mika,* was soviel wie ›dunstiger Wald‹ bedeutet. Dazu muß man wissen, daß die Luftfeuchtigkeit im Dornenwald nachts ungewöhnlich hoch ist. Als der Wald noch dichter und größer war als heute, waren die Hügelkuppen regelmäßig morgens bei Sonnenaufgang in Nebelschwaden gehüllt. Da der König gewohnt war, zu seinen Mahlzeiten süßen Honig zu essen, ihn aber in den weiten Steppen seiner neuen Heimat nicht finden konnte, schickte er Boten aus. Sie fanden keinen Honig, doch trafen sie auf Menschen, die Honig in Gefäßen bei sich hatten. Diese erzählten ihnen, daß sie in den Dornenwäldern lebten und wüßten, wo es Honig gebe. Es wurde ein Tauschgeschäft vereinbart. Die Honigsammler kamen regelmäßig in das neue Dorf und lieferten frischen Honig. Als Gegenleistung erhielten sie Fleisch von den Rinderherden des Einwanderers. Das Tauschgeschäft funktionierte insgesamt gut, es kam jedoch vor, daß die Sammler sich verspäteten. Als der König sein Essen einmal ohne Honig serviert bekam, fragte er den Koch, wo denn die Freunde aus dem ›dunstigen Wald‹ *(Mika)* geblieben seien. Hieraus entstand der Name für die im Dornenwald nomadisch umherwandernden Sammler und Jäger.

Baobabs

durch einen Zyklon 1991 schwer beschädigt, Brücken wurden eingerissen, so daß die Überlandfahrt anstrengend und zeitaufwendig geworden ist. Die Strände sind von Kokospalmen gesäumt, das Dorf ist das Zentrum der Schiffsbaukunst Westmadagaskars. Mit Auslegerbooten können Exkursionen zu verschiedenen unbewohnten Inseln vor der Küste unternommen werden, die von Korallenriffen umgeben sind.

Nach der Überquerung des Flusses Mangoky, 80 km hinter **Manja** 2, haben Sie die Wahl, nach Osten eine zunächst schlechte, später asphaltierte Straße nach Morombe zu fahren (100 km) oder nach Süden die letzten 200 km bis Toliara zurückzulegen. Wählen Sie den direkten Weg, so achten Sie auf die erstaunlich kurz- und dickstämmigen Baobabs, die sich ausschließlich hier finden! Die in den Baobabwäldern lebenden Sakalava und Mikea nutzen die ungewöhnlich dicken Stämme als Wasserreservoirs, indem sie sie von oben aushöhlen wie einen Trichter. Das gespeicherte Wasser ist zwar alles andere als keimfrei, doch hilft es den Rindern und manchmal auch den Menschen über die letzten Tage und Wochen der Trockenzeit hinweg. Für *Vazaha* ist es absolut ungenießbar!

Touristische Attraktionen besitzt **Morombe** (›der große Strand‹) 3 (S. 287) nicht, sieht man von einigen recht guten Hotels und Diskos am Nordausgang der Stadt, dem akzeptablen Strand, den Seen und Höhlen und einigen hübschen unbewohnten Inseln vor der Küste (Nosy Lava, Nosy Ratafanika) ab. In Morombe werden die landwirtschaftlichen Produkte des fruchtbaren Mangokytales und -deltas (Reis, Baumwolle, Zucker, Bananen und Mais) verschifft. Die Stadt weist daher einen recht lebhaften Schiffsverkehr auf, obwohl es keinen echten Hafen gibt. Die Schiffe ankern weit draußen vor dem Riff und werden über Boote und einen langen Steg be- und entladen.

Etwa 40 km südöstlich von Morombe liegt mit dem **Lac Ihotry** (86 km²) der drittgrößte See Madagaskars, nach dem Lac Alaotra und dem Tsimanampetsotsa-See. Obwohl er gute 30 km vom Meer entfernt und 50 m über Meereshöhe liegt, ist sein Wasser leicht salzig. Aufgrund seiner isolierten Lage in einem nahezu unbesiedelten Gebiet ist der See ein ideales Biotop für Wasservögel, und der ihn umgebende Trocken- und Dornenwald beherbergt die ursprüngliche Fauna und Flora Südmadagaskars.

Südlich von Morombe erstreckt sich ein weißer, streckenweise idealer Badestrand von 150 km Länge. Zu Kolonialzeiten war Morombe – wegen seiner besseren Strände aber noch mehr das 70 km weiter im Süden liegende einzige Küstendorf Andavadoaka – ein beliebter Badeort. In **Andavadoaka** 4 (S. 266) hat die Familie de Haulme (s. S. 212 f.) Mitte der 90er Jahre eine Landepiste und ein Bungalowhotel errichtet, das an die Kolonialepoche anknüpfen soll. Wie man hört, sind auch südafrikanische Hotelgesellschaften an Strandabschnitten bei Andavadoaka interessiert. Solange aber die Infrastruktur schlecht ist – und das wird noch einige Zeit so bleiben –, werden hier wohl keine Resorthotels für südafrikanische Touristen entstehen.

Die Fahrt von Morombe nach **Toliara** auf der staubigen, aber meist gut befahrbaren Piste (knapp 300 km) dauert mit dem Auto etwa 8–10 Stunden.

Holzkohle – der wichtigste Brennstoff auf Madagaskar

Durch das Dornenland
von Toliara nach Tolanaro (Fort Dauphin)

Die Nonstop-Fahrt von Toliara nach Tolanaro (Fort Dauphin) dauert etwa 48 Stunden, wenn man keine Abstecher macht oder Zwischenaufenthalte einlegt. Wegen der Hitze und der schlechten Piste ist die Fahrt anstrengend. Bei einer Fahrt mit dem *Taxi-Brousse* sollte auch der eingefleischteste Globetrotter versuchen, einen guten Platz zu bekommen oder sich mit anderen zusammenzutun und jeweils zwei Plätze buchen, denn wer im Buschtaxi fährt, sieht wenig von der Landschaft und wird ein paar Tage benötigen, bis er wieder schmerzfrei gehen kann. Wenn Sie die Reise genießen möchten, sollten Sie eine Woche oder mehr für die Durchquerung des Mahafaly- und Antandroy-Landes einplanen und einen Chauffeur und Kenner der Region als Führer mitnehmen. Mit viel Zeit und der Sicherheit, sich nicht zu verfahren, können Sie dann Exkursionen in interessante Gebiete abseits der Piste riskieren. Der Lohn ist eine Reise in völlig unberührte Wildnis mit bizarrer Vegetation, originellen Mahafaly-Grabmälern, weißen Stränden und selten besuchten Naturreservaten.

Von Toliara zur Südspitze Madagaskars

Bei **Andranovory,** 70 km westlich von Toliara, zweigt von der RN 7 eine Piste nach Süden ab. Nach etwa 42 km erreichen Sie eine Verzweigung. Nach links (Osten) führt eine Piste bis in die südli-

Durch das Dornenland von Toliara nach Tolanaro (Fort Dauphin)

chen Ausläufer des Isalo-Gebirges, eine wilde und wenig besiedelte Region. Wenn Sie nach rechts (Süden) fahren, erreichen Sie bald **Tongobory,** überqueren die Brücke über den Onilahy und sind nach gut 20 km in der Provinz-

hauptstadt **Betioky** (›wo der Wind weht‹) 1 (S. 280). Sie hat eine schattige Allee, ein einfaches Kunsthandwerksmuseum, zwei Hotels und eine sehr interessante Umgebung.

Der **Onilahy** bewässert den äußersten Südwesten Madagaskars, was zur Folge hat, daß an seinen Ufern herrliche grüne Landschaften, Reisfelder, Mangobäume und reiche Dörfer zu finden sind. Fragen Sie in Reisebüros oder im Hotel in Toliara nach, wenn Sie an einer Flußfahrt auf dem Onilahy interessiert sind. Sie wird selten gemacht, ist aber ein einmaliges Erlebnis!

Nur 17 km von Betioky entfernt, aber ohne ortskundigen Führer kaum zu finden, ist das **Beza-Mahafaly-Naturreservat** 2. Dieses kleine Reservat besteht aus zwei getrennten Schutzgebieten (100 ha und 480 ha) zwischen dem Onilahy im Norden und dem kleinen

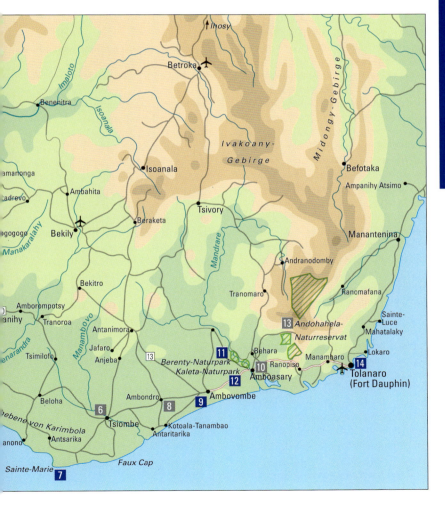

Sukkulenten – Symbole der Trockengebiete Madagaskars

Pflanzen, die die Fähigkeit besitzen, in ihren Blättern oder Stämmen über lange Zeit Feuchtigkeit zu speichern, werden als Sukkulenten bezeichnet. In den über viele Monate regenlosen Regionen Süd- und Westmadagaskars haben nur solche Pflanzen eine Überlebenschance, denn ihr Feuchtigkeitsvorrat rettet sie über die Trockenzeit. Aufgrund dieser Eigenschaft sind sie auch für die Menschen des Trockenwaldes wertvoll. So graben beispielsweise durstige Rinderhirten die Wurzeln von *Dilochos fangitsy* aus, die so groß wie ein Fußball werden können, und trinken das darin gespeicherte Wasser. Andere Sukkulenten sammeln die Feuchtigkeit in dicken, fleischigen Blättern und schützen diese wiederum durch ein dichtes, wachshaltiges Haarkleid, das Schatten auf das Blatt wirft *(Kalanchoe beharensis)*. Es gibt Sukkulenten, die zur Vermeidung von Verdunstung ganz auf die Ausbildung von Blättern verzichten. Sie lagern das für die Photosynthese erforderliche Chlorophyll unmittelbar in die leicht grünlich schimmernde Rinde ein. Andere können die Stellung der Blätter ständig verändern, so daß die niederbrennende Sonne nur die Schmalseiten trifft, oder sie rollen sich tagsüber ein und öffnen sich erst nach Sonnenuntergang, um Kohlendioxyd aus der Luft aufzunehmen. Die in Madagaskar vorkommenden Sukkulenten lassen sich in vier Gruppen einteilen:

Baobabs

Weltweit existieren 10 Arten von Baobabs, die wegen ihres flaschenähnlich geformten Stammes und ihrer glatten, von Feuchtigkeit undurchdringlichen Rinde auch Flaschenbäume genannt werden. *Adansonia digitata* ist typisch für die ostafrikanischen Savannen, von wo er vermutlich nach Nordwestmadagaskar eingeführt wurde. Der größte und bekannteste Baobab dieser Art befindet sich im Stadtzentrum von Mahajanga und dürfte viele hundert, wenn nicht tausend Jahre alt sein. Zwei weitere Baobabarten *(Andansonia gregorii und Andansonia stanburyana)* finden sich nur in Australien. Die übrigen sieben kommen ausschließlich in Madagaskar vor, wo sie von der einheimischen Bevölkerung respektvoll ›Mutter des Waldes‹ *(Reni ala)* genannt werden. Die Heimat der Baobabs sind die Trockenregionen im Süden zwischen Tolanaro (Fort Dauphin) und Toliara, entlang der Westküste bis nach Mahajanga und rund um Antsiranana (Diégo-Suarez) an der Nordspitze Madagaskars.

Adansonia alba ist insofern ungewöhnlich, als er bis in eine Höhe von 500 m über dem Meer gefunden wird. Er ist kleiner als die übrigen Baobabarten und daher oft im dichten Trockenwald kaum zu finden. Der o. g. *Adansonia digitata* kann als größte Baobabart, mit einem Stammumfang von bis zu 15 m, bis zu 100 000 l Wasser speichern. *Adansonia fonii* ist ein besonders stämmiger und wasserreicher Baobab mit gelben Blüten, der im Westen um Morondava zu finden ist. Er wird manchmal als Speicher für Regenwasser ausgehöhlt oder auch angebohrt, damit das gespeicherte Wasser in kleinen Mengen herausfließen kann. In einem Küstenstreifen zwischen Morondava

und Belo Tsiribihina an der Westküste findet sich die Art *Adansonia grandidieri,* die mit ihrem bis zu 40 m hohen Stamm die ansonsten nur 10–15 m hohe Trockenwaldvegetation bei weitem überragt. Er ist für die Landbevölkerung von großem Nutzen. Aus den Samen wird ein wertvolles Öl gepreßt, die Früchte werden gekocht und gegessen. Ebenfalls sehr majestätisch wirkt *Adansonia madagascariensis,* dessen Stamm sich nach oben weniger stark verjüngt und der daher mehr an die gewohnte Form eines Baumes erinnert. Er findet sich sowohl nahe Antsiranana an der Nordspitze Madagaskars als auch bei Toliara und an der Südspitze der Insel beim Cap Ste-Marie. *Adansonia perrieri* und *Adansonia suarezensis* finden sich in sehr begrenzter Zahl in der Nähe von Antsiranana (Diégo-Suarez). Letzterer hat einen vergleichsweise schmalen, etwa 20 m hohen Stamm, dafür geschwollen wirkende Äste und rote Blüten, die jeweils nach stärkeren Regenfällen aus den Ästen herauswachsen; ersterer ist etwas kleiner, mit gelben Blüten. *Andansonia Za* schließlich wird bis zu 30 m hoch und sieht dem Andansonia grandidieri ähnlich. Man findet diese Art im Südwesten in Höhenlagen von 0–600 m ü. d. M..

Es ist kaum bekannt und leider auch in Madagaskar nur wenigen Menschen bewußt, daß ausgewachsene Baobabs ungeheuer alt sind. Ein Baobabwald kann innerhalb eines Menschenlebens nicht nachwachsen; es scheint, als hätten diese Pflanzen ihr Lebenslicht auf Sparflamme gestellt, um mit möglichst geringer Assimilation und damit auch möglichst geringem Feuchtigkeitsverlust auskommen zu können. Durch Berechnung der Wachstumsgeschwindigkeit wurde herausgefunden, daß viele der großen Baobabs um Morondava, Morombe und Mahajanga nicht Jahrhunderte, sondern Jahrtausende alt sein müssen. Um so trauriger ist es zu sehen, daß in Trockenregionen diese erst in Jahrhunderten zu normaler Größe heranwachsenden Giganten entgegen strengem staatlichem Verbot und traditionellen *Fadys* von steppenbewohnenden Völkern in höchster Not genutzt werden müssen. Früher stellten die in den Trockengebieten lebenden Menschen aus der vorsichtig abgeschälten Rinde Seile her, flochten Körbe, deckten ihre Hütten oder fertigten Sonnenhüte, ohne den Baobabs nennenswert zu schaden. Solange lediglich die Rinde abgeschält wurde, war das nicht weiter schlimm, denn sie regeneriert sich innerhalb einiger Jahre. Heute fällt man aber die Bäume und gibt das weiche, wasserhaltige Innere den gegen Ende der Trockenzeit hungrigen und durstigen Rindern zu fressen. Nahrhaft ist es kaum, aber es rettet wenigstens einige Tiere vor dem Verdursten, bis die ersten Regenfälle das Steppengras wieder ergrünen lassen. Da der Bedarf mit wachsender Bevölkerungs- und Rinderdichte steigt, wächst die Gefahr, daß die majestätischen Bäume in den kommenden Jahrzehnten aus dem Landschaftsbild verschwinden werden.

Didiereaceen
In den Trockengebieten Madagaskars finden sich die Didiereaceen, kleine, kakteenähnlich wirkende Bäume mit fleischigen, wasserspeichernden Blättern, die sie in der Trockenzeit zur Vermeidung von Feuchtigkeitsverlust abwerfen. Da damit auch die Möglichkeit der Assimilation auf ein Minimum reduziert ist, fällt die Pflanze in eine Art Winterschlaf. Die Arten *Didierea madagascariensis*, *Alluaudia procera* und *Alluaudia ascendens* sowie die Gattung *Decarya* sind nur auf Madagaskar heimisch. Sie sind in ausgewachsenem Zustand 4–10 m hoch, mit Ästen, die wie Schlangen aus einem kurzen Stamm zum Himmel streben. Stamm und Äste sind von regelmäßig angeordneten, etwa 1 cm langen, harten und spitzen Dornen bewachsen, die sie vor Freßfeinden schützen. Zwischen diesen Dornen wachsen während der feuchteren Jahreszeit ebenfalls regelmäßig angeordnete Blätter von etwa 1 cm^2 Fläche hervor und lassen die Pflanzen saftig grün erscheinen. Gegen Ende der Trockenzeit (Ende Aug./Anfang Sept.) fehlen die Blätter vollkommen, dafür sprießen aus den obersten Spitzen der Äste weiße Blütenbüschel heraus.

Pachypodien
Die Gattung *Pachypodium* umfaßt viele wasserspeichernde Arten, deren Wuchsform von unförmigen, kartoffelähnlichen Anhäufungen verdickter Sprosse bis zu hohen Bäumen reicht, die man als Laie leicht mit einem Baobab verwechseln kann. Die winzige Art *Pachypodium brevicaule*, die man vor allem auf der Hochebene von Horombe und im Isalo-

Fluß Sakamena im Süden. In der typischen Trocken- und Dornenwaldvegetation leben zahlreiche Strahlenschildkröten, Kattas und Tenreks. Es gibt zwar eine Forschungsstation einer amerikanischen Universität und einen Zeltplatz, Verpflegung, Zelt und Schlafsack sollten Sie aber mitbringen.

Das **Tsimanampetsotsa-Naturreservat** 3 (S. 298) liegt 120 km südwestlich von Betioky und ist auf einer Piste in 3–4 Stunden erreichbar. Das nördliche Viertel des Tsimanampetsotsa-Sees ist frei zugänglich, der Rest sowie ein gut 400 km^2 großes Gebiet im Osten des Sees sind streng geschützt. Der brakkige, seichte Lac Tsimanampetsotsa vergrößert seine Oberfläche während der Sommermonate um bis zu 25 %. Bei höchstem Wasserstand ist der See gut 20 km lang und 3 km breit. Im Schutzgebiet östlich des Sees wächst Trockenwald auf durchlässigem, porösem Kalkgestein, das von zahlreichen Höhlen durchzogen ist. In ihm leben verschiedene Lemuren (Katta, Mausmaki, Larvensifaka u. a.) und Schildkröten, im Ufergebiet Rosa Flamingos, Enten und

Gebirge findet, hat die Fähigkeit, sich in Zeiten großer Trockenheit ganz in die Erde zurückzuziehen, indem sie die ohnehin wenigen Blätter an ihrer Spitze abwirft und die Feuchtigkeit aus ihrem kurzen Stamm in die Wurzel verlagert. Dadurch verschwindet der Stamm in der Erde. So können dieser Pflanze sogar die häufigen Buschfeuer nichts anhaben.

Euphorbien

Schließlich bilden die ebenfalls kakteenähnlich wirkenden sukkulenten Euphorbien im Südwesten mit Didiereaceen und Pachypodien ausgedehnte, vor Dornen starrende Trockenwälder (die sogenannten Dornenwälder). Insgesamt kennt man knapp 200 Arten und Unterarten, und es werden täglich mehr davon gefunden. Aufgrund der Isolation der Insel über Jahrmillionen ähneln die madagassischen Euphorbien nur noch entfernt ihren Verwandten in Afrika. Sie sind holziger und trockener als in Afrika, wo sie aufgrund eines feuchteren Klimas wenigstens während eines Teiles des Jahres mehr Wasser speichern, schneller wachsen und grüner sind. Im Unterschied zu den Didiereaceen haben die Euphorbien einen holzigen, vergleichsweise dicken Stamm und holzige Äste, aus denen in etwa 3 m Höhe dichte, fleischige Blätter herauswachsen, die an einen kurzen, mit Wasser gefüllten Schlauch erinnern. Ritzt man diese an, so quillt eine dicke, weiße Flüssigkeit heraus, die bei manchen Arten giftig ist.

andere Wasservögel – für Ornithologen ein Paradies. An den Ufern des Sees werden Scherben der Eierschalen des Vogel Rock gefunden, im Trockenwald lebt die *Do,* eine bis zu 4 m lange, für Menschen ungefährliche Verwandte der Boa Constrictor.

Bei gemütlicher Durchquerung des Südens empfiehlt sich Betioky als erste, Ampanihy als zweite Zwischenstation, denn in beiden Orten gibt es akzeptable Hotels – nichts Komfortables, aber immerhin ohne Ratten und Flöhe! Mittagspause können Sie in **Ejeda** 4 einlegen, einem kleinen Ort, dessen Bewohner glauben, daß ihre Ahnen Araber waren, und den Ort nach Djeddah in Saudi-Arabien benannt haben. Die lebendige Astrologie der örtlichen *Ombiasy* weist ebenfalls auf den arabischen Einfluß hin. Wenn Sie in Ejeda übernachten müssen, bleibt Ihnen nichts anderes übrig, als bei der Missionsstation höflich anzuklopfen.

Entlang der insgesamt 136 km langen Pistenstrecke von Betioky nach Ampanihy durch das Herz des Mahafaly-Landes finden sich bis zu 200 m² große, mit

Richtig Reisen Thema

Die Grabmäler der Mahafaly

Zwischen Toliara und Ampanihy kommen Sie an vielen Grabstätten der Mahafaly vorbei, die deutlich machen, welch große Bedeutung die Verstorbenen für die Lebenden besitzen. Diese errichten den Toten Wohnstätten, die sie sich im Diesseits niemals leisten könnten. Für solche Grabmäler und die Begräbnisfeiern opfern die Familien ihr ganzes Vermögen. Die Dörfer bestehen aus windschiefen, zerfallenen Hütten, die kaum genug Schatten für die Bewohner spenden. Daneben aber befinden sich steinerne Grabmäler, die eine Grundfläche von bis zu 200 m² aufweisen. Auf ihnen stehen die Hörner geopferter Rinder und manchmal Dutzende von geschnitzten Pfählen *(Aloalo)*, die an den Verstorbenen erinnern. Je reicher dieser war (was sich aus der Größe seiner Rinderherde ergibt), desto kunstvoller ist das für ihn errichtete Grab. Bis das Geld für das Grabmal beschafft ist, die *Aloalo* geschnitzt sind und das Grab selbst errichtet ist, können Jahre vergehen. Während dieser Zeit finden regelmäßig Rinderopfer statt, wobei die Hörner der geopferten Tiere aufgehoben werden, um später das Grab zu schmücken.

Vor der endgültigen Beerdigung legt man dem Leichnam frische Kleider an und häuft all seine Wertgegenstände auf die Bahre. Dann trägt man diese durch eine Tür im Südosten des Hauses, die ausschließlich für diesen Zweck benutzt wird, hinaus. Wenn ein Haus keine solche Tür besitzt, wird die Südostwand eingerissen. Auf keinen Fall darf der Tote sein ehemaliges Wohnhaus auf dem ›normalen‹ Wege, also durch die Haustüre verlassen, denn der Geist des Toten soll nicht mehr nach Hause zurückfinden. Am Grab finden Opferungen von Zebu-Rindern statt, und der Tote wird mehrmals um seine Grabstätte herumgetragen, bevor man ihn ins Grab legt.

geschnitzten Holzstatuetten *(Aloalo)* geschmückte Grabstätten aus Stein (s. S. 208). **Ampanihy** 5 (S. 264) war berühmt für seine Mohair-Teppiche, allerdings sind die Schafe leider nicht mehr vorhanden, so daß auch die Teppichindustrie nicht mehr existiert. Der WWF hat eine kleine Baumschule für Trockenwaldpflanzen nahe der Kirche eingerichtet. Wer die momentan geschlossenen Edelsteinminen besichtigen will, muß sich an das Hotel ›Le Relais d'Ampanihy‹ wenden.

Östlich von Ampanihy endet das Siedlungsgebiet der Mahafaly. Der überwiegende Teil der Bevölkerung gehört ab hier den Antandroy an, die ihre Verstorbenen ähnlich aufwendig begraben wie die Mahafaly. Viele Gräber nahe der Straße werden aus edlen Steinen gefertigt, die aus weit entfernt liegenden Steinbrüchen herangeschafft werden. Es gibt Grabstätten, die mit Flugzeugen, Ozeandampfern und Autos aus Stein geschmückt und von Baobabs umgeben sind. 90 % der Gräber in den abgelegenen Dörfern sind aber nach wie vor aus Holz. Bis das Grabmal fertiggestellt ist – was zwischen einem Monat und einem Jahr dauern kann –, wird täglich ein Rind geschlachtet und von der Großfamilie verspeist. Sollte der Verstorbene oder seine Familie hierfür nicht genügend Rinder besitzen, wäre dies eine kaum zu verkraftende Schande.

Tsiombe 6 ist Ausgangspunkt mehrerer Pisten zum südlichsten Punkt Madagaskars, dem Cap Ste-Marie, sowie dem östlich davon gelegenen Faux Cap. **Faux Cap** liegt an der Spitze einer Halbinsel, 30 km südlich von Tsiombe, die von weiten, weißen Sanddünen bedeckt ist, in denen gelegentlich Reste von Eierschalen des Vogel Rock gefunden werden. Das Dorf Itomampy an der Südküste wurde lange Zeit für den südlichsten Punkt Madagaskars gehalten. Faux Cap (›falsches Kap‹) wurde es getauft, als man feststellte, daß das Cap Ste-Marie noch etwas weiter südlich liegt.

Das **Cap-Ste-Marie-Naturreservat** 7 (S. 280) liegt 43 km südlich von Tsiombe auf einem Hochplateau, 100–150 m über dem Meeresspiegel. Von der Steilküste aus kann man von Juli bis September Wale beobachten, die entweder auf dem Weg nach Norden oder mit den in den wärmeren Gewässern geborenen Jungen auf dem Rückweg in die Antarktis sind. Das Reservat umfaßt eine Fläche von knapp 1800 ha, bedeckt von Dornenvegetation mit unendlich vielen Pflanzenarten, die zum größten Teil weder bekannt noch klassifiziert sind. Die Strahlenschildkröte ist hier häufig vertreten, da sie durch ein örtlich geltendes *Fady* vor dem Kochtopf geschützt ist.

Von der Südspitze Madagaskars nach Tolanaro (Fort Dauphin)

Ambondro 8 liegt auf halber Strecke zwischen Tsiombe und Ambovombe. Von hier aus führt eine ca. 24 km lange, sandige Piste nach Süden an den Strand von **Kotoala-Tanambao.**

In **Ambovombe** (›wo es viele Brunnen gibt‹) 9 (S. 264) haben Sie die Sandpiste hinter sich gelassen, der Rest der Straße bis Tolanaro ist gut ausgebaut und asphaltiert. Montag ist Markttag, die Hirten aus der Umgebung kommen mit ihren Rindern, mit Speer und Lendenschurz bekleidet zum Verkaufen und Tauschen. Achtung: das Haupttreiben auf dem Markt ist mittags schon vorüber! Wer den Markt erleben möchte, sollte also schon bei Sonnenaufgang dort sein.

Kurz vor **Amboasary** 10 (s. S. 262), 35 km östlich von Ambovombe, überspannt eine Stahlbrücke den Fluß Mandrare, die Lebensader des Südens, dessen Quellen im regenreichen Ivakoany-Gebirge liegen. Es erscheinen Baobabs am Horizont, und man durchquert ausgedehnte Sisalpflanzungen.

Etwa 85 km nördlich von Amboasary liegt am Fuß des Ivakoany-Gebirges **Andranandombo**. Seit 1993 werden in dem Dorf, das damals noch 100 Einwohner hatte, Saphire gefunden. Inzwischen sind dort 40 000 Menschen auf der Suche nach dem Glück. Der größte aller bisher weltweit gefundenen Saphire stammt aus Andranandombo. Auf unerklärliche Weise gelangte er, am Zoll und den Genehmigungsbehörden vorbei, nach Japan, wo er ausgestellt ist. Laut Oppositionszeitungen verschwinden jedes Jahr Saphire im Wert von 80 Millionen Dollar auf diese Weise am Fiskus vorbei aus Madagaskar.

In der Nähe von Amboasary hat die Familie de Haulme (s. S. 212 f.), die seit 100 Jahren in Madagaskar lebt, schon 1936 einen Naturpark von mehreren hundert Hektar Größe angelegt, in dem neben der beeindruckenden Primärvegetation Tausende von Tier- und Pflanzenarten des trockenen Südens zusammengetragen wurden. Sie finden Tamarindenwälder, Lemuren, Flughunde, Schildkröten, Fossas, große Eidechsen, Orchideen und vieles andere. Der **Berenty-Naturpark** 11 (S. 279) grenzt im Süden an Sisalfelder, im Norden an den Fluß Mandrare. Auf dem Gelände befindet sich auch ein Museum, in welchem den Besuchern die Kultur der Antandroy anhand von typischen Hütten, Kochstellen, vielen Fotos, Musikinstrumenten und erläuternden Texten nähergebracht wird. Bis 1980 war der Park ausschließlich wissenschaftlichen Zwecken geöffnet. Seit der heutige Eigentümer, Jean de Haulme, ihn aber komfortabel mit Bungalows und Restaurant ausgestattet hat, ist er das meistbesuchte und wohl auch interessanteste aller Naturreservate Madagaskars geworden.

Für Naturliebhaber ist es ein Vergnügen, zu verschiedenen Tages- und Nachtzeiten durch den Park zu wandern – am besten in Begleitung eines Führers. Die Stimmung ändert sich ständig, manche Lemuren sind aktiv, andere halten Siesta. In der Nacht kann man, mit einer Taschenlampe bewaffnet, leise durch den Trockenwald schleichen, um nachtaktive Lemuren ausfindig zu machen.

Die Hotels ›Libanona‹ und ›Kaleta‹ in Tolanaro haben gemeinsam 1988 den **Kaleta-Naturpark** 12 (S. 282) nahe Amboasary eröffnet. Er ist kleiner, nicht ganz so gepflegt wie Berenty und hat nicht dessen wissenschaftlichen Anspruch. Dafür ist der Besuch billiger und auch ohne Pauschalarrangement durchführbar. Die Vegetation ist nicht so dicht und ursprünglich wie in Berenty, weshalb insbesondere die kleineren Tiere (nachtaktive Lemuren, Chamäleons, Vögel) nicht so zahlreich vorkommen

Larvensifaka

Gedenkstätte der Antanosy bei Tolanaro

wie dort. Lemuren jedoch sieht man im Kaleta-Park ebensogut wie in Berenty.

Das gut 750 km² große **Andohahela-Naturreservat** 13 besteht aus drei Gebieten, die in extrem unterschiedlichen Vegetationszonen der Ostküste und des Dornenwaldes in Höhenlagen zwischen 120 und knapp 2000 m über dem Meer liegen. Gebiet Nr. 3 ist mit seinen endemischen Palmenarten typisch für die Ostküstenvegetation und befindet sich an der RN 13 von Tolanaro (Fort Dauphin) nach Ambovombe, ca. 20 km westlich von Ranopiso. Gebiet Nr. 2, das den endemischen Trockenwald des Südens repräsentiert, ist über eine 50 km lange Piste zu erreichen, die bei Amboasary von der RN 13 nach Norden abzweigt. Gebiet Nr. 1 schließlich liegt im südlichsten Ausläufer des Regenwaldes der Ostküste, am Ende einer 70 km langen Piste, die 10 km westlich von Tolanaro nach Norden abzweigt. Aufgrund dieser Grenzlage zwischen feuchtem Ostküstenklima und trockenem Dornenland ist das Reservat extrem artenreich. Auf der Paßhöhe kurz vor Ranopiso sehen Sie einige Exemplare der seltenen Dreikant-Palme, einer Palme mit dreieckigem Stamm, die hier endemisch ist und sich nirgendwo sonst auf der Welt findet.

Auf der Weiterfahrt nach Tolanaro liegt 40 km östlich von Amboasary das Dorf **Ranopiso**. In großen Plantagen wird hier Immergrün für deutsche Pharma-Firmen angebaut, die Extrakte aus der Pflanze zur Herstellung von Medikamenten gegen Leukämie verwenden. Ranopiso liegt an der Grenze zwischen dem feuchtheißen Ostküstenklima und dem trockenen Steppenklima. Innerhalb von Minuten verändert sich die Landschaft total. Gerade fuhren Sie noch durch ärmliche Dörfer von Köhlern, umgeben von unfruchtbaren Wüsten, plötzlich windet sich die Straße durch überschwemmte Reisfelder, rie-

Richtig Reisen
Thema

Vom Sisal zum Tourismus
Die Familie de Haulme

Über die Familie de Haulme kann man in Madagaskar die unterschiedlichsten Kommentare hören. Die Extreme schwanken zwischen Mißgunst wegen der vielen erfolgreichen Aktivitäten einerseits und dem Lob als ›sozialster Arbeitgeber Südmadagaskars‹ andererseits. Sicher ist, daß sie mit ihren Sisalplantagen, ihren Hotels und einer Gruppe gut ausgebildeter Reiseleiter und Fahrer der größte Arbeitgeber des Südens ist. Die ungelernten Arbeiter in den Plantagen erhalten zwar nur den staatlich vorgeschriebenen Mindestlohn, aber es gibt nicht viele Unternehmen in Südmadagaskar, die so viel bezahlen. Wichtiger noch als der regelmäßig bezahlte Monatslohn ist in Madagaskar, ob der Arbeitgeber sich um seine Mitarbeiter kümmert, wenn sie in Not sind, denn der Staat tut es nicht, und Sozialversicherungen oder gar freie Krankenversorgung sind unbekannt.

Sisal ist das zentrale Geschäftsfeld der Familie de Haulme, und sie konnte damit vielen Menschen das Überleben sichern. Seit Beginn der 80er Jahre begann sie ihre Aktivitäten auch auf den Tourismus zu verlegen, in dem sie inzwischen einige hundert Arbeitsplätze geschaffen hat. Angefangen hat alles mit dem Hotel ›Le Dauphin‹ in Tolanaro. Es war nicht gut, aber das beste in Südmadagaskar. Zudem gab es schon seit 1936 den Berenty-Naturpark, die Sisalplantage und die interessante Straße von Tolanaro nach Berenty – alles touristisch verwertbare Trümpfe. Wie aber sollte es weitergehen – ohne Straßen, Strom und ›Sternehotels‹? Da man sich nicht auf staatliche Hilfe verlassen konnte, nahm man die Sache selbst in die Hand, kaufte Geländefahrzeuge und bildete Reiseleiter aus, die den Gästen den Berenty-Park zeigen. Da die Ansprüche der Madagaskar-Touristen in der Regel nicht hoch sind, war das Konzept erfolgreich. Wenn kompetente Information zu moderatem Preis geboten wird, geben sich die Gäste gerne mit geringem Komfort zufrieden.

Das ermutigte Jean de Haulme, und er erweiterte das Konzept. Er organisierte von Tolanaro Tagesausflüge nach Evatra und Ste-Luce, baute ein zweites Hotel nahe dem Strand und übernahm das langsam verfallende Hotel ›Capricorn‹ in Toliara. Als nächstes kam ein Strandhotel in Ifaty bei Toliara mit gut ausgestattetem Wassersportzentrum hinzu, das ebenfalls Fahrten mit Geländewagen durchführt. Auch hier wird weder Perfektion noch Luxus angestrebt, da beides ohnehin nicht langfristig zu sichern ist. Es sind jedoch Mindestansprüche an Sauberkeit, Zuverlässigkeit und Hygiene (fließend warmes Wasser im zimmereigenen Bad) erfüllt. Drei Sterne nach europäischem Standard sind das Maximum, was unter diesen Umständen möglich ist.

In den kommenden Jahren werden sich die Möglichkeiten, den Süden

Sisal – das ursprüngliche wirtschaftliche Standbein der Familie de Haulme

Madagaskars kennenzulernen, dank der Familie de Haulme vervielfältigen. Insgesamt werden dann neun Hotels, eine kleine private Fluggesellschaft und ein Motorboot zur Verfügung stehen. Zwischen Morondava und Belo Tsiribihina existiert ein von der Familie seit Jahrzehnten geschütztes und gepflegtes Naturreservat (Analabe), das touristisch erschlossen werden soll. Es liegt nicht nur ideal als Ausgangsbasis zur Erforschung der Tsingy de Bemaraha, sondern ist zugleich ein Paradies für Vogelliebhaber.

Wie wird man in diese abgelegenen Gegenden des Landes gelangen? Wo es Flugplätze wie in Toliara und Tolanaro gibt, ist das kein Problem. Doch wie sieht es mit den Parks von Berenty und Analabe, wie am Strand von Andavadoaka (südlich von Morombe), wie auf der paradiesischen Insel vor Ste-Luce (nördlich von Tolanaro) aus? Monsieur de Haulme legte Graspisten an und kaufte zwei kleine Flugzeuge. Damit wird es möglich sein, unabhängig von öffentlichen Verkehrsmitteln von Belo Tsiribihina über Morombe, Andavadoaka, Toliara und Berenty nach Tolanaro und Ste-Luce zu gelangen. Wem das zu schnell geht, der bucht einen der zwölf Plätze in einem Motorboot, das entlang der von Korallenriffen geschützten Küste zwischen Toliara, Andavadoaka, Morombe, Morondava und Belo Tsiribihina auf und ab fahren wird. Übernachten werden die Gäste am Strand – wie die einheimischen Vezo-Fischer.

Die Entwicklung des Tourismus in Südmadagaskar ist ein Lehrstück, wie man es auch anderswo in der Welt hätte machen können. Hier werden keine Riesenhotels mit ›internationalem Standard‹ an weißen Sandstränden gebaut. Es wird nicht von ausländischen Hotelketten, mit ausländischem Personal und überflüssigem Luxus eine Scheinwelt errichtet. Auch in den besten Hotels müssen sich die Gäste mit dem Nötigsten zufriedengeben und unterstützen so einen Tourismus, der ohne Millioneninvestitionen von außen aufrechterhalten werden kann und dem Land selbst zugute kommt.

sige Mango- und Litschibäume spenden Schatten, in den Dörfern quellen die Märkte vor Gemüse und Obst über. Hier finden Sie die fleischfressenden Kannenpflanzen, und am Straßenrand erinnern Gedenkstätten der Antanosy an die Verstorbenen. Im Gegensatz zu allen anderen Volksgruppen begraben die Antanosy ihre Verstorbenen vergleichsweise einfach, meist auf einem Hügel oder im Wald, abseits von Siedlungen. Als Gedenkstätten werden in Dorfnähe hölzerne Grabskulpturen oder Gruppen von Obelisken aufgestellt, die als Wohnsitz der Seelen der Verstorbenen gelten. Daher wird entsprechender Respekt erwartet. Da Touristen diesen in der Vergangenheit manchmal vermissen ließen, werden die Gedenkstätten mehr und mehr eingezäunt.

Tolanaro (Fort Dauphin)

14 (S. 296)　Tolanaro ist neben Antsiranana (Diégo-Suarez) die landschaftlich am reizvollsten gelegene Stadt Madagaskars. Sie ist auf drei Seiten vom Meer umschlossen, und hinter den herrlichen Buchten ragt eine bis zu 1000 m hohe Bergkulisse auf. Jede Bucht hat ihren eigenen Charakter. Der Strand im Nordwesten des Hafens ist heiß, windgeschützt und hat ruhiges, klares Wasser. Die nach Osten offene Bucht wird von Felsen gerahmt, und zwischen Korallen und Klippen tummeln sich tropische Fische. Die Südwestbucht schließlich ist das ›Badezentrum‹ der Stadt, mit den Hotels ›Libanona‹ und ›Miramar‹.

Im März 1642 stach das Segelschiff ›Saint Louis‹ von Südfrankreich aus in

Tolanaro (Fort Dauphin)
Hotels:　1 Le Dauphin　2 Filao Beach　3 Miramar　4 Kaleta　5 Libanona　6 Motel Gina (mit Diskothek)　7 Mahavoky (Stammhaus und Neubau)　8 La Baie des Singes
Restaurants:　9 Restaurant Miramar　10 Belle d'Azur　11 Relaxe　12 Snack Bar Au Bout du Monde　13 La Détente
Abendunterhaltung:　14 Diskothek Panorama

See, um im Auftrag der Ostindiengesellschaft eine Kolonie auf Madagaskar zu gründen. Nach der monatelangen Fahrt um das Kap der Guten Hoffnung sah man sich zunächst die Bucht von Antongil und die Insel Nosy Boraha genauer an. Schließlich ging man jedoch nördlich des heutigen Tolanaro bei Ste-Luce an Land, wo schon die Besatzung eines anderen Schiffes begonnen hatte, eine Siedlung zu bauen. Als jedoch bereits nach wenigen Monaten 27 Franzosen der Malaria erlegen waren, entschloß man sich, auf die Halbinsel weiter im Süden umzuziehen, auf der das heutige Tolanaro liegt. Gesundheitliche Probleme gab es hier kaum noch, denn der ständige Wind vom Meer her verhinderte die Ausbreitung der Malaria. Fort Dauphin nannte man die von Holzpalisaden geschützte Festung zu Ehren des Thronfolgers. Doch die Kolonisten hatten sowohl untereinander als auch mit den Antanosy Ärger. Diese hatten hundert Jahre zuvor bereits Portugiesen und Holländer vertrieben, und das gleiche gelang ihnen auch jetzt wieder. Sie akzeptierten nicht, daß einer ihrer Anführer und einige Gefolgsleute als Aufrührer nach Mauritius ins Exil geschickt worden waren, stürmten das Fort und töteten viele Kolonisten. Die Überlebenden zogen sich hinter die befestigten Mauern zurück. Als einige Monate später das Segelschiff ›Blanc Pigeon‹ nahe dem Hafen auftauchte, durchbrachen sie den Belagerungsring und flüchteten sich auf das Schiff. 1766 versuchte erneut ein Kolonist, sich in Fort Dauphin anzusiedeln. Er wurde von der Bevölke-

Küste bei Evatra, nordöstlich von Tolanaro

rung herzlich aufgenommen, die in den vergangenen Jahrzehnten freundschaftliche Beziehungen mit Handelsschiffen ebenso wie mit Seeräubern gepflegt hatte. Doch auch diese Basis wurde schon 1870 wieder aufgegeben – diesmal nicht aus Not, sondern aufgrund einer Entscheidung der französischen Marineverwaltung. Die Hafeneinrichtungen und Lagerhäuser wurden in der Folge von Händlern und Piraten genutzt, die sich hier mit Lebensmitteln (Schildkröten), Sklaven und Waffen versorgten.

Viel ist vom französischen **Fort Flacourt** nicht übriggeblieben, doch ist es interessant zu sehen, wie die Kolonisten versuchten, sich in einer für sie fremden und lebensfeindlichen Umwelt mit Hilfe einer Festung auf der strategisch günstigen Halbinsel einzurichten. Vom Eingangstor aus hat man einen hervorragenden Überblick über den Hafen und die Küste.

Die Strände rund um die Halbinsel von Tolanaro sind schön, doch bis auf den beim Hotel ›Libanona‹ weniger zum Baden geeignet. An diesem breiten, weißen Sandstrand herrschen sowohl bei Ebbe wie bei Flut gute Badebedingungen. Vom Hotel ›Miramar‹ sind es drei Minuten bis dorthin, das Hotel ›Libanona‹ liegt unmittelbar am Strand, so daß man auf seiner Terrasse zwischen dem Baden etwas trinken kann. Ein schöner Privatstrand befindet sich am Südwestausgang der Stadt (Filao Beach). Er soll der Öffentlichkeit zur Verfügung gestellt werden, wenn eine Gartenanlage und ein Snackrestaurant fertiggestellt sind! Achtung: Im Winter (Juni–August) kann es in Fort Dauphin windig und kühl werden. Ab Anfang September wird es wieder wärmer, der Südostwind hält bis Ende September an.

Wegen des fruchtbaren Umlandes besitzt Tolanaro einen lebendigen und reich mit Gemüse und Obst gefüllten **Markt** am Südwestausgang der Stadt, neben der Haltestelle der *Taxis-Brousse*.

Die Umgebung von Tolanaro

In Antanifotsy, 2 km nördlich von Fort Dauphin, beginnt ein Pfad, der zum Gipfel des 529 m hohen **Pic St-Louis** führt. Ein Aufbruch in den frühen Morgenstun-

den ist sinnvoll, um nicht in der Mittagshitze bergauf gehen zu müssen. Ein Führer ist nicht erforderlich, doch macht er den Ausflug einfacher und interessanter. Der Rundblick vom Gipfel ist atemberaubend und wird erst richtig spannend, wenn man ihn sachkundig erläutert bekommt und mit einer Landkarte vergleichen kann. (Hin- und Rückweg 3 Std.)

6 km nördlich der Stadt zweigt nach rechts ein schmaler Weg in den privaten **Botanischen Garten Saiady** ab. Er erstreckt sich über einen Hügel mit 35 ha Fläche. Auf Inseln in kleinen Seen leben Sifakas, Varis und Kattas, in den gepflegten Gartenanlagen befinden sich riesige Palmen, auf einer der Sonne ausgesetzten Felskuppe haben sich mit Euphorbien, Baobabs und Didiereaceen die Pflanzen des Trockenwaldes angesiedelt. Da der Garten von sehr schönen Wegen durchzogen wird und viele Pflanzen durch Schilder gekennzeichnet sind, ist dies der wohl lehrreichste und zugleich vielfältigste aller botanischen Gärten Madagaskars.

Einen schönen Tagesausflug auf dem beschaulichen Süßwasserkanal nörd-

Sonnenuntergang bei Tolanaro

lich der Stadt organisieren die Hotels von Tolanaro. Nach einer guten Stunde erreichen Sie das Ende des Kanals bei **Evatra**, von wo sich ein über 10 km langer, weißer Sandstrand bis nach Tolanaro erstreckt. Wenn Sie das Dorf in nördlicher Richtung durchqueren, treffen Sie auf der anderen Seite eines Hügels auf eine herrliche, felsengesäumte Badebucht, in der ein Picknick serviert wird. Auf schmalen Pfaden kann man von hier aus entlang des Strandes und an vielen kleinen Buchten vorbei bis zur riesigen Bucht von **Lokaro** weiterwandern (ca. 2 Std.).

Von der Straße entlang der Ostküste zweigt 42 km nördlich von Tolanaro (4 km hinter Mahatalaky) eine Piste nach Osten ab, die nach weiteren, oft kaum passierbaren 11 km einen paradiesischen weißen Sandstrand mit Palmen und Pinien erreicht. Hier landete Mitte des 17. Jh. eine Gruppe französischer Kolonisten (s. S. 215), die die Bucht **Baie Ste-Luce** nannten. Mit einem Einbaum können Sie sich auf die nur 100 m vom Ufer entfernt liegende Insel Nosy Be übersetzen lassen, auf der ein prächtiger Primärwald voller Vögel und Lemuren unberührt erhalten ist und die auf ihrer Nordseite einen traumhaften weißen Sandstrand besitzt. Die Fahrt nach Ste-Luce dauert ziemlich lang (6–8 Std., je nach Zustand der Piste), ist aber abwechslungsreich und insbesondere wegen der herrlichen Insel die Anstrengung wert.

6 km westlich des Flughafens von Tolanaro überquert die RN 13 den Fluß Vinanibe. Von hier aus kann man mit einer Piroge die Ile aux Portugais erreichen, eine Insel, auf der Reste eines im Jahre 1504 vermutlich von portugiesischen Seefahrern errichteten Steinhauses zu finden sind. 1535 wurden die Siedler vertrieben, versuchten jedoch noch mehrmals erfolglos, an dieser Stelle Fuß zu fassen. Heute leben auf der Insel einige einheimische Familien mit ihren Rinderherden.

Von Tolanaro (Fort Dauphin) nach Fianarantsoa

Zwischen Tolanaro und Vangaindrano gibt es nur eine schlechte Piste, die bis Manantenina (111 km nördlich von Tolanaro) meistens befahrbar ist. Die restlichen 128 km bis Vangaindrano sind mit Fahrzeugen unpassierbare Wildnis, mit vielen nur auf Fähren (sofern vorhanden) zu überquerenden Flußmündungen. Von Vangaindrano bis Manakara (und weiter bis Mananjary) wurde in den 80er Jahren eine gute Asphaltstraße gebaut, die allerdings durch einen Zyklon Anfang der 90er Jahre in Mitleidenschaft gezogen wurde. Aufgrund dieser schlechten Straßenverbindungen empfiehlt es sich, von Tolanaro nach Farafangana oder Manakara zu fliegen.

Von Tolanaro nach Manantenina

Endpunkt der Piste von **Tolanaro (Fort Dauphin)** entlang der Ostküste nach Norden ist der kleine Ort **Manantenina** **1**, bis wohin regelmäßig *Taxis-Brousse* fahren. Es ist eine anstrengende, aber schöne Fahrt an einem der eindrucksvollsten Abschnitte der Ostküste entlang, wo die Berge westlich der Straße steil zur Küste hin abfallen. Die Fahrzeit beträgt bei guten Verhältnissen etwa 20 Stunden für nur 111 km! Es gibt in Manantenina zwar ein einfaches Hotel, doch wenig zu sehen – außer den unberührten Primärwäldern am Fluß Manampanihy. Die früher ausgebeuteten Bauxitminen sind verschüttet, wegen der völlig verwahrlosten Straßen ist der Abbau nicht mehr sinnvoll.

Weiter nach Norden geht es nur noch zu Fuß – für Abenteurer eine anstrengende und auch nicht ungefährliche Tour, da Wege kaum erkennbar sind und die Bewohner der Dörfer häufig noch nie einen *Vazaha* gesehen haben, geschweige denn Französisch verstehen.

Von Vangaindrano nach Manakara

Vangaindrano (›wo es Wasser zu kaufen gibt‹) **2** (S. 299) befindet sich am südlichen Ende der gut ausgebauten Küstenstraße und ist daher von Norden einfach per *Taxi-Brousse* erreichbar. Die Stadt liegt gut 10 km landeinwärts am Ufer des Mananara inmitten eines weiten Agrargebietes, in dem Kaffee, Reis, Gewürze, Obst und Gemüse angebaut werden.

Etwa 75 km nördlich von Vangaindrano liegt **Farafangana** (›das Ende der Reise‹) **3** (S. 280), eine farbige Stadt mit großem Markt und mehreren Bars, die auch am Abend noch belebt sind. Einige Steinhäuser, eine prächtige Allee und der Leuchtturm erinnern daran, daß Farafangana, am Südende des von der Kolonialmacht schiffbar gemachten Canal des Pangalanes, eine reiche koloniale Vergangenheit hatte. Die Stadt liegt malerisch am Indischen Ozean, doch es wird davon abgeraten zu baden, da hungrige Haie die Küste auf und ab patrouillieren.

Nur 64 km weiter nördlich liegt am Fluß Matatana das Dorf **Vohipeno** **4**, das Zentrum des Siedlungsgebietes der Antaimoro, die vor etwa 600 Jahren die erste Schrift nach Madagaskar brachten. In dieser traumhaft schönen Tropenlandschaft mit Pfefferplantagen, Reisfeldern, Kaffeesträuchern und Obstbäumen schlägt das Herz des madagassischen Glaubens und der madagassischen Zauber- und Heilkunst. Vohipeno bzw. das 6 km südöstlich liegende Dorf Ivato Savana ist der Ort, wo die wertvollsten madagassischen Kunstwerke, die auf handgeschöpftem Papier geschriebenen und in Leder gefaßten heiligen *Sorabe*-Schriften hergestellt wurden (s. S. 177).

Bei **Ivato Savana** befinden sich auch die Königsgräber der Antaimoro am Ufer des Flusses Matatana. Gehen Sie zunächst zum *Président du Fokontany* in Vohipeno und lassen Sie sich ein Schreiben *(Laissez Passer)* geben, das zur Besichtigung der Gräber berechtigt. Unmittelbar vor der neuen Brücke über den Matatana zweigt von der Asphaltstraße eine Piste nach links ab, die in Ivato endet. Dort kann Sie der *Vice-Président* zum König der Antaimoro führen, der entscheidet, ob Sie zu den Gräbern gehen dürfen, und bestimmt, wieviel Rum oder Geld die Ahnen dafür verlangen. Nehmen Sie den Rum aus Vohipeno mit, denn in Ivato gibt es nichts zu kaufen. Gemeinsam mit dem König und seinen Beratern dürfen Sie das Königshaus betreten, das sich von den anderen Häusern des Dorfes lediglich durch etwas höhere Wände und über dem Giebel gekreuzte Pfähle unterscheidet. Dort hält nun jeder eine Rede *(Kabary),* und man wird Sie auffordern, Rum oder Geld zu spenden. Danach wird beraten, ob die Spende großzügig genug ist, um die Ahnen bei Laune zu halten. Schließlich fällt die endgültige Entscheidung, und die Gruppe zieht los zu den Gräbern. Nehmen Sie sich für diesen Ausflug einen ganzen Tag Zeit und brechen Sie im Morgengrauen auf. Die Wanderung dauert pro Strecke etwa 2–3 Stunden (Proviant nicht vergessen).

Manakara 5 (S. 284), wie Vohipeno von Antaimoro bewohnt, ist eine großzügig angelegte Stadt, mit breiten Straßen und Villen in ausgedehnten Gärten. Es besitzt nach Toamasina den zweitgrößten Hafen des Landes, von dem aus die Produkte der Südostküste, aber auch mit der Bahn aus dem Hochland herangebrachte Waren exportiert oder in andere Landesteile verschifft werden. Manakara teilt sich in zwei Bereiche auf. Der eine (Tanambao) liegt auf dem Festland, wo sich die Haltestelle der *Taxis-Brousse,* der Bahnhof, der Markt, die Hauptpost und verschiedene Hotels befinden. Der zweite, weitaus schönere Teil (Manakara Be) liegt am Nordende einer langgestreckten Insel, die zwischen dem Kanal und dem Indischen Ozean liegt und durch eine Eisenbrücke mit dem Festland verbunden ist. Früher befanden sich hier die Villen der Kolonialverwaltung und der Grundbesitzer. Heute haben sich Banken und reiche Madagassen hier niedergelassen. Wie einige andere Städte verfügt auch Manakara über ein preiswertes Verkehrsmittel, das *Pousse-Pousse,* das es möglich macht, die weitläufige Stadt auf angenehme Weise kennenzulernen.

Mananjary und Umgebung

Wenn Sie sich entscheiden, nicht mit der Bahn direkt von Manakara nach Fianarantsoa zu fahren, ist die nächste Etappe 178 km lang (3–4 Std.) und führt bis nach **Mananjary** 6 (S. 284), einer hübschen Kleinstadt am Indischen Ozean. Auf der Nehrung zwischen dem Meer und dem Canal des Pangalanes

Von Tolanaro (Fort Dauphin) nach Fianarantsoa

liegt ein Campingplatz mit benachbartem Schwimmbad. Im Meer sollte man wegen der starken Brandung und der Haifische nicht baden.

Alle sieben Jahre findet nahe Mananjary eine Zusammenkunft aller Angehörigen der Antambahoaka statt, während der die ein bis acht Jahre alten Jungen gemeinschaftlich beschnitten werden. Das genaue Datum der Zeremonie wird kurzfristig von den Zauberern festgelegt. Da 1993 ein *Sambatra* stattfand, dürfte das nächste im Jahre 2000 sein. Fällt der 1. Januar des betreffenden Jahres jedoch nicht auf einen Mittwoch oder Freitag, so kann das Fest um ein Jahr nach vorne oder hinten verlegt werden. Der Freitag ist nämlich ein geheiligter Tag und übt einen guten Einfluß auf das Gelingen der Operation aus. Vermutlich um sicherzustellen, daß die Perioden zwischen zwei Beschneidungsfesten nicht zu lang werden, können die Astrologen *(Ombiasy)* daher auch ein Jahr wählen, das mit einem Mittwoch beginnt, dem ähnliche Eigenschaften zugesprochen werden. Die Vorbereitungen für die Beschneidung dauern mehrere Tage und haben für die Antambahoaka eine ähnliche Bedeutung wie die *Fitampoha* (Waschung der heiligen Reliquien) für die Sakalava in Belo Tsiribihina (s. S. 194 f.). Die Region von Mananjary ist zu dieser Zeit überschwemmt von festlich gekleideten Menschen, Rum fließt in Strömen, Zebus werden geopfert und die zu beschneidenden Kinder tragen von ihren Müttern hergestellte rote Stoffkappen.

Vato Sarilambo – der aus Stein geformte ›weiße Elefant von Ambohitsara‹, der nördlich von Mananjary gefunden wurde – gibt den Archäologen Rätsel auf, denn in Madagaskar haben nie Elefanten gelebt. Daher nimmt man an, daß Einwanderer diese Skulptur entweder bald nach ihrer Landung angefertigt oder sie aus ihrem Heimatland mitgebracht haben. Ihr Alter wird auf über 1000 Jahre geschätzt; sie ist also eines der frühen Dokumente der Besiedlung der Insel. Es gibt allerdings auch die Theorie, daß die Skulptur keinen Elefanten, sondern ein Schwein darstellen soll. Dem widerspricht allerdings die überlieferte Geschichte der Herkunft der Antambahoaka. Sie halten arabische Einwanderer für ihre Vorfahren, die über Ostafrika und die Komoren etwa um 1000 eingewandert sein und die Skulptur mitgebracht haben sollen. Für die Tour zum ›weißen Elefanten‹ müssen Sie mindestens drei Tage einplanen. Auf der Piste zwischen Meer und Canal des Pangalanes fährt man zunächst Richtung Norden bis Anilavinany, einem Dorf auf der Sandbank zwischen dem Meer und dem Rangazavaka-See, einem Teil des Kanals. Von dort geht es mit der Piroge weiter nach Norden bis Ambohitsara, wo der Fluß Fanantara in den Indischen Ozean mündet. Von dem Dorf bringt Sie ein Führer bis zum ›weißen Elefanten‹. Die Steinstatue – ob nun Schwein oder Elefant – ist in eine Holzkiste mit Schloß gesperrt, die vom Dorfältesten gegen eine kleine Gebühr geöffnet wird.

Von Mananjary nach Fianarantsoa

Bei **Irondro,** 34 km vor Mananjary, biegt von der Ostküstenstraße die gut erhaltene RN 25 nach Westen in Richtung Fianarantsoa ab. Als erste Stadt erreichen Sie nach etwa zwei Stunden (49 km) **Ifanadiana** [7].

Das 24 km westlich von Ifanadiana gelegene **Ranomafana** (›heißes Wasser‹) [8] (S. 294) zählt nur etwa 500 Einwohner

Typische Landschaft der Ostküste mit Ravenalas (Bäumen der Reisenden) im Hintergrund

und besteht aus einer Markthalle, dem Hotel ›Station Thermale de Ranomafana‹, einigen in den 90er Jahren entstandenen *Hotelys* und neuerdings auch Hotels für *Vazaha*. Es liegt am Namorona-Fluß, der durch eine enge Schlucht nach Osten fließt, und ist bekannt wegen seiner heißen Quellen und des gut geführten Naturreservates. Wenn Sie vom Ort 20 Minuten am Fluß entlang nach Westen gehen, treffen Sie auf einen Wasserfall, an dem mit japanischer Entwicklungshilfe ein Staudamm zur Stromerzeugung gebaut wurde.

Die Anlagen des Thermalbades befinden sich 200 m westlich des Hotels ›Station Thermale‹, jenseits einer 50 m langen Holzbrücke über den Namorona. In kleinen Kabinen fließt heißes Quellwasser in gekachelte Wannen. Gegen eine Gebühr können die Thermaleinrichtungen und das Schwimmbad genutzt werden. Zusätzlich können Behandlungen wie Schlammpackungen, ärztliche Betreuung und Massagen gegen Bezahlung in Anspruch genommen werden.

Nur 500 m westlich von Ranomafana liegt an der Straße ein 1993 eröffnetes kleines Museum mit Laden, in welchem der Ranomafana-Nationalpark und das Kunsthandwerk der Region vorgestellt werden.

Im Jahr 1991 wurde ein bis dahin nur eingeschränkt geschütztes Waldgebiet beiderseits der Straße zwischen Ranomafana und Vohiparara zum **Ranomafana-Nationalpark** 9 erklärt und in verschiedene Schutzzonen eingeteilt. Seither interessieren sich nur noch wenige Besucher für das Thermalbad, der

Der Goldene Bambuslemur

Die Entdeckung einer bis dahin unbekannten Lemurenart war im Jahre 1987 sogar deutschen Tageszeitungen – in denen äußerst selten etwas über Madagaskar zu lesen ist – eine größere Meldung wert. Der Biologe Bernhard Meier hatte mehrere Monate im Wald von Ranomafana verbracht, um den bekannten, aber seltenen Großen Bambuslemur *(Hapalemur simus)* zu beobachten, von dem der in Madagaskar lebende französische Naturliebhaber und Biologe André Peyrieras berichtet hatte. Gleichzeitig war auch Patricia Wright von der Duke University in Ranomafana, um diese zeitweise als ausgestorben geltende Art zu beobachten. Es wird vermutet, daß rund um Ranomafana nur noch etwa 100 Exemplare existieren, andere Lebensräume dieses hochspezialisierten Tieres sind unbekannt. Beide Biologen bemerkten nach einiger Zeit, daß sie offenbar zwei verschiedene Arten beobachteten, die sich äußerlich sehr ähnlich sind. Der gesuchte und gefundene *Hapalemur simus* hat hellgraues Fell. Einige Exemplare, bei näherer Beobachtung leicht bräunlich gefärbt, fraßen ausschließlich Bambussprossen und wiesen für den Fachmann erkennbare körperliche Unterschiede zum Großen Bambuslemur auf. Eine Chromosomenuntersuchung machte klar, daß es sich bei ihnen um eine bis dahin unbekannte Art handelte. Wegen der Farbe seines Felles und seiner Ernährungsweise wurde der ›neue‹ Lemur Goldener Bambuslemur *(Hapalemur aureus)* genannt. Eine Entdeckung dieser Art zeigt, daß selbst unter den höheren Tieren im unwegsamen Gelände Madagaskars noch Überraschungen verborgen sein können.

sehr gut organisierte Nationalpark hat ihm den Rang bei weitem abgelaufen. Amerikanische Entwicklungshilfe unterstützt das Projekt und versucht in dem Park Naturschutz, nachhaltige Bewirtschaftung und touristische Erschließung zu vereinbaren. Inzwischen stellt der Park eine wichtige Quelle des lokalen Wohlstands dar, und den Tanala beginnt bewußt zu werden, daß sie bei weiterer Brandrodung versiegen würde. Einige Dorfgemeinschaften haben sich daher sogar entschlossen, in den vergangenen Jahren gerodete Flächen mit schnell wachsenden endemischen Pflanzen aufzuforsten und Gemüse in kleinen Beeten nahe den Dörfern zu pflanzen.

Der Nationalpark teilt sich in drei Zonen auf: 6 km westlich von Ranomafana liegt links der Straße eine Hütte, in welcher die Eintrittsgenehmigung für den Park zu erhalten ist und Führer zur Verfügung gestellt werden. Das **Talatakely**-Gebiet ist durch gekennzeichnete Wege gut erschlossen, und man kann die überwältigende Fülle der Natur ohne große Mühe beobachten. Es fehlen allerdings die großen Edelhölzer, die hier schon vor Jahrzehnten geschlagen wurden. Südlich von Talatakely liegt der völlig unerschlossene Bereich **Votohananuna** – größtenteils Primärwald und daher für Biologen von unschätzbarem Wert. Nochmals 7 km weiter westlich erreicht man das Dorf **Vohiparara,** an der Einmündung der Pisten von Fianarantsoa im Süden und Ambohimahasoa im Norden. Kurz vor dem Ortseingang befindet sich auf der linken Seite am Beginn eines Fußweges (Piste Touristique de Vohiparara) ein großes Hinweisschild mit einem Plan des Schutzgebietes. Neben dem erst 1987 entdeckten Goldenen Bambuslemur beherbergt der Park weitere 26 Säugetierarten und fast 100 verschiedene Vögel, die mit einem guten Führer auf den Rundwegen (1–5 Std.) beobachtet werden können. Der winzige Mausmaki und die Fossa können bei Nachtwanderungen gefunden werden. Nehmen Sie beim Besuch des Parks unbedingt ein Fernglas für Tag- und eine Taschenlampe für Nachtexkursionen mit. Wappnen Sie sich auch gegen Sonne und Regen. Um die nach Regenfällen aktiven Blutegel loszuwerden, hilft nur Aufstreuen von Kochsalz auf die Haut. Mücken sind in der feuchten Jahreszeit häufig.

In **Vohiparara** zweigt links die schlechte, löchrige Asphaltstraße RN 45 nach **Fianarantsoa** (50 km) ab. Die RN 25 führt nach rechts weiter, hat aber keine Asphaltdecke mehr und ist daher nach Regenfällen in katastrophalem Zustand. Sollte Ihr Etappenziel Ambositra oder Antsirabe sein, erkundigen Sie sich am besten im Hotel oder bei der *Taxi-Brousse*-Haltestelle, ob die kürzere Piste RN 25 oder der Umweg über die RN 45 besser zu befahren ist.

Die Komoren

Landeskunde im Schnelldurchgang

Name: Islamische Bundesrepublik Komoren
(Grande Comore, Anjouan, Mohéli;
Mayotte ist französische Überseebesitzung)
Fläche: 1862 km² (Mayotte: 374 km²)
Einwohner: 500 000 (Mayotte: 100 000)
Hauptstadt: Moroni
Amtssprachen: Komorisch und Französisch

Geographie: Die Inseln entstanden vor etwa 15 Mio. Jahren durch vulkanische Tätigkeit. Die älteste ist Mayotte, gefolgt von Mohéli, Anjouan und Grande Comore. Einziger noch tätiger Vulkan ist der 2360 m hohe Kartala auf Grande Comore, gleichzeitig die höchste Erhebung der Komoren. Auf Mayotte und Mohéli befinden sich nur noch Reste der Kraterränder, im übrigen sind die Inseln sanft und hügelig, während Anjouan über eine eindrucksvolle Bergwelt mit steilen Zinnen und Wasserfällen verfügt.

Klima und Reisezeit: Jahreszeiten im europäischen Sinne gibt es nicht, man unterscheidet vielmehr zwischen der Zeit der Nordostwinde *(kashkazi)* von Dezember bis März und der der Südostwinde *(kusi)* von Mai bis Oktober. Während der *kashkazi* genannten Periode wechselt Windstille mit kurzen, stürmischen Nordostwinden ab. Während der *kusi* ist es trocken, und es weht eine leichte Südostbrise.

Geschichte: Um 1000 n. Chr. setzte eine Zuwanderungswelle aus dem persischen Raum ein. Man nimmt an, daß die Inseln bis dahin von Zuwanderern aus dem malayischen Raum bewohnt waren. Die Perser stiegen zur Oberschicht des Landes auf, brachten afrikanische Sklaven ins Land und setzten den Islam als Staatsreligion durch. Mitte des 19. Jh. wurden die Inseln französische Kolonie. 1974 wurde Abdallah Abderemane erster komorischer Regierungschef und erklärte die Inseln 1975 für unabhängig. Mayotte wehrte sich mehrheitlich gegen die Selbständigkeit und verblieb bei Frankreich. Nachdem er 1976 gestürzt wurde, sich aber 1978 wieder an die Macht zurückgeputscht hatte, fiel Abderemane 1990 endgültig einem blutigen Putsch zum Opfer. Seither wechseln innerhalb kürzester Zeit die Regierungschefs und Präsidenten.

Religion: 99 % der Bevölkerung sind islamischen Glaubens, die Regeln des Korans werden jedoch weniger streng befolgt als in vielen arabischen Ländern.

Achtung!
In den vergangenen zwei Jahren haben die Komoren politisch unruhige Zeiten erlebt, und es ist keine Stabilisierung der politischen Situation in Sicht.
Anjouan und Mohéli haben sich für unabhängig erklärt; es gab blutige, politische Auseinandersetzungen. Alle europäischen Fluggesellschaften haben ihre Langstreckenverbindungen eingestellt, Hotels wurden geschlossen. Aus diesen Gründen war es nicht möglich, aktuelle Recherchen für diese Neuauflage anzustellen.

Die Mondinseln

Wegen ihrer Fremdartigkeit und Unberührtheit bereichern die Komoren eine Reise ins Gebiet des westlichen Indischen Ozeans, obwohl sich eine touristische Infrastruktur erst langsam aufbaut und sich nur wenige Einrichtungen wie Hotels und Restaurants finden, die den Bedürfnissen europäischer Reisender entsprechen. Insider kennen die Komoren als Parfüm- und Gewürzinseln; manchmal werden sie auch als ›Mondinseln‹ bezeichnet, was von ihrem arabischen Namen abgeleitet ist.

Aufgrund ihres unterschiedlichen erdgeschichtlichen Alters unterscheiden sich die Inseln landschaftlich erheblich, doch auch Geschichte und Bevölkerungsstruktur haben sehr verschiedene Charaktere entstehen lassen. Ein Sprichwort sagt: auf Anjouan wird gearbeitet (in Gewürzplantagen), auf Grande Comore wird diskutiert (die Landespolitik), auf Mohéli schläft man (es ist nichts los) und auf Mayotte feiert man (zusammen mit den französischen Entwicklungshelfern).

Geographie

Die vier Hauptinseln des Komoren-Archipels – Grande Comore, Mohéli, Anjouan und Mayotte – sind auf ein Meeresgebiet von 250 km in west-östlicher und 200 km in nord-südlicher Ausdehnung verteilt. Aufgrund vulkanischer Tätigkeit hoben sie sich im Laufe von Jahrmillionen aus dem hier 3000 m tiefen Meeresboden empor. Der vulkanische Ursprung prägt daher das abwechslungsreiche Landschaftsbild der Inseln. Die üppige Vegetation kontrastiert mit zerklüfteten, bergigen Landschaften, die auf den Inseln entsprechend ihrem jeweiligen erdgeschichtlichen Alter sehr unterschiedlich sind.

Grande Comore (Ngazidja) ist mit einer Länge von etwa 60 km und einer Breite von 30 km die größte (1146 km^2) und politisch wie ökonomisch wichtigste der vier Inseln. Die Landschaft wird von den weiten Abhängen des 2361 m hohen Vulkans Kartala beherrscht, dessen Gipfel oft wolkenverhangen ist. Beim letzten Ausbruch des aktiven Vulkans strömten 1977 große Mengen Lava vor allem über seine Südabhänge und zerstörten mehrere Dörfer. Junges, schwarzes Lavagestein bedeckt bis heute weite Flächen in der Umgebung der Stadt Singani. Aber auch um den Flughafen Hahaya im Nordwesten finden sich weite, kaum wieder begrünte Lavaflächen. Hierhin war das glühende Gestein bei der vorletzten Eruption im Jahre 1972 geflossen. Einen eindrucksvollen Kontrast zu dem Schwarz der Lava, dem dunklen Grün der teilweise dichten Vegetation und dem Türkis des Meeres stellen die drei feinsandigen, weißen Strände von Mitsamiouli im Norden der Insel sowie die Strände von Itsandra, Chindini, Malé und Chomoni dar. Die Farbenpracht, insbesondere bei Sonnenschein, wird durch die schwarzen Lavafelsen, welche die Buchten umrahmen, noch verstärkt.

Obwohl in höheren Lagen der Insel häufiger Niederschläge fallen, gibt es auf Grande Comore keine Wasserläufe. Regenwasser versickert in dem porösen Gestein, tritt auf Höhe des Meeresspiegels zu Tage und vermischt sich mit dem Salzwasser. Die Wasserversorgung der

Lavafelsen am Strand von Chomoni (Grande Comore)

Stadt Moroni ist daher problematisch. Nur mit Hilfe starker Pumpen kann Süßwasser nach oben befördert werden. Dafür finden Taucher besonders klares Meerwasser vor. Es fehlen durch Bäche und Flüsse anderswo verursachte Ablagerungen, die küstennahe Zonen trüben könnten.

Die kleine Insel **Mohéli** (Mwali; 290 km²) mit nur 20 000 Einwohnern liegt Grande Comore von allen Inseln des Archipels am nächsten (40 km). Die einstmals steilen Gipfel sind inzwischen zu sanften Hügeln abgeflacht – die höchste Erhebung, der Gipfel des Mzé Konkoulé, erreicht nur 790 m. Weit mehr Küstenabschnitte als auf Grande Comore oder Anjouan sind durch Korallenriffe geschützt, wodurch mehrere weiße Sandstrände entstanden sind. Vor der Südküste liegen einige unbewohnte Inseln, umgeben von weißen Stränden und idealen Schnorchel- und Tauchrevieren.

Anjouan (Ndzuani) ist mit 424 km² anderthalbmal so groß wie Mohéli und mit etwa 150 000 Einwohnern am dichtesten besiedelt. Zwischen mehreren etwa 1500 m hohen Gipfeln liegen tief eingeschnittene Täler mit Vanille-, Gewürznelken-, Kokospalmen- und Ylang-Ylang-Plantagen. Die Hänge des höchsten Gipfels, des Ntingui (1595 m), sind mit dichtem Urwald bewachsen und von zahlreichen Bächen und Flüssen durchzogen. Wasserfälle stürzen in klare Becken, an den Flußmündungen liegen orientalisch anmutende Ortschaften.

Das 374 km² große **Mayotte** (Maore) im Südosten ist die älteste Insel des Archipels und wird von einer 5–20 km breiten Lagune umgeben. Zwischen dem Außenriff und der Küste liegen außergewöhnlich schöne Tauch- und Schnorchelreviere. Die ehemals hohen vulkanischen Gipfel sind zu einer Hügellandschaft abgetragen, über die sich mit 660 m als höchster Berg der Bénara erhebt.

Flora und Fauna

Insgesamt ähnelt die Flora und Fauna der Komoren jener Madagaskars. In den Wäldern leben eine Lemurenart, die nur dort heimisch ist (Mongozmaki) und ein Flughund, der dem auf den Seychellen ähnelt.

Die Urwälder sind bis auf Restbestände in höheren Regionen des Kartala (zwischen 400 und 1600 m), an der Westküste Mohélis und am Ntingui (auf Anjouan) einer Sekundärflora gewichen. Durch die ganzjährigen Tagestemperaturen zwischen 25 und 30 °C und dank regelmäßiger Regenfälle weisen die Küstenebenen eine tropische Vegetation auf, mit Kokospalmen, Bananenstauden, Mangobäumen und Gewürz-Plantagen. Ab 400 m finden sich Felder mit Reis, Süßkartoffeln, Mais und Gemüse. In Hochlagen über 700 m herrscht tropischer Regenwald vor, der ab 1700 m in karge Graslandschaften übergeht.

Bevölkerung und Religion

Die Komoren-Inseln waren voneinander unabhängige Sultanate, bevor sie durch die Kolonialisierung zu einem Staat zusammengeführt wurden. Kulturell unterscheiden sich die vier Inseln daher stark, was sich in den verschiedenen Dialekten, in Kleidung, Musik und Bräu-

Der Quastenflosser

Im Jahr 1938 wurde von einem südafrikanischen Kutter ein seltsam aussehender Fisch an Land gebracht. Eine zufällig anwesende junge Biologin erkannte, daß da etwas ganz Besonderes im Hafen lag. Der eilig herbeigeholte Professor Smith machte die sensationelle Entdeckung, daß es sich um eine Art handelte, die nur von Versteinerungen bekannt war und von der man geglaubt hatte, sie sei zusammen mit den Dinosauriern vor vielen Millionen Jahren endgültig von unserem Planeten verschwunden. Es war ein *Latimeria chalumnae,* besser als Quastenflosser bekannt. Erst anderthalb Jahrzehnte später, im Dezember 1952, fiel wieder einem Biologen, der die Literatur über den sensationellen Fund aus Südafrika gelesen hatte, auf, daß dieses ›lebende Fossil‹ auffällig dem auf den Komoren bekannten *Gombessa* ähnelt. Etwa 150 Exemplare wurden seither in den Gewässern der Komoren gefangen, eines Ende der 80er Jahre vor der Südwestküste Madagaskars.

Das Sensationelle an dem Tier ist nicht allein, daß es noch existiert. Es handelt sich vielmehr um eine Art *missing link,* um ein Lebewesen, dessen Körperbau den Schluß zuläßt, daß es am Anfang einer Entwicklung stand, die die ursprünglich im Meer heimischen Wirbeltiere an Land brachte. Der Quastenflosser ist somit auch ein Vorfahre des Menschen, denn er wagte als eines der ersten Wirbeltiere den Schritt an Land. Die vorhandenen Lungenreste lassen vermuten, daß nahe Verwandte sowohl im Meer über Kiemen als auch an Land mit Lungen Sauerstoff aufnehmen konnten. Das von anderen Fischen abweichende Knochengerüst weist darauf hin, daß der Quastenflosser sich einst auf Nahrungssuche aus dem Wasser bemühte und nahe Verwandte schließlich ganz zum Landleben übergingen. Seine Flossen sind merkwürdig muskulös ausgebildet (daher der deutsche Name), und das gesamte Knochengerüst ähnelt mehr dem von landbewohnenden Wirbeltieren als dem von Fischen.

Für einen Fischer auf Anjouan war es früher eine bittere Enttäuschung, wenn er einen *Gombessa* aus den 150–300 m tiefen Gewässern zog – keiner wollte den Fisch haben, denn er schmeckt nicht. Heute erzielt er damit den Gewinn seines Lebens, denn Biologen rund um den Erdball warten darauf, ein Exemplar für wissenschaftliche Untersuchungen in die Hände zu bekommen.

chen ausdrückt. Während auf Mohéli eine afrikanische, nur oberflächlich islamisierte Bevölkerung dominiert, sind Grande Comore und Anjouan von den arabisch-islamischen Einwohnern geprägt. Auf Mayotte haben sich Dörfer erhalten, in welchen traditionelle madagassische Bräuche gepflegt werden. Überall hat sich die komorische Sprache – ein Dialekt des in Ostafrika gesprochenen Suaheli, gemischt mit arabischen und madagassischen Elementen – als von allen Einwohnern beherrschte Landessprache durchgesetzt. Es gibt aber nicht wenige Komorer, die in der Familie und ihrem Heimatdorf neben dem *Comorien* einen arabischen oder madagassischen Dialekt sprechen.

Entscheidenden Einfluß auf das kulturelle Erscheinungsbild der Komoren hatte der Islam, dem heute – mehr oder weniger streng – 99 % der Bevölkerung angehören. Überall wird die Verpflichtung zu den täglichen fünf Gebeten eingehalten, freitags geht man in die Moschee, und während des Ramadan wird bei Tageslicht nichts gegessen. Daneben haben sich aber auch Bräuche erhalten, die aus den Religionen der afrikanisch- und madagassischstämmigen Komorer stammen. Dazu zählen Heilungszeremonien wie die *Tromba,* bei der ein Medium oder Zauberer Kräfte herbeiruft. Wegen des dort stärkeren malayisch-madagassischen Einflusses sind solche Zeremonien besonders auf Mayotte verbreitet. In arabisch geprägten Städten findet man Astrologen und Zauberer, die mit Amuletten gute oder böse Wirkungen zu erzielen suchen.

Das Recht der Komoren basiert auf den Regeln des *Minhadj-at-twalibin,* einem Rechtscode, der im 11. Jh. auf der Grundlage des Korans geschaffen wurde. Daneben bestehen Sonderregelungen, die matriarchalische Traditionen der afrikanischen und madagassischen Bevölkerungsgruppen berücksichtigen. Das tägliche Leben wird jedoch mehr von alten Gebräuchen und Sitten bestimmt als von gesetzlichen Regelungen. Ein Dieb beispielsweise wird mit Muschelketten ›geschmückt‹, unter dem Spott der Bewohner durch das Dorf geführt und anschließend – für immer – aus der Dorfgemeinschaft ausgeschlossen.

Die das Alltagsleben bestimmenden Regeln der Komoren entstammen aber nicht dem geschriebenen Rechtssystem und dem Koran, sondern sind mündlich überliefert. Regeln für korrektes gesellschaftliches Verhalten sind einer Vielzahl von Geschichten zu entnehmen, die von der Mutter oder Großmutter an den Nachwuchs weitergegeben werden. Der wichtigste traditionelle Brauch ist die ›Große Hochzeit‹ *(Grande Mariage),* ein Fest, das mindestens drei Tage, oft aber bis zu drei Wochen dauert. Die Feier begleitet nicht nur die Eheschließung des Brautpaares, sondern spielt im gesamten weiteren Leben der Ehepartner eine wichtige Rolle. Viele Berufe, Positionen und Ämter in Gesellschaft und Religion stehen nur dem offen, der eine ›Große Hochzeit‹ ausgerichtet hat.

Ein solches Fest kostet viele Monats-, wenn nicht Jahresgehälter. Die Finanzierung der Feier obliegt dem Ehemann, weshalb dieser meist erheblich älter ist als die Braut. Viele junge Komorer wandern nach Frankreich, Ostafrika, Madagaskar oder Réunion aus, weil sie dort auf bessere Verdienstmöglichkeiten hoffen. Wer sich keine ›Große Hochzeit‹ leisten kann und sich mit einer Feier in kleinerem Rahmen zufriedengeben muß, gewinnt zwar eine Ehefrau, allerdings nur ein geringeres soziales Ansehen. Um die wirtschaftlichen Probleme zu umgehen, wenden die alteingesessenen

Waschtag an einem Wassertank auf Grande Comore

Familien zwei Tricks an. Zum einen ist es üblich, innerhalb der Familie zu heiraten (häufig heiraten Cousin und Cousine), zum zweiten hat es sich eingebürgert, zunächst lediglich standesamtlich zu heiraten. Wenn nach 10 bis 15 Ehejahren genug Geld gespart wurde, wird die *Grande Mariage* nachgeholt.

Geschichte

Gesicherte Daten zur Geschichte der Komoren gibt es erst aus der Zeit um 1500 n. Chr., als Portugiesen – geleitet von arabischen Navigatoren – die Inseln besetzten. Für die vorausgehenden Jahrhunderte sind Legenden und Mythen die einzigen Quellen.

Mündlichen Überlieferungen zufolge haben schon um 950 v. Chr. arabische Seefahrer Siedlungen auf Grande Comore gegründet und Sklaven von der Küste Sansibars mitgebracht. König Salomon soll eine Expedition ausgesandt haben, da ihm berichtet wurde, böse Geister hätten einen Ring, den er der Königin von Saba geschenkt hatte, in einen Kratersee auf einer weit im Süden gelegenen Insel geworfen.

In den ersten nachchristlichen Jahrhunderten dürften auf den Komoren Menschen aus der malayisch-indonesischen Inselwelt gelandet sein. In den komorischen Dialekten, insbesondere auf Mayotte, lassen sich nämlich viele Parallelen zu Sprachen aus diesem Raum aufzeigen. Auch die traditionelle Form der Boote mit beidseitigen Auslegern *(Galawas)* und die aus Südostasien stammenden Kulturpflanzen, wie Kokospalme, Banane oder Zuckerrohr, weisen auf eine Besiedlung aus diesem Raum hin.

Eine Welle der **islamischen Besiedlung** wurde um 950 n. Chr. ausgelöst, als schiitische Moslems das persische Gebiet um Shiraz erobert hatten. Familien der sunnitischen Oberschicht mußten ihre Heimat verlassen und gründeten das Reich Kilwa. Hierzu gehörten

Sansibar, Teile Madagaskars und die Komoren. Diese Herrschaft hielt sechs Jahrhunderte an, in denen es zu mehreren Einwanderungswellen kam. Zuvor schon soll ein gewisser Said Muhammad nach Arabien gereist sein, nachdem ihm vom Wirken des Propheten Mohammed berichtet worden war. Bei seiner Ankunft sei Mohammed bereits verstorben gewesen. Said Muhammads Interesse an Mohammeds Lehren war jedoch geweckt, und er kehrte erst nach intensivem Studium viele Jahre später zusammen mit seinem Lehrer Muhammad Athoumani auf die Komoren zurück. Der islamische Geograph und Historiograph Mas'udi beschrieb 956 drei Inseln im Indischen Ozean folgendermaßen: »Andjabeh mit gemischter, in der Mehrzahl arabischstämmiger, in der Minderzahl afrikanischer Bevölkerung. Daneben liegt nicht weit entfernt eine vulkanisch aktive Insel und eine dritte, die von Seeräubern bewohnt sein soll.« Daß es sich bei den ersten beiden um Grande Comore (aktiver Vulkan) und Anjouan (mehrheitlich arabischstämmige Bevölkerung) handelt, liegt nahe. Mit der dritten könnten Mayotte oder Mohéli gemeint sein, die beide aufgrund ihrer engen Buchten als Seeräuberunterschlupf gut geeignet sind.

Um 1500 versuchten **Portugiesen** Madagaskar und Grande Comore zu besetzen. Von den Komoren wurden sie schon nach wenigen Jahren wieder vertrieben. An der Nordwestküste Madagaskars gelang es ihnen immerhin, sich einige Jahrzehnte niederzulassen und gemeinsam mit madagassischen Volksgruppen die islamischen Komorer zu vertreiben, die sich dort angesiedelt hatten. Ruinen von Moscheen sind Zeugen aus dieser Zeit.

Anhand arabisch verfaßter Manuskripte läßt sich die Geschichte nach 1500 gut rekonstruieren. Die persischstämmigen sunnitischen Sultane gelangten durch geschickte Heiratspolitik an die Schaltstellen der Macht, beherrschten die Küsten und Pflanzungen und drängten alteingesessene Komorer ins Hinterland. Es bildete sich eine Dreiklassengesellschaft mit der Klasse der Adligen aus den erst spät eingewanderten persisch-islamischen Familien an der Spitze. Sie stellten die religiösen Führer und besaßen die politische und wirtschaftliche Macht. Die alteingesessenen Komorer lebten als Freie vom Fischfang und Feldanbau. Die dritte Klasse bildeten auf die Komoren verschleppte Sklaven aus Afrika und Madagaskar.

Der Sklavenhandel brachte den Komoren zur Zeit der Besiedlung und Kolonisierung von Mauritius und Réunion beachtlichen Wohlstand. Die Komoren waren der Umschlagplatz, wo Sklaven ›bestellt‹ und von wo sie auf Schiffen der Sultane zu den aufstrebenden französischen Kolonien gebracht wurden. Da die Inseln zudem ein Umschlagplatz für den Kolonialwarenhandel zwischen Asien und Europa waren, erzielten auch Piraten in den Gewässern des Indischen Ozeans reiche Beute. Dieser Ruf verbreitete sich bis in die Karibik, aus der berühmte Seeräuber ihre Geschäfte an die Ostküste Afrikas verlagerten.

Seit Anfang des 16. Jh. wurden die Komoren von **madagassischen Seefahrern** heimgesucht, die ebenfalls mit der Jagd und dem Verkauf von Sklaven Reichtum anstrebten. Sie rüsteten Flotten von 300 bis 800 Pirogen aus, die mehr als 20 Personen fassen konnten. Nach Überraschungsangriffen auf Küstenstädte der Komoren brachte man Beute und Gefangene nach Madagaskar und veräußerte beides auf Sklavenmärkten, vornehmlich im Hochland.

Schlachten um die Stadt Domoni an der Ostküste Anjouans (1780) und um Ikoni auf Grande Comore (1805) gingen als zentrale Ereignisse in die Geschichte der Inseln ein.

Nutznießer dieser Auseinandersetzungen wurden die **Kolonialmächte** England und Frankreich. Sie versprachen den verängstigten und durch die Plünderungen verarmten Sultanen Hilfe und verlangten als Gegenleistung Ländereien zur Kolonisation. Die Sultane lösten das Problem auf ihre Weise: Sie versprachen den Franzosen das Land der jeweiligen Nachbarsultanate! Die dadurch unvermeidlich entstehenden Gebietsstreitigkeiten schlichteten dann die Kolonialherren unter Anwendung überlegener Waffen zu ihren Gunsten. So erfolgte nicht nur die Kolonisation der Insel Mayotte im Jahre 1843, sondern auch die Besetzung von Grande Comore durch Franzosen und von Anjouan durch Engländer. Im Jahre 1912 schließlich wurden die Komoren formell von Frankreich annektiert und der französischen Kolonialverwaltung in Madagaskar unterstellt.

Nach dem Zweiten Weltkrieg veränderten sich die politischen Verhältnisse grundlegend. 1946 wurden die Inseln zu einem von Madagaskar unabhängigen Departement Frankreichs erklärt, und 1958 entschieden sich die Komorer in einer Volksabstimmung mehrheitlich für die weitere Zugehörigkeit zu Frankreich. Seitdem gab es jedoch auch Bemühungen um eine Selbstverwaltung bis hin zur völligen Unabhängigkeit. Der Abgeordnete der Komoren im französischen Parlament, **Said Mohammed Cheikh,** trat jedoch dafür ein, die Situation unverändert zu lassen. Als Gegenreaktion entstanden oppositionelle politische Parteien, die – unterstützt von Tansania und der UdSSR – die Unabhängigkeit von Frankreich propagierten. Darüber hinaus erregte die Politik Said Mohammed Cheikhs, der die bis dahin anerkannte Hauptstadt der Komoren von Dzaoudzi auf Mayotte nach Moroni auf Grande Comore verlegte, den Unmut der Einwohner Mayottes. Als 1974 Frankreich eine Volksabstimmung über die Unabhängigkeit abhielt, war man auf Mayotte so negativ gegenüber den Politikern der anderen drei Inseln eingestellt, daß sich 60 % der Bevölkerung für einen Verbleib bei Frankreich entschieden, während auf Grande Comore, Anjouan und Mohéli zu 95 % für die Unabhängigkeit gestimmt wurde. Die anschließenden Verhandlungen über die Unabhängigkeit der Komoren blieben erfolglos. Schließlich bestand Frankreich darauf, daß diese nur gewährt werden könne, wenn sich die Bevölkerung jeder einzelnen Insel mehrheitlich dafür ausspräche.

Präsident **Abdallah Abderemane**, Nachfolger Said Mohammed Cheikhs, proklamierte daraufhin am 6. Juli 1975 einseitig die **Unabhängigkeit** von Frankreich und ließ sich am nächsten Tag zum Staatspräsidenten wählen. Im Dezember 1975 erkannte Frankreich die Unabhängigkeit der drei Inseln an, welche sich mehrheitlich dafür entschieden hatten. Wenige Monate danach hielt man auf Mayotte eine Volksabstimmung ab, bei der sich über 90 % der Wähler gegen den Anschluß an den neuen Staat und für ein Verbleiben bei Frankreich entschieden. Dies kam den französischen Machtinteressen entgegen, denn wenige Jahre vorher war einer der Stützpunkte der französischen Fremdenlegion auf Madagaskar (Diégo-Suarez) verlorengegangen. Das Votum erlaubte es, die bisher auf Grande Comore und in Madagaskar stationierten Einheiten nach Mayotte zu verlegen und so weiterhin den französischen Einfluß in der Region militärisch geltend zu machen.

Seither hat **Mayotte** nicht mehr den Status eines französischen Übersee-Departements *(Département d'Outre-Mer)* wie Französisch-Guayana, Guadeloupe, Martinique und Réunion, aber auch nicht den weniger fest an das Mutterland gebundenen Status eines *Territoire d'Outre-Mer* wie Französisch-Polynesien oder Neukaledonien. Man hat einen Mittelweg zwischen diesen beiden Verwaltungsformen gefunden, der bis heute praktiziert wird.

Wenige Monate nach der Unabhängigkeitserklärung und dem Entstehen der **Islamischen Bundesrepublik Komoren** wurde die Regierung Abdallah Abderemanes gestürzt. Anführer des Putsches war **Ali Soilih,** ein junger, von der 68er-Bewegung beeinflußter Politiker, der bereits unter der französischen Kolonialherrschaft Minister gewesen war. Mit Hilfe einer Handvoll europäischer Söldner, geführt vom legendären Bob Denard (s. S. 238 f.), übernahm er unblutig die Macht auf Grande Comore. Anschließend setzte er mit einer 200 Mann starken Armee nach Anjouan, der Heimatinsel des Präsidenten, über und zwang Abdallah Abderemane zum Rücktritt.

Ali Soilih stand vor einer Vielzahl von Problemen, da Frankreich die gesamte Entwicklungshilfe und alle französischen Beamten nach der Unabhängigkeitserklärung zurückgezogen hatte. Im Gegenzug verwies der neue Präsident alle Franzosen des Landes, verstaatlichte deren Eigentum und wandte sich der Sowjetunion zu. Deren Hilfe war jedoch an Bedingungen geknüpft, die schwer zu erfüllen waren. Die islamisch-naturreligiös geprägte Kultur sollte ›rationalisiert‹ werden. So machte Soilih Zauberer und Astrologen zum öffentlichen Gespött und wollte die Feier der *Grande Mariage* untersagen, da sie in vielen Fällen den wirtschaftlichen Ruin der Familie des Ehemannes bedeutete. Einflußreichen Familien entzog er Privilegien, die sie von ihrer (zweifelhaften) Abstammung vom Propheten Mohammed ableiteten. Auch sollten die Ausgaben für Begräbnisse eingeschränkt und den Frauen das Tragen des Schleiers verboten werden. Solche Maßnahmen weckten heftigen Widerstand in der abergläubischen Landbevölkerung, aber vor allem in der strenggläubigen islamischen Oberschicht. Als Soilih schließlich die von Frankreich ausgebildeten Polizeikräfte durch eine ›revolutionäre Jugend‹ und den Beamtenapparat durch ›Jugendbrigaden‹ ersetzen wollte, kam heftige politische Gegenwehr auf, die wiederum staatliche Repressionen zur Folge hatte. Wer sich offen gegen die Regierung aussprach, wurde ins Gefängnis geworfen, allerdings nicht, ohne daß man ihm zunächst die Haare schor und ihn durch die engen Gassen der Hauptstadt spießruten laufen ließ. Es hatte den Anschein, daß Soilih der ihm zugefallenen Macht nicht gewachsen war. Er ließ sich von seinen Anhängern als unfehlbarer Lehrer, bald sogar als religiöser Prophet und einziger Gott aller Komorer feiern. Schockiert von den unbegreiflichen Ereignissen auf ihren Nachbarinseln, entschieden sich die Einwohner von Mayotte in einem erneuten Referendum 1976 nun zu 99 % dafür, ein Teil Frankreichs zu bleiben. ›Französisch bleiben, um frei zu bleiben‹ war der eingängige Slogan, der dort bis heute gilt.

Ali Soilih dürfte wohl auch das Mißtrauen seines Beschützers Bob Denard geweckt haben, der 1978 durch einen Putsch wieder dem früheren Präsidenten **Abdallah Abderemane** an die

Bob Denard und seine wechselnden Freunde

In seinem Roman ›Dogs of War‹ (›Die Hunde des Krieges‹) berichtet Frederick Forsyth über die Arbeit von Legionären während des Unabhängigkeitskriegs im belgischen Kongo. Vorbild für den Romanhelden war Bob Denard, ein französischer Legionär, der nach den Jahren im Kongo eine Vorliebe für selbständiges Arbeiten und die paradiesischen Inseln im Indischen Ozean entdeckte.

Erstmals konnte Bob Denard das Inselleben genießen, als ihn der junge komorische Politiker Ali Soilih dazu eingeladen hatte. Er heuerte ihn und sechs Kameraden an, um den ersten Staatspräsidenten der unabhängigen Komoren zu stürzen. In der Bucht von Itsandra ging die Gruppe im Januar 1976 auf Grande Comore an Land, überraschte die Führung der kleinen Armee im Schlaf und ließ anschließend ein Schiff mit 200 Soldaten in Richtung Anjouan auslaufen, wo sich der Präsident gerade bei seiner Familie aufhielt. Abdallah Abderemane mußte die Überlegenheit der Putschisten anerkennen, dankte ab und war froh, daß man ihm und seiner Regierung erlaubte, nach Frankreich ins Exil zu gehen. Bob Denard machte es sich auf Grande Comore gemütlich, baute sich ein Haus in einer Traumbucht im Norden der Insel und hatte eigentlich ausgesorgt.

Während eines Heimaturlaubs in Frankreich lernte er den von ihm gestürzten Abderemane jedoch näher kennen und kam nicht alleine auf die Komoren zurück! Im Gefolge hatte er eine bis an die Zähne bewaffnete Armee von 29 Kämpfern, die am 13. Mai 1978 wiederum in Itsandra an Land ging, als Ali Soilih sich mit seiner Leibwache auf der Nachbarinsel Anjouan befand. Wegen der Gewaltherrschaft Soilihs war die Bevölkerung Grande Comores spontan bereit, einen erneuten Putsch unter der Führung Bob Denards und zugunsten Abdallah Abderemanes zu unterstützen. Die Armee ergab sich, und die Bevölkerung feierte das Ende der Diktatur mit Freudenfesten in den Straßen und Gassen von Moroni. Zwei Wochen später kehrte Abdallah Abderemane aus Frankreich zurück, Ali Soilih wurde auf Anjouan festgenommen und kurz darauf bei einem ›Fluchtversuch‹ erschossen. Die neue, alte Regierung bemühte sich, die seit der Unabhängigkeit unterbroche-

Macht verhalf, was von der Bevölkerung insgesamt positiv aufgenommen wurde. Nun begannen elf Jahre relativer Stabilität, da Präsident Abderemane erste Versuche startete, eine wirtschaftliche Entwicklung des Landes in Gang zu bringen. Nicht selten wurden allerdings weltberühmte Waffenhändler auf den

nen politischen und wirtschaftlichen Beziehungen zu Frankreich wiederaufzunehmen, da man sah, daß eine Isolation in den Ruin führen würde. Frankreich bot Unterstützung an, doch bei weitem nicht in dem erhofften Ausmaß. Auch die für einige Jahre unterbrochenen Flugverbindungen nach Ostafrika und Madagaskar wurden wiederhergestellt, einige Hotels wurden gebaut, aber die Armut wurde nicht geringer. Bob Denard allerdings genoß sein Leben als Chef der präsidialen Leibgarde.

Die Anwesenheit eines weißen Söldners und Putschisten auf den Komoren war allerdings den Mitgliedern der Organisation Afrikanischer Staaten ein Dorn im Auge, insbesondere den damals sozialistischen Regierungen der Seychellen, Tansanias (Sansibar) und Madagaskars. Sie fürchteten, nicht ohne Grund, daß Bob Denard ähnliche Anschläge auch auf ihren Inseln vorbereiten könnte. Abderemane gelang es schließlich, Bob Denard zum Verlassen der Insel zu überreden – seine Söldner allerdings blieben und bewachten alle wichtigen Gebäude des Landes. Ihr Chef kam bald heimlich zurück. Seine Leute zeichneten sich dadurch aus, daß sie die Vorbereitungen zu einem Putsch durch eine Gruppe von Offizieren der Präsidialgarde aufdeckten und niederschlugen.

Elf Jahre später, im Herbst 1989, endete die zweite Regierungsperiode Abdallah Abderemanes blutig und endgültig. Von seiner Leibwache wurde er im Schlaf ermordet. Man sagt, das Schlafzimmer mitsamt dem Präsidenten sei sicherheitshalber mit einer Panzerfaust in die Luft gesprengt worden. Bob Denard hatte wohl die Zeit als gekommen angesehen, endlich selbst die Macht zu ergreifen. Frankreich machte allerdings nicht mit und zwang ihn mit sanfter Gewalt, das Land zu verlassen. Mit französischer Hilfe wurden Wahlen durchgeführt, aus denen der Präsident des Verfassungsgerichtes, Said Mohammed Dschohar, als Sieger und neuer Staatspräsident hervorging.

Mitte 1992, nach vorhergehenden politischen Wirren, riefen alle politischen Parteien des Landes zum Boykott der vom Präsidenten angesetzten Parlamentswahlen auf, und zwei Söhne des früheren Präsidenten Abderemane unternahmen einen Putschversuch. Mit der Hilfe von Bob Denard gelang es ihnen, zwei Tage lang die Radiostation und den Flughafen zu besetzen und die Bevölkerung um Unterstützung zu bitten. Die Besetzer mußten sich allerdings den Regierungstruppen beugen, die massiv von Frankreich unterstützt wurden. Bob Denard und seine Freunde ergaben sich schließlich, wurden nach Frankreich gebracht und wegen ihrer Taten vor Gericht gestellt.

Die Zeit Bob Denards schien abgelaufen zu sein, bis er 1996 wegen guter Führung vorzeitig aus dem Gefängnis entlassen wurde. Seither versichert er, sich zur Ruhe setzen und im Haus am Strand der Trou du Prophète mit seiner Frau die Rente genießen zu wollen. Ob er das wohl schafft?

Komoren gesichtet, die vermutlich über die Inselgruppe das gegenüber Südafrika bestehende Waffenembargo unterliefen.

Unter nicht eindeutig geklärten Umständen starb Abdallah Abderemane 1989 durch die Hand eines Söldners. Nun sah Frankreich sich veranlaßt, in

In einer Ylang-Ylang-Destillerie

der ehemaligen Kolonie einzugreifen, und Bob Denard mußte das Land verlassen. Der erste demokratisch gewählte Präsidenter der Islamischen Bundesrepublik Komoren, **Said Mohammed Dschohar,** wurde bereits drei Jahre später (1992) Ziel eines Putsches, der am Eingreifen Frankreichs scheiterte. Seither jedoch wird die Regierung in regelmäßigen Abständen durch Streiks, Massendemonstrationen und Putschversuche erschüttert. Die öffentlichen Kassen sind leer, Staatsbedienstete werden nicht entlohnt, arbeiten schwarz. Als ihnen der Staatspräsident Anfang 1997 jegliche Nebentätigkeit untersagte, waren heftige Auseinandersetzungen zwischen Polizisten und Soldaten einerseits und dem Großteil der Bevölkerung andererseits die Folge. 1997 erklärte eine einflußreiche Gruppe in Anjouan und Moheli die Unabhängigkeit ihrer Inseln von der Islamischen Bundesrepublik der Komoren und bat Frankreich, diese Inseln als Überseebesitzung mit ähnlichem Status wie Mayotte zu übernehmen. Frankreich zeigte sich nicht interessiert, und Grand Comore versuchte eine Invasion, die in einem Blutbad und fluchtartigem Rückzug endete. Der momentane Status ist ungeklärt.

Wirtschaft

In vorkolonialer Zeit lebten die Komorer von Landwirtschaft und Sklavenhandel. Heute bleibt nur noch die Landwirtschaft und die Hoffnung auf den Tourismus. Der Boden in den Küstenebenen ist ertragreich, doch die Anbaumethoden sind rückständig. Viele Lebensmittel, vor allem Reis, müssen importiert werden. Für den Eigenbedarf baut man Maniok, Süßkartoffeln, Mais, Bananen und tropische Früchte an. Exportgüter sind Vanille, Kopra, Kakao, Tabak und der Parfümrohstoff Ylang-Ylang (von dem die Komoren 80 % des Weltbedarfs decken, die restlichen 20 % werden auf der madagassischen Insel Nosy Be gewonnen). Die Ylang-Ylang-Pflanzungen bedecken ein Drittel der kultivierten Fläche. Aber die Exporterlöse reichen bei weitem nicht aus, um das Land zu versorgen.

Daher zielt alle Hoffnung auf den **Tourismus.** Da dieser auf den Nachbarinseln Mauritius und Seychellen gut organisiert ist, haben die Komoren kaum eine Chance. Vorwiegend Südafrikaner verbringen in den guten Strandhotels ›Itsandra‹, ›Galawa‹ und ›Maloudja‹ ihre Ferien und leisten geringen Beitrag zur Aufbesserung des Lebensstandards. Auf Anjouan und Mohéli halten sich wenige einfache Hotels mühsam über Wasser, indem sie vor allem Globetrottern eine Unterkunft bieten. Auf Mayotte gibt es mehrere recht brauchbare Bungalowanlagen, in denen sich besonders Franzosen aus Réunion entspannen.

Grande Comore (Ngazidja)

■ (S. 333) Grande Comore wird von einer etwa 180 km langen asphaltierten Straße erschlossen, die entlang der Küste rund um die Insel führt. Von der Hauptstadt Moroni aus führt zusätzlich eine gute Bergstraße ins Inselinnere, überquert die nördliche Flanke des Kartala und mündet auf der östlichen Inselseite bei dem hübschen Ort Chomoni in die Küstenstraße. Schließlich winden sich am Süd- und am Nordende der Insel jeweils einige Bergstraßen die Hänge hinauf, von denen aus man grandiose Ausblicke auf das Meer und die Nachbarinsel Mohéli hat.

Moroni

1 Moroni ist mit 40 000 Einwohnern die größte und wichtigste Stadt des Komoren-Archipels. Im Zentrum steht die **Freitagsmoschee,** die schon bald nach der Einwanderung persischer Moslems im 15. Jh. errichtet wurde. Das aus schwarzem Lavagestein errichtete Gebäude wirkt schmutzig – wie auch viele andere Gebäude der Stadt –, denn es wird nur einmal im Jahr, zu Beginn der Fastenzeit (Ramadan), mit einer wenig haltbaren weißen Farbe getüncht. Im Lauf der Monate dringt bald das dunkle Gestein wieder durch und läßt die Fassade ungepflegt erscheinen. Erwarten Sie von einem Stadtrundgang keine architektonischen oder städtebaulichen Glanzpunkte, denn die Freitagsmoschee ist das einzige Gebäude, das einem solchen Anspruch annähernd gerecht werden kann.

Neben der Moschee liegt das flache **Hafenbecken,** in das nur kleine Frachter einlaufen können. Große Schiffe müssen weiter draußen ankern. An der Mole liegen schwerfällige Holzboote, die zum Be- und Entladen zwischen den Schiffen und dem Hafen pendeln. Neben der Moschee führen schmale Gassen nach Osten bergan, wo in winzigen Läden einfache Gebrauchsgegenstände verkauft werden. Am Ostausgang dieses alten Wohnviertels der Sultane liegen in den oberen Stadtvierteln die Regierungsgebäude, die Post, einige Cafés und der kleine, lebendige **Gemüse- und Obstmarkt.** Halten Sie sich nun links (Norden) und folgen der Ave-

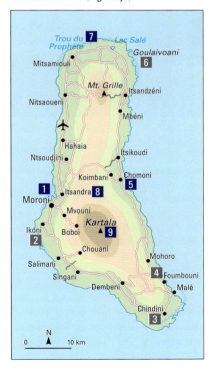

Grande Comore (Ngazidja)

nue des Ministères, so finden Sie rechts ein neues Gebäude, in dem das **Nationalmuseum** mit interessanten Exponaten, wie einem präparierten Quastenflosser, traditionellen Instrumenten, einem Querschnitt durch die Unterwelt des Kartala und Dokumenten aus der Geschichte des Landes, untergebracht ist. Die Straße hat sich inzwischen nach Westen gewandt und trifft kurz vor dem Meeresufer auf die Küstenstraße (Boulevard de la Corniche). An der Einmündung liegt in einem großen einstökkigen, leeren Gebäude das **Tourismusministerium** mit dem Informationsbüro, in dem allerdings bestenfalls Auskunft über die nächste Tankstelle gegeben wird (sie liegt etwa 100 m von dem Gebäude entfernt). Biegen Sie hier links ab, dann erreichen Sie nach etwa 10 Minuten den Hafen und die Freitagsmoschee.

Inselrundfahrt

Folgen Sie vom Stadtzentrum von **Moroni** der Küstenstraße nach Süden, fahren am alten Flughafen und dem Büro der Air Comores (rechts der Straße) vorbei, so haben Sie schon bald die Stadt hinter sich gelassen. Linker Hand liegt

Freitagsmoschee und Hafen in Moroni

das viel zu groß geratene **Maison du Peuple** (ein Geschenk der Volksrepublik China) an einer Prachtallee. Zweigen Sie hier nach links (Osten) und schon wenige hundert Meter weiter wieder in die Küstenstraße nach Süden ab.

Die alte Sultansstadt **Ikoni** 2 am Rande des kleinen Vulkankraters Ngouni wurde mehrmals von madagassischen Eroberern zerstört und war 1978 Schauplatz eines Massakers, das der damalige Präsident Ali Soilih unter protestierenden Bürgern anrichten ließ. Für Wanderer empfiehlt sich der Aufstieg zum Kraterrand, der steil, aber mit nur 150 m nicht hoch ist.

Die Weiterfahrt erschließt eine reizvolle, grüne Landschaft. Die Berghänge nähern sich dem Meer, dichte tropische Vegetation und Ylang-Ylang-Pflanzungen säumen die Straße. In Destillerien bei **Salimani** und **Chouani** können Sie preiswert Ylang-Ylang-Essenz erwerben.

Wenige Kilometer weiter, nahe dem Städtchen **Singani,** breitet sich eine schwarze, kahle Fläche aus. Hier verbrannten 1977 riesige Lavaströme die Vegetation und schlossen das Dorf vollkommen ein, bevor sie sich ins Meer ergossen. Wiederum einige Kilometer weiter zweigt links die neue Bergstraße zum Ort Dembeni ab, die über die Südabhänge des Kartala bis an die Ostküste führt. Fahren Sie weiter entlang der Küste, dann erreichen Sie nach abwechslungsreicher Fahrt beim Dorf **Chindini** 3 wieder das Meer. In einer weiten, geschützten Bucht liegen Dutzende kleiner Fischerboote, die Sie bei ruhigem Meer und gegen einen auszuhandelnden Preis auch zur nur 40 km entfernten Insel Mohéli übersetzen. (Ein Boot mit gutem Motor braucht etwa zwei Stunden.)

Eine herrliche Küstenstraße führt nun entlang der Ostküste nach Norden. Links sehen Sie die Abhänge des Kartala, rechts das Meer und bei klarem Wetter in der Ferne den Gipfel des Ntingui auf

der Insel Anjouan (im Südosten). Die Straße führt an den Badestränden von **Malé** vorbei nach **Foumbouni** 4, der drittgrößten Stadt der Insel, die breite Straßen und gut erhaltene Gebäude besitzt. Nächste Station ist die kleine Stadt **Chomoni** 5, die Sie nach einer Stunde gemütlicher Fahrt erreichen, die manchmal am Meer entlang, manchmal hoch darüber am Hang des Kartala über weite, schwarze Lavafelder führt. Chomoni liegt an einem von Lavafelsen gerahmten, schneeweißen Sandstrand, an dem sich einfache Strohhütten und ein Kiosk befinden, in dem man Snacks bestellen kann. Wenn Sie eine Pause einlegen wollen, ist dies der richtige Platz!

Hier sollten Sie sich spätestens entscheiden, ob Sie die ganze Inselrundfahrt an einem Tag machen wollen. Wenn Sie nämlich nördlich von Chomoni nach links in die Berge abbiegen, erreichen Sie nach etwa einer Stunde Fahrt über Lavafelder, karge Hochflächen und durch Vororte wieder das Stadtzentrum von Moroni.

Auf dem weiteren Weg von Chomoni nach Norden durchqueren Sie an Berghänge gebaute Dörfer, rechter Hand taucht eine gezackte Hügelkette auf, die **Goulaivouani** (Drachenkette) 6 genannt wird. Sie sollten anhalten und eine Wanderung durch Wiesen bis zu ihrem Fuß unternehmen. Wenn Sie den Hügel hinaufsteigen, können Sie entlang der aufragenden Zacken nach Nordosten wandern und schließlich in eine abgelegene, weite Bucht wieder hinuntersteigen. Wenige Kilometer weiter passiert die Straße den **Lac Salé,** einen Kratersee, der unterirdisch mit dem Meer in Verbindung steht. In einer guten Stunde kann man den See auf dem Kraterrand umwandern und mit etwas Glück Hunderte von Flughunden beobachten.

Die nächste Bucht heißt im Volksmund **Trou du Prophète** 7, das ›Loch des Propheten‹, wo sich wohlhabende Komorer und Bob Denard (s. S. 238 f.) Wochenendhäuser errichtet haben. Ihren Namen verdankt die Bucht einer Legende, nach der ein weiß gekleideter Mann erschienen sei, den die Bewohner

Strand des ›Galawa Hotel‹

Traditionelles Auslegerboot (Galawa) auf Moroni

des nahen Dorfes nicht kannten. Nach dem Namen gefragt, habe er geantwortet, er sei der Prophet Mohammed persönlich und wolle in einer nahen Höhle seine Gebete verrichten. Eine Bucht weiter – man kann sie auf einem schmalen Fußpfad erreichen –, nicht weit vom Ort Mitsamiouli entfernt, liegen die zwei schönsten Strände der Insel. An beiden befinden sich Hotels mit großem Komfort und Wassersportangeboten. Kokospalmen spenden Schatten, und man könnte meinen, auf das luxuriöse Mauritius versetzt zu sein.

Verläßt man die Traumbucht von Trou du Prophète, so erreicht man nach wenigen Kilometern den zweitgrößten Ort der Insel, **Mitsamiouli,** der, abgesehen von einer neuen Markthalle und einem ungepflegten Strand, wenig zu bieten hat. Die Weiterfahrt nach Süden ist besonders in den Abendstunden ein optischer Genuß. Im Osten leuchten die Grashänge des Vulkans mit seinen bewaldeten Kratern, im Westen liegt der Indische Ozean ruhig vor der spektakulären Kulisse der untergehenden Sonne. Die Straße durchquert Marschlandschaften, in denen sich je nach Wasserstand die Farben des Himmels spiegeln.

Bald erreichen Sie den **Flughafen** bei **Hahaya,** der in einer weiten Ebene liegt, deren Vegetation durch Lavaflüsse im Jahre 1972 zerstört wurde. Rechts der Straße verläuft die Küste, die hier mangels Korallenriffen auch keine Sandstrände aufweist. Erst etwa 5 km nördlich von Moroni, in der Sultansstadt **Itsandra** [8], gibt es wieder einen beliebten Strand beim gleichnamigen Hotel in einem tropischen Garten. Das älteste Hotel der Komoren wurde renoviert und heißt nunmehr ›Itsandra Sun Hotel‹. Zur Unterhaltung der Gäste liegen Windsurfer, Segelboote und Kanus bereit. In früheren Zeiten war Itsandra die Hauptstadt eines der mächtigsten Sultanate der Komoren. Die Überreste der Stadtbefestigung und der Moschee lassen dies noch erahnen. Durch die Vororte der Hauptstadt führt die Straße zurück zum Ausgangspunkt der Rundfahrt, der Freitagsmoschee von **Moroni**.

Besteigung des Kartala

In den Monaten Mai bis September erlaubt das im allgemeinen beständige, trockene Wetter einen zweitägigen Ausflug auf den Gipfel des **Kartala** 9 Von Moroni führt eine Straße nach Südosten den Berghang bis auf etwa 1200 m Höhe hinauf zum Ort Mvouni, der Ausgangspunkt der Besteigung ist. Als Ausrüstung müssen Verpflegung, festes Schuhwerk, Schlafsack und Zelt mitgebracht werden. Erkundigen Sie sich im Hotel nach Führern, die die Tour bereits gemacht haben. Die Wanderung durch verschiedene Vegetationszonen, durch primären tropischen Urwald und über die kahlen Flächen um den Vulkankrater ist ein eindrucksvolles Erlebnis.

Mohéli (Mwali)

■ (S. 335) Auch die kleinste und nur von 30 000 Menschen bewohnte Insel der Komoren besitzt eine rundum führende Straße, obwohl nur ein paar Dutzend Autos existieren. Etwa 15 km zwischen Nioumachoua und Miringoni sind in schlechtem Zustand und nur mit Geländewagen passierbar. Mohéli läßt sich gut zu Fuß erkunden, denn die sanften Hügel sind von Fußwegen durchzogen, die entlang kleiner Bäche von Dorf zu Dorf führen. Da die Entfernungen gering sind, kann man sich ohne Risiko auf den Weg machen und die Wälder im Inneren der Insel durchstreifen. Die unberührte Natur, weiße Strände, kristallklares Wasser und unzerstörte Korallenbänke um die südlich von Nioumachoua liegende Inselgruppe stellen besondere Attraktionen dar. Wundern Sie sich aber nicht, wenn Sie auf Mohéli der einzige Tourist sein sollten. Die beiden einfachen Hotels mit insgesamt nur 15 Zimmern sind meist leer oder von einzelnen Geschäftsleuten bewohnt.

Einige Kilometer westlich des Flughafens Djoyézi liegt die Hauptstadt **Fomboni** 1 mit ihren aus Holz und Palmzweigen errichteten Hütten am Strand. Der Ort besitzt eine Polizeistation, ein Krankenhaus, eine Moschee und einen Friedhof sowie einen Markt, auf dem mangels Nachfrage auch nahezu nichts angeboten wird. Zweiter Ort der Insel ist **Nioumachoua** 2 an der Südküste. Ihm ist eine Inselgruppe vorgelagert, die von einem unberührten Korallenring umgeben ist. Taucher fahren sogar vom Norden Grande Comores hierher, um die intakte Unterwasserwelt bewundern zu können.

Mohéli (Mwali)

Anjouan (Ndzuani)

(S. 332) Anjouan ist landschaftlich und kulturell die interessanteste der vier Inseln. Der arabische Einfluß, besonders auf die Architektur, hat sich in Moutsamoudou und Domoni am stärksten durchgesetzt. Die tiefen Täler, die Flüsse und Wasserfälle, die mit Urwald bedeckten Abhänge des Ntingui, die gepflegten Plantagen und einige weiße Sandstrände machen zudem eine Inselrundfahrt oder Wanderungen zu einem Naturerlebnis.

Moutsamoudou

1 Die Hauptstadt von Anjouan ist das an der Nordwestküste gelegene, gegen Plünderungszüge aus Madagaskar einstmals befestigte Moutsamoudou. Wie Moroni hat die Stadt einen gut ausgebauten Hafen, eine Moschee und schmale Gassen, die sich den Berg hinaufwinden. Das Stadtzentrum nahe dem Hafen ist lebhaft, viele Geschäfte handeln mit den angelieferten Waren, in Lagerhäusern warten Vanille, Gewürznelken, Ylang-Ylang und andere landwirtschaftliche Produkte auf den Export.

Inselrundfahrt

Die etwa 100 km lange Rundfahrt um die Insel, auf meist gut befahrbaren Straßen, kann man an einem Tag zurücklegen, wobei allerdings wenig Zeit für Ausflüge zu Fuß, Besichtigungen, Bade- oder Essenspausen bleibt. Es empfiehlt sich, zwei Tage und eine Nacht in den einfachen Bungalows am Strand von Moya einzuplanen und die Insel im Uhr-

In Moutsamoudou

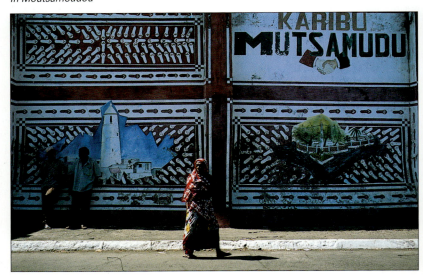

Wohnviertel in Moutsamoudou

zeigersinn zu umrunden, da man so den schönen letzten Teil der Fahrt entlang der Nordküste in der Abendsonne genießen kann.

Sie verlassen die Stadt in östlicher Richtung, vorbei am Strandhotel ›Al Amal‹ und erreichen bald eine Kreuzung. Geradeaus führt die Straße zum Flughafen Ouani, die nach rechts abzweigende Straße führt in ein weites Tal, dessen Hänge zu beiden Seiten mit gepflegten Plantagen bedeckt sind. Zentrum dieses Agrargebietes ist das Dorf **Patsi** 2, von dem aus die Straße zum gleichnamigen Paß hinaufführt. Von dort aus bietet sich ein herrlicher Ausblick auf die Küste im Nordwesten sowie auf die Stadt Tsimbeo im Zentrum eines riesigen erloschenen Vulkankraters. In diesem Krater, der **Cuvette de Bambao,** herrscht ein – im Vergleich zu den Küstengebieten – gemäßigtes Klima. Allerdings fallen häufiger Niederschläge, da die Wolken im Talkessel hängenbleiben.

Wenn Sie Zeit haben, sollten Sie an der auf dem Weg nach Bambao auftauchenden Brücke haltmachen und entlang eines Baches bergauf wandern, bis Sie an den **Wasserfall von Tatinga** und sein Süßwasserbecken gelangen. Die Wanderung dauert etwa 30 Minuten und ist landschaftlich sehr reizvoll. Die Stadt **Bambao** 3 mit ihren großen und kleinen Ylang-Ylang-Destillerien erreicht man auf einer guten Straße nach weiteren 20 Minuten. Die größte Destillerie, die Société Coloniale de Bambao, wurde zu Beginn des 20. Jh. von Parfumherstellern aus Grasse in der Provence gegründet und zur weltweit größten Ylang-Ylang-Produktionsstätte ausgebaut.

Eine gut befahrbare Küstenstraße zwischen Gärten mit Litschi- und Mangobäumen führt nach Süden zur Stadt **Domoni** 4, der Heimat des ersten Staatspräsidenten der Islamischen Bundesrepublik Komoren, Abdallah Abderemane. Sie wird von gepflegten breiten Straßen durchzogen, die Gärten sind mit Blumen geschmückt, in einem Vorort liegt ein großzügiges Krankenhaus und im Zentrum eine repräsentative Moschee. Das Stadtzentrum rund um die Moschee ist ein dichtes Gewirr von engen Gassen. Ein auffälliges neues Gebäude ist das zu Ehren des aus Domoni stammenden ermordeten Präsidenten Abderemane errichtete weiße Mausoleum mit seinen vier Minaretten, gleich neben dem Fußballstadion.

In südlicher Richtung windet sich einige Kilometer weiter eine Paßstraße bis auf knapp 1000 m hinauf und in noch engeren Serpentinen nach Westen zum Küstenort **Moya** 5 hinunter. Einige Kilometer südlich des Ortes befinden sich einfache, aber saubere Bungalows und ein Restaurant. Dies ist ein herrlicher Platz, um eine Rast am feinen, goldgelben Sandstrand einzulegen, bevor man die Fahrt auf einer schlechter werdenden Piste entlang der Südwestküste fort-

Bucht auf Anjouan

setzt – oder um eine Übernachtung einzulegen.

Von Moya geht es durch weite Felder und kleine Fischerdörfer zur Stadt **Pomoni,** von wo ein Abstecher zum **Wasserfall von Lingoni** 6 gemacht werden sollte, der am Ende der Straße hinter dem gleichnamigen Dorf liegt. Bei der Stadt **Sima** überqueren Sie eine weit nach Westen reichende Landzunge und erreichen schließlich den Ausgangspunkt Moutsamoudou auf einer gut befahrbaren Asphaltstraße, die teilweise direkt an der Küste, dann wieder hoch über ihr am Hang entlang verläuft.

Anjouan (Ndzuani)

Mayotte (Maore)

■ (S. 334) Bis vor wenigen Jahren war Mayotte die rückständigste aller Komoren-Inseln. Auf Bestrebungen der Regierung in Paris hin wurden aber bei der Entwicklung der Infrastruktur große Fortschritte erzielt, und die Situation hat sich umgekehrt. Mayotte hat die niedrigste Analphabetenrate, die meisten Straßen, die meisten Restaurants, mehrere Strandhotels und einen Flughafen auf der im Osten vorgelagerten Insel Pamandzi (Petite-Terre), der für die Landung großer Flugzeuge ausgebaut wurde. In der Hauptstadt Mamoudzou auf der Hauptinsel (Grande-Terre) entstanden nahe der Bootsanlegestelle ein neuer Markt, Schulen, Krankenhaus, Verwaltungsgebäude, Geschäfte und Restaurants. Neben der reizvollen Landschaft mit ihren sanften Hügeln, die vom 660 m hohen Bénara überragt wird, ist die riesige Lagune rund um Mayotte die wichtigste touristische Attraktion der Insel. In den regenarmen Monaten von April bis Oktober leuchtet sie türkisgrün, und das Wasser ist glasklar.

Grande-Terre

Die Straßen auf Mayotte sind weitgehend asphaltiert, doch im Norden kurvenreich und bergig. Nehmen Sie sich daher für einen Tag keine ganze Inselrundfahrt vor. Möglichkeiten zur Abkürzung und Rückkehr gibt es immer wieder.

Nordrundfahrt

Wenn Sie in **Mamoudzou** 1 die RN 1 nach Norden nehmen, durchqueren Sie die Vororte Kaouéni und Majikavo und gelangen bald an den hübschen Sandstrand von **Trévani** 2, an dem sich mit dem Hotel ›Trévani Village‹ ein gutes Badehotel befindet. Wenige Kilometer weiter erreichen Sie den neuen Hafen und

Strand (mit schönen Schnorchelplätzen) von **Longoni,** in dem größere Frachtschiffe anlegen können. Die Fahrt führt weiter nach Norden am Strand entlang, manchmal auch einige Kilometer ins Landesinnere, und bietet herrliche Ausblicke auf die vorgelagerten, von Riffen umgebenen Inseln und die türkise Lagune. In **Mtsamboro** 3 finden sich Fischer, die Gäste zu den Inseln übersetzen. Danach führt die Straße wieder nach Süden, an den Dörfern Acoua und Mtsangamouji vorbei. Um die interessanten **Wasserfälle von Soulou** zu sehen, fahren Sie weiter südwärts, bis zur Abzweigung der Straße CCT 2, die an die Nordostküste zurückführt. Von der Abzweigung aus sind es noch 1,5–2 km nach Süden, dann beginnt an einem Hinweisschild ein etwa 1 km langer Fußpfad zum braunen Strand von **Soulou** 4 und dem Wasserfall, der aus knapp 10 m Höhe unmittelbar ins Meer hinabstürzt.

Über die alte Sultansstadt **Tsingoni,** mit der ältesten Moschee der Insel, und **Combani** führt die schmale Bergstraße CCT 3 an die Ostküste und nach Mamoudzou zurück. Wenn Sie Zeit und Lust haben, sollten Sie 2 km östlich von Combani rechts in eine Piste abbiegen, die zum Aussichtspunkt an der Nordflanke des 477 m hohen **Mont Combani** führt.

Südrundfahrt

Brechen Sie früh auf und genießen Sie die herrliche Berglandschaft, solange sie von der Morgensonne beschienen wird.

Erster größerer Ort im Süden ist **Dembéni** 5, umgeben von Ylang-Ylang- und Basilikum-Plantagen. Wenige Kilometer weiter zweigt links (nach Osten) ein Fußpfad auf die Halbinsel Rassi Domonyombé ab, von der sich herrliche Ausblicke entlang der Ostküste Mayottes bieten. Das südlich davon gelegene Städtchen **Bandrélé** 6 ist Ausgangspunkt der Wanderung auf den **Mont Bénara.** Mit 660 m ist er der höchste Gipfel Mayottes. Die Besteigung erfordert keine alpinistischen Fähigkeiten, aber gute Kondition und viel Wasser, denn man benötigt einen ganzen Tag, um zum Hauptgipfel und wieder zurück zu gelangen.

Nach wenigen Kilometern führt die Straße am Strand von **Moutsatoundou** 7 (Musicale Plage) entlang. Hinter **Bambo Est** wendet sie sich dann nach Westen in die Berge. Am höchsten Punkt der Straße zweigt links ein Fahrweg in Richtung Moutsamoudou auf die geschützte Halbinsel von Sazilé ab. Der **Sazilé-Nationalpark** 8, der sich auch auf das Meeresgebiet vor der Halbinsel und die schneeweiße Sandbank von Mtsanga Tsoholé (Ilot de Sable Blanc) erstreckt, ist nur auf einem Fußweg zu erreichen, der auf halber Strecke zwi-

Mayotte (Maore)

schen Moutsamoudou und dem nächsten südlichen Küstendorf Dapani nach Osten abzweigt. Rund um die Halbinsel befinden sich acht geschützte Strände unterschiedlichster Beschaffenheit. Tsindrawé hat einen schwarzen Kieselstrand, Mtsanga Moudou ist ebenfalls schwarz, aber sehr feinsandig, Angalatsara und die übrigen fünf Strände sind hellgelb bis ockerfarben. Wer den mühsamen Fußweg an die Strände scheut, kann sich mit dem Boot hinbringen lassen und dabei einen Abstecher zur strahlend weißen Sandbank Mtsanga Tsoholé machen.

Das Dorf **Dapani** ist auch Ausgangspunkt für eine Wanderung durch primären Wald, entlang dem Fluß Mroni Bé auf den knapp 600 m hohen Mont Choungui, einen eindrucksvoll wie ein ausgestreckter Daumen aus der sanften Hügellandschaft herausragenden Gipfel im Zentrum der südlichen Halbinsel. Auch vom nächsten Dorf **Kani-Kéli** aus gibt es einen einfach zu findenden Fußweg auf den Mont Choungui. Eigentliche Attraktion des Ortes aber ist der wenige Kilometer weiter westlich gelegene Strand von **Ngouja** 9, der als einer der schönsten Mayottes gilt. Zwischen riesigen Baobabs erstreckt sich ein heller, feiner Sandstrand, an dem sich die Bungalows und das Restaurant des Hotels ›Jardin Maoré‹ befinden. Ein idealer Platz, um eine Mittagspause einzulegen und mit Schnorchel und Flossen die herrliche Lagune voller Fische und Korallen zu erkunden.

Chirongui 10 liegt an der Südküste der Baie de Bouéni, einer weiten, durch die Halbinsel Boungoudranavi im Westen nahezu geschlossenen Bucht, deren Ufer von weiten Mangrovenwäldern bewachsen sind. Erst etwa 5 km nördlich von Chirongui erreichen Sie wieder einen sandigen Strand bei **Mtsangachéhi** (Mtsanga Beach), mit einigen zu vermietenden Bungalows. Weiter nach Norden führt die Straße in den zweitgrößten Ort Mayottes, das verschlafene Städtchen **Sada** 11, in dem verschiedenes Kunsthandwerk, wie Strohhüte, Goldschmuck und Töpferwaren, hergestellt werden. Von Sada aus folgen Sie nun der RN 2 nach Osten in die Berge, durchqueren die Dörfer Barakani und Coconi, bevor Sie kurz hinter Tsararano wieder an die Ostküste kommen. Nach wenigen Kilometern kehren Sie auf der Küstenstraße in nördlicher Richtung nach **Mamoudzou** zurück.

Petite-Terre

12 Die ›Flughafeninsel‹ vor der Ostküste hat neben einigen schönen Stränden (Plages de Moya an der Ostküste) und dem Kratersee Dziani Dzaha vor allem eine von der Kolonialzeit geprägte französisch-entspannte Atmosphäre zu bieten. Einige Kolonialbauten sind erhalten oder wieder hergerichtet, in Bars und Restaurants aller Geschmacksrichtungen vergnügen sich Fremdenlegionäre und Entwicklungshelfer. Vom Flughafen aus führt die Hauptstraße der Insel, der Boulevard des Crabes, entlang der Südwestküste durch die dichter besiedelten Inselteile Pamandzi und Labattoir und verbindet Pamandzi über einen Damm mit der Felseninsel Dzaoudzi. An dieser Straße befinden sich die Post, Geschäfte, die Büros der Fluggesellschaften und am Nordwestende auf Dzaoudzi das älteste und beste Hotel von Petite-Terre, das in einem Kolonialgebäude untergebrachte Hotel ›Le Rocher‹.

Nosy Mangabe in der Bucht von Antongil ▷

Tips & Adressen

Tips & Adressen

▼ Das erste Kapitel, **Tips & Adressen von Ort zu Ort**, listet die im Reiseteil beschriebenen Orte in alphabetischer Reihenfolge auf. Zu jedem Ort finden Sie hier Empfehlungen für Unterkünfte und Restaurants sowie Hinweise zu den Öffnungszeiten von Museen und anderen Sehenswürdigkeiten, zu Unterhaltungsangeboten Aktivitäten, Verkehrsverbindungen etc. Piktogramme helfen Ihnen bei der raschen Orientierung.

▼ Die **Reiseinformationen von A bis Z** bieten ein Nachschlagewerk – von A wie Anreise über N wie Notfälle bis Z wie Zeitunterschied – mit vielen nützlichen Hinweisen, Tips und Antworten auf Fragen, die sich vor und während der Reise stellen.

Bitte schreiben Sie uns, wenn sich etwas geändert hat!
Alle in diesem Buch enthaltenen Angaben wurden vom Autor nach bestem Wissen erstellt und von ihm und dem Verlag mit größtmöglicher Sorgfalt überprüft. Gleichwohl sind – wie wir im Sinne des Produkthaftungsrechts betonen müssen – inhaltliche Fehler nicht vollständig auszuschließen. Daher erfolgen die Angaben ohne jegliche Verpflichtung oder Garantie des Verlages oder des Autors. Beide übernehmen keinerlei Verantwortung und Haftung für etwaige inhaltliche Unstimmigkeiten. Wir bitten dafür um Verständnis und werden Korrekturhinweise gerne aufgreifen:
DuMont Reiseverlag, Postfach 10 10 45, 50450 Köln
E-Mail: info@dumontreise.de

Richtig Reisen *Service*

Inhalt

■ Madagaskar:

**Adressen und Tips von Ort zu Ort
(in alphabetischer Reihenfolge)**

Ambalavao 260
Ambanja 260
Ambatolampy 261
Ambatondrazaka 261
Ambilobe 262
Amboasary 262
Ambodifototra 263
Ambohimanga 263
Ambohitantely-Naturreservat 263
Ambositra 263
Ambovombe 264
Ampanihy 264
Ampasimanolotra
(Vohibinany/Brickaville) 264
Ampefy 264
Ampijoroa-Forststation 265
Analabe-Naturpark 265
Analamera-Naturpark 265
Andapa 266
Andasibe (Périnet) 266
Andavadoaka 266
Andevoranto 267
Andoany (Hell-Ville) 267
Anivorano 268
Ankanin' ny Nofy (Traumheim) 269
Ankarana-Naturreservat 269
Antalaha 269
Antananarivo 270
Antsirabe 275
Antsiranana (Diégo-Suarez) 277
Antsohihy 278
Belo-sur-Mer 279
Belo Tsiribihina 279
Berenty-Naturpark 279
Betioky 280
Cap-Ste-Marie-Naturreservat 280
Farafangana 280
Fenoarivo (Fénerive) 280
Fianarantsoa 280
Iharana (Vohémar) 282

Ihosy 282
Isalo-Nationalpark 282
Kaleta-Naturpark 282
Mahajanga (Majunga) 282
Mahambo 283
Mahavelona (Foulpointe) 283
Malaimbandy 284
Manakara 284
Manambato 284
Mananara 284
Mananjary 284
Mantasoa 285
Maroantsetra 285
Marojezy-Naturreservat 286
Miandrivazo 286
Montagne-d'Ambre-Nationalpark 286
Moramanga 287
Morombe 287
Morondava 287
Nosy Be 289
Nosy Boraha (Sainte-Marie) 291
Nosy Nato (Ile aux Nattes) 293
Ranohira 293
Ranomafana 294
Sambava 294
Toamasina (Tamatave) 295
Tolanaro (Fort Dauphin) 296
Toliara (Tuléar) 296
Tsimanampetsotsa-Naturreservat 298
Tsingy-de-Bemaraha-Naturreservat ... 298
Tsiroanomandidy 298
Vangaindrano 299
Vatomandry 299
Zahamena-Naturreservat 299

Reiseinformationen von A bis Z

Anreise 300
Aktivurlaub 301
Armut 305
– Bettler 305
– Diebstahl 306
– Prostitution 306
– Korruption 306
Behinderte 306

Bücher und Karten 306
Diplomatische Vertretungen 307
– Was die Botschaft tun kann 307
Drogen 308
Einkaufen und Souvenirs 308
Einreisebestimmungen 309
Elektrizität 309
Essen und Trinken 310
Feiertage und Feste 310
Fotografieren 311
Frauen allein unterwegs 311
Geld und Banken 312
Gesundheit 312
– Vorsorge 312
– Verhalten bei Erkrankungen 313
– Reiseapotheke 314
– Zahnarzt 314
Handeln 314
Information 315
– Internet 315
Kinder 315
Kleidung und Ausrüstung 315
Lesetips 316
Naturschutz 317
Notfälle 319
Öffnungszeiten 319
Post 319
Reiseveranstalter 320
Reisezeit und Reiserouten 320
Strände 321
Telefon, Fax, Handy, E-Mail 323
Trinkgeld 323
Unterkunft 324
Unterwegs auf Madagaskar 324
– Ankunft am Flughafen 324
... mit dem Flugzeug 325
... mit der Eisenbahn 326
... mit dem Mietwagen 327
... mit dem Taxi 328
... mit dem Pousse-Pousse 328
... mit dem Motorrad 329

... mit dem Fahrrad 329
... mit dem Schiff 329
... mit dem Auslegerboot 330
Verantwortungsbewußtes Reisen 330
Versicherungen 330
Zeitunterschied 331

■ **Komoren:**

**Adressen und Tips von Insel zu Insel
(in alphabetischer Reihenfolge)**
Anjouan (Ndzuani) 332
Grande Comore (Ngazidja) 333
Mayotte (Maore) 334
Mohéli (Mwali) 335

Reiseinformationen von A bis Z
Anreise 336
Bücher und Karten 336
Diplomatische Vertretungen 336
Einkaufen und Souvenirs 336
Einreisebestimmungen 337
Essen und Trinken 337
Feste und Feiertage 337
Geld und Geldwechsel 337
Gesundheit 337
Information 337
Klima und Reisezeit 337
Reiseveranstalter 337
Sicherheit 338
Sport 338
Strom 338
Telefon 338
Unterwegs auf den Komoren 338
Zeitunterschied 338

Sprachführer 339
Abbildungsnachweis 343
Register 344

Adressen und Tips von Ort zu Ort

■ **Hotelkategorien:**

teuer = ab 80 € für zwei Personen pro Tag im Doppelzimmer (Übernachtung ohne Frühstück). Zimmer mit europäischem 3-Sterne-Standard, fließend warmes und kaltes Wasser. Guter, professioneller Service und sehr gutes Restaurant mit französischer Küche.
moderat = 40–80 € für zwei Personen pro Tag im Doppelzimmer (Übernachtung ohne Frühstück). Diese Gruppe der ›guten Gästehäuser‹ steckt voller Überraschungen. Es befinden sich liebevoll geführte, mit Edelholzmöbeln ausgestattete kleine Familien- und Stadthotels darunter, die der oberen Kategorie kaum nachstehen. Andererseits aber findet man unter ihnen auch heruntergekommene Kästen und Plattenbauten mit dem Charme einer deutschen Sozialwohnung aus den 1960er Jahren.
günstig = 20–40 € für zwei Personen pro Tag im Doppelzimmer (Übernachtung ohne Frühstück). Hotels und Gästehäuser mit einem Mindeststandard, der von unkomplizierten Reisenden für ein paar Nächte akzeptiert wird. Manche sind architektonisch geschmackvoll, aber einfach und dem Landesstil angepaßt. Die besseren und teureren unter ihnen sind sauber, haben heißes Wasser, Bad im Zimmer und einen einfachen Frühstücksraum.
Budget-Unterkünfte (ohne Preiskategorie) sind preiswerte, akzeptable Hotels, die für einen sehr niedrigen Preis (10–20 €) ein Bett, Gemeinschaftsbäder und Toiletten bieten. Die Übernachtung in **Hotely Gasy** schließlich ist mit 2–10 € pro Nacht fast umsonst. An großen Durchgangsstraßen von Antananarivo nach Toamasina, Mahajanga und Antsirabe findet man ansprechende Restaurants/Hotels dieser Kategorie, einzelne sogar mit Bungalows. Das Essen in den *Hotely Gasy* wird nicht perfekt serviert, ist aber oft überraschend gut und sehr billig (1–2 €).

Die **Telefonnummern** der ans Telefonnetz angeschlossenen Hotels usw. sind wie folgt angegeben: Die Regionalvorwahl steht unter dem Ortsnamen oder vor der jeweiligen Rufnummer und muß sowohl innerhalb des Ortes bzw. der Region, wie auch von außerhalb immer mitgewählt werden. Ist keine regionale Vorwahl angegeben, kann die Nummer nur aus Madagaskar per Handvermittlung erreicht werden.

Taxis-Brousse fahren auch in den letzten Winkel des Landes, sofern es die Straßenverhältnisse erlauben. Daher werden nur dann Hinweise gegeben, wenn Besonderheiten zu beachten sind. Der Reisepreis pro Person in einem vollbesetzten *Taxi-Brousse* hängt vom (momentanen) Benzinpreis und Straßenzustand ab (s. S. 315 f.).

■ **Restaurantkategorien:**

Die Preise in den Hotelrestaurants beziehen sich auf ein Menü ohne Getränke und entsprechen der Kategorie der Zimmerpreise. Sie liegen bei:

teuer = 15–30 €
moderat = 10–20 €
günstig = 5–15 €

Die von Hotels unabhängigen Restaurants sind preiswert, oft ausgesprochen billig. Alle liegen in der Preiskategorie günstig und sind dennoch sehr gut. Nur die Toprestaurants in Antananarivo gehören zur Kategorie moderat–teuer.

Ambalavao

Lage: vordere Umschlagkarte D3

Tsara Camp (teuer): In den Südwintermonaten von April bis Oktober befindet sich das Tsara Camp mit voll möblierten, großen Zelten und Duschen in einem Tal zwischen den 800 m hohen Granitfelsen des Tsaranoro und den Grenzen des Nationalparks von Andringitra. Anfahrt von Ambalavao aus normalerweise in etwa 45 Minuten, bei schlechten Pistenverhältnissen kann es aber auch 3 Stunden oder mehr dauern. Informationen beim WWF-Büro am Ortseingang von Ambalavao.
Papierfabrik Mathieu: 6 einfache, saubere Zimmer auf dem Gelände der Papierfabrik.

Fabrik Mathieu: Herstellung des Papiers der Antaimoro.
Réserve Naturelle de l' Andringitra (Größe: 31 160 ha, Höhe: 1000–2658 m): Das Naturreservat liegt 50 km südlich von Ambalavao, ist weitgehend unerforscht und hat in der madagassischen Mythologie besondere Bedeutung. Es ist Sitz der Ahnen und des Gottes Zanahary. Daher ist der Besucher innerhalb des Gebietes zahlreichen *fadys* unterworfen. Europäer sollten aus Respekt vor der Kultur und der Religion nicht ohne madagassische Begleitung reisen, um die Fadys nicht aus Unkenntnis zu verletzen. In einer Mehrtagestour kann man den Pic Boby und den Pic Ambondrombe, den heiligen Berg des Stammes der Betsileo, besteigen. Erkundigen Sie sich schon im Hotel in Fianarantsoa nach Führern. Der WWF setzt sich dafür ein, im Norden des Reservats nahe Antanifotsy einen begrenzten Ökotourismus unter strengen Auflagen zu ermöglichen. Näheres beim Büro der ANGAP in Antananarivo und der kleinen Dépendance des WWF am nördlichen Ortseingang von Ambalavao.

Markt am Mittwoch, mit heimischer Pflanzen- und Naturmedizin.

Ambanja

Lage: vordere Umschlagkarte E9

Hermitage Plage (moderat): Eines der großzügigsten und am schönsten gelegenen Strandhotels des Landes mit 19 Zimmern, das leider schwer erreichbar ist; 44 km nordöstlich der Stadt bei Ampasimbary, auf der Halbinsel Ambaro. Transfer mit dem Hotelboot nach Nosy Be (pro Boot 40–50 €, bis zu 14 Passagiere).
Baobab Bungalows (moderat): Schöne Bungalows in gepflegtem Garten mit Tennisplatz und großem Terrassenrestaurant, nahe der Fähre in Ankify.
Palma Rosa (günstig), Tel. 42: Bestes Haus am Ort, allerdings architektonisch verunglückt, 12 Zimmer.
Chez d' Ambelle (günstig): 7 klimatisierte Bungalows am Strand der Baie von Ampasindava am Ende einer Stichstraße, die etwa 20 km südlich von Ambanja von der RN 6 nach Nordwesten abzweigt. Abseits der Welt mit Blick nach Nosy Be.
Bougainvilliers: 300 m abseits der Palmenallee in einer Seitenstraße, 6 Zimmer.
Patricia, Tel. 73: Verwinkelt, über mehrere Hinterhöfe und Gärten verteilte 14 Zimmer mit Gemeinschaftsduschen.

Wenn Sie von Antsiranana kommen, fahren Sie am besten direkt zu einem der Hotels nahe dem Fährhafen Antsahampano (15 km nördlich von Ambanja) und setzen am nächsten oder übernächsten Tag über.

Ankify Marina: Bekannt gutes und schön gelegenes Restaurant, 4 km vom Fährhafen entfernt, hat auch 4 einfache Bungalows.

Die Straße von Ambanja nach Antsohihy ist nur selten (meist im August/September) befahrbar. Es empfiehlt sich daher, bis Antsohihy zu fliegen. Von dort aus regelmäßiger **Taxi-Brousse**-Verkehr bis Mahajanga und Antananarivo.
Linienflüge nach Antsohihy und Nosy Be (mehrmals wöchentlich).
Fährschiffe nach Nosy Be ($1^{1}/_{2}$–2 Stunden). Wenn ausreichend Passagiere da

sind, fahren auch kleinere Boote *(Vedettes).*

Ambatolampy

Lage: vordere Umschlagkarte E5

Manja Ranch, Tel. 42/234: Am südlichen Ortsausgang nach Osten auf eine Piste abbiegen, dann 2 km; Haus mit 4 einfachen, sauberen Zimmern in einem großzügigen, ruhigen Garten.
Au Rendez-vous des Pêcheurs, Tel. 42/204: Einfaches Hotel im Zentrum, 6 Zimmer.
Au Gite de France, Tel. 42/258: Am nördlichen Ortseingang stilvolles koloniales Steinhaus unter hohen Bäumen, 4 Zimmer, Restaurant.
Ravenala: 10 km südlich in Ambohimandroso inmitten großer Reisfelder.

Camping: Am Eingang zur Station Forestière de Manjakatompo.

Faneva: madagassische Küche.
Chez Le Marseillais: französische Küche.
Restaurant Asiatique: chinesische Küche.
Au Rendez-vous des Pêcheurs: französische Küche (alle Restaurants im Stadtzentrum).

Onive-Wasserfall: Vom Busbahnhof (neben dem Bahnhof) fahren bei trockener Witterung nahezu täglich Taxi-Brousse in Richtung Antsampandrano. Günstig ist es, sich am Vortag am Busbahnhof zu erkundigen. Die Sandpiste führt durch weite Reisfelder und das Dorf Antsampandrano mit einem lebhaften Bauernmarkt. Im weiteren Verlauf schlängelt sie sich am Fluß Onive entlang. Auf einem Hügel steht ein Königshaus (Rova), von dem aus man in der Ferne die Wälder der Ostküste erkennt.
Besteigung des Tsiafajavona: 7 km von Ambatolampy entfernt liegt der Ort Ankenyheny. Dies ist der günstigste Ausgangspunkt für die Besteigung des 2643 m hohen Tsiafajavona. Dort zweigt eine Straße zur Station Forestière et Piscicole de Manjakatompo ab. Der Berg und besonders sein Gipfel ist ein heiliger Ort, an dem sich mehrmals pro Jahr Zauberer und Naturheilkundige (Mpsidiki) des Hochlandes treffen und Opferzeremonien abhalten.
Reiten, Fahrradvermietung (ca. 1 € pro Stunde) auf der Manja Ranch.

Bahnverbindungen nach Antananarivo und Antsirabe (täglich).

Ambatondrazaka

Lage: vordere Umschlagkarte E6

Der Besitzer des Hotels ›Voahirana‹ kennt den Regenwald wie seine Westentasche und ist gerne bereit, mit Rat weiterzuhelfen. Auch Jean-Baptiste Randrianomanana wird als besonders landeskundiger und freundlicher Führer gelobt; man findet ihn entweder im Hotel oder am Bahnhof, wo er sich nach Ankunft der Züge nach Kundschaft umsieht. *Halle d'Information* und Bibliothek zwischen Hotel ›Voahirana‹ und dem Fußballstadion.

Voahirana, Tel. 54/81208: Zwischen dem Markt und der *Taxi-Brousse-Haltestelle,* kleines Restaurant im Erdgeschoß.
NAB-Hotel im oberen Stadtteil.
Hotel Max beim Bahnhof.
Bungalows Babakoto nahe am See in Imerimandroso.

Fanantenana: Französische, vietnamesische und madagassische Küche; vom Bahnhof 300 m Richtung Stadtmitte rechts.

Réserve Naturelle de Zahamena: Dieses seit Jahrzehnten geschützte Reservat ist noch völlig ohne zivilisatorische Struktur und kann nur in einem abenteuerlichen Trekking erreicht werden. Genehmigung in Antananarivo beim Landwirtschaftsministerium einholen! Der

Besuch des Reservates ist nicht organisiert, daher schwierig, Unterkunftsmöglichkeiten gibt es nicht.
Station Agricole Ambohitsilaozana: Auf einer Halbinsel liegt an der Endhaltestelle der Eisenbahn 18 km nördlich von Ambatondrazaka eine wissenschaftliche Versuchsfarm, in der viele Kulturpflanzen des Landes – in erster Linie natürlich viele Reissorten – gezüchtet werden. Interessierte Besucher sind willkommen.
Badeseen: Am Nordausgang der Stadt führt eine Straße nach Südosten, die nach 3 km zu den drei krokodilfreien Badeseen Lac d'Antsirika, Lac Bevava und Lac de Sahamaloto führt. Ein lohnendes Ausflugsziel sind auch die **Wasserfälle des Ivondro** im Osten der Stadt, die man per Taxi-Brousse erreichen kann.
Schmugglerpfad: Näheres s. S. 90.

 Sonntags fahren nur wenige **Taxi-Brousse** in die Umgebung.
Eisenbahn nach Moramanga: Abfahrt ca. 8 Uhr, Ankunft dort ca. 12 Uhr.

Ambilobe

Lage: vordere Umschlagkarte F9

Im Zuge des Saphirbooms nördlich von Ambilobe sind neue, vergleichsweise komfortable Hotels entstanden. Das **Hotel Floridas** hat Bungalows mit eigenem Bad gebaut (ca. 30 € pro Zimmer). Etwa gleichen Standard und Preis bieten **Noor Hotel** (moderat), **Hotel de l'Ankarana** (moderat) und Bar-Restaurant **Diamant Blanc** (moderat), die ebenfalls am nördlichen Ortsausgang liegen.
Golden Night, Tel. 82/8: 3 Zimmer mit rot angemalten Glühbirnen.
L'Escargo: 3 Zimmer, auch nicht besser.
Chez Meyer: Ehemals von einem deutschen Einwanderer geführtes Gästehaus am Ortsrand, soll saubere Zimmer haben.

La Vallée Rose: Gutes Essen, mit gemütlicher Terrasse und Neonlicht.
Amical nahe der Taxi-Brousse-Haltestelle.
Restaurant Chamina: Gutes französisch-madagassisches Restaurant mit günstigen Preisen.

 Die Straße nach Iharana ist von Januar bis April unpassierbar.

Amboasary

Lage: vordere Umschlagkarte D1

Au Bon Coin: 4 saubere, einfache Zimmer; Hütten im traditionellen Stil aus dem Holz der dornigen Didiereaceen und eingezäunt von Opuntien.
Mandrare: 4 Zimmer.
Escale: Am Markt, nur für den Notfall.
Hôtel du Lac Anony (günstig): Auf einer Anhöhe oberhalb des Lac Anony, 20 km südlich von Amboasary.
In den Parks (s. u.) gibt es ebenfalls Übernachtungsmöglichkeiten.

Restaurants in den Hotels; Hotely Gasy am Marktplatz.

 Amboasary ist von mehreren interessanten Naturreservaten umgeben. Am Rande ihrer Sisalplantagen hat die französische Pflanzerfamilie De Haulme in den 30er Jahren das 200 ha große **Berenty Reservat** angelegt (s. S. 210). Auf dem Gelände befindet sich auch ein interessantes Museum, in welchem die Kultur der Antandroy anhand von typischen Hütten, Kochstellen, Musikinstrumenten und vielen Fotos erläutert wird. Daneben wurde ein Musterdorf im Baustil der Antandroy errichtet.

Das **Bealoka Reservat** ist ein weiteres Areal 7 km im Norden. WWF und Mitarbeiter des Berenty Reservats sind dabei, nicht endemische Pflanzen, wie die Raiketa (Feigenkaktus), und wilden Sisal zu entfernen, um heimischen Tieren ihren Lebensraum zurück zu geben. Wann das Gebiet der Öffentlichkeit zur Verfügung stehen wird, ist noch nicht abzusehen.

Schließlich gibt es wenige Kilometer von Berenty entfernt ein Gelände, das nicht den wissenschaftlichen Anspruch auf absolute Natürlichkeit wie Berenty hat, und die Vegetation ist noch nicht so dicht und ursprünglich. Da hier im **Kaleta Park** das Füttern der Tiere nicht untersagt ist, sind sie (vor allem die Lemuren) einfacher zu fotografieren. Das Reservat stellt eine vergleichbare, für den Laien kaum dem Original nachstehende und preiswerte Alternative zu Berenty dar, zumal es einen Zeltplatz hat, der gegen ein geringes Entgelt genutzt werden kann.

Ambodifototra

Lage: vordere Umschlagkarte F6
Siehe auch Nosy Boraha S. 291

 Falafa (günstig) und **Tsimialonjaty** (günstig) sind einfache Hotely Gasy am nördlichen Rand des Ortes.
Le Drakkar (günstig) in einem renovierten kolonialen Holzhaus und einigen Bungalows im Garten am Nordausgang der Stadt.
Zinnia (günstig) im Zentrum des Orts beim Hafen ist eine saubere, freundliche und preiswerte Alternative.

 Chez Nana ist ein einfaches Restaurant/Teestube.
Le Barachois im Ortszentrum neben der Haltestelle der Buschtaxis gilt als bestes Restaurant der Stadt.
Le Zinnia am Hafen in einem kleinen Holzhaus.

 Disko II Pirata südlich von Ambodifototra an der Piste zum Flughafen (Mi/Fr ab 21.30 Uhr).

Ambohimanga

Lage: vordere Umschlagkarte E5

 Nouvel Hôtel Touristique: Sehr einfach, 5 Zimmer.
Auberge du Soleil Levant: 6 km südlich von Ambohimanga, mit Restaurant.

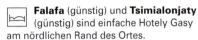 **La Colline Bleue** im Ort, gutes madagassisches Essen.

Restaurant d'Ambohimanga: Unmittelbar neben dem Hauptplatz beim Rova, sehr schöner Blick.
Nahe dem Rova gibt es zwei preiswerte Restaurants Gasy (**Hippocampe** und **Chez Ossy**) mit einfachen madagassischen Gerichten.

 Rova des Königs Andrianampoinimerina: täglich außer Montag von 8–11 und von 14–17 Uhr, Eintritt etwa 3 €. Manchmal *Hira-Gasy-* oder *Mpilalao-*Aufführungen (meist am Wochenende).

Ambohitantely-Naturreservat

Lage: s. Karte S. 161

 ANGAP, Antananarivo, BP 1424, Tel. 22/3 05 18,

Ambositra

Lage: vordere Umschlagkarte E4

 Arts des Tropiques (günstig): Hotel oberhalb eines Ladens, in dem neben kleinen Souvenirs aus den Werkstätten der Zafimaniry auch schöne Möbel aus Edelholz angeboten werden.
Hôtel Restaurant Violette (günstig): Preiswerte Alternative für 10 € das Doppelzimmer (Tel. 47 710 84).
Hôtel Restaurant Tsarfy (günstig): 10 einfache, preiswerte Zimmer mit freundlichem Eigentümerehepaar.

 Tanomasoandro: Preiswertes Restaurant mit einigen Gästezimmern (Tel. 47 713 65), zentral und ruhig gelegen.

 Kunsthandwerk der Zafimaniri in den Werkstätten gegenüber dem ›Grand Hôtel‹, im Gebäude von ›Arts des Tropiques‹ und der Société Jean et Frères.

 Quarzminen und **heiße Quellen** in Ambatofinandrahana: 15 km im Süden von Ambositra zweigt im Dorf

Ivato-Centre eine einst gute Straße zum 80 km im Westen liegenden Ort Ambatofinandrahana ab. Heute ist sie noch mit Geländewagen und bei trockener Witterung befahrbar. An einer Staubpiste 4 km weiter liegen die Quarzminen und die heißen Quellen von Ranomafana.
Antoetra: Südöstlich von Ambositra liegt im Regenwald das Siedlungsgebiet der Zafimaniry. Ausgangspunkt für den Besuch von Antoetra mit seinen Holzschnitzkünstlern ist die Kreuzung beim Ort Ivato-Centre, 15 km südlich von Ambositra. In Antoetra findet man einige einfache Hotely gasy. Wer noch ursprünglichere Orte mit ihren kunstvoll geschnitzten Holzhäusern besuchen möchte, muß gut ausgerüstet und mit Führer zu Fuß weitergehen.

Ambovombe

Lage: vordere Umschlagkarte D1

 Le Relais des Antandroy: Westl. Ortsende, einfache Bungalows aus Euphorbien-Holz.
Hôtel des Voyageurs: Einfaches Hotely Gasy beim Markt.

 Markt, montags am frühen Morgen.

Ampanihy

Lage: vordere Umschlagkarte C1

 Relais d'Ampanihy: 6 Zimmer.
Hôtel Tahio: 4 Zimmer.

 Autostopp als Ausweg, wenn die überfüllten **Taxis-Brousse** nicht halten.

 Lebendiger **Markt,** verlassene **Edelsteinminen** (Granatsteine) etwa 6 km nordöstlich und eine **Baumschule für Trockenwaldpflanzen** die der WWF eingerichtet hat. Für Besichtigungen wendet man sich am besten an den Besitzer des Hotels Le Relais d' Ampanihy.

Ampasimanolotra (Vohibinany/Brickaville)

Lage: vordere Umschlagkarte F5

 Le Florida, an der Bahnstation: 10 einfache, saubere Bungalows

 Hôtel des Amis: madagassische Küche

 Wanderung nach Ambila-Lemaitso: Jenseits der weiten Stahlbrücke über den Fluß am Nordausgang der Stadt zweigt rechts eine Piste ab, auf der man nach 15 km den Kanal des Pangalanes erreicht. Hier wartet ein Floß und bringt Sie auf das gegenüberliegende Ufer, wo ein Pfad entlang des Kanals nach Norden führt. Im frischen Süßwasser des Canal des Pangalanes kann man baden.
Besuch der warmen Quellen von Ranomafana: 45 km südöstlich von Ampasimanolotra zweigt etwa 800 m vor dem Ortseingang eine Piste nach Süden ab, auf der man nach wenigen hundert Meter einen Regenwald erreicht. Folgt man einem dort herunterfließenden Bach findet man warme Quellen, die sich in das kühle Bachwasser ergießen.

 Bahnverbindungen nach Toamasina und Antananarivo (täglich)

Ampefy

Lage: vordere Umschlagkarte D5

 Kavitaha Hotel (günstig), Tel. 48/840 04: Einfach aber sehr schön am Seeufer gelegen.
Regierungsbungalows (günstig), Tel. 22/214 04: Ohne Strom, ohne warmes Wasser aber sehr schön am Seeufer gelegen. Buchung beim Service des Bungalows Administratifs in der Rue de Nice, Antananarivo.

 Wanderung zum Wasserfall am Fluß Lily: Den Fluß aufwärts, über sanfte Hügel, vorbei an Vulkankegeln

erreicht man nach etwa 2-stündiger Wanderung ein Dorf. Kurz davor biegt ein Weg nach links ab. Diesem folgen Sie, bis Sie das ferne Rauschen eines Wasserfalls hören. Im Dorf Antofofo liegt eine alte Mühle, die Sie passieren müssen, dann sehen Sie den Wasserfall. Denken Sie daran, für die lange Wanderung ausreichend Proviant und Wasser mitzunehmen, denn es gibt nichts zu kaufen.

Die **Geysire bei Analavory:** Mit Geländewagen und ortskundigem Führer finden Sie zwei aktive Geysire, Wenn Sie zunächst in den nahegelegenen Ort Analavory und von dort etwa 4 km weiter nach Westen fahren, dort nach Norden abbiegen und der Piste etwa 9 km folgen, erreichen Sie nahe einem Bach die heißen Quellen von Analavory. Einige Geysire speien in Abständen von etwa 15 Minuten heißes Wasser.

Baden in den Kraterseen. Achtung: Erkundigen Sie sich, ob die Seen nicht mit Bilharziose verseucht sind, und ob es hier Krokodile gibt!

Ampijoroa-Forststation

Lage: s. Karte S. 155

 Direction des Eaux et Forêts, Service de la Protection de la Nature, BP 243, Nanisana, Antananarivo 101, Tel. 22/4 06 10 (Ankarafantsika-Naturreservat); WWF, Lot près II M 85, BP 738, Antsakaviro, Antananarivo 101, Tel. 22/3 48 85, Fax 22/3 48 88 *(Station Forestière)*. Das Reservat ist unzugänglich, die Forststation liegt außerhalb des Schutzgebietes und ist gut organisiert.

 Campinggelände (Zelte mitbringen) bei der Station Forestière.

 Mehrere Hotely Gasy in Andranofasika, 4 km von der Forststation entfernt.

 Taxis-Brousse von Ambondromamy und Mahajanga.

Analabe-Naturpark

Lage: s. Karte S. 190

Etwa auf halber Strecke zwischen Morondava und Belo Tsiribihina an der Westküste Madagaskars bei Analabe befindet sich ein seit Jahrzehnten der Natur überlassenes, ehemaliges Plantagengelände. In einigen Jahren werden die endemischen Pflanzen und Tiere Westmadagaskars die ehemalige Plantage vollständig zurückerobert haben, da der Mensch die Natur des Geländes nicht mehr beeinflußt. Für Naturinteressierte lohnt der Besuch, denn auf feuchten Böden wachsen vielfältige, sehr unterschiedliche Pflanzenarten, die Hunderten von Vogelarten, Lemuren und Chamäleons ideale Lebensräume bieten.

 Einfache Bungalows (1999 eröffnet).

Analamera-Naturreservat

Lage: s. Karte S. 126/127

23 km nördlich von Anivorano (du Nord) zweigt bei Sadjoavato eine Piste nach Osten ab und erreicht nach 11 km das Dorf Ankarongana. Von hier aus führen Fußpfade – unterbrochen von Flußläufen, die mit Fähren zu überqueren sind – zu dem unerschlossenen Naturreservat von Analamera. Im Reservat lebt eine ungewöhnliche Vielfalt an Tieren und Pflanzen, die sowohl der Trocken- als auch der Feuchtregion angehören. Eine geologische Attraktion sind die Tsingy rouge, rot gefärbte Kalksteinformationen ähnlich denen der Tsingy du Nord und der Tsingy de Bemaraha. Auf kahlen Hochflächen finden sich Pachypodien und Baobabs, in feuchten Flußtälern Palmen. Sogar Fingertiere (Aye-Aye) und Diademsifakas wurden gesehen.

 Besuchserlaubnis beim Verwalter des Naturreservats in Anivorano; Direction des Eaux et Forêts, Service de la

Protection de la Nature, BP 243, Nanisana, Antananarivo 101, Tel. 22/4 06 10.

Andapa

Lage: vordere Umschlagkarte F8

Tam Yok (günstig): Chinesische Wildwestbar im Ortskern, 4 Zimmer.
Vato Soa (günstig): 8 Bungalows, 10 km vor Andapa auf einer Anhöhe mit Blick in die Berge und auf die Reisfelder in der Ebene.

Marojezy-Naturreservat: Auf etwa halbem Weg zwischen Sambava nach Andapa liegt das Dorf Manantenina. Es ist Ausgangspunkt für Besuche des noch kaum erschlossenen Naturreservats von Marojezy. Näheres s. S. 123.
Andapa-Trekk: Faszinierende Wanderung durch dichte Regenwälder, vorbei an abgelegenen Dörfern und durch enge Täler. Näheres s. S. 304.

Andasibe (Périnet)

Lage: vordere Umschlagkarte E5

Information für das Naturreservat Périnet-Analamazaotra: ANGAP, Antananarivo, BP 1424, Tel. 22/3 05 18; am Eingang zum Reservat und in den Hotels.

Vakona Lodge (moderat): Edellodge im Regenwald mit 12 Bungalows, Schwimmbad, Toprestaurant mit offenem Kamin, Billardtisch und einer Auswahl an französischen Weinen; angeschlossen ist ein sehenswertes Privatreservat.
Feon' ny Ala (günstig): Einfache, saubere Bungalows am Flußufer nahe dem Parkeingang, sehr gute Küche.
Hôtel de la Gare (günstig): Sehr einfache Zimmer im Bahnhofsgebäude, gute Bungalows gegenüber.
Orchidée: Altes Haus aus Edelholz im Ortskern von Andasibe, freundlich und preiswert.

Camping: Information beim Hôtel de la Gare.

Hauptgrund für den Besuch von Andasibe (Périnet) sind die Naturreservate, in denen man den Indri, den - größten aller noch lebenden Lemuren sehen kann. Er ist nur noch selten und in entlegenen Waldgebieten des Nordens der Ostküstenwälder Madagaskars zu finden.
Réserve de Faune de Périnet – Analamazaotra (s. auch S. 94). Weitere Informationen über das Naturreservat bekommen Sie bei: ANGAP, Antananarivo, BP 1424, Tel. 22/3 05 18, Fax 22/3 19 94; Eintritt 20 €, Führer je nach Dauer der Wanderung 5–10 €.
Privatreservat Vakona: Dieses private Naturschutzgebiet hat mit 200 ha 1/4 der Größe des benachbarten staatlichen Naturreservats von Analamazaotra (Périnet). Im Gegensatz zu diesem werden manche Tiere in Gehegen gehalten, um sie leichter zugänglich zu machen. Lehrpfade führen durch das Urwaldgebiet. Entlang der Pfade findet man Erläuterungen zu interessanten Bäumen, Schlingpflanzen, dem einzigen auf Madagaskar heimischen Kaktus und vieles mehr. Eintritt: ca. 2 € pro Person.
Nationalpark von Mantady: Neu eingerichteter Nationalpark, der sowohl dem Schutz des Indri als auch der Erholung für Wochenendausflügler aus Toamasina (Tamatave) und Antananarivo dienen soll. Unmittelbar an der RN, etwa 7 km östlich von Andasibe befinden sich ein Eingangshäuschen und ein Gelände, auf dem Zelten erlaubt ist.

Bahnverbindungen nach Antananarivo, Ambatondrazaka und Toamasina (täglich).

Andavadoaka

Lage: vordere Umschlagkarte B3

Coco Beach (günstig): Bungalows am Strand

Ein neues Hotel (noch ohne Namen) mit höherem Standard wird von der Hotelgruppe errichtet, der ›Le Dauphin‹ und ›Miramar‹ in Tolanaro und ›Capricorne‹ in Toliara gehört. Gäste können mit dem Privatflugzeug eingeflogen werden.

 Das **Dorf Lamboharano** (Baie des Assassins) und der **Lac Ihotry:** Etwa 10 km südlich von Andavadoaka liegt eine weite, durch eine Insel und das Korallenriff vom Meer geschützte Bucht. Dort befindet sich ein Stück landeinwärts das Dorf Lamboharano, wo Werkzeugfunde gemacht wurden, die auf eine frühe Besiedlung durch indonesisch-polynesische Einwanderer hinweisen. 40 km östlich liegt der Lac Ihotry, drittgrößter See Madagaskars. Aufgrund seiner isolierten Lage ist er ein ideales Biotop für Wasservögel. Der den See umgebende Trocken- und Dornenwald beherbergt die ursprüngliche Fauna und Flora Südmadagaskars.

Tauchen, Schnorcheln

Andevoranto

Lage: vordere Umschlagkarte F5

Hôtel Rasoabe: Einfaches Hotel.

Reise entlang des Kanal des Pangalanes: Ab Ambila-Lemaitso kann man sich entlang des Canal des Pangalanes auf Booten und zu Fuß von Dorf zu Dorf durchschlagen (Entfernungen in km jeweils zwischen den genannten Orten): nach Andevoranto 15 km, Vatomandry 45 km, Mahanoro 70 km, Nosy Varika 86 km, bis Mananjary 109 km. Streckenweise sind befahrbare Straßenreste vorhanden, wo Taxi-Brousse verkehren (z. B. Vatomandry bis Mahanoro), auf anderen Abschnitten muß man zu Fuß gehen oder sich bemühen, auf Pirogen mitgenommen zu werden. Abenteuerlich aussehende Reste von Badehotels aus der Kolonialzeit befinden sich in Andevoranto, Vatomandry und Nosy Varika. Im Übrigen muß in Hotely Gasy übernachtet werden.

Andoany (Hell-Ville)

Lage: vordere Umschlagkarte F9
Siehe auch Nosy Be, S. 289

Blue Fish (moderat): 5 hübsche Zimmer, einige Boote, großes Terrassenrestaurant mit Blick aufs Meer und den gegenüberliegenden Hafen (60 € pro Zimmer). War zur Zeit der Recherche (vorübergehend?) geschlossen.
Bungalows d' Ambonara (moderat): Neues, aus Naturmaterialien gebautes Bungalowhotel mit Restaurant, das versteckt in einem Garten am nördlichen Ortsausgang hinter dem Büro der Air Madagascar liegt. Tel. 86/6 13 67.
Foret d'Ylang-Ylang, Tel. 86/6 12 75 oder 22/2 28 54 (moderat): Am östlichen Ortseingang in den Ylang-Ylang-Pflanzungen liegen drei Gästehäuser, die zimmerweise, aber auch im ganzen (inklusive Koch ca. 100 € pro Nacht pro Villa mit 3 Doppelzimmern) gemietet werden können.
Hôtel de la Mer, Tel. 86/6 13 53 (günstig): Nach einer gründlichen Renovierung ist aus einer Bruchbude ein brauchbares Stadthotel mit einigen sauberen Zimmern geworden. Von der großen Terrasse hat man einen unglaublich schönen Blick aufs Meer und die Nordwestküste Madagaskars. Wer Kakerlaken im Bett nicht mag, sollte die teureren Zimmer wählen.
Hotely Gasy (günstig): Einige Hotely Gasy wie das Sambatra Hotel, die Épicerie Chez Kiki, die Hotels Saloon und Venus sind besser als die normalen Eß- und Schlafstationen im übrigen Madagaskar, aber nicht geeignet, einen erholsamen Inselurlaub zu verbringen.

Die Hotels **Blue Fish** auf der Westseite des Hafens und das **Ambonara** am Nordwestausgang der Stadt haben ausgezeichnete französische Küche. Dessen gemütliche Bar – mit einer Riesenauswahl an Rhum arrangé (ähnlich unserem Rumtopf) verschiedener Geschmacksrichtungen – ist abendlicher Treffpunkt der besserverdienenden Europäer auf der Insel.

King's City (moderat), mit gutem chinesischem Essen.

L'Arléquin (günstig) und das **Express** (günstig) sind Treffpunkte und Informationsbörsen für Globetrotter.

Chez Looky (günstig) hat neben indischen Gerichten auch Milchmixgetränke, Fruchtsäfte und Eiscreme.

Chez Nana (günstig) auf dem Boulevard de l´Indépendance ist für frische und gut gewürzte (viel Knoblauch und Pfefferschoten) Meeresfrüchte bekannt.

Oasis (günstig) wird wegen eines besonders guten Preis-Leistungsverhältnisses gelobt.

Daneben gibt es **einfache Kneipen** wie Classic, Au Bon Gout, Nintsika, Resto Degustation und die **Eisdiele Chez Abou**; alle liegen im Ortszentrum.

Preiswerter und landestypischer ißt man abends kurz nach Sonnenuntergang an den **offenen Ständen** auf den Bürgersteigen einiger unbeleuchteter Gassen zwischen Stadtzentrum und Hafen.

Flug: Das Büro von Air Madagascar befindet sich am nördlichen Ortsausgang der Stadt an der Route de Dzamadzar-Ambonara (Boite Postale 112, Tel. 86/613 60, Tel. am Flughafen 86/613 13). Es gibt vom Flughafen Fasenina (10 km nördlich von Andoany) tägliche Linienflüge nach Antananarivo, Mahajanga (Majunga) und Antsiranana (Diego-Suarez).

Fähre: Überfahrt mit dem Fährschiff nach Antsahampano (15 km nördlich von Ambanja) und Ankify; Abfahrt jeweils bei Flut, Fahrzeit etwa zwei Stunden. Der Preis beträgt nur etwa 3 €. Bei Bedarf stehen auch kleine, allerdings nur wenig vertrauenerweckende Motorboote (Vedettes) bereit – ist das Meer nicht absolut ruhig und windstill, will die Fahrt zweimal überlegt sein!

Frachtschiffe: Wöchentlich legen mehrmals Frachtschiffe nach Mahajanga (Majunga) und Antsiranana (Diego-Suarez) ab (Fahrzeit 2–3 Tage). Sie zu benutzen ist billig, aber mindestens ebenso gefährlich wie im Fall der Vedettes. An Bord herrscht ständiger Kampf um die besten Schlafplätze und schattige Ecken; im Anschluß an die Reise braucht man einige Tage Urlaub.

Buschtaxis: Zwar verkehren regelmäßig Buschtaxis zwischen der Stadt und den verschiedenen Dörfern am Strand, doch ist es für *vazaha* fast unmöglich, mitgenommen zu werden. Es scheint eine Absprache zu geben, wonach Buschtaxis keine ausländischen Touristen akzeptieren und sie auf die normalen, individuell zu mietenden Taxis verweisen. Der Preis ist vorher auszuhandeln, und Sie müssen deutlich machen, daß Sie den Wagen für sich haben wollen. Andernfalls kassiert der Chauffeur zunächst von Ihnen den vollen Preis und nutzt dann die Gelegenheit, nebenher als Buschtaxi nochmals ein Geschäft zu machen.

Mietwagen: In Strandhotels und bei Nos-Auto (Tel. 86/6 11 50) in Andoany neben der Tankstelle am nördlichen Ortseingang bekommen Sie recht gute Mietwagen und Motorroller, mit denen Sie allerdings die Insel nicht verlassen dürfen!

Musikfestival Donia: Jedes Jahr im Mai wird in Andoany ein Musikfestival mit den besten Musikern des westlichen Indischen Ozeans veranstaltet. Höchste Qualität ist garantiert, denn madagassische Musiker sind von hervorragender Qualität und die Segagruppen aus Mauritius und La Réunion können ähnlich wie karibische Steelbands für Stimmung sorgen.

Anivorano

Lage: vordere Umschlagkarte F9

 Hôtel Paradis (günstig) und **Hotel du Lac** (günstig) am Markt.
Einige **Hotely Gasy**.

 Verschiedene gute Hotely Gasy nahe dem Markt.

Analamera Naturreservat (s. S. 133).

Ankanin' ny Nofy (Traumheim)

Lage: vordere Umschlagkarte F5

Les Pangalanes (moderat), Tel. 22/3 34 03: 12 Bungalows.
Buschhaus (günstig), Tel. 22/58 78, Fax 22/51 17: 6 Zimmer und 2 Bungalows, geschmackvolle, landesangepaßte Holzarchitektur.
Village Atafana (günstig), Tel. 22/2 23 64: Saubere Bungalows auf der Sandbank zwischen Indischem Ozean und dem Kanal (alle am Ufer des Ampitabe-Sees).

Besuch der La Palmeraie – Botanischer Garten von Antsirikahalota: In diesem schön angelegten Garten, nur etwa 20 Minuten zu Fuß oder 5 Minuten mit dem Boot vom Buschhaus entfernt, leben in geschützter Natur verschiedene Lemurenarten, darunter auch Aye-Aye (Fingertiere), die man sonst nur sehr selten zu Gesicht bekommt!
Wasserski, Windsurfen beim ›Buschhaus‹.

Bahnverbindung von Andranokoditra nach Toamasina und Antananarivo, **Bootscharter** nach Toamasina und Manambato, **Flüge** nach Antananarivo und Toamasina von der privaten Landepiste beim ›Buschhaus‹.

Ankarana-Naturreservat

Lage: s. Karte S. 126/127

ANGAP, Antananarivo, BP 1424, Tel. 22/3 05 18; WWF, Lot Près II M 85, BP 738, Antsakaviro, Antananarivo 101, Tel. 22/3 48 85, Fax 22/3 48 88.

Hotels in Ambilobe (s. S. 262), Anivorano (s. S. 268), Antsiranana (s. S. 277) und Ambanja (s. S. 260).

Camping: Campinggelegenheit im Naturreservat.

Tsangatsaina: Feier der Rückkehr des Königs der Antankarana aus dem Exil auf Nosy Mitsio im Jahr 1797; alljährliche Pilgerwanderung *(Ziara)* zum Grab des Königs Mohamady Tsialana im Dorf Ambatoharanana.

Taxi-Brousse nach Antsiranana und Ambanja.

Antalaha

Lage: vordere Umschlagkarte G8

Erkundigen Sie sich in der Pharmazie Kam Hyo nach Herrn Zschokke. Er ist seit Anfang der 1980er Jahre in Antalaha als Zahnarzt tätig und kümmert sich mit seiner Frau gerne um erschöpfte *Traveller,* Tel. 88/8 13 03.

La Résidence du Cap (moderat): Strohgedeckte, spitzgieblige Holzbungalows an einsamem Korallenstrand 30 km südl. von Antalaha. Nahe dem Naturreservat von Masoala. Anfahrt per Boot, da die Piste häufig nicht passierbar ist.
Les Cocotiers (günstig): Einfaches Bungalowhotel mit chinesischem Restaurant.
Hôtel du Centre, Tel. 88/8 11 67: Sauberes Stadthotel im Zentrum.
Ocean Plage, Tel. 88/8 12 05: Bungalows, zu Fuß 15 Min. südlich der Stadt, am Strand.

Le Bambou, Chez Marie-Jeanne, Chez Vélin (alle mit französisch-madagassischer Küche).

Ausflüge in das Naturreservat Masoala mit Erlaubnis und Führer der ANGAP, die ihr Büro beim Hotel Les Cocotiers hat.
Besuch von Vanillefabriken: 3 km südwestlich von Antalaha, am Ende der ausgebauten Piste (RN 5a) zum Dorf Maromandia, befindet sich eine interessante Vanille-Versuchsplantage, die sich über Besucher freut.
Traditionelle Bootsbaubetriebe: Im Hafen werden die für die Ostküste Mada-

gaskars typischen Motorboote für den Transport von landwirtschaftlichen Produkten von den Anbaugebieten zu den großen Exporthäfen gebaut. Sie werden aus Edelholz von der Halbinsel Masoala in monatelanger Handarbeit hergestellt.

Linienflüge nach Sambava, Maroantsetra, Toamasina und Antsiranana (1- bis 2mal pro Woche)

Antananarivo

Telefonvorwahl: 22
Lage: vordere Umschlagkarte E5

La Maison de Tourisme de Madagascar, an der Place de l´Indépendance gegenüber dem Café du Jardin; BP 3224, Antananarivo 101, Tel. 3 25 29, Fax 3 25 37, geöffnet werktags 9.30– 11.30 und 15.30–17.30 Uhr; Informationsblätter und Karten.
Tourismusministerium, Lalana Fernand Kasanga, BP 610, Tsimbazaza, Tel. 2 62 98 (beim Botanischen Garten); Informationsblätter und Karten.
Eine Nachrichtenbörse für deutsche Reisende ist der **Cercle Germano-Malagasy** (Arabe ny 26. Jona), eine Einrichtung der madagassischen Regierung in Zusammenarbeit mit dem Goethe-Institut. Sie ist in einem Gebäude an der großen Freitreppe untergebracht, die vom Zoma-Marktplatz aus in südöstlicher Richtung in die Oberstadt führt.
Espace Dera, Vereinigung der professionellen Reiseveranstalter. Route de l' Université, BP 83308; Tel. 7 88 56; www.madagascar-guide.com/top.
Tourisme de la région océan indien. http://int.tourism-news.com
Eisenbahn: Vanofotsy Voyages, gare de Soarano; Tel. 2 05 21.
ANGAP: Die Nationale Gesellschaft für die Bewirtschaftung der Naturschutzgebiete (Lalana Ratsafindratandra Randramazo, Tel. 3 05 18, Fax 3 19 94, geöffnet werktags von 8–12 und 14–16 Uhr) erteilt die Genehmigungen für den Besuch der von ihr verwalteten Naturreservate und hält zu manchen auch Informationsbroschüren bereit. Die Genehmigungen können auch bei den Parkeingängen eingeholt und bezahlt werden. Der Eintritt zu den Naturreservaten beträgt generell 50 000 FMG = ca. 20 € (Jahr 2001).
World Wide Fund for Nature (WWF), Lot près II M 85, BP 738, Antsakaviro, Antananarivo 101, Tel. 3 48 85, Fax 3 48 88.

Es gibt Dutzende Hotels in und um die Hauptstadt, so daß die folgende Aufstellung nicht komplett sein kann. Es wird eine Auswahl von Hotels vorgestellt, die in ihrer Preisklasse einen guten Standard bieten.

■ **Hotels im Stadtzentrum...**

... mit internationalem Standard:
Hilton Hotel (teuer), Rue Pierre Stibbe Anosy, Tel. 2 60 60, Fax 2 60 51: Gutes Geschäftshotel mit Konferenzräumen, Boutiquen, Restaurants, Bar, Pool, Friseur, Reisebüro usw., 120 Zimmer
Colbert (teuer), Rue Prince Ratsimamanga, Tel. 2 02 02, Fax 3 40 12: In der Oberstadt, 5 Min. zu Fuß ins Stadtzentrum; koloniales Flair, 80 Zimmer.
Hôtel de France (moderat), Avenue de l'Indépendance, Tel. 2 13 04, Fax 201 08, hdf_tana@dts.mg: Dieses renovierte Hotel liegt in der Avenue de l´Indépendance (BP 607) unter den Arkaden. Schöner Blick vom Frühstücksraum und der Bar auf das Treiben auf der Avenue. 39 Zimmer.
Hotel Bourbon (moderat), Rue Benyovski 12, Tsaralalana. Tel. 22 279 42: Mit guter Pizza und gelegentlicher Lifemusik am Abend.
Hotel IBIS (moderat), 4, Place de l'Indépendance, Tel. 6 29 29: Neues 3-Sterne-Hotel in Antaninarenina. Mit klimatisierten Zimmern, gutem Restaurant im Gebäude gegenüber dem Präsidentenpalast am Place de l'Indépendance. Sehr zentral, nahe verschiedener Banken, dem Postamt und der Treppe hinunter in die Unterstadt gelegenes Hotel mit gemütlichem, ruhigem Innenhof.
Karibotel (moderat), Tel. 6 65 54: Neues, gutes 2- bis 3-Sterne-Hotel im renovierten

Gebäude entlang der Av. de l'Indépendance in Analakely.
La Résidence (moderat), BP 265, Lot II H 40, Ankarena Ankadidramamy, Tel. 2 01 01, Fax 2 84 77: Neues gutes Stadthotel mit Friseur, Fitnessraum, Pianobar und Konferenzraum.
Radama (moderat), 22 Avenue Grandidier, Tel. 3 19 27, Fax 3 53 23: Gutes Geschäftshotel im Zentrum.
Hotel Bellevue (moderat), BP 3542, Lot VB 30, Ambatoroka, Tel. 2 85 66: 26 Zimmer, gutes Hotel unter deutsch-madagassischer Leitung.
Hotel Royal Palisandre (moderat), Faravohitra, 13, Rue Andriandahifotsy: Mit Edelholzmöbeln schön eingerichtetes Hotel in der Oberstadt, mit atemberaubendem Ausblick auf die Av. de l' Indépendance.

...mit einfachem Globetrotterstandard:

Le Karthala (günstig), 48, Rue Andriandahifotsy Faravohitra, Tel. 2 48 95: Kleines Hotel (7 Zimmer) in einem Bürgerhaus in der Oberstadt. Freundlich, mit Familienanschluß.
Chez Aina (günstig): Ein weiteres von Reisenden empfohlenes Gästehaus mit zwei Häusern in einem großen Garten im Stadtzentrum zu 30–50 € pro Zimmer je nach Größe. Da Aina 15 Jahre in Frankreich lebte, kann sie gut zwischen den Kulturen der Gäste und des Landes vermitteln.
Masoandro (Chez Véronique Rakotoarivelo, günstig), 70, Boulevard Gallieni, Tel. Tel. 94/4 12 46: Sauberes, privates Gästehaus mit nur 2 Zimmern mit Dusche und WC in einem renovierten, madagassischen Herrenhaus in der Oberstadt, nahe dem Rova und dem Botanischen Garten (ca 15 € pro Zimmer mit Frühstück).
Hotel Indri (günstig), Rue Karija Tsaralalana: Kleines, sauberes Hotel im Zentrum. Jedes Zimmer mit eigenem Bad.
Solimotel (günstig), Tel. 2 50 40: Im Stadtteil Anosy zwischen dem gleichnamigen See und der Buschtaxi-Haltestelle nach Süden. 32 Zimmer, etwa 30 € pro Zimmer mit Frühstück.

Hotel Anjary (günstig), 89, Lalana Razafimahandry (Rue de Liège), Tel. 2 44 09, Fax 2 34 18, anjary@compro.mg: 67 geräumige Zimmer, freundliches Personal, nicht immer sauber.
Hotel Mellis (günstig), Fax 2 24 43.
Auberge de Jeunesse (günstig), Jugendherberge in der 76, Rue Ratsimilaho, an der Av. de l´Indépendance hinauf zur Place de l´Indépendance auf der rechten Seite. Jugendherbergsausweis ist nicht erforderlich.

■ Hotels in den Außenbezirken:

Le Rendez Vous des Chasseurs (moderat), Tel. 4 63 68: Ruhige Bungalows in einem Garten im südlichen Vorort (Richtung Antsirabe).
Au Transit (günstig), BP 5260, Tel. 4 54 42, Fax 4 45 81: Komfortabel, 15 Min. mit dem Auto zum Flughafen.
Auberge du Jardin, Lot. 57 B, Talatamaty, Route d'Ivato, Tel. 4 41 74, Preis 10–15 € pro Zimmer.
Chez Jeanne (günstig): Jeanne ist eine herzliche Gastgeberin und mit einem Deutschen Herrn Katzwinkel verheiratet. 250 m nördlich des Marktfleckens Talatamaty an der RN 4 nach Mahajanga (Majunga) zweigt ein Weg nach links zu dem gemütlichen 5-Zimmer-Gästehaus ab.
Le Refuge (günstig), Ambohibao, Tel. 4 48 52: Auf halbem Weg zwischen Flughafen und Stadt; 12 Zimmer.
Le Cheval Blanc (günstig), Ivato, Tel. 4 46 46: 10 Minuten zu Fuß vom Flughafen. Hier wohnt man nahe dem Flughafen einfach und preiswert (30–50 € pro Zimmer). Zu günstigen Preisen gibt es gute madagassische und französische Gerichte. Die Gäste des Hotels werden mit dem Hotelbus vom Flughafen abgeholt und wieder hingebracht.
J&V Guest House (günstig), Ivato, 12, Ouest Ambohijanahary 453, Boulevard Ratsimandrava, Tel. 4 54 18: Einfach, freundlich und ruhig.
Auberge d'Alsace (günstig), Mandrosoa, Tel. 4 46 56.
Hotel Mahatazana (günstig), Ampitatafika (Tangaina) 102, Antananarivo. Tel./Fax

0 02 61 30 23 8 25 19 oder 20 781 24, hotel-mahatazana@foni.net.

Chinesische Küche:
Le Grand Orient (günstig), in der Arabe Andrianampoinimerina im Rückgebäude des Mureille de Chine: Preiswerte und sehr gute chinesische Küche, entspannte Atmosphäre meist mit Klavierbegleitung.

Französische Küche:
Le Restaurant (teuer), im Stadtteil Behoririka, BP 8414, Tel. 2 82 67: Sehr französisch und sehr exklusiv, in einem renovierten französischen Kolonialhaus. Voranmeldung ratsam, am Sonntag geschlossen. Von Donnerstag bis Sonntag gibt es Jazzmusik und Kabarett von der Hausband. Erstklassig!
La Vieille Auberge (teuer), 27, Rue Félix Andriamanana. Tel. 2 85 20: Französische Gerichte und Pizza in einem renovierten Herrenhaus aus der Kolonialzeit.
La Rotonde (moderat), Tel. 2 22 66: Französische Küche in gemütlichem Rahmen im Hotel ›Grégoire‹.
Le Grill du Rova (günstig), in der Oberstadt im Ortsteil Avaradrova zwischen dem Palast des Premierministers und dem Rova gelegen (Tel. 6 27 24): Menue zu Mittag, jeden Sonntag musikalische Unterhaltung im Garten durch eine madagassische Musikgruppe und Fondue Bourgignone (Fleischfondue) zum Abendessen.
La Taverne (günstig), Tel. 2 02 02: Spitzenrestaurant im Hotel ›Colbert‹.

Indisch-pakistanische Küche:
Le Shalimar (günstig), 5, Lalana Mahafaka, im Stadtzentrum. Tel. 2 60 70: Vegetarische, indische Küche. Keine alkoholischen Getränke.
Le Kashmir (günstig), Rue Dr. Ranaivo Tsaralalana. Tel. 3 28 42.

Italienische Küche:
Chez Lorenzo, Gartenrestaurant in Androhibé. Tel. 22 427 76.
Le Chalet des Roses, Antsahavola. Tel. 3 54 56 (Pizzaofen!).
Coups de Pate, Ambatanakanga. Tel. 2 31 18: Umfangreiche Karte, italienische Weine.

Japanische Küche:
Le Kyou (teuer), Ampandrana Ouest, Tel. 2 34 36: Teuer und edel, in japanischem Stil eingerichtet. Sehr gute japanische Küche.

Kreolische Küche von La Réunion
La Chaumière (moderat), Route Club du Car, Tel. 4 42 39.
L'Ile Bourbon (moderat), Rue Benyovski 12, Tsaralalana. Tel. 2 79 42: Auch gute Pizza, abends manchmal Lifemusik am Piano.
La Maison Créole (moderat), in Tsiadana, Tel. 3 89 14: Kreolische Spezialitäten von den französischen Antillen. Terrasse mit schönem Blick (montags geschlossen).

Madagassische Küche:
Chez Mariette (Table d'Hôte, moderat), 11, Rue George V, Faravohitra, Tel. 2 16 02: In einem traditionellen madagassischen Stadthaus; sensationelle französisch-madagassische Hausmannskost in privater Umgebung (ideal für Gruppen von 12–40 Teilnehmern); telefonische Voranmeldung!
Fiadanana (günstig), Arabe Andrianampoinimerina, an der Rückseite des Muraille de Chine-Blocks: Günstige madagassische Küche.
Saka Manga (günstig), Rue Ratianarivo Ampasamadinika, Tel. 3 58 09, Fax 2 45 87: Gutes und preiswertes Restaurant im Stadtteil Ampasamadinika. Neben madagassischen und französischen Gerichten gibt's auch Hamburger für die Kleinen und Rhum arrangé für die Großen.
Tsiky Restaurant (günstig), Rue Robin Ramanelina, ca. 10 Min. vom Hotel Colbert entfernt, Tel. 2 83 83.
Tatao (günstig), Restaurant des Hotels ›Radama‹, spezialisiert auf gehobene madagassische Küche.
Hotely Gasy (günstig): Typisches und preiswertes madagassisches Essen bieten Garküchen rund um den Zoma. In großen, vom Rauch der offenen Feuer geschwärzten Hallen gibt es allerlei Eintöpfe, Fleisch-

und Geflügelgerichte. Man ißt an wenig komfortablen Holz- oder Steinbänken. Madagassen sind erstaunt, dort einen *vazaha* anzutreffen, weshalb man Sie beim Essen mit neugierigen Blicken begleiten wird. Ein resistenter Globetrottermagen und eine großzügige Einstellung hinsichtlich der Hygiene sind vorteilhaft...

Vietnamesische Küche:
Le Doan Van Bien (moderat) ; Rue du 12e Bataillion Besarety. Tel. 2 30 89.

Cafés:
Ein ruhiger Platz, um sich vom Gedränge auf dem Zoma zu erholen, ist das **Café Goethe** im Gebäude des Cercle Germano-Malagasy (Goethe-Institut), einige Stufen die Treppe vom Markt in Richtung Place de l'Indépendance hinauf. Hier finden Sie deutsche Zeitschriften und Filme, madagassische Musik, eine schöne Aussicht und die Möglichkeit zum Erfahrungsaustausch mit anderen Reisenden; an Sonn- und Feiertagen sowie mittags (12–14.30 Uhr) geschlossen.
Weitere Cafés: Le Frigeor (im ›Hôtel de France‹), Pâtisserie (neben dem Hotel ›Colbert‹), Croissant d'Or (Lalana Indira Ghandi), Pâtisserie Suisse (Lalana Rabevehitra), La Croissanterie (beim Zoma)

Diskotheken: Kaleidoscope, 8, Avenue Grandidier Rabehevitra, Antaninarenina; Le Caveau, 6, Avenue Grandidier Rabehevitra, Antaninarenina; Indra, Lalana Ingereza, Tsaralalana; Papillon Bar, im ›Hilton Hotel‹ (auch Live-Musik).
Bars mit Musik: Le Buffet du Jardin, *Vazaha*-Treff mit Snack und offener Terrasse in Antanimera; L'Acapulco, beim Hotel ›Colbert‹, 14 Rue Ratsimilao; Le Petit Bistro, im ›Hilton Hotel‹.
Spielkasinos: Club de Madagascar im ›Hilton Hotel‹; Casino de Madagascar im ›Colbert‹.

Kultur: Théatre Municipal in Isotry, traditionelles madagassisches *Hira Gasy* jeden Sonntag; Centre Albert Camus, Avenue de l'Indépendance, französisches Kulturzentrum mit allabendlichen Konzerten, Theatern, Filmaufführungen; Cercle Germano-Malagasy (Goethe-Institut), deutsches Pendant des Cercle Albert-Camus mit ähnlichem Programm, aber darüber hinaus auch deutschsprachigen Filmen.

Landkarten von Madagaskar: beim Hersteller F. T. M. (Lalana Dama-Ntsoaha Ratsafintsalama, Tel. 2 29 35, geöffnet 7–11 u. 14–17 Uhr), in der Buchhandlung Librairie de Madagascar (36, Avenue de l'Indépendance, beim ›Hôtel de France‹) und im Laden des ›Hilton Hotel‹.
Steinschleifereien: Le Quartz, Route Circulaire, Manakambahiny, Tel. 2 33 88; Compagnie Generale, Tsaralalana, Tel. 2 28 83.
Kunsthandwerk: La Maison de l'Artisanat, in Ambohibao.

Rova (Palais de la Reine): wegen eines Brandes bis zum Wiederaufbau geschlossen.
Musée des Arts et d'Archéologie (auch Musée d'Isoraka), Lalana Dokotera Villette: Mo–Fr 8–11.30 u. 14–17 Uhr.
Botanischer Garten Tsimbazaza und Museum der Académie Malgache (am Parkeingang): Di–So 10–17 Uhr.
Agence Nationale de Madagascar (ANTA), Rue Ralaimongo Ambohidahy Antananarivo: Alte Aufnahmen und Stiche von Magadaskar; es können Kopien erworben werden.

Reisebüros:
Transcontinents, 10, Avenue de l'Indépendance, Tel. 2 23 98, Fax 2 83 65, transco@dts.mg;
Madagascar Airtours, Hilton Hotel, Tel. 2 19 74, Fax 3 43 70;
Voyages Bourdon, 15, Rue Patrice Lumumba, Tel. 2 96 96, Fax 2 85 64;
Boogie Pilgrim, 40, Avenue de l'Indépendance, Tel. 2 58 78, Fax 2 51 17;
Rova Travel, 37, Rue Refotaka, Tel. 2 76 67, Fax 2 60 51;
AKL, Lot II i 34, Ampandrana, Bel Air, Tel. 2 62 05, Fax 3 55 05;
Hirondelle, II G 20 D, Ambatomaro, Tel. 4 14 39, Fax 4 14 40.

Gasy Mirindra, 215, Antohomandinika Sud, Lot IVO, 101 Antananarivo, Tel. 3 38 41.

Fahrräder vermietet Mad Eva Travel, Rue Clémenceau, Tel. 4 83 30. Größere Radexpeditionen werden von Dieter Popps Mugau-Tours, BP 9019, Andranonhoatra Itoasy, Antananarivo 102, Tel./Fax 6 30 49 (c/o Europe Tours) und vom Hotel ›Mahatazana‹ organisiert. Für mehrtägige Fahrten sollten Sie ein gutes Rad mitbringen, denn die Qualität der Miteräder ist oft nicht erstklassig.

Motorräder: Madagascar on Bike hat neben Straßenenduros Honda Transalp und Eine Honda Africa Twin für seine Kunden. Einige einfache Zimmer als Ausgangs- und Rückkehrpunkt der Touren. Tel./Fax 4 84 29, Fax 089-2443-91384, Handy 00261-33-11 381 36, www.madagascar-on-bike.com. Die Touren können Sie zusammen mit Flug und Rahmenprogramm (Baden, Inlandsflüge, Naturreservate u.s.w.) beim Madagaskarspezialisten Trauminsel Reisen (Tel. 08152 9319 20, www.Trauminselreisen.de) in Deutschland buchen.
Enduromaschinen für Sandpisten bekommt man bei: FlashMoto, Av. Rainizanabololona (Hinterhof), Antanimena, Tel./Fax: 6 53 47. MadaTraces, Ivato, Fax 4 50 21, Antsiranana (Diego-Suarez) Tel. 82 236 10. MadAventures, Ivato, Fax 4 83 17, www.madaventure.com. Trajectoire, Toliara (Tuléar), Tel./Fax 94 433 00, www.trajectoire.it

Reiten: Club Double M, BP 1398, Antananarivo: im Vorort Androhibe.

Golf: Golf du Rova, Tel. 2 92 25: 18-Loch-Platz in Ambohidratrimo; Kurzmitgliedschaft kann über Reiseagenturen oder Hotels in Antananarivo organisiert werden.

Stadttaxis sind zum größten Teil uralte Renault R4, die an Steigungen Schwierigkeiten bekommen. Einheitspreis für Taxifahrten im Stadtzentrum etwa 1 € (bis etwa 5 km im Umkreis des Bahnhofs und des Marktes). Für viele Verbindungen im weiteren Bereich gibt es eine Tariftafel, die im Taxi aushängen sollte. Wenn sie fehlt, muß verhandelt werden. Während der Hauptverkehrszeiten (morgens um 8 und abends zwischen 17.30 und 18.30 Uhr) ist die Verhandlungsposition schlecht, ansonsten sehr gut, denn es gibt viele Taxis. Ab 20 Uhr gilt ein um 100% höherer Nachttarif. Für Tagesfahrten durch die Stadt und in die Umgebung können Sie auch ein Taxi nehmen, das vor den guten Hotels (Colbert, Hilton, Plazza) stationiert ist. Die Fahrer haben vergleichsweise gute Autos und gelten als gute Fremdenführer – sonst würde das Hotel ihnen nicht das Privileg einräumen, auf seinem Parkplatz zu stehen. Den Preis müssen Sie aushandeln; er darf pro Tag nicht über 70 € liegen!

Taxis-Be und **Taxis-Brousse** für Überlandfahrten: Die Station im Westen (Lalana Pastora Rahajason, beim Lac Anosy) bedient die Nationalstraßen RN 1 und RN 7 nach Westen und Süden. Die Station nordöstlich des Hauptbahnhofs (Arabe A. Toeraim, Stadtteil Ambodivona) bedient die Nationalstraßen RN 3 und RN 4 nach Norden und Nordosten. Die Station im Osten (Stadtteil Ampasapito) bedient die Nationalstraße RN 2 nach Osten.

Autovermieter: Aventour, Immeuble Fiaro, Antananarivo, 3 17 61, Fax 2 72 99. Avis, 3 Rue P. Lumumba, Antananarivo, Tel. 2 04 35, Fax 2 16 57. Budget, 4, Av. de l'Indépendance, Antananarivo, Tel. 611 11. Europcar (Madarent), Route des Hydrocarbures, BP 8243 Antananarivo, Tel. 3 36 47, europcar@malagasy.com, (vermietet vorwiegend VW). Hertz, 7 Rue Rabefiraisana Analakely, Antananarivo 101 und am Flughafen, Tel. 9 61, Fax 3 36 73, somada@dts.mg. Locauto, 52 Av. 26 Juin 1960, BP 8150, Antananarivo, Tel. 2 19 81, Fax 2 48 01. Tropicar, 15 Rue Ratsimilao, Antananarivo, Tel. 2 65 68, Fax 2 02 82.

Eisenbahn: Der Bahnhof liegt am Nordende der Avenue de l'Indépendance. Verbindungen mehrmals pro Woche nach Ambatolampy (2 Std.) und Antsirabe

(5 Std.) im Süden und nach Manjakandirana/Lac Mantasoa (4 Std.), Moramanga/Andasibe (6 Std.), Ambatondrazaka/Lac Alaotra (10 Std.) und Toamasina (12–14 Std.) im Osten. Fahrzeiten erfragen Sie am besten am Bahnhof, denn sie hängen vom Wohlbefinden der drei noch funktionierenden Lokomotiven ab. Gruppen können über Reisebüros die Schienenbusse ›Vikoviko‹ und ›Tsikirity‹ (nach dem Hersteller der Gummireifen auch ›Micheline‹ genannt) mieten; jeweils 19 Sitzplätze.

Linienflüge: Air Madagascar hat über 50 Landepisten, die mindestens einmal pro Woche von Antananarivo aus angeflogen werden. Flugpläne existieren zwar, werden aber oft spontan geändert, um die Einnahmen zu maximieren. Fluggesellschaften: Air Madagascar, 31, Avenue de l'Indépendance, Tel. 2 22 22 (Reservierung aller Inlandflüge, 7.45– 11.30 u. 14–18.30 Uhr); Aeroflot, 19, Lalana Ratsimilao, Tel. 2 35 61; Air France, 29, Avenue de l'Indépendance, Tel. 2 23 21

Mietflugzeuge: Air Madagascar, (s. o.); Aeroclub d'Antananarivo, BP 628, Tel. 4 40 95. Für Charter- und Rundflüge wenden Sie sich am besten an ein Reisebüro. Auch Eckehard Olchowsky, Geschäftsführer des Cercle Germano-Malagasy, kann Flugzeuge vermitteln.

Antsirabe

Lage: vordere Umschlagkarte D4
Telefonvorwahl: 44

Tophotels (teuer):
Die Spitzenklasse in Preis und Leistung bildet seit der Renovierung Mitte der 90er Jahre das Hôtel des Thermes. Das neue Arotel mit hoher Eingangshalle, großen Zimmern, Pool im Garten und sogar Tennisplätzen hat zwar nicht so viel Flair, dafür sind die Räume größer und heller.
Hôtel des Thermes, Tel. 4 87 61, Fax 4 92 92: Prunkhotel, intensives, koloniales Flair, Pool, schöne Aussicht.
Arotel, Rue Ralaimongo, Tel. 4 81 20: Sehr komfortabel, zentral gelegen und mit großen Zimmern, Tennisplatz, Pool.

Mittelklasse (moderat):
Les Résidences Camélia et Aloalo, Tel. 4 88 44: Zimmer in einer schönen, renovierten Stadtvilla und ausgezeichnete Mahlzeiten!
Hotel Trianon, Avenue Maréchal Foch, Tel. 4 88 81: Vermietet in einer Villa aus Kolonialzeiten mit schönem Garten einige saubere Zimmer; Besitzer ist ein französischer Edelsteinhändler, der auch eine Steinsammlung besitzt. (Zimmer mit Dusche pro Nacht um die 25 € mit Frühstück.
Villa Nirina, Tel. 4 86 69: Eine auf Madagaskar ungewöhnliche Unterkunft ist die Villa Nirina. In einem hübschen, von einem Garten umgebenen Privathaus befinden sich 5 kleine Zimmer. Das Gemeinschaftsbad ist sauber; gefrühstückt wird in der Küche. Alles ist sehr einfach, aber gepflegt und mit 20 € pro Zimmer preiswert.
Chez Daniele: Gleich neben der Villa Nirina steht dieses Privathaus, das ebenfalls Zimmer mit Gemeinschaftsbad und Familienanschluß anbietet (15 € pro Zimmer).
Hotel Diamant, Tel. 4 88 40: Das Hotel mit einem guten chinesischen Restaurant liegt nahe des nördlichen Ortsausgangs (nicht weit von der Villa Nirina). Die Zimmer kosten 50–100 € und sind ein wenig komfortabler als in der Villa Nirina. Dafür ist die Atmosphäre unpersönlich. Diskothek!
Gold-Hotel, gegenüber Hotel Diamant, fünf Zimmer, Preis zwischen 10 und 15 € für Übernachtung. Toilette und Dusche außerhalb, bestens für Traveller mit schmalem Budget geeignet.
La Casa Hotel, an der Straße nach Antananarivo, 200 m vom Hotel Diamant entfernt: 7 Zimmer, sehr gutes Restaurant; Zimmer von 10–25 €.
Hotel les Capucins, Tel. 32 07 565 89: Kleines, einfaches Stadthotel mit 14 Zimmern in einer ruhigen Nebenstraße. Doppelzimmer 10 €.

Einfache Hotels (günstig):
Im Straßendreieck Rue Benjowsky, Avenue de l'Indépendance und Avenue Maréchal Foch finden sich die Hotels **Niavo, Soafytel Rubis** (Tel. 4 80 55) und **Baobab** (Tel. 4 83 93). Alle drei Hotels sind preiswert. **Gästehaus** und Internet-Café Ville d'Eau (Tel. 4 99 70, intcorn@simicro.mg) in der Rue Jean Ralaimongo.

Hotelrestaurants:
Hôtel des Thermes und **Arotel:** edle französische Küche.
Hôtel Diamant: chinesische Küche.

Einfache Restaurants (günstig):
Restaurant Zaza Ne, Rue Dupleix, Tel. 4 93 85: gute madagassische Küche.
Restaurant Manambina, Tel. 4 93 02: Gutes, preiswertes Restaurant nahe der Taxi-Brousse Haltestelle nach Antananarivo. Wird von einem deutsch-madagassischen Ehepaar geführt und hat madagassische, französische und chinesische Gerichte auf der Karte.
Les 3 Lémuriens, gegenüber Hotel Baobab nach Osten: Gutes, preiswertes Restaurant in der Rue Benyowski.
Kabary, Tel. 4 96 07: Neuer Jugendtreff im Zentrum mit Snackrestaurant, Teesalon, einigen Zimmern und abendlichen Musikveranstaltungen. Es werden auch Ausflüge organisiert.
La Halte und Chez Stefanie: Beide liegen nahe beieinander in einem Block zwischen Route de Vélodrome und Rue d' Andon Flavelle am Nordende des französisch-kolonialen Stadtteils mit seinen breiten und rechtwinklig angeordneten Alleen. Während Chez Stéphanie eine einfache Snackbar ist, gilt La Halte als eines der besseren Restaurants der Stadt, obwohl es preislich eher gemäßigt ist.
Pizzeria Tarantella, Tel. 47 21: 16 Pizzasorten, bei deren Zubereitung man zusehen kann.
Le Fleuve Parfumé: Vietnamesische Küche mit guten Fischgerichten.
Razafimamonji: Treffpunkt der jungen Leute, nahe beim Markt.
Buffet de la Gare, im Südflügel des Bahnhofsgebäudes, preiswert.

Diskotheken: Club Tahiti im Hotel ›Diamant‹ und Club Sagittaire beim Bahnhof.

(Halb-)Edelsteine bei Père Joseph (bzw. seinem Sohn) und im Hotel ›Trianon‹. Bei beiden finden Sie Amethyste, Rauchquarze, Berylle, Turmaline und vieles mehr.

Centre de Contact Culturel (4 km südlich der Stadt): Um madagassische Kultur bemühtes neues Haus; Voranmeldung bei H. Mananjean (Tel. 4 89 02 oder 4 87 02).
Sabotsy: Ein großer Samstagsmarkt, auf dem die Bauern der Umgebung ihre Waren verkaufen. Nahe der Taxi-Brousse-Station im Westen der Stadt.

Thermalbad: tägl. 7–10 und 14–15 Uhr. Für ungefähr 3 € können Sie medizinische Anwendungen wie Massagen und Bäder genießen.
Golfplatz in Ivohitra.
Tennis im ›Hôtel des Thermes‹.
Reitstall: Am Park de l' Est, einer großen Grünfläche östlich des Bahnhofs, befindet sich ein Reitstall. Hier kann man Pferde für Ausritte in die hügelige Landschaft rund um Antsirabe mieten. Die Miete von etwa 10 € pro Tag beinhaltet einen berittenen Fremdenführer.
Fahrradvermietung: Für Tagesausflüge verleiht Touristic Excursion in der Rue Jean Raleninongo, Chez Hélène (Av. de l' Indépendance) und beim Restaurant La Halte mehr oder weniger zuverlässige Räder; Preis pro Tag etwa 7 €. Tip: Fahren Sie mit dem Rad (oder der Rikscha) zum Lac Tritriva oder nach Betafo. Zurück von Betafo, da bergauf, am besten mit dem Taxi und dem Fahrrad auf dem Dach.
Modellfabrik Miniature Mamy: In einer kleinen Werkstadt nahe dem Park de l' Est werden originalgetreu Modelle der Pousse-Pousse von Antsirabe hergestellt. Zur Touristensaison im Juli und August ist die Nachfrage so groß, daß bis zu 10 Handwerker daran basteln und einige Dutzend pro Tag herstellen. Die Modelle sind billig (ein paar Euro), denn das Rohmate-

rial bekommt die Werkstatt kostenlos – vom Müllberg: Getränkedosen, alte Taschen, elektrische Geräte. Sie dienen als Ausgangsmaterial für die Räder, die Sonnendächer und die gepolsterten Sitze der Mini-Rikschas. Die Rikschafahrt vom Hotel zur Werkstatt kostet weniger als 1 €, und mit dem Kauf eines Modells erwirbt man nicht nur preiswert ein schönes Andenken, man unterstützt auch den studierten Biologen Mamy, der in seinem gelernten Beruf keine Anstellung bekommen kann, und vor allem seine Mitarbeiter.

Vorsicht vor Angeboten inoffizieller Guides, die Descente du Tsiribihina (Fahrt auf dem Boot von Miandrivazo nach Belo Tsiribihina) gegen Vorauskasse zu organisieren (s. S. 189)!

Bahnverbindungen nach Ambositra und Antananarivo (3- bis 4mal pro Woche, je nach Zustand der Lokomotive).
Linienflüge nach Antananarivo und nach Fianarantsoa (1- bis 2mal pro Woche).
Das **Pousse-Pousse** (Rikscha) ist das gebräuchlichste Verkehrsmittel in Antsirabe, und die Fahrer sind in der Regel freundlich. Nur bei Ankunft des Zuges kann der Kampf um die Fahrgäste unangenehm sein. Vorsicht auch bei dem Angebot, nach der Fahrt so viel zu bezahlen, wie Sie für richtig halten, denn es wird zu wenig sein. Es ist besser, den Preis vorher auszuhandeln. Die kurzen Fahrten in der Stadt und zu den Hotels, die fast alle in Bahnhofsnähe liegen, kosten höchstens 0,50 €. Rechnen Sie für eine Stunde *Pousse-Pousse*-Rundfahrt etwa 3 €.

Antsiranana (Diégo-Suarez)

Lage: vordere Umschlagkarte E10
Telefonvorwahl: 82

Hotel Colbert (moderat), Av. Colbert, Tel. 2 32 89, Fax 2 32 90, hlcdiego@dts.mg: Neues, gepflegtes Hotel mit 27 großen Zimmern. Momentan wohl das beste Haus in der Stadt.

Hôtel de la Poste (moderat), Tel. 82 14 53: Am Ende der Rue Joffre im Herzen des kolonialen Hafenviertels liegt dieses traditionsreiche, renovierte und recht saubere Hotel. Es ist Treffpunkt von Matrosen, Saphirhändlern, Entwicklungshelfern und ihren meist einheimischen Bräuten. Das Restaurant ist gut, Atmosphäre morbid-kolonial (ca. 80 € pro Zimmer).
Résidence Pain du Sucre (günstig), Hotelanlage 1 km östlich von Diego rechts der Straße nach Ramena mit schönem Blick auf die Bucht und den Zuckerhut.
Kings Lodge, 20 km östlich von Antsiranana, auf halbem Weg nach Ramena am Fuß der Montagnes des Francais. Tel./Fax 2 25 99, www.kingdelapiste.de (ca. 60 € pro DZ).
Escale (günstig), Bungalowhotel mit guter chinesischer Küche, nur etwa 1 km nördlich des Flughafens in Richtung Diego auf der rechten Straßenseite.
Simonette Hotel (günstig), Gästehaus im Kolonialstil 1 km südlich des Ortseingangs nach Diego-Suarez.
Hotel Valiha (günstig), Rue Colbert; wird wegen des guten Restaurants gelobt (ca. 20 € pro Zimmer).
Fian-Tsi Laka (günstig): Einfache madagassische Unterkunft mit preisgünstigem Restaurant (Meeresfrüchte); kostet etwa 20 € pro Zimmer pro Nacht und soll von allen einfachen Hotels das freundlichste und sauberste sein.
Hotel Maymoune (günstig), Rue Bougainvillee: ca. 20 € pro Zimmer und Nacht.
Balafomanga (günstig), Rue Louis Brunet, eine Seitenstraße des Hauptplatzes Place Foche, Tel. 2 28 94.
Le Triskele: Am Meer, nahe dem Hafen, eigener Katamaran.

Hotels in Ramena (20 km östlich):
Hotelclub Baie du Sakalava (moderat): komfortables Strandhotel an der Sakalava-Bucht.
Ramena Nofy (moderat): 15 Bungalows und großes, offenes Restaurant, 200 m vom Strand entfernt.

 Madagassische Küche (günstig): Das **Libertalia** (Tel. 221 94) am

Place Foche (madagassisch und vietnamesische Küche), ist nicht nur ein gutes Restaurant, sondern auch ein Treffpunkt der Jugend. Am Wochenende gibt es abends madagassische Lifemusik.
Le Balafomanga, Rue L. Brunet.

Chinesische Küche (günstig):
Au Lotus, Rue Lafayette
L' Extrême Orient, Rue Duchesne, Tel. 2 20 42.

Französische Küche (moderat):
Le Vénilla, Rue Surcouf: Gilt als das beste französische Restaurant der Stadt.
La Pirogue, in der Mitte der Rue Colbert: Französische Küche gehobener Qualität.
Le Nouvel Hotel, Rue Colbert 75.

Italienische Küche (moderat):
La Candela, am Südende der Rue Colbert.
L' Amiral, Pizzeria im Boulevard Etienne.

Vietnamesische Küche (günstig):
La Jonque, Rue Bougainville, Tel. 2 18 27: Ausgezeichnete vietnamesische Menues.
Libertalia (s. oben).

Snacks und Cafés (günstig):
Brésil Café im Stadtzentrum, vor der Hauptpost. Ein schönes Nachmittagskaffee ist auch das **Nina Glace** mit kleinen Gerichten, Kuchen, indisch-pakistanischen Snacks, frisch gepreßten Fruchtsäften, Joghurt und indischem Tee (Rue de Suffren). **Glace Gourmande** macht dem Nina Glace Konkurrenz, was sich sehr positiv ausgewirkt hat, denn das Eis wird immer besser, die Einrichtung phantasievoller – ein Tip an heißen Nachmittagen oder nach der Rückkehr von einer anstrengenden Tagestour in die Montagnes d'Ambre oder die Montagnes des Francais.

Restaurants in Ramena:
Bei **Jean** gibt es *Romazava* auf Bestellung und Zeltplätze unter Palmen. Am Ortseingang liegt am Strand das **Badamera,** das für erstklassige Essen gerühmt wird. Gute Küche auch im **Ramena Nofy** und im ideal am Strand gelegenen **Oasis.**

Junge Leute treffen sich in der **Libération Bar,** wo es am Wochenende ein Freiluftdancing mit Live-Musik gibt. Treffpunkte der Szene sind die freitags, samstags und sonntags ebenfalls mit Live-Musik aufwartende **Disko des Foyer Secren** und die Diskotheken **La Taverne** und **La Vahinée,** beide in der Rue Colbert. Daneben gibt es noch mehrere Diskotheken (z. B. Flash, Tropical). Alle öffnen gegen 22 Uhr.

Verschiedene **Reisebüros,** wie Blue Marine, Madagascar Airtours, Quatro Evasion und King de la Piste (unter deutscher Leitung), können Mietwagen, Motorräder und Fahrräder besorgen und bieten gut organisierte Ausflugsfahrten an.
King de la Piste, Tel. 2 25 99, verleiht Mietwagen, Mountainbikes und Motorräder und ist auch bei der Organisation eines Autos/Chauffeurs/Guides zu den Sehenswürdigkeiten und nach Nosy Be behilflich. Das Büro liegt neben dem Hôtel de la Poste. Preise: Geländewagen ca. 150 €, Renault R4 ca. 90 €, Motorrad ca. 80 €, Fahrrad ca. 30 € pro Tag.
Ibonia, Tel 2 96 56, gilt als der beste Organisator von Touren zu den Nationalparks der Umgebung.
Reitställe und Reitunterricht am südöstlichen Ortseingang von Ramena.
Tauchen vom ›Ramena Nofy‹ aus im Mer d'Emeraude.
Windsurfen in den Dunes und der Bucht von Sakalava.

Linienflüge nach Nosy Be, Mahajanga, Antananarivo (täglich), Sambava und Toamasina (3- bis 4mal pro Woche). Der Flugplatz befindet sich 6 km südlich der Stadt.

Antsohihy

Lage: vordere Umschlagkarte E8

Central-Hôtel, Tel. 67/7 10 96: Im oberen Stadtteil, 16 Zimmer.
Hôtel la Plaisance, Tel. 67/7 10 40.

Chez Kola Be: Beim Taxistand in der Unterstadt, hat auch preiswerte Zimmer.
Bienna Bar: Am westlichen Ortseingang beim Air-Madagascar-Büro.

Ausflug nach Analalava und zu benachbarten Inseln: Analalava war zu Kolonialzeiten das Verwaltungszentrum eines großen Gemüseanbaugebietes nordwestlich von Mahajanga (Majunga). Die Kolonialgebäude zerfallen, einige alte Straßenlaternen funktionieren noch. Von hier aus können Sie unbewohnte Inseln vor der Küste besuchen, die man mit großen Pirogen der einheimischen Fischer von Analalava aus in etwa 2 Stunden erreicht. Die größte Insel heißt **Nosy Lava**. Hier findet man Grotten und Überreste islamischer Besiedlung aus früheren Zeiten. Schöne Strände und Schnorchelgründe hat auch die benachbarte Insel **Nosy Saba**, die von einem Korallenriff umgeben ist. Sie liegt allerdings etwa 30 km weiter im Norden, was 1 Reisetag mit der Piroge entlang der Küste in Anspruch nimmt. Proviant und Zelt müssen mitgenommen werden. Schließlich befindet sich weiter im Norden die Inselgruppe **Nosy Radama** mit den Inseln Nosy Valiha, Nosy Antanimora, Nosy Kalakajoro und einigen anderen. Die Inseln sind unbewohnt, von einem Korallenriff und einer türkisen Lagune umgeben. Weitere Traumstrände findet man in der lediglich per Boot erreichbaren **Baie de Moramba** 50 km südlich von Analalava. Dies ist eine fast komplett geschlossene Bucht von 1 km Durchmesser und mit vielen kleinen durch spitzes Kalkgestein (Tsingy) voneinander abgegrenzten Stränden. Übernachtung: Narinda Hotel (günstig) oder Hotel Varatraza (günstig). Beide in renovierten Gebäuden aus der Kolonialzeit.

Auch überzeugte Taxi-Brousse-Reisende sollten bis Ambanja fliegen, da die Piste sehr schlecht ist.
Linienflüge nach Ambanja (mehrmals wöchentlich).

Belo-sur-Mer

Lage: vordere Umschlagkarte B/C 4

Campement Éspace Océan (moderat): Schöne Bungalows; Ausrüstung zum Tauchen, Schnorcheln, für Ausflüge zu vorgelagerten Inseln, zum Hochseefischen (Schwertfisch, Bonito, Thunfisch usw.). Die Bungalows sind nur mit der Piroge erreichbar. Buchung und Transfer durch das Büro ›Espace 4x4‹ in Morondava.

Belo Tsiribihina

Lage: vordere Umschlagkarte C5

Hôtel de Madagascar (günstig, auch Hôtel du Menabe) an der Hauptstraße: Einfach, 5 Zimmer für 2–4 Personen; gute madagassische Küche.
La Marina de Belo (günstig), Tel./Fax 9 55 24 51: Zum Meer und zu den Mangroven ausgerichtete Bungalows von gutem Standard.

Fitampoha: Reinigung der königlichen Reliquien alle 5 Jahre (s. S. 194 f.).

Eine **Taxi-Brousse-Verbindung** gibt es nach Morondava. Abfahrt jeden Morgen um 5 Uhr auf der südlichen Flußseite.
2x wöchentlich **Linienflugverbindung** nach Maintirano und **Bootsfahrt** nach Miandrivaso.
Landepiste für **Privatflugzeuge** bei Bekopaka und beim privaten Naturreservat Analabe.

Berenty-Naturpark

Lage: s. Karte S. 203

12 **Bungalows** auf dem Parkgelände; Hotels in Tolanaro (s. S. 296) und Amboasary (s. S. 262).

Von den Hotels **Le Dauphin** und **Miramar** in Tolanaro (Fort Dauphin) werden Tagesfahrten in den Park angeboten, zu denen Sie frühmorgens aufbrechen und erst kurz vor Sonnenuntergang zurückkehren (ca. 100 € inklusive Mittagessen). Wer nicht in einem dieser Hotels wohnt, muß sich frühzeitig anmelden und einen etwa 20 % höheren Preis bezahlen. Billiger kommt man mit dem Taxi-Brousse nach Amboasary (2 €) und von dort zu Fuß durch Sisalfelder zum Parkgelände.

Betioky

Lage: vordere Umschlagkarte C2

Hôtel Mahafaly: 4 Zimmer; Übernachtung besser im **Teheza Hôtel,** Tel. 19, im nahen Bezaha (1 Stunde Fahrzeit).

Cap-Ste-Marie-Naturreservat

Lage: vordere Umschlagkarte C1

ANGAP, Antananarivo, BP 1424, Tel. 22/3 05 18.

Le Catus Hôtel (günstig) mit 10 Bungalows, etwa 25 km im Osten am Strand des Faux Cap.

Campingmöglichkeit beim Leuchtturm von Cap Ste. Marie. Nähere Informationen erhalten Sie von der ANGAP (s.o.).

Verkehrsverbindungen: keine

Farafangana

Lage: vordere Umschlagkarte E2

Hotel Tulipes Rouges (günstig), mit chinesischem Restaurant.
Les Roses Rouges (günstig), Tel. 73/9 11 54.
Les Cocotiers (günstig), Tel. 73/9 11 87, Fax 73/9 11 88.

Le Relais d'Agnambaly, Tel. 73/9 11 50; einfaches Hotely Gasy.

Le Lac, Les Palmiers und Les Mimosas: Alle französisch-madagassische Küche.

Taxi-Brousse und **Taxi-Be** nach Manakara, Vohipeno und Vangaindrano, wo die Asphaltstraße im Süden endet. Die Straße durch den Regenwald nach Westen, die in Ihosy Anschluß an die Nationalstraße zwischen Fianarantsoa und Toliara (Tuléar) hat, ist vom Urwald überwuchert und kann nach langen Trockenperioden nur mit Allradfahrzeugen befahren werden.
Linienflüge nach Antananarivo, Mananjary und Taolanaro (Fort Dauphin) ein- bis zweimal pro Woche – aber nur, wenn Bedarf besteht!

Fenoarivo (Fénerive)

Lage: vordere Umschlagkarte F6

Hotely Doany (günstig) und **Mandrosoa** (günstig). **Girofle d'Or** (günstig): Hübsche Bungalows am Strand. **Tsara Hely** (günstig), Tel. 53/1 16: Im Zentrum, 12 Zimmer.

Restaurants in den Hotels **Mandrosoa** und **Doany**.
Günstig und gut läßt sich auch in einigen Hotely Gasy essen.

Fianarantsoa

Lage: vordere Umschlagkarte E3
Telefonvorwahl: 75

Service Provincial du Tourisme, Tel. 5 06 67: Herr Stella Ravelomanantsoa unternimmt Ausflüge in die Umgebung (Weinberge, Rindermärkte, Sahalavy-See usw.) und vermietet Pkw. Er spricht Deutsch und kann interessante Details aus der Geschichte der Stadt und der Region erläutern.

Soafia (moderat), Tel. 5 03 53, Fax 5 05 53: Bestes Hotel der Stadt, gutes Restaurant; Bar, Pool, Boutique, Bäckerei, *Salon de Thé;* geräumige Zimmer mit Bad und heißem Wasser.
Tsara Guesthouse (moderat), Tel. 5 02 06: Hübsche, saubere Zimmer (die teureren Zimmer mit eigenem Bad sind empfehlenswert); effektive Unterstützung bei der Organisation von Ausflügen, schöne Terrasse mit Blick auf Reisfelder und Oberstadt.
Hotel Radama (moderat), Ecke Arabe Ny Fahaleovantena – Rue de Verdun, Tel. 5 07 97, Fax 5 13 76: Neues, sauberes Hotel (60–70 € pro Zimmer) in einem Neubau der mittleren Stadt, nahe des Marktes; Zimmer mit Telefon und die teureren mit Fernseher, aber wenig madagassischer Atmosphäre.
Hôtel Relais du Betsileo (moderat), Tel. 5 00 03: Am Bahnhof, Zimmer etwas muffig.
Plazza Inn (moderat), Tel 5 15 72: Am Markt, nüchtern, zweckmäßig, sauber.
Jims Bed and Breakfast (günstig): Familienpension für ca. 40 € pro Doppelzimmer
Arinofy Hotel (günstig): Das Hotel im Osten, nahe der Buschtaxi-Haltestelle, hat preiswerte, einfache Zimmer (40–60 € pro Zimmer) und bereitet auf Anfrage gute und preiswerte Mahlzeiten zu. Es ist zu Recht bei Globetrottern und Rucksackreisen beliebt.
Hotel Papillon (günstig): Ruhig, etwas unpersönlich, dafür aber günstig in einem alten Kolonialgebäude unmittelbar neben dem Bahnhof oberhalb des Restaurants Chez Papillon gelegen. Gut für ein luxuriöses Abendessen vor der Abreise mit der Bahn nach Manakara geeignet. Manche Zimmer sind ein wenig feucht. Vorher zeigen lassen!
Hotel Cotsoyannis (günstig), Rue Printsy Ranaharo, Ampasambzaha, Tel 514 72: Preiswert, aber auch einfach.
Hotel Escale (günstig), Tel. 5 00 31: Das Hotel in der Rue Printsy Ramaraho in der Unterstadt, wo Fianarantsoa am madagassischsten ist, hat ein preiswertes Restaurant und ist Budget-Reisenden zu empfehlen (mit Disko).

Hotel Arinofy (günstig): Beliebtes Globetrotterhotel nahe der Haltestelle der Taxi Brousse die nach Süden fahren.

 Chez Papillon (moderat): Im gleichnamigen Hotel gelegenes französisches Restaurant, das seinem Ruf als eines der bestes Restaurants des Landes in der Regel gerecht wird. Nur einzelne Reisende berichteten von Enttäuschungen, die meisten aber sind voll des Lobes über preiswerte Menüs exzellenter Qualität.
Tsara Guesthouse (moderat): Ausgezeichnetes französisch-madagassisches Abendessen.
Salon de Thé (im Hotel Soafia): Nachmittagskaffee mit frischem Gebäck aus der eigenen Konditorei.
Restaurant Abou (Rue Printsy Ramaharo): indisch, wirkt nicht gut gepflegt.
Mangabe und **Lotus Rouge**: Wer chinesische Küche liebt und preiswert essen will, sollte diese beiden Restaurants probieren.

Diskothek Moulin Rouge, nahe Hotel ›Soafia‹

Eisenbahn nach Manakara: Planmäßige Abfahrt Dienstags, Donnerstags, Samstags und Sonntags um 7 Uhr. Ankunft jeweils um 14.30 Uhr. Nehmen Sie diesen Fahrplan als Planungshilfe und erkundigen Sie sich gleich nach Ihrer Ankunft am Bahnhof, wann der nächste Zug wirklich fährt. Wann der Zug in Manakara ankommt, erfahren Sie frühestens wenn Sie 7,5 Stunden drin gesessen sind! Preis 2ter Klasse ca. 10 €; 1ter Klasse ca. 15 €.
Linienflug nach Antananarivo: Da andere Städte schlechtere Straßenanbindung haben, fällt der einmal wöchentlich geplante Flug häufig aus.
Taxis für den innerstädtischen Verkehr zum Einheitspreis von etwa 1 €
Stadtbusse: Etwa 0,20 € pro Strecke.
Buschtaxis fahren nach Antananarivo (10 Stunden, 6 €), Ranomafana (3 Stunden, 2 €), Ambalavao und weiter nach Ihosy, Ranohira und Toliara (Tuléar).
Omnibusservice nach Toliara (Tuléar): Täglicher Service, der ein wenig teurer ist

als das Buschtaxi, dafür aber auch bequemer und mit besserem Ausblick auf die großartige Landschaft des Südens.
Autovermietung: Bei Madagascar Airtours, gegenüber dem Bahnhof.

Iharana (Vohémar)

Lage: vordere Umschlagkarte F9

Infos bei Air Madagascar, Tel. 88/31.

Sol y Mar (günstig): Hübsche Bungalows am Strand.
Poisson d'Or: Sehr einfach.

Restaurants in den Hotels; mehrere Hotely Gasy.

Linienflüge nach Sambava und Antsiranana (1mal wöchentlich).

Ihosy

Lage: vordere Umschlagkarte D3

Chez Farjon (günstig): Am westlichen Ortsausgang etwa 1 km vom Taxi-Brousse-Stand entfernt liegt dieses ›Tophotel‹ (ehemaliges Zahamotel) der Stadt mit 12 Bungalows, hübschem Restaurant und Bar (Tel. 92/83).
Feonarivo-Hotel (günstig): Preiswertes Hotely an der Straße nach Toliara (Tuléar), vom Ortsausgang Richtung Taxi-Brousse-Stand nach ca. 200 m.
Le Relais Bara (günstig), Tel. 94/17: Zentral gelegen; 8 saubere, einfache Zimmer.

 Rund um die Taxi-Brousse-Haltestelle verschiedene **Hotely Gasy** höherer Qualität (Empfehlung: Hotely Dasimo).

Verkehrsverbindungen: Taxi-Brousse nach Fianarantsoa, Farafangana (nur August/September) und Taolanaro (Fort Dauphin) sowie mehrmals in der Woche nach Ranohira und Toliara (Tuléar). Wenn Sie nach Ranohira wollen, sollten Sie sicherheitshalber bis Toliara (Tuléar) oder Ilakaka bezahlen und dann vorzeitig in Ranohira aussteigen.
Linienflüge nach Fianarantsoa und Toliara (Tuléar) einmal wöchentlich, fallen aber häufig aus!.

Isalo-Nationalpark

Lage: s. Karte S. 179

 ANGAP, Antananarivo, BP 1424, Tel. 22/3 05 18.

 Hotels in Ranohira, ›Relais de la Reine‹ (s. S. 293).

Taxi-Brousse nach Toliara und Ihosy.

Kaleta-Naturpark

Lage: s. Karte S. 203

Achtung: Wegen einer gerichtlichen Auseinandersetzung war das Reservat bei Redaktionsschluß geschlossen. Es ist unklar, ob und wann es wieder geöffnet wird.

 Der Besuch des Naturparks wird von den Hotels ›Libanona‹ und ›Kaleta‹ in Tolanaro organisiert; ansonsten Eintrittsgeld von ca. 5 €.

Kaleta Bungalows (günstig): Einfache Bungalows.

Camping: Campingmöglichkeit auf dem Parkgelände.

Mahajanga (Majunga)

Lage: vordere Umschlagkarte D7
Telefonvorwahl: 62

 Les Roches Rouges (moderat), Tel. 2 38 71: Etwas außerhalb des Zen-

trums am Bd. Marcoz; 23 Zimmer, 6 Bungalows, Pool, gutes Restaurant, viele Ausflugsangebote.
Villa Mena (moderat), Tel./Fax 2 94 65), villamena@dts.mg: 8 klimatisierte, komfortable Bungalows in Androva, nördlich der Stadt am Meer. Sehr gutes Essen auf einer wunderbaren Terrasse mit Blick auf die Bucht.
Zahamotel (moderat), Tel. 2 23 24: 8 km nordöstlich, am Strand von Amborovy; Bungalows mit Klimaanlage und gutem Restaurant.
Hôtel Kanto (günstig), Tel. 2 29 78: Hoch über der Bucht, mit gutem Restaurant
Hôtel de France (günstig), Av. Maréchal Joffre/Ecke Rue George V, Tel. 2 37 81: Altes Kolonialhotel mit lebhafter Bar, wo sich die *vazaha* treffen.
Hôtel Ravinala (günstig), Tel. 2 29 68: Unmittelbar am alten Hafen (Quaie Orsini), neue Zimmer, mit Nachtklub und Bar.
Hôtel Kismat, Rue Dr. Béréni, Tel. 2 35 62: preiswert und o. k.
Chez Madame Chabaud: Nahe der Taxi-Brousse-Haltestelle an der Av. Géneral de Gaulle; das gleichnamige Restaurant nebenan gehört der Schwester von Madame Chabaud, die Bungalows mit Restaurant in Katsepy der Mutter.

Taj: indisch.
Sampan d'Or: chinesisch.
Vietnamien, Rue Joffre: vietnamesisch.
Chez Madame Chabaud: exzellentes französisches Restaurant, v. a. Meeresfrüchte (alle in der Stadt).
Chez Madame Chabaud, am Strand von Katsepy: französische Küche, v. a. Meeresfrüchte.
... in Ambovory: La Soucoupe Volante, Snack-Bar Aerogare.

Hôtel Ravinala: Bar, Nightclub, Dancing; am Hafen.

Pousse-Pousse (Rikschas) sind für den Stadtverkehr sehr empfehlenswert und günstig. Bus Nr. 1 fährt alle 30 Min. vom Air-Madagascar-Büro in der Stadt (Av. de France, nahe dem Baobab)

zum Flughafen und dem Strand von Amborovy.
Die **Fähre** ›Avotra‹ verbindet 2mal am Tag die Stadt mit dem Westufer des Betsiboka und dem Strand von Katsepy (Hinfahrt 7.30, 15.30 Uhr; Rückfahrt 8.30, 16.30 Uhr; So jeweils 1 Std. später).
Autovermietung bei Transtour (Rue de France) und in den Hotels.
Linienflüge nach Antananarivo, Nosy Be, Antsiranana (jeweils täglich) und Grande Comore (1mal wöchentlich).
Frachtschiffe nehmen Passagiere nach Nosy Be und Maintirano mit. Etwa 1mal wöchentlich fährt ein Passagierschiff nach Grande Comore, Anjouan und Mayotte. Auskunft beim Eingangstor zum Hafen, der Frachtgesellschaft Auximad in der Av. de France oder SOCOTRAM am Quai Moriceaux, nahe bei der Anlegestelle der Fähre nach Katsepy.

Mahambo

Lage: vordere Umschlagkarte F6

Le Recif (günstig), Tel. 53/3 45 25: 10 komfortable Bungalows und kreolische Küche.
Le Gite Mahnambo (günstig), Tel. 53/328 79.
Le Dola (günstig), 12 Bungalows, Tel. 53/3 27 19.

Le Ranch, Restaurant und Diskothek.

Mahavelona (Foulpointe)

Lage: vordere Umschlagkarte F6

Manda Beach Hotel (teuer), Tel. 57/3 22 43, Fax 57/2 72 99: 18 Bungalows, 16 Zimmer, 8 Suiten; Badehotel der madagassischen Spitzenklasse mit vielen Sportangeboten, Pool, 9-Loch-Golfplatz, Tennisplatz, Windsurfen, Reitstall, Tauchbasis, Auto- und Fahrradvermietung.
Au Gentil Pêcheur (günstig): Einfache, saubere Strandbungalows; Reitstall.

Malaimbandy

Lage: vordere Umschlagkarte C/D 4

 Hotely Gasy Menabe (günstig) im Ort.
Weiteres Hotely Gasy knapp 40 km westlich an der Straße nach Morondava.

Manakara

Lage: vordere Umschlagkarte E3

 Sylver Hotel (günstig), gegenüber dem Bahnhof, Tel 72/210 45.
Sidi Hôtel (günstig), Tel. 72/2 12 04: Im Stadtzentrum, Disko, gutes Restaurant und Café.
Manakara (günstig), Tel. 72/2 11 41: Renoviertes Kolonialhotel nahe dem Meer.
Eden-Sidi (günstig): Saubere Strandbungalows, 13 km nördlich der Stadt zwischen Kanal und Indischem Ozean.

In den Hotels sowie **Lotus Rouge** und **Tulipes Rouges** (beide chinesisch) beim Bahnhof.

Regelmäßig fahren **Taxi-Brousse** auf einer guten Straße nach Farafangana. Eine Taxi-Brousse-Verbindung, die abhängig vom Wetter ist, besteht nach Irondro.
Eisenbahnverbindung nach Fianarantsoa: 3mal pro Woche, laut Fahrplan Mo, Mi und Fr (ab 6.45 Uhr, an 13.15 Uhr) – wenn die Lokomotive nicht *en panne* ist. Zurück fährt der Zug am Di, Do und Sa. Der So wird für Reparaturarbeiten benötigt.
Air Madagascar fliegt einmal pro Woche nach Fianarantsoa und Taolanaro (Fort Dauphin). Wenn die Eisenbahn fährt und die Straße befahrbar ist, fallen die Flüge nicht selten ganz aus, weil man dann bevorzugt Orte anfliegt die ganz von der Außenwelt abgeschlossen sind.

Manambato

Lage: vordere Umschlagkarte F5

 Relais de Manambato: Hübsche Bungalows und gutes Strandrestaurant. Das Hotel hat aber nur nach Voranmeldung geöffnet und wird im Wesentlichen von Stammgästen aus Toamasina (Tamatave) am Wochenende genutzt.
Nur 3 Zimmer, ein paar Lemuren und ein ausgezeichnetes Restaurant hat **Chez Luigi**.

Mananara

Lage: vordere Umschlagkarte F7

Information zum Biosphärenreservat: Direction des Eaux et Forêts, Service de la Protection de la Nature, BP 243, Nanisana, Antananarivo 101, Tel. 22/4 06 10; WWF, Lot près II M 85, BP 738, Antsakaviro, Antananarivo 101, Tel. 22/3 48 85, Fax 22/3 48 88

 Chez Roger (günstig), im Ortszentrum, 8 Bungalows.
Aye-Aye (günstig), in Flughafennähe am Strand, 6 Bungalows.

Camping beim Flughafen.

 Linienflüge nach Toamasina und Maroantsetra (wöchentlich). Gelegentlich auch **Bootsverbindungen** nach Maroantsetra und Nosy Boraha.

Mananjary

Lage: vordere Umschlagkarte E 3/4

 Hotel Sorafa, (ehemals Solimotel, moderat), Bd. Maritime, Tel. 72/9 42 59: Ca. 50 Zimmer, zwischen Kanal und dem Indischen Ozean mit einigen neuen und komfortablen Bungalows.
Entreprise Touristique de l'Est (günstig), Tel. 72/9 42 50: An der Strandpromenade.

Jardin de la Mer (günstig), Tel. 72/9 40 80: 10 Bungalows, 7 Zimmer.
Aux Bons Amis, Tel. 72/9 42 00 mit Campingplatz und Schwimmbad.
Auberge d' Ambohitsara (günstig), irma@dts.mg: Am Ufer des Canal de Pangalanes befindet sich die kleine Auberge mit nur 3 Bungalows. Man erreicht sie mit einem Kanu mit Außenbordmotor von Mananjary aus. Während der mehrstündigen Fahrt durch abwechslungsreiche Landschaften mit kleinen Dörfern und Plantagen lernt man das ursprüngliche Madagaskar hautnah kennen.

Restaurant La Route des Épices, Tel. 72/940 90: Unmittelbar am Kanal des Pangalanes. Sehr gutes französisch-madagassisches Essen. Die französischen Eigentümer sind gerne bereit bei der Organisation von Exkursionen in die Umgebung zu helfen.

Sambatra: Massenbeschneidung bei den Antambahoaka alle 7 Jahre.

Verkehrsverbindung: Einmal pro Woche nach Antananarivo und Taolanaro (Fort Dauphin).

Mantasoa

Lage: vordere Umschlagkarte E5

 Hôtel de l'Ermitage (teuer), Tel. 3 30 82: Zimmer renovierungsbedürftig.
Le Chalet (günstig): Hübsche Bungalows nahe dem See, gutes Restaurant.
Relais du Lac, Tel. 9: Im Ort Manjakandriana, an der Abzweigung der Piste zum Lac Mantasoa von der RN 2.

 Soleil Secours: An der Straße zum Lac Mantasoa.

Windsurfen, Wasserski, Reiten beim ›Hotel de l'Ermitage‹.

 Taxi-Brousse nach Manjakandriana (1 Std.), von dort per **Bahn** nach Antananarivo oder Toamasina (täglich).

Maroantsetra

Lage: vordere Umschlagkarte F 7/8

Information zum Nosy-Mangabe-Naturreservat: ANGAP, Antananarivo, BP 1424, Tel. 22/3 05 18.
Die Hotels wissen über den Zustand des Weges nach Antalaha Bescheid und können Begleiter (Träger, Führer) empfehlen, die sich gut auskennen. Für alle im Text genannten Ausflüge ist ein Führer empfehlenswert.
Über Schiffsverbindungen kann eine Agentur neben dem Air-Madagascar-Büro Auskunft geben.

Le Relais de Masoala (teuer): Zwischen der Piste nach Mananara (Toamasina) und dem Canal des Pangalanes; großes Parkgelände, Kokospalmen spenden Schatten, edle, große Bungalows; eines der schönsten Strandhotels Madagaskars. Das Meer ist im Winter (Juni–Oktober) von Anschwemmungen aus den großen Flüssen und vom Südostwind trüb, der regelmäßg am Nachmittag aufkommt (so mögen es die Wale), im Sommer ist es klar (so mögen es die Haie).
Coco Beach (günstig), Tel. 57/18: Malerisch am Flußufer außerhalb des Orts gelegenes Bungalowhotel mit gutem Essen.
Hotel du Centre (günstig): Neben dem Markt, mit einfachen, sauberen Holzbungalows.
Vatsy Hotel: 6 Bungalows mit Dusche, Bad außerhalb der Bungalows.

Campingmöglichkeit: auf Nosy Mangabe.

 Le Tropical, Baguette d'Or und **La Pagode** sind sehr gemütliche, saubere *Hotely Gasy* mit billigem, gutem Essen; hervorragend die Fleischspieße (5 Stück ca. 1 €) im ›Baguette d'Or‹.

 Whale watching von Juli bis Oktober.

 Frachtschiffe nach Nosy Boraha und Toamasina mehrmals pro

Woche (Fahrzeit bis Nosy Boraha 16 Std., bis Toamasina 26 Std.); zuverlässige Fahrpläne gibt es nicht. Frachter gehen auch wöchentlich nach Mananara und Antalaha. **Linienflüge** nach Toamasina, Antalaha und Sambava (1- bis 2mal pro Woche)

Marojezy-Naturreservat

Lage: s. Karte S. 120

 Information: Direction des Eaux et Forêts, Service de la Protection de la Nature, BP 243, Nanisana, Antananarivo 101, Tel. 22/4 06 10;
WWF, Lot près II M 85, BP 738, Antsakaviro, Antananarivo 101, Tel. 22/3 48 85, Fax 22/3 48 88; WWF-Büro in Andapa.

 Hotels in Andapa (s. S. 266) und Sambava (s. S. 295).

 Taxis-Brousse von Sambava und Andapa.

Miandrivazo

Lage: vordere Umschlagkarte C5

 **Chez Rasalimo** (günstig): 8 Bungalows, etwas außerhalb auf einer Anhöhe.
Relais de Miandrivazo (günstig), Tel. 3: Im Ortszentrum, 5 Zimmer.

Gute **Hotely Gasy** an der Straße und im Zentrum (z. B. ›Buvette Espair‹).

Bootsfahrt nach Belo Tsiribihina, wird von verschiedenen Bootsbesitzern angeboten (ca. 100 €); Buchung von Komplettpaketen mit Anreise aus Antananarivo bei dortigen Reisebüros (6 Tage Dauer, ca. 300 €). **Achtung:** Vor allem in Antsirabe, aber auch in Antananarivo und Fianarantsoa gibt es ›Führer‹, die Globetrottern die Organisation der Flußfahrt nach Belo versprechen. Auch wenn es ehrliche Organisatoren gibt, muß vor leichtfertiger Vorauszahlung gewarnt werden. Einige unehrliche *Guides* versprechen vorauszureisen und vereinbaren einen Treffpunkt in Miandrivazo. Sie wären nicht der erste, der in Miandrivazo allein, ohne Führer, ohne Piroge und ohne Anzahlung vergeblich wartet!

 Taxi-Brousse-Verkehr von/nach Antsirabe, Antananarivo und zur Küstenstadt Morondava.
Die je nach Jahreszeit und Wasserstand, Größe und Motor des Bootes drei- bis achttägige **Bootsfahrt** nach Belo Tsiribihina wird zu Preisen zwischen 200 € und 600 € angeboten. Als Spezialist gilt Tropica Touring in der Avenue de l´ Indépendance. Trotz aller Spezialisierung ist eine solche Fahrt aber (noch) nicht so zuverlässig und termingerecht durchführbar, daß man sie in eine vorausgeplante Reise integrieren sollte.

Montagne-d'Ambre-Nationalpark

Lage: s. Karte S. 126/127

 ANGAP, Antananarivo, BP 1424, Tel. 22/3 05 18; WWF-Büro in Antsiranana.

 Unterkunft in einem der vielen **Hotels in Antsiranana** (Diego-Suarez, s. S. 277) oder im
Chez Henriette (günstig), in Joffreville, nahe dem Büro der ANGAP.
Auberge de Joffreville (günstig).
Schutzhütte (günstig), im Park.
Zelten nach Anmeldung am Parkeingang und Zahlung einer Gebühr von etwa 1 € möglich.

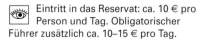 Hotely Gasy in Joffreville.

Eintritt in das Reservat: ca. 10 € pro Person und Tag. Obligatorischer Führer zusätzlich ca. 10–15 € pro Tag.

 Taxi-Brousse von Antsiranana (1 Std. bis Ambohitra/Joffreville).

Moramanga

Lage: vordere Umschlagkarte E5

 Grand Hôtel, Tel. 56/6 20 16: 12 einfache Zimmer, sehr gutes Restaurant
Emeraude Hôtel, Tel. 56/6 21 57 und **Nouvel Hôtel Touristique:** Einfache, saubere Hotels mit Gemeinschaftsbädern

 Coq d'Or und **Guangzou:** Sehr gutes chinesisches Essen.
Restaurant Nadja: Französisch-madagassische Küche.
Mehrere saubere **Hotely Gasy** mit gutem madagassischem Essen.

 Disko/Restaurant Nadja.

 Bahnverbindungen nach Antananarivo, Ambatondrazaka und Toamasina (täglich).

Morombe

Lage: vordere Umschlagkarte B3

 Baobab Bungalows (günstig): 14 Bungalows am Strand im Süden, gutes Restaurant.
La Croix du Sud (günstig), Tel. 94/56: 8 Zimmer.
Dattier: Im Stadtzentrum, 14 Zimmer.
Koweit City: Einfach, sauber und preiswert.

 Disko Ny Antsika.
Bars Chez Julien und Chez Piso Jean.

 Fête de la Mer: Pirogenwettfahrten, Ochsenkarrenrennen und anderes mehr (am 26. Juni).

 Taxi-Brousse nach Morondava (nur 1mal wöchentlich, Fahrzeit 2-3 Tage).
Mit der **Piroge** entlang der Küste nach Morondava (Norden), Andavadoaka und Toliara (Süden).

Linienflüge nach Morondava und Toliara (Tuléar) nur 1- bis 2mal pro Woche!

Morondava

Lage: vordere Umschlagkarte C4
Telefonvorwahl: 95

 Hotels am Strand:
Le Royal Toera (teuer), Tel. 5 20 27; Fax 5 24: 16 Bungalows auf der Halbinsel Nosy Kely mit Restaurant und Pool. Teuerstes und wohl auch komfortabelstes Hotel von Morondava.
Le Renala au Sable d'Or (moderat), Tel. 5 20 89: 19 komfortable Einzelbungalows in einem großen Gelände am Strand und mit einem Restaurant. Zum Hotel gehört ein weiteres auf Meeresfrüchte spezialisiertes Restaurant am Nordausgang der Stadt. Wer dort essen möchte, wird mit dem hoteleigenen Wagen hingebracht.
Chez Maggie (moderat), Tel. 5 23 78 oder 5 20 81: Eine schottische Einwanderin hat sich ein kleines Paradies mit dichtem tropischen Garten und gemütlichen Bungalows geschaffen; sehr gute Mischung aus exotisch-madagassischem Flair und europäischem Geschmack der Einrichtung.
Hotel Les Pirogiers (moderat): Mit dem Boot in ca. 10 Min. von Morondava/Nosy Kely zu erreichen; phantastische Lage direkt hinter den Dünen am Meer; nette Leute, familiäre Atmosphäre, Besitzer ist ein französisch-madagassisches Ehepaar; exquisite Küche mit kleiner, täglich wechselnder Speisekarte.
L´Oasis (günstig), Tel. 5 23 78, vazahabe@dts.mg: Am südlichen Ortsausgang, einige hundert Meter vom Strand entfernt, dafür aber mehr im Ortsgeschehen von Morondava integriert; Restaurant, Pizzeria, Reiseagentur, Fahrradverleih.
Zoom Hotel (günstig), gegenüber dem L'Oasis, Tel. 5 20 80: Kleine Zimmer mit Bad,/WC, Ventilator.
Chez Zorro (günstig): Winzige, saubere, aus Holz gebaute Zimmerchen neben dem Privathaus einer einheimischen Familie; Kontakt zum Land garantiert, denn man lebt im Dorf.

Les Bougainvilliers (günstig): Saubere Bungalowsiedlung direkt am Strand, umgeben von Palmen und Grünanlagen.
Appartements/Bar Au Mozambique (günstig): 1995 errichtetes Gebäude an der Piste, nur etwa 50 m vom Sandstrand.
Les Pieds dans l´Eau (günstig): Drei komfortable Holzhäuser unmittelbar am Strand und mit der Rückseite an das Fischerdorf angrenzend; wenig Platz und kein Garten um die Anlage, dafür umso mehr in den Bungalows, auf deren Terrassen und am Strand davor (30 € pro Zimmer/ÜF).

Hotels im Ort:
Central Hotel (günstig), Tel. 5 20 81; 15–20 € pro Zimmer; neueres Stadthotel nahe dem Markt.
Continental (günstig), Tel. 52 242 52, Fax 5 21 42; aus der Kolonialzeit übriggebliebenes Stadthotel im Zentrum mit großen, recht sauberen Zimmern, aber ansonsten ohne Komfort.
Menabe (günstig), Tel. 5 29 65; einfaches Hotel (mit Klimaanlage!) nahe der Taxi-Brousse-Haltestelle.

Die ausgezeichnete Küche in allen Bungalowanlagen ist ein Markenzeichen Morondavas. Die Lebensmittel sind frisch, ohne Chemikalien angebaut, und die Köchinnen und Köche haben Zeit, Gewürze sorgfältig zu dosieren.
Le Port aux Princes (günstig), neben dem Hotel Les Pieds dans l'Eau (Zebu- und Emusteaks).
Restaurant Sun Beach (ehemals Chez Cuccu, günstig), Tel. 5 23 19: Am Südende der Halbinsel Nosy Kely; einer der besten Köche Madagaskars. Aus frischem Gemüse, Fisch und Meeresfrüchten zaubert er Gerichte, die aus einer anderen Welt zu stammen scheinen. Den Fisch bekommt er am Strand vor dem Restaurant von Fischern, das Wild schießt er selbst.
Resto Mahatamana (günstig), westlich des Marktes von Morondava; von 9–13 und 15–20 Uhr geöffnet.
Restaurant Drugstore (günstig), gegenüber dem Markt und mit angeblich ausgezeichnetem, preiswertem Essen.

Diskotheken My Lord und Harry's.
Bar und Snacks am Abend im Le Mozambique auf Nosy Kely.
Internet-Café Le Paradis gleich neben der Post.

Mountainbikes sind im Hotel ›Oasis‹ zu mieten.
Windsurfing beim Hotel ›Renala du Sable d'Or‹.
Tauchen, Hochseefischen zu buchen über Espace Madagascar, c/o Espace 4 × 4 (Antananarivo).

Andriaky (Les Fêtes de la Mer): jedes Jahr über Ostern Pirogenwettfahrten u. a.

Taxi-Brousse: Sie fahren nach Antsirabe (ca. 12 Stunden), nach Belo Tsiribihina (ca. 7 Stunden, wenn die Piste trocken ist) und bei guten Witterungsverhältnissen auch südwärts über Morombe nach Toliara (Tuléar). Wie lange diese Reise dauert, kann aber niemand vorhersagen, da Flüsse durchquert werden müssen.
Flugzeug: 6mal pro Woche wird Antananarivo angeflogen, 2 bis 3mal Morombe und Toliara (Tuléar). Büro der Air Madagascar in der Avenue Philibert Tsiranana, BP 105, Tel. 5 21 01, Flughafenbüro Tel. 5 20 63.
Pirogen: In Morondava leben die Vezo, ein Stamm, der mehr Zeit auf dem Wasser als an Land verbringt. Daher gibt es hier jede Menge Auslegerboote, die auch gemietet werden können. Bei sehr ruhiger See und stabiler Wetterlage sind die Vezo sogar bereit, bis Toliara (Tuléar) zu fahren (mehrere Tage). Problemlos kann man die nächsten Orte südlich Morondavas (Belo sur Mer, Morombe) erreichen.
Lastwagen: Stabile alte Mercedes-Lastwägen fahren regelmäßig dreimal pro Woche von Morondava nach Toliara (Tuléar); die Fahrzeit beträgt je nach Wetterlage 2–3 Tage mit Übernachtungen im Hotely Gasy in Manja, in Morombe oder im Freien; mind. 36 Stunden reine Fahrzeit, Abfahrt Mo, Fr und Sa.

Nosy Be

Lage: vordere Umschlagkarte E9
Telefonvorwahl: 86
Siehe auch Andoany, S. 267

Information zum Lokobe-Naturreservat: Direction des Eaux et Forêts, Service de la Protection de la Nature, BP 243, Nanisana, Antananarivo 101, Tel. 22/4 06 10.
WWF, Lot près II M 85, BP 738, Antsakaviro, Antananarivo 101, Tel. 22/3 48 85, Fax 3 48 88.

... am Strand von Ambatoloaka:
Le Grand Plage (teuer), Tel. 6 15 84: Gutes Hotel mit Tauchbasis Blue Dive nebenan.
La Résidence d'Ambatoloaka (moderat), Tel. 6 10 88, Fax 2 68 92: Die kleine Bungalowsiedlung ist in die Dorfgemeinschaft von Ambatoloaka integriert. Einige Bungalows haben Air Condition. Das Restaurant bietet italienische Spezialitäten und Meeresfrüchte.
Le Tropical (günstig), Tel. 6 14 16: Ebenfalls am südlichen Strandabschnitt und unmittelbar am Wasser gelegen.
Chez Gérard et Francine (günstig), Tel. 614 09: Stilvolles Gästehaus, mit 9 Zimmern am Südende der Bucht, unmittelbar an den Felsen geschmiegt. Sehr gute Leistung für relativ niedrigen Preis.

... am Strand von Madirokely:
Marlin Club (teuer): Die 16 Zimmer und das Hauptrestaurant liegen in einer geschlossenen Gartenanlage etwa 50 m vom Strand entfernt. Ein Snackrestaurant und Liegestühle befinden sich am Strand (ca. 160 € pro Zimmer).
Madirohotel (moderat), Tel. 6 17 42, Fax 6 14 18: Hübsches kleines Hotel mit Pool und Tauchbasis; etwas teuer, da es etwa 200 m weit vom Strand entfernt liegt. Tauchgang mit Ausrüstung ca. 40 €, 10 Tauchgänge 250 €.
Chez Madame Senga (moderat): Vier hübsche Bungalows am Strand und gutes Restaurant mit Hausmannskost die Mme. Senga zubereitet.

Le Robinson (günstig): Sechs stilvoll gebaute kleine Bungalows, preiswert, aber recht weit vom Wasser entfernt.

.... am Strand von Ambondrona:
Hôtel de Nosy Be (teuer): Neues Hotel, am gleichen Strand gelegen, mit sehr großen, schön mit Edelholzmöbeln eingerichtete Zimmer. Strand nicht besonders gut, aber ausgezeichnete Küche, gemütliches Restaurant.
Les Cocotiers (teuer), Tel. 6 13 14: In Angorombalo; komfortable Strandbungalows in einem Palmenhain, gutes italienisches Restaurant, Mopedverleih; Standard und Preis etwa wie der Marlin Club. In der Nähe des Hotels liegt die Halbinsel Nosy Tanga, die bei Ebbe durchs flache Wasser zu Fuß erreicht werden kann. Nebenan befindet sich die Tauchbasis Safari Club, die mit gutem Material von einem deutschen Taucherehepaar geführt wird. Man holt die Gäste bei den Hotels mit dem Tauchboot vom Strand ab.
Villa Blanche Bungalows (moderat), Tel. 2 28 54: Die Zimmer sind einfach, bieten aber ein gutes Preis-Leistungsverhältnis. Der Eigentümer ist ein ehemaliger madagassischer Innenminister, der sich freundlich um die Gäste kümmert und interessante Geschichten aus seiner politischen Zeit zu erzählen hat – jedenfalls wenn man französisch mit ihm spricht.
Sunset Beach Hotel (moderat), Tel./Fax 615 86: Neues Hotel (10 Blockhausbungalows und 4 Doppelzimmer) unter deutsch-madagassischer Leitung und mit Tauchbasis (ca. 100–120 € pro Doppelzimmer inkl. Frühstück und Abendessen).
Tsara Loky (günstig): Hübsches Gästehaus mit 3 Bungalows und sehr gutem und preiswertem Restaurant.
Au Coin de la Plage (günstig): Einfache, idyllisch gelegene Bungalowanlage mit Bar und Restaurant.

... an den Stränden nördlich von Djamandjary:
Chanty Beach (moderat): Sehr geschmackvoll ausgestattetes Gästehaus mit nur 6 Zimmern, das von einer Madagassin und ihrem deutschen Ehemann

geleitet wird. Vom Strand legen Boote ab, die Gäste ins Hotel auf der Insel Nosy Sakatia (Sakatia Passions) bringen.
Le Coin Sauvage (moderat), www.nosy-bevillas.com: Drei alleinstehende Villen mit jeweils 4 bzw. 2 Doppelzimmern.
Vanila Hotel (moderat), Tel. 6 15 23, Fax 6 15 26, vanila-hotel@dts.mg: Schönes Bungalowhotel am Strand in ruhiger Lage. Restaurant mit hohem Dach aus Palmblättern, eigene Tauchbasis.

... am Strand von Andilana:
Vorondrano Bungalows (teuer): Am Ende einer Piste, die vom Andilana Beach Hotel aus östlich liegt. Liebevoll gestaltete Gartenanlage und geschmackvolle Holzbungalows.
Le Joli Coin (günstig), Tel. 6 10 39, und **Chez Loulou** (günstig) sind einfache, familiäre Bungalows. Letztere liegen auf einem Hügel. Herrlicher Blick über die beiden Buchten von Andilana.

Alle genannten Hotels haben gute Restaurants, die man auch als auswärtiger Gast besuchen kann, wenn man nicht im Hotel wohnt. Unabhängige Restaurants s. Andoany (Hell-Ville, S. 267).

Diskotheken Moulin Rouge (Avenue de l'Indépendance) und Le Number One; am Freitagabend Tanz im Le Vieux Port mit Livemusik (alle in Andoany).
Kasino-Café Courtoise (Roulette, Black Jack) in Ambatoloaka

Ozeanographische Station: östlich von Andoany.
Ylang-Ylang-Destillerie: nördlich von Andoany.
Rumdestillerie und Zuckerfabrik: bei Djamandjary; Juni–August Mo–Fr 14-16 Uhr, Sa 9-12 Uhr.
Lemurenpark auf Nosy Ambariovato: Eintritt etwa 0,50 €.

Soleil et Découverte (Andoany) vermietet **Segeljachten mit Skipper** und Koch.

Mermax (Andoany) bietet **organisierte Bootsausflüge** an.
Sambava Voyages (Andoany, Rue Passot) ist auf **Bootsausflüge und Hochseefischen** spezialisiert.
Alefa (Andoany) bietet **Fahrten entlang der Nordwestküste** mit Segelpirogen an.
Motorräder und **Mountainbikes** kann man bei Location Jeunesse mieten, **Segelboote** bei Madavoile (beide in Ambatoloaka).
Besuch des Lokobe-Naturreservats mit Jean-Robert (wird in den Hotels gebucht).
Tauchen mit Océan's Dream Diving (Ambatoloaka), auf Nosy Sakatia und beim Hotel ›Belle Plage‹.

Linienflüge nach Antananarivo, Mahajanga und Antsiranana (täglich) vom Flughafen Fasenina (10 km nördl. von Andoany); Büro von Air Madagascar in einem neuen Gebäude am nördlichen Ortsausgang: Route de l'Ouest, Tel. 6 13 57.

Überfahrt mit dem **Fährschiff** von Antsahampano (15 km nördl. von Ambanja); Abfahrt jeweils bei Flut, Fahrzeit 2 Std. (mit einem Zwischenstopp in Ankify), Fahrpreis ca. 2 €. Bei Bedarf Verkehr von kleinen, nur wenig vertrauenerweckenden Motorbooten *(Vedettes)*.

Wöchentlich mehrmals **Frachtschiffe** nach Mahajanga und Antsiranana (Fahrzeit 2–3 Tage). Die Überfahrt ist allerdings alles andere als gemütlich! Proviant und Wasser muß man mitbringen, einen Schlafplatz an Deck erkämpfen und bei Seekrankheit eisernen Überlebenswillen beweisen.

Taxis sind auf Nosy Be, wie das meiste andere auch, ein gutes Stück teurer als im übrigen Madagaskar. Es scheint auch eine Absprache zwischen *Taxis-Brousse* und normalen Taxis zu geben, wonach *Vazaha* im *Taxi-Brousse* nicht akzeptiert werden. Es bleibt daher nichts anderes übrig, als ein normales Taxi zu nehmen und vor der Abfahrt klarzustellen, daß der vereinbarte

Fahrpreis nicht pro Person, sondern pro Taxi gilt. Wenn Sie das versäumen, könnten Sie bei der Endabrechnung Probleme bekommen, oder es werden unterwegs weitere Fahrgäste zugeladen.

Autovermietung: Nosauto (Tel. 6 11 50) an der Tankstelle am Nordausgang der Stadt vermietet Pkw und Motorroller.

Verbindung nach Nosy Ambariovato mit **organisierten Ausflugsfahrten** der Hotels auf Nosy Be in Kombination mit dem Besuch von Nosy Tanikely (ca. 30 €) oder - abenteuerlich, aber dafür billig (5–10 €) - vom Hafen von Andoany aus mit einer Auslegerpiroge.

Nosy Boraha (Sainte-Marie)

Lage: vordere Umschlagkarte F 6/7
Siehe auch Ambodifototra, S. 263

 ... an den Stränden von Nosy Boraha:
Boraha Hotel (moderat): Neue, komfortable Anlage an der Ostküste. Mit Wassersport (Hochseefischen) und Tauchbasis.
La Cocoteraie (moderat): Im Norden der Insel liegt diese sehr charmante Anlage bei der Pointe des Cocotiers an einem weiten, weißen Strand. Die Fahrt vom Flughafen dauert auch an trockenen Tagen 2–3 Stunden! Der Transfer kann auch mit dem Motorboot ab dem Hotel La Crique durchgeführt werden, wenn die unbefestigte, kurvenreiche und bergige Piste weiter im Norden durch Regen unpassierbar geworden ist.
Princesse Bora Lodge (moderat), Tel. 57/4 01 47, bora@dts.mg: Eines der komfortabelsten und geschmackvollsten kleinen Strandhotels Madagaskars. Der Transfer vom Flughafen zur nahegelegen Lodge mit 15 stilvollen und großzügigen Bungalows (50 m^2!) wird mit einem Ochsenkarren (bei sehr schlechtem Wetter auch im Allradauto) durchgeführt und dauert nur 5 Minuten (bzw. 20 Minuten mit dem Ochsenkarren). Tauchbasis (PADI und SSI) holt Tauchgäste ab.

Soanambo (moderat): Nur wenige Kilometer von der Landebahn gelegen; das Hotel ist für die Inselverhältnisse sehr komfortabel, Zimmer mit Dusche, Toilette, Klimaanlage; Pool, Tennisplatz, Tauchbasis. Fahrräder und Wassersportgeräte kann man mieten, sollte sich jedoch auf deren Qualität nicht verlassen.
Antsara (moderat), 2 km nördlich von Lonkintsy: 12 Zimmer, Asphalttennisplatz und Diskothek; schöner Ausblick auf einen nicht ganz so schönen Strand. Der hoteleigene Night Club Le Kabosy ist der Treffpunkt der Inseljugend des Nordens (Lonkintsy).
Atafana (günstig): Neue Anlage in zwei nebeneinander gelegenen Buchten im Dorf Maromandia-Tafondro, südlich von Lonkintsy; sehr gemütliche Holzbungalows, die teureren mit eigenem Bad.
Chez Vavat (günstig): Bungalowanlage auf einem Hügel im Süden der Insel, nahe dem Flughafen, mit einigen Zimmern in einem Kolonialgebäude und Holzhütten auf dem Hügel; 10 Gehminuten vom Flughafen entfernt (Bungalows etwa 15 € pro Zimmer). Wenig Komfort, aber sauber und mit grandiosem Sonnenuntergang.
La Crique (günstig): In einer herrlichen Bucht im Nordwesten liegt das erste echte Hotel der Insel, etwa 10 km nördlich von Ambodifototra; Holzbungalows in traumhafter, von Felsen eingerahmter Palmenbucht, mit dem wohl schönsten Strand der Insel.
Lakana Hotel (günstig): Luftige Bungalows, guter Service, solide konstruierte Holzhütten, einige über dem Wasser und nur per Holzsteg erreichbar; gepflegter Garten mit Palmen und Blumen; Tauchbasis, gutes Restaurant.
Vatolava (günstig): Tel. 57/4 01 52, Fax 57/4 00 93: Drei sehr schön aus Holz und Blättern gebaute Bungalows am Strand etwa auf halbem Weg zwischen Ambodifototra und Lonkintsy im Ort Vatolava. Eigentümerin ist eine Madagassin, die viele Jahre in Marseille gelebt hat und nun auf das elterliche Grundstück zurückgekehrt ist, um dort die Bungalowanlage zu betreiben.

Nur in den genannten Hotels und in Ambodifototra (s. S. 263)

 Disco Il Pirata südlich von Ambodifototra; Mi/Fr ab 21.30 Uhr.
Night Club Le Kabosy beim Hotel Antsara, nördlich von Lonkintsy.
Casa du Nono nördlich der Landepiste (Do und Sa geöffnet).

 Tauchen: Diving Centre Il Balenottero (Tel./Fax 57/40036) in Ambodifototra; ca. 40 € pro Tauchgang, 3 Tauchgänge täglich für 90 €. Nachttauchen 60 €. Tauchbasen gibt es auch bei den Hotels La Cocoteraie, La Crique und Lakana. Einige der Tauchplätze rund um Ste. Marie:
Hotel La Crique: Coco Bay, einfacher Tauchgang von maximal 25 m Tiefe entlang einem Berghang unter Wasser. Man sieht Barrakudas, Bonitos, Doktorfische, Meeresschildkröten, schwarze Korallen und vieles mehr. **The wreck-fish slope,** schwierigerer Tauchgang von bis zu 40 m entlang einem granitenen Abhang. Wegen der starken Strömung nur für geübte Taucher.
Hotel La Cocoteraie: The Wreckage, einfacher Tauchgang bis 15 m Tiefe, wo ein 55 m langes Fischerboot liegt. Man findet Lobster, Feuerfische und viele Korallen- und Großfische. **Anivorano Rocks,** ein Tauchgang auf 20 m Tiefe mit starker Strömung entlang großer Granitblöcke.
Cape Alebrand, einfacher Tauchgang auf 20 m Tiefe über weißen Sandflächen, in denen Granitblöcke liegen.
Ile aux Sables: Kleine, unbewohnte Sandinsel vor der Ostküste, in deren Umgebung man viele schöne Tauchplätze von 15 bis 25 m Tiefe findet.
Ile aux Balaines: Ähnliche Insel vor der Südostküste, mit Sand und Felsenlandschaften unter Wasser.
Nosy Nato (Ile aux Nattes): Le Pagode, einfacher Tauchgang in 12 m Tiefe, bei dem man Meeresschildkröten, Korallenfische und auch einige Großfische zu sehen bekommt. **Reef Pass,** in nur 8 m Tiefe (geht nur bei Flut) findet man kleine Riffhaie, Doktorfische und vieles mehr. **The Wreckage,** 12 m tiefer Tauchgang an der Südspitze von Nosy Nato (Ile aux Nattes) nahe einem Korallenriff. Dort liegt ein kleines Wrack, um dessen Propeller Hunderte von Fischen herumschwirren.

Hochseefischen: Ste-Marie Loisirs organisiert Fahrten mit der Motorjacht Salina (15 m lang, 4,5 m breit), ab 5 Personen 80 € pro Tag und Person (inkl. Verpflegung für den Tag). La Nouvelle Cocoteraie und Sodextour (in Ambodifototra) haben ebenfalls Boote zum Hochseefischen.

Whale Watching: August bis Oktober; Veranstaltung durch Ste-Marie Loisirs und alle Hotels.

 Taxi-Brousse: Sie verkehren regelmäßig zwischen Lonkintsy (Hotel La Crique) und dem Flughafen. Zwischenstation ist Ambodifototra, wo ein kurzer Aufenthalt eingelegt wird.
Mofas und Fahrräder: Beides kann man bei den meisten Strandhotels ausleihen. Preis pro Fahrrad/Tag etwa 8 €, Mofa etwa 40 €.
Flugzeug: Die zuverlässigste Verbindung mit der Außenwelt stellt das Flugzeug her, das täglich einmal aus Antananarivo, Toamasina (Tamatave), Sambava oder Maroantsetra einfliegt. Da die kleinen Maschinen für den Transport von Versorgungsgütern ebenso wie für madagassische Besucher und ausländische Touristen benötigt werden, ist es fast ausgeschlossen, kurzfristig Plätze zu bekommen. Die Flieger sind oft Wochen im voraus ausgebucht. Wer dennoch spontan nach Nosy Boraha (Ste. Marie) gelangen will, muß sein Glück geduldig wartend am Flughafen versuchen. Das Büro von Air Madagascar in Ambodifototra ist wochentags von 7.30–11 und von 14.30–17 Uhr geöffnet (Tel. 57/400 46).
Schiff: In unregelmäßigen Abständen fahren Frachter und Fährschiffe. Die Fähre Rapiko und der Frachter Ville de Marois (nimmt auch Passagiere mit) verkehren wöchentlich nach Toamasina (Tamatave) (und wieder zurück, Preis etwa 20 € für die einfache Fahrt). Bei Seegang sind das 10

sehr ungemütliche Stunden. Das Frachtschiff Claudine (und andere) macht auf dem Weg von Maroantsetra nach Toamasina (Tamatave) für eine Nacht in Ambodifototra fest, um den Dieselmotor abkühlen zu lassen.
Vedettes: Die Überfahrt mit dem Motorboot (Vedette) täglich von Ambodifototra nach Soanierana-Ivongo und Manompana ist billig (ca. 20 €) und dauert nur 2–3 Stunden. Abfahrt ist täglich um 7 Uhr in Ambodifototra, um 13 Uhr in Soanierana-Ivongo.
Fischerboote: Einige verwegene Globetrotter versuchen es mit einer Fischerpiroge von Manompana aus. Wir haben den einen oder die andere getroffen, die es gemacht und überlebt haben – alle versicherten allerdings, daß sie es nie wieder tun würden… Eine Reisende erzählte, daß ihr Bootsführer das Festland bei Nosy Boraha (Ste. Marie) nicht vor Einbruch der Dunkelheit erreichte. Sie verbrachten dann eine stürmische Nacht auf rauher See in der kleinen Piroge – von Haien umkreist und begleitet von Fischern, denen alles andere als wohl in ihrer Haut war. Der Landeplatz der Pirogen auf Nosy Boraha liegt am Strand von Lonkintsy, nicht weit entfernt von den Hotels La Crique, Antsara und Atafana.

Nosy Nato (Ile aux Nattes)

Lage: s. Karte S. 108

Die Bootsüberfahrt zur Insel von La Pointe, dem südlichen Ende Nosy Boraha's in einer Piroge kostet 1 € für Hin- und Rückfahrt. Sehr mutige Menschen schwimmen hinüber, was wegen der Strömungen im engen Kanal zwischen Nosy Boraha (Ste. Marie) und Nosy Nato (Ile aux Nattes) beim Gezeitenwechsel nicht ganz ungefährlich ist.

Bungalows Le Bienvenue (günstig): Die Anlage liegt am sanft abfallenden Strand gegenüber der Landebahn auf der Hauptinsel; geschmackvoll gebaute Bungalows mit eigenem Bad/Dusche am Strand zu einem erschwinglichen Preis (etwa 30 € pro Zimmer).
Orchidée Chez Napoléon (günstig): Die erste Touristenunterkunft der Insel ist seit Mitte der 80er Jahre kontinuierlich verschönert und komfortabler eingerichtet worden; schöne Bungalows mit Bad und offenem Restaurant am Strand und nahe beim Inseldorf.
Pandanus Chez Fabien (günstig): Einfache, preiswerte Bungalows mit Gemeinschaftsbad, freundliche Atmosphäre; auf halber Strecke zwischen dem Landeplatz der Pirogen von Nosy Boraha (Ste. Marie) und dem Dorf gelegen (etwa 20–30 € pro Zimmer).

Für die Abendunterhaltung auf der Insel sind Jacqueline mit ihrer Epicerie-Bar, die Diskothek Chez Jacqueline und Bébé mit La Case a Bébé zuständig.

Ranohira

Lage: vordere Umschlagkarte C3

Information: bei der Parkverwaltung, westlich des Ortskerns (im Hotel fragen).

…. im Ortskern:
Hotel Berny (günstig): Sehr einfach, im Zentrum von Ranohira neuerdings sogar mit elektrischem Licht und Toilette im Haus; Essen gut und sehr preiswert.
Les Joyeux Lémuriens (günstig): Ähnlicher Standard zu ähnlichem Preis; Plumpsklo und Dusche in einem Holzverschlag; sehr freundliche und hilfsbereite Eigentümer.
L'Orchidee (günstig): Hotel der Mittelklasse, das erst kürzlich erweitert und umfassend renoviert wurde. Die teureren Zimmer haben Dusche und Toilette. Restaurant und Bar sind sauber mit guten, chinesisch beeinflußten Mahlzeiten. Toilette im Hof.

… außerhalb, nahe dem Nationalpark:
Le Relais de la Reine (moderat), Tel. 94/

3 51 65: Das für madagassische Verhältnisse luxuriöse Hotel liegt etwa 10 km westlich des Ortes in einer grünen Oase inmitten bizarrer Felsen. Das Gebäude fügt sich harmonisch in die felsige Umgebung, da es aus dem Sandstein der umgebenden Berge gebaut wurde und unverputzt blieb (ca. 100 € pro Zimmer). 12 Bungalows, doch es sollen mehr werden; private Landepiste, Schwimmbad, Reitstall, mit Sonnenenergie geheiztes Wasser. Es ist ein idealer Ausgangspunkt für Wanderungen durch den Nationalpark.

Isalo Ranch (moderat): 16 malerisch am Rand des geschützten Reservats im Grasland einige Kilometer westlich von Ranohira gelegene, afrikanisch wirkende Rundbungalows; sauber, einfach, preiswert und sehr schön von Martina Breitling und ihrem madagassischen Mann Jeannot errichtet und vorzüglich gemanagt. Fließendes Wasser, Toilette und Dusche haben nur die teureren Zimmer, dafür gibt es einen Rundbungalow mit Waschgelegenheit und Toiletten (50 € pro Zimmer). Strom wird mit Sonnen- und Windenergie erzeugt.

Le Motel de l'Isalo (moderat): 2000 errichtetes neues Hotel nahe Ranohira mit gutem Standard und 16 sauberen Zimmern (60 € pro Zimmer).

Campen: In einer Oase 8 km westlich von Ranohira, ebenfalls am Rand des Naturschutzgebietes befindet sich ein Privatgelände an einem Wasserlauf, in dem nach Genehmigung durch den Eigentümer Zelte aufgebaut werden dürfen. Fragen Sie im Hotel Berny in Ranohira nach!

Zeltplätze im Naturschutzgebiet kann die Naturschutzbehörde ANGAP nennen, deren Büro sich an der Straße nach Westen, nahe der Isalo Ranch befindet. Dort werden auch Zelte und Schlafsäcke für längere Trekkingtouren verliehen. Wer sein eigenes Zelt hat, kann auch auf dem Gelände der Isalo-Ranch campen und gegen eine Gebühr die Einrichtungen der Anlage mitnutzen.

Taxi-Brousse nach Toliara und Ihosy – schwer zu bekommen, da sie aus beiden Richtungen meist vollbesetzt ankommen (Tip: Bestellen Sie Ihren Platz für die Rück- oder Weiterfahrt im voraus für einen festen Termin an der Taxi-Brousse-Haltestelle in Toliara oder Ihosy).
Privatflüge zum Hotel Relais de La Reine.

Ranomafana

Lage: vordere Umschlagkarte E 3/4

Information für den Nationalpark: ANGAP, Antananarivo, Antanimena, BP 1424, Tel. 22/3 05 18; beim Parkeingang an der Straße, etwa 6 km westlich von Ranomafana.

Hôtel Station Thermale (günstig), Tel.1: 13 Zimmer, dringend renovierungsbedürftig.
Neue Hotels sind im Bau.
Domaine Nature Guesthouse: An einem Waldhang auf halbem Weg zwischen Ranohira und dem Parkeingang; die 6 Bungalows und das Restaurant sind über Holzstege miteinander verbunden.

Camping: Am Flußufer und im Garten des Hôtel Station Thermale (gegen Nutzungsgebühr für Wasser und Toiletten) sowie am Parkeingang (mit Zeltverleih).

Verschiedene Hotely Gasy im Ort.

Thermalbad: tägl. außer Fr geöffnet, ca. 10 € Eintritt; ärztliche Betreuung, Massagen, Schlammpackungen gegen Zusatzgebühr.

Sambava

Lage: vordere Umschlagkarte F/G 8

Information in den Reisebüros ›Transair‹ und ›Sambava Voyages‹, Tel. 1 10, im Hotel ›Las Palmas‹ und bei Air Madagascar, Tel. 37.

Las Palmas (teuer), Tel. 87: Hübsche Holzbungalows in einem Garten neben dem guten Restaurant. Das Hotel besitzt auch Geländewagen und organisiert Ausflüge.
Carefour (moderat), Tel. 60: Hat in den vergangenen Jahren gelitten.
Le Club (günstig): Etwas versteckt hinter dem Fußballplatz, gut geführt, mit Pool, sauber und angenehm.

Restaurant im Hotels **Mandarin** (chinesisch) und Bar-Restaurant **Cocotiers** am Strand zwischen ›Le Club‹ und ›Las Palmas‹.

Bars Le Paladin und Le Swing.

Linienflüge nach Antsiranana, Antananarivo und Antalaha (1- bis 2mal wöchentlich).

Toamasina (Tamatave)

Lage: vordere Umschlagkarte F6
Telefonvorwahl: 53

Neptune (moderat), Tel. 3 22 26, Fax 3 24 26: Kolonialhaus mit Bar, gutem Restaurant und Swimmingpool, guter Service.
Joffre (günstig), Tel. 3 23 90: Zentrale Lage am Südende des Bd. Joffre, kolonialer Charakter, Terrassenrestaurant.
Génerations (günstig), Tel. 3 21 05: Am Nordende des Bd. Joffre, hübsches chinesisches Terrassenrestaurant mit reichhaltiger Speisekarte; große, saubere Zimmer.
Le Toamasina (günstig): Etwas abseits beim Hafen gelegen, persönlicher und kleiner, aber auch enger als das ›Joffre‹ und nicht so proper.
Darafify (günstig), Tel. 3 26 18: Etwas nördlich der Stadt, einfaches Bungalowhotel.
Miramar (günstig): Etwas nördlich der Stadt, mit großem Pool und Tennisplatz.
   Es gibt viele weitere Hotels, die in nüchternen Neubauten ohne Charakter untergebracht sind.

Alle Hotels haben gute Restaurants.
Pizzeria Chez Joe: italienische und französische Küche.
Adam et Eva: französische Küche.
Pacifique, Continents und **Jade:** chinesische Küche.
Salons de Thé **Giroffier** und **Nous.**
Deux: Croissants, Eis und Tee.
La Récréa: gemütliche Brasserie an der Strandpromenade, gut für einen Snack.
Le Pousse Pousse: im Hotel ›Le Toamasina‹, für Pizzasüchtige.

Queen's Disco mit Bar und Restaurant, neben dem Hotel ›Plage‹ am nördlichen Ende des Bd. Joffre.

Buchhandlung *(Librairie)* schräg gegenüber dem Hotel ›Joffre‹ mit Landkarten, Zeitschriften und Zeitungen.
Mehrere **Banken** am Hafen und beim Bahnhof.
Postamt in der Av. Poincarré beim Rathaus.

Musée Régional de Toamasina, Bd. Augagneur, Villa Suzette: werktags 9–16 Uhr, Eintritt frei.
Betampona-Naturreservat: 45 km nördlich von Toamasina, Zugang nur über die Reisebüros in Toamasina.

Reisebüros: Bourdon Voyages, 40, Bd. Joffre; SCTTO, 14, Rue du Commerce, Tel. 3 24 24; Aventour, Av. Bir Hakeim, Tel. 3 22 43.
Reitstall Le Master Ranch, 1, Rue Lieutenant Bérard, Tel. 3 30 69.
Tennis- und Wassersportklub am Südende der Promenade Bd. Ratsimilao, beim Hafen.
Das **Baden** am Strand soll wegen der Haie gefährlich sein. Genießen Sie lieber im Hotel ›Neptune‹ einen Kaffee und ein Bad im Swimmingpool.

Stadttaxis fahren innerhalb des Stadtkerns zum Einheitspreis von etwa 1 €; gleicher Einheitspreis auch für Pousse-Pousses (Rikschas), bei Miete für eine Stunde ca. 4 € (Preis vor Abfahrt aushandeln).

Die **Eisenbahn** fährt täglich um 5.30 Uhr nach Antananarivo, wo sie gegen Abend ankommt.
Schneller ist der **Fitato Bus** mit Klimaanlage; Platzreservierung in Reisebüros, Abfahrt jeden zweiten Tag um 8 Uhr, Fahrzeit 8 Stunden.
Linienflüge nach Antananarivo (täglich), Nosy Boraha, Nosy Be, Sambava und Antsiranana (3- bis 4mal pro Woche).
Fahrt auf dem Canal des Pangalanes mit der ›Softline‹, einem renovierten alten **Motorboot** (30 m Länge, 6 Luxuskabinen, 10 Mann Besatzung). Für Gruppen bis zu 12 Personen kann das Schiff komplett gemietet werden, um damit nach Süden bis Ankan' ny Nofy und Manambato zu fahren (zwei Tage mit einer Nacht in Ankan' ny Nofy). Bei voller Besetzung kostet die Vollpension pro Person und Tag in der Doppelkabine etwa 150 €.

Tolanaro (Fort Dauphin)

Lage: vordere Umschlagkarte D1
Telefonvorwahl: 92

Le Dauphin (moderat), Tel. 2 10 48: Komfortables Stadthotel mit vielfältigen Ausflugsangeboten; Tennisplatz.
Filao Beach (moderat): Strandbungalows am endlosen Strand im Süden der Stadt.
Miramar (moderat), Tel. 2 12 38: Auf einem Hügel nahe dem Strand von Libanona (wie Le Dauphin), mit auf einem Felsen gelegenem, erstklassigem Restaurant mit grandiosem Panorama.
Kaleta (günstig), Tel. 2 12 87: Stadthotel in einem Kolonialgebäude neben der Bank und der Post.
Libanona (günstig), Tel. 2 13 78: Einfache Bungalows in schöner Strandlage.
Motel Gina (günstig), Tel. 2 12 66: Am Nordausgang der Stadt, sehr gutes Restaurant; gepflegte Bungalows, die von der hauseigenen Diskothek ein wenig beeinträchtigt werden; ruhiger sind die neuen Zimmer auf der gegenüberliegenden Straßenseite.
Mahavoky (günstig), Tel. 2 13 32: Einfaches Hotel in einem großen Holzgebäude nahe der Kathedrale Sacré Coeur; komfortabler Neubau in der Av. Foch mit weitem Blick über den Hafen.
La Baie des Singes (günstig), Tel. 2 13 41: 6 Bungalows oberhalb des Strandes an der Südseite der Stadt.
Rockland (moderat): Bungalows auf der Insel Ste-Luce.

 In den Hotels **Belle d'Azur** am nördl. Ortsausgang (RN 13, Richtung Flughafen), madagassische Spezialitäten. Einfache Hotely Gasy: **Relaxe** (an der RN 13), **Snack Bar Au Bout du Monde** und **Cafeteria La Détente** (beide in der Av. Maréchal Foch).
Kleine Restaurants um den Markt (Chez Anita, Chez Perline)

Diskotheken Gina und Panorama.

Mehrere **Reiseveranstalter** organisieren Ausflüge, Mietwagen, Fahrräder: Air Fort Service, Tel. 2 12 34, Fax 2 12 24, Av. du Maréchal Foch und Av. Gallieni; Safari Laka, Tel. 2 12 66 (im Motel Gina); Patrick Aubert ist der Mann für schwierige Dschungeltrips, für Zelttouren mit Geländewagen entlang der Südküste nach Toliara, mit dem Kanu auf dem Mandromotra-Fluß.

Taxi-Brousse nur 1- bis 2mal pro Woche nach Toliara, Fianarantsoa und Antananarivo. Erkundigen Sie sich rechtzeitig bei der Taxi-Brousse-Station und lassen Sie Plätze reservieren.
Linienflüge nach Toliara, Antananarivo (4- bis 5mal wöchentlich) und Manakara (1mal wöchentlich).

Toliara (Tuléar)

Lage: vordere Umschlagkarte B2
Telefonvorwahl: 94

Information: Die Privatklinik St-Luc von Dr. Noel Rakotomavo arbeitet nach dem ›Lambarene-Prinzip‹: Reiche Patienten zahlen viel, arme werden kostenlos behandelt. Häufig sind Gastärzte aus Europa und den USA für einige Monate gegen Verpflegung und Unterkunft am Krankenhaus tätig, Tel. 4 21 76.

Capricorne (moderat), Tel. 4 14 95: Am Ostausgang der Stadt in einem gepflegten Garten; bestes Hotel der Stadt, 24 Zimmer, Klimaanlagen, Reisebüro und sehr gutes Restaurant.
Plazza (günstig), Tel. 4 19 00: 31 Zimmer, von der Terrasse im Garten Blick auf den Hafen.
Bistro du Sud: 6 saubere Zimmer mit Bad in einem Stadthaus mit Garten.
Chez Alain, Tel. 4 15 27: Ruhig in einem Garten gelegene einfache Bungalows, nicht weit der Taxi-Brousse-Haltestelle im Westen.
Auberge de la Table: Einfache Bungalows mit Dusche und Strom auf dem Gelände des privaten botanischen Gartens ›Arboretum‹, 12 km östlich von Toliara, nahe der Straße nach Ihosy.

Daneben gibt es einfache und wegen mehrerer Diskotheken und Nachtklubs unruhige Hotels an der Strandpromenade Bd. Lyautay (Le Corail Bungalows, Voanio, La Pirogue) und ruhigere um den Markt, zwischen Bd. Gallieni im Süden und Bd. Philibert Tsiranana im Norden (Tanomasoandro, Sud Hotel, Longo Hotel, Hotel Central).

... an den Stränden:
Lakana Vezo (moderat), Tel. 4 26 29, Fax 4 13 20: Bungalowhotel am Strand von Ifaty, das mit Booten, Windsurfern und Tauchgerät gut bestückt ist; ein idealer Platz, um sich von einer anstrengenden Madagaskarrundreise zu erholen. Besonders von Oktober bis Mai sind Tauch- und Schnorchelausflüge mit dem ›Deep Sea Club‹ zu den Korallenriffen vor der Küste eindrucksvolle Erlebnisse.
Les Dunes (moderat), Tel. 4 28 25: Auf einer Landzunge nördlich von Toliara gelegenes komfortables Bungalowhotel mit Tennisplatz und guter Tauchbasis.
Coral Beach Bungalows (moderat): In Anakao, komfortable Bungalows außerhalb des Dorfes, Tauchbasis.

Bamboo Club (günstig): Saubere Bungalows am Strand nahe dem Baobabwald. Swimmingpool, Tauchzentrum!
La Mangrove Bungalows (günstig): Ungefähr 20 km südlich von Toliara am Strand, Tauchbasis, Ausflugsmöglichkeiten.
Safari Vezo (günstig): In Ankanao; einfache, saubere Bungalows; 10 Zimmer.

Étoile de Mer und **Zaza Club:** französische Küche, v. a. Meeresfrüchte.
Le Corail: Pizza, französische Küche, Meeresfrüchte; alle drei am Strandboulevard.
Chez Alain: am Südostausgang der Stadt und im Hotel ›Capricorn‹, sehr gute Küche. Diverse **Salons de Thé** an der Hauptstraße (Glace des AS, Aux Délices, Café 4 AS).
La Kabasse, einige Kilometer nördlich der Stadt an der Straße nach Ifaty, am einzigen zum Baden geeigneten Strand in Stadtnähe (Plage de la Batterie); französische Küche
Auberge de la Table: Café/Restaurant im privaten Naturschutzpark ›Arboretum‹

 Diskos Zaza Club, Corail und Calypso, wo vor allem am Wochenende bei Live-Musik die Hölle los ist. Darüber sollte sich auch im klaren sein, wer in einem der benachbarten Hotels an der Uferpromenade wohnt.

 Bank Crédit Lyonnais (BNI) am Place du Marché, Mo–Fr 8–12 und 14–16 Uhr

Station Marine: ozeanographisches Museum, werktags 8–11.30 und 15–18 Uhr.
Musée Mahafaly-Sakalava: ethnographisches Museum, werktags 8–11.30 und 15–18 Uhr.
Arboretum: privater botanischer Garten, 12 km östlich von Toliara; Eintritt mit Führung etwa 5 €.

 Mehrere **Reiseveranstalter** organisieren Ausflüge, Mietwagen, Transfers nach Tolanaro usw.: Edgar's Car

Tours, Tel. 4 23 19; Safari Vezo, Tel. 4 13 81; Sud Aventures Tel. 4 22 57; Madagascar Airtours, Tel. 4 15 85.
Tauchen in Ifaty (im Norden), beim Hotel ›La Mangrove‹ und in Anakao (im Süden).
Hochseefischen: Deep Sea Club (Centre Nautique d'Ifaty) im Hotel ›Lakana Vezo‹ in Ifaty und ›La Mangrove Hôtel‹

Stadtbusse verkehren vom Markt zum Hafen und zur *Taxi-Brousse-*Station Richtung Antananarivo. Taxis und *Pousse-Pousses* (Rikschas) bedienen zum Einheitspreis von etwa 0,50 € (Taxi) bzw. 0,50 DM *(Pousse-Pousse)* das Stadtgebiet von der *Taxi-Brousse*-Haltestelle Richtung Ifaty/Morombe im Norden bis zur *Taxi-Brousse*-Station Richtung Ihosy/Fianarantsoa/Antananarivo im Süden und vom Hafen im Westen bis zum Hotel ›Capricorne‹ im Osten.
Pirogen fahren jeden Morgen gegen 6 Uhr die Küste entlang nach Süden und machen Stopps in St-Augustin, Soalara und Anakao.
Linienflüge nach Antananarivo, Tolanaro (3- bis 4mal pro Woche), Morombe und Morondava (1- bis 2mal pro Woche); Air Madagascar, Rue Chanaron, Tel. 4 15 85.

Tsimanampetsotsa-Naturreservat

Lage: s. Karte S. 202

 Information: ANGAP, Antananarivo, BP 1424, Tel. 22/3 05 18.

Tsingy-de-Bemaraha-Naturreservat

Lage: s. Karte S. 190

 Information: Direction des Eaux et Forêts, Service de la Protection de la Nature, BP 243, Nanisana, Antananarivo 101, Tel. 22/4 06 10; Besuchsgenehmigung im UNESCO-Büro in Bekopaka.

Relais des Tsingy (moderat): 6 komfortable Bungalows im Osten des Dorfes Bekopaka, etwa 3 km vom Parkeingang entfernt. Weitere Unterkunft in Andadoany nahe dem Parkeingang mir 3 Zimmern zu jeweils etwa 10 € pro Zimmer und die Hütten von Safariom. Am linken (Süd)Ufer des Manambolo befinden sich weitere 4 Bungalows zu jeweils etwa 20 € pro Zimmer.
Chez Ibrahim (günstig): Sehr einfache Zimmer nahe dem Parkeingang.
Auberge des Tsingy (günstig): Preiswert, aber ohne Komfort.
Im Dorf einige einfachste **Hotely Gasy** zu 10–20 € pro Zimmer.

Campingmöglichkeiten in Andadoany am Ufer des Manambolo unter Mangobäumen nur 200 m vom Parkeingang entfernt (mit WC, Dusche). Weiterer Campingplatz von Mad Cameleon am Nordufer des Manambola nahe der Fähre die über den Fluß übersetzt. Ein dritter Campingplatz befindet sich innerhalb des Reservats (Ankidroadroa). Hier darf nur übernachten, wer eine geführte mehrtägige Durchquerung des Reservats unternimmt.

 Taxi-Brousse von Bekopaka nach Belo Tsiribihina.

Tsiroanomandidy

Lage: vordere Umschlagkarte D5

 Hôtel Manambolo im Stadtzentrum.
Chez Marcelline: 8 Zimmer mit Bad.

 L'Eden außerhalb, mit einigen einfachen Bungalows.

 Rindermarkt am Donnerstag.

 Linienflüge nach Morondava, Antananarivo, Miandrivazo und Mahajanga (1- bis 2mal pro Woche).

Vangaindrano

Lage: vordere Umschlagkarte E2

 Brauchbare **Hotely Gasy** Ny Antsika, Finaritra und Camelia.

Vatomandry

Lage: vordere Umschlagkarte F5

Hotel Derrien: Einfaches Hotel aus der ›guten alten Kolonialzeit‹, das nur selten Gäste beherbergt.
Einige einfache **Hotely Gasy**.

Zahamena-Naturreservat

Lage: s. Karte S. 88

 Information: ANGAP, Antananarivo, BP 1424, Tel. 22/3 05 18; Besuche organisiert der Verwalter des Naturreservats in Manakambahiny.

Siehe Ambatondrazaka S. 260

Reiseinformationen von A bis Z

Ein Nachschlagewerk – von A wie Anreise über N wie Notfälle bis Z wie Zeitunterschied – mit vielen nützlichen Hinweisen, Tips und Antworten auf Fragen, die sich vor oder während der Reise stellen. Ein Ratgeber für die verschiedensten Reisesituationen.

Anreise

■ Reisedokumente

Als Reisedokument genügt ein noch 6 Monate gültiger Reisepaß oder Kinderausweis. Zusätzlich benötigen österreichische, schweizerische und deutsche Staatsbürger ein Visum, das von den Konsulaten, der Botschaft und an einem speziell dafür eingerichteten Schalter im Flughafen von Antananarivo ausgestellt wird. Um dem zweimaligen Schlangestehen bei der Ankunft zu entgehen, empfiehlt es sich, das Visum schon vor der Reise zu besorgen.

■ ... mit dem Flugzeug

Wer mit Air Madagascar anreist, hat den Vorteil, daß er die Inlandsflüge bei Vorausbuchung in Europa zu einem zwischen 30 und 50 % ermäßigten Tarif bekommt. Air Madagascar fliegt 4mal pro Woche von Paris nonstop nach Antananarivo, Anschlußflüge von deutschen Flughäfen nach Paris gibt es von Lufthansa oder Air France. Eine Alternative sind die Nonstopflüge von Air Mauritius von München und Frankfurt nach Mauritius und ein Weiterflug von dort nach Antananarivo. Allerdings kann das mit einem längeren Aufenthalt in Mauritius, manchmal auch mit einer Zwischenübernachtung vor dem 3stündigen Weiterflug verbunden sein.

Bei jedem Abflug in Madagaskar ist eine **Flughafenbenutzungsgebühr** zu entrichten. Die Höhe der Gebühr ist abhängig davon, ob es ein internationaler, ein nationaler oder ein regionaler Flug (z. B. nach Mauritius, Réunion, auf die Seychellen oder Komoren) ist.

Generalvertretung der Air Madagascar für Deutschland, Österreich und die Schweiz

Avia Reps GmbH, Landsberger Straße 155, 80687 München, Tel. 0 89/55 25 33 15, Fax 54 50 68 39, aviareps@t-online.de

Weiterreise von Madagaskar

Ab Antananarivo bieten sich viele Möglichkeiten der Weiterreise auf die Komoren, Seychellen, nach Mauritius, Réunion, Kenia und Südafrika. Air Madagascar fliegt 2mal pro Woche über Mahajanga nach Grande Comore, mehrmals nach Réunion und Mauritius. Die südafrikanische Fluggesellschaft Inter Air verbindet die Hauptstadt mit Johannesburg und den Seychellen, Air Mauritius fliegt nach Mauritius und Nairobi. Die französische Regionalfluggesellschaft Air Austral bietet wöchentliche Flüge von Toamasina, Nosy Be und Antsiranana nach Réunion.

■ ... mit dem Schiff

Nach Madagaskar und zwischen den Inseln des westlichen Indischen Ozeans gibt es keine Passagierschiffe. Frachter nehmen gelegentlich Gäste mit, die Reise dauert jedoch sehr lange (mindestens 4 Wochen, manchmal 3 Monate) und ist teuer, somit keine sinnvolle Alternative zum Flug. Nach Réunion und Mauritius könnte sich hin und wieder eine Mitfahrgelegenheit auf einem Frachter ergeben. Fahrpläne gibt es allerdings nicht.

Aktivurlaub

In der Regel denkt man bei Reisen nach Madagaskar an Rundreisen mit Kontakt zu einer fremden, naturnahen Kultur. Daß man dort auch im europäischen Sinne angenehme Badeferien verbunden mit sportlichen Aktivitäten verbringen kann, ist weitgehend unbekannt. Dabei bietet Madagaskar viele Möglichkeiten der Urlaubsgestaltung für Wanderer, Trekker, Fahrradreisende, Höhlenforscher, Kletterer und Taucher. Ebenso können Sportarten wie Tennis, Golf und Windsurfen in der Nähe verschiedener gemütlicher Hotels ausgeübt werden, so daß Madagaskar nicht mehr reines Abenteurerland ist. Und nicht zuletzt kommen Baderatten und Strandurlauber auf ihre Kosten.

■ Angeln
Auf den Badeinseln Nosy Be und Nosy Boraha, sowie in Morondava und Toliara kann man Boote zum Hochseefischen mieten. Auf der Nachbarinsel von Nosy Be, Nosy Sakatia, hat sich das Hotel Sakatia Passions auf dieses Angebot mit einer kleinen Flotte von 6 Booten spezialisiert. Auf der Hauptinsel Nosy Be stellen Océans Dream in Ambatoloaka, das Hotel Blue Fish Lodge und das Hotel Marlin Club Fischerboote zur Verfügung. Auf Nosy Boraha kann man sich an alle Hotels wenden, die Boote bei heimischen Fischern beschaffen. Eigene Boote besitzen die Unternehmen Ste. Marie Loisirs in Ambodifototra und das Hotel La Cocoteraie. In Morondava wendet man sich ebenfalls am besten an die Hotelrezeption, die über die aktuell besten Kontakte verfügt. An den Stränden nahe Toliara gibt es den Deep Sea Club (Centre Nautique d'Ifaty) im Hotel Lakana Vezo in Ifaty und Boote, die zum Hotel La Mangrove an der Piste nach Sarodrano im Süden der Stadt liegen.

■ Bergsteigen
Besteigung des Maromokotro: Von Ambanja oder von Antsohihy aus und über Bealanana (Übernachtung in der Auberge de l'Ankaizinana). Wegen der Schwierigkeit der Anreise und der sehr ursprünglichen Umgebung (es sind auch viele Fady' s zu beachten!) nur in Begleitung durchzuführen. Dieter Popp hat die Besteigung mit Gästen durchgeführt (Adresse s. S. xx) und steht als Begleiter zur Verfügung.
Zu den Wasserfällen von Sakaleona und Ampasinambo bei Mananjary: wegen der Anfahrt aufwendig zu organisieren; nicht ohne ortskundigen Führer zu machen.
Rundwege im Isalo Gebirge (Ranohira): nur in Begleitung ausgebildeter Führer der ANGAP möglich; alle Schwierigkeitsgrade, von der gemütlichen Halbtageswanderung zum Piscine Naturelle bis zur Trekkingtour zur Portugiesengrotte. Marojezy Reservat und Besteigung des Gipfels des Marojezy von Sambava oder Andapa aus.
Nach Midongy-Atsimo und Trekking zum Dorf Soakibany am Ufer des Mananara bei Vangaindrano: aufwendig zu organisierende Drei- bis Viertagetour im grünen und fruchtbaren Südosten.

■ Bootsfahrten
In Madagaskar gibt es etliche Möglichkeiten zu Bootsfahrten auf größeren Flüssen, für die viel Zeit und Improvisationstalent benötigt werden.

Lohnenswerte Ziele sind folgende Flüsse: Bemarivo und Lokoho (bei Sambava), Betsiboka (Mahajanga–Marovoay/Ambato-Boeni), Manambolo (Schluchtfahrt bei den Tsingy du Bemaraha), Tsiribihina (Miandrivazo–Belo Tsiribihina) und Onilahy (bei Toliara)

■ Golf
Golf gehört nicht zu den traditionellen madagassischen Freizeitbeschäftigungen. Doch wie bei uns wächst die zahl der Golfinteressierten rasch. Einziger Golfplatz mit 18 Löchern ist der Golfklub Golf du Rova von Antananarivo. Er liegt in dem Vorort Ambohidratrimo an der RN 4 nach Mahajanga (Tel. 22/442 47). Der Golfklub Malaza Golf ist eher ein Übungsplatz mit jeweils 3 Abschlägen für jedes der nur 3 Grüns. Er befindet sich in Ambodiafotsy (Tel. 32/07 304 01 bis 05) ebenfalls einem kleinen Vor-

ort Antananarivos. Er hat ein Restaurant, einen geheizten Pool und eine Golfakademie. Beim Manda Beach Hotel (BP 402 Toamasina) in Mahavelona (Foulpointe) gibt es einen 9-Loch-Golfplatz und in Antsirabe den Golfklub Ivohitra mit einem 9-Loch Golfplatz.

■ Jagd

In der Oberschicht Madagaskars sind Wildschwein- und Entenjagd ein beliebter Zeitvertreib am Wochenende und im Urlaub. In einigen Hotels nahe der Jagdgebiete (Morondava, Maroantsetra, Mahajanga) können Sie die erforderliche Ausrüstung erhalten und finden auch Jäger, die Sie für einen oder mehrere Tage mitnehmen.

■ Kajak- und Kanufahren

Von manchen Europäern durchgeführte Kanutouren in Madagaskar sind weniger Aktivität oder Sport als echtes Abenteuer. An einzelnen Orten kann man inzwischen aber auch mit den Kanus einheimischer Dorfbewohner kleine Flußfahrten unternehmen: In Ankavandra fährt man mit einer Piroge durch die Schlucht des Manambolo, in Ambanja auf dem Sambirano von den Bergen bis zur Flußmündung, in Mahajanga auf dem Betsiboka flußaufwärts bis Marovoay oder Ambato-Boeni.

■ Klettern

Im Andringitra-Massiv südlich von Fianarantsoa, im Isalo-Gebirge bei Ranohira, im Tsaratanana-Gebirge bei Ambanja und in den Tsingy d'Ankarana und Tsingy de Bemaraha warten Hunderte von Felsen darauf, ›erstbestiegen‹ zu werden. Sie bestehen aus harten, glatten Granitblöcken (Andringitra, Tsaratanana), brüchigem Sandstein (Isalo) oder verwittertem Kalkgestein (Tsingy). Näheres kann man bei Les Lézards de Tana erfahren (BP 5133 Antananarivo, 101, Fax 22/3 54 50, Tel. 22/3 51 01; www.lk-oi.mg).

■ Radfahren

Für mehrtägige Fahrradfahrten sollten Sie ein gutes Rad aus Europa mitbringen, denn die Qualität der Mieträder, die man in Antsirabe oder Antananarivo bekommen kann, läßt zu wünschen übrig. Air Madagascar befördert Fahrräder bei Voranmeldung und fachgerechter Verpackung innerhalb des normalen Freigepäcks kostenlos. Der Lenker muß quergestellt sein, die Pedale nach innen gekehrt, und der Rahmen und die Kette des Rades müssen mit Pappe abgedeckt sein. Das ganze Land eignet sich ausgezeichnet für Fahrradtouren, denn nirgendwo lauern Gefahren, und überall findet man Verpflegung und – oft allerdings sehr einfache – Unterkunft. Beliebt ist beispielsweise die sogenannte Route du Sud von Antananarivo in etwa 15 Etappen zu jeweils 70 km pro Tag bis nach Toliara oder die Fahrt von Antsirabe nach Morondava (ca. 500 km meist leicht bergab).

Fahrräder vermietet in Antananarivo Mad Eva Travel (Rue Clémenceau, Tel. 22/4 83 30). Größere Radexpeditionen können mit Dieter Popp's Mugau-Tours und vom Hotel Mahatazana organisiert werden (s. S. 273) . In Antsirabe hat Touristic Excursion in der Rue Jean Ralaimongo Fahrräder für Tagestouren.

■ Reiten

Im Club Double M im Vorort Androhibe (Postfach 13 98, Antananarivo) von Antananarivo und Le Cot an der Route d'Ambohimanga (Tel. 22/2 19 82), im Reitstall im Parc de l' Est und beim Hotel des Thermes von Antsirabe, sowie in Mahavelona beim Hotel Manda Beach, in Mantasoa beim Hotel l' Ermitage und im Reitstall Le Master Ranch von Toamasina (1, Rue Lieutenant Bérard) kann man Reitpferde und auch berittene Begleiter bekommen, aber auch mehrtägige berittene Ausflüge unternehmen.

■ Segeln

Bei Nosy Be Croisières in der Hauptstadt Nosy Be's (Andoany, Rue Gallieni) chartern.

■ Tauchen

Tauchen kann man vor den Inseln Nosy Boraha (Ste. Marie), auf Nosy Be (mehrere Tauchbasen in Amabatoloaka, Madirokely und Ambondro), in Ifaty nördlich von Toliara (Hotel Lakana Vezo) und in Anakao südlich von Toliara (Hotel Coral Beach Bungalows). Ein Tauchkurs kostet durchschnittlich etwa 130 € pro Person, das Ausleihen und Füllen der Sauerstoffflaschen etwa 70 €. Von Januar bis März kann das Wasser an der Ostküste, zeitweise auch an der Nordwestküste, wegen der Einschwemmungen aus den großen Flüssen trüb sein. In Toliara (Tuléar) herrschen von Mai bis September die besten Verhältnisse, da die Westküste zu dieser Jahreszeit im Windschatten liegt und wegen der geringen Niederschläge kaum Trübungen durch einfließendes Flußwasser auftreten.

In folgenden Orten gibt es gut ausgestattete Tauchbasen:
Nosy Be und umliegende Inseln: Die Korallenriffe rund um Nosy Be sind nicht ganz leicht schwimmend zu erreichen, da der Sandstrand flach abfallend ist. Die Riffe aber sind reich an Korallen und Fischen und nur wenig vom Korallensterben (Coral bleeching) im Jahr 1998 betroffen. Einfacher erreicht man die Riffe vor Nosy Komba vom Ufer aus. Die schönsten Tauchplätze liegen bei den kleinen, unbewohnten Inseln Nosy Radama, Nosy Iranja und Nosy Tanikely im Süden und im Mitsio Archipel im Norden.
Ambatoloaka: Océans Dream, BP 173 und Madagascar Dive Club (c/o Hotel Marlin Club). Nosy Sakatia: Sakatia Dive Inn (Buchung im Restaurant Ambonara, Andoany, BP 186). Tsara Banjina: Ausgezeichnet ausgestattete Hoteltauchbasis auf der 18-Bungalow-Insel im Mitsio Archipel.
Auf Nosy Boraha (Ste-Marie): Il Balenottero-Centre de Plongée, Ambodifototra (Tel./Fax 57/40 00 36; www.ilbalenottero.com), Hotel Lakana, BP 2, Ambodifototra; Mahery Be, BP 8, Ambodifototra und Hotel Cocotiers.
An der Ostküste: Mahavelona: Manda Beach Hotel (BP 402, Toamasina).
An der Südwestküste: Nahe Morombe im Hotel Coco Beach Hotel bei Andavadoaka, in Morondava bei Espace Madagascar (c/o Espace 4x4, Antananarivo) und in Toliara (Tuléar): Centre Nautique d'Ifaty (Hotel Lakana Vezo) und La Mangrove Hotel im Süden von Toliara.

■ Tennis
Tennisplätze findet man nur bei den führenden Hotels der größeren Städte. In Antsirabe beim Hotel des Thermes und dem Arotel, in Toliara (Ifaty) im Hotel Les Dunes, in Toamasina im Tennis- und Wassersportklub an der Promenade Boulevard Ratsimilaho und in Taolanaro (Fort Dauphin) beim Hotel Le Dauphin sowie beim Manda Beach Hotel (BP 402 Toamasina) in Mahavelona (Foulpointe).

■ Trekking
Die Möglichkeiten für mehrtägige Trekkingtouren in Madagaskar sind unendlich. Besonders interessant sind folgende Regionen bzw. Routen (s. auch Stichwort Wandern):
Zu den Dörfern der Zafimaniri bei Ambositra: Problemlos bis Antoetra; wer tiefer eindringen will, muß sic in Ambositra um einheimische Begleitung kümmern und ein oder zwei Tage durch den Urwald gehen.
Besteigung des Pic Boby bei Ambalavao: Anspruchsvolle Mehrtagestour, die wegen der zu beachtenden Fadys und des Naturreservats, das nur in kleinen Teilen betreten werden darf, nur mit einheimischer Begleitung durchgeführt werden sollte.
Tsingy d' Ankarana bei Ambanja: Von April bis Dezember möglich; Besucherlaubnis von der Naturschutzbehörde ANGAP; nur mit Guide.
Marojezy Nationalpark bei Andapa: Anspruchsvolle Urwaldwanderungen; nur mit einheimischem Führer und Genehmigung des Landwirtschaftsministeriums machbar.
Réserve Naturelle de Zahamena bei Ambatondrazaka: Abenteuerliches Trekking, da das Reservat noch nicht für den normalen Besucher erschlossen ist; Genehmigung beim Landwirtschaftsministerium einholen und in Ambatondrazaka einen Führer anheuern!
Trekking in den Tsingy de Bemaraha von Belo Tsiribihina aus: Wege unter-

schiedlicher Schwierigkeitsgrade. Nur in Begleitung ausgebildeter Parkranger.
Schmugglerpfad zwischen Imerimandroso und Vavatenina (Ostküste): Bei Regenwetter anstrengende fünf- bis achttägige Tour; der erfahrene Führer Jean Baptist führt den Schmugglerpfad mit Gästen in acht Tagesetappen durch (ca. 150 €).
Von Maroantsetra nach Antalaha (Halbinsel Masoala): Anstrengende Fünf- bis Sechstagestour; kann auch alleine gemacht werden; einen einheimischen Führer dabei zu haben, erleichtert vieles.
Von Maroantsetra nach Andapa: Abenteuerliche Dschungeldurchquerung, die nur mit Führer durchzuführen ist.
Halbinsel Masoala: Abenteuerliche Dschungeldurchquerung; nur mit Führer!

■ **Walbeobachtung**
Alle Hotels auf Nosy Boraha und in Maroantsetra schicken während der Monate August bis Oktober Boote mit sachkundiger Besatzung für die Walbeobachtung aus.

■ **Wandern und Höhlen erkunden**
Höhlenerkundung ist eine besonders bei französischen Reisenden beliebte Aktivität. Bei Ambilobe kann man einige der Grotten im Ankarana-Gebirge durchstreifen, nahe Mahajanga befinden sich die Grotten von Anjohibe (auch Grotten von Andranoboka genannt), bei Morombe die Höhlen von Andavadoaka und südlich von Toliara (Tuléar) die Grotten von Sarodrano und die Höhlen von Mitaho beim Lac Tsimanampetsotsa.

Höhepunkte für passionierte Trekker und Wanderer können folgende Touren sein: Der Schmugglerpfad vom Lac Alaotra zur Ostküste (s. S. 90), der Masoala-Trek von Maroantsetra nach Antalaha (s. S. 120) und die Wanderung zu den Portugiesengrotten im Isalo-Gebirge (s. S. 180). Es gibt aber Dutzende weiterer Wandermöglichkeiten von denen einige hier aufgeführt werden und die in den jeweiligen Landeskapiteln beschrieben sind.

Einfache Wanderungen: Canal des Pangalanes beim Ankan' ny Nofy: einfache Wanderungen entlang des Kanals mit Zeltmöglichkeiten und schönen Badeplätzen.
Station Forestière de Manjakatompo bei Ambatolampy: einfache Wanderungen in der Forststation, die auch mit dem Fahrrad gemacht werden kann. Leihfahrräder gibt es in der Manja Ranch in Ambatolampy.
Ausflug nach Didy, zur Station Agricole Ambohitsilaozana und nach Imerimandroso: Wanderungen durch eindrucksvolle, hügelige Landschaften.
Ostküste bei Ampasimanolotra: Einfache Wanderungen entlang des Canal de Pangalanes nach Andevoranto oder Vatomandry und zu den heißen Quellen von Ranomafana (45 km nach Ranomafana per Taxi, dann zu Fuß); auch allein möglich.
Wanderungen zum Lac Itasy, zu Kraterseen und zu den Wasserfällen des Lilly bei Ampefy: Problemlose Tageswanderungen durch hügelige Vulkankraterlandschaft.
Wanderungen im Reservat von Analamazaotra und Mantadia bei Andasibe: Einfache Wanderungen, nur mit Führern von ANGAP möglich.
Berwanderungen: Bergwanderungen nahe Antsirabe: Einfache Tageswanderungen zum Vontovorona, zum Mont Ibity und auf den Aussichtsberg Ivohitra südlich des Samstagsmarktes von Antsirabe.
Bergwanderungen nahe Antsiranana: Einfache ein- bis viertägige Wanderungen in den Montagnes d' Ambre, den Montagnes des Francais und in den Tsingy du Nord.
Nationalpark von Ranomafana bei Fianarantsoa: Anfahrt etwa 3 bis 4 Stunden; Wanderungen im Reservat nur in Begleitung eines ausgebildeten Führers möglich.
Besuch der Naturreservate Lac Kinkony und der Tsingy von Namoroka: Wegen der schlechten Straßen aufwendig zu erreichen; keinerlei Einrichtungen für Übernachtung vorhanden.
Forststation von Ampijoroa bei Mahajanga: Einfache Wanderungen in Begleitung eines Angestellten der Forststation.
Ausflug von Manakara nach Vohipeno (45 km) und zu den Königsgräbern von Ivato:

einfache Wanderung mit kulturellem Hintergrund.

Besteigung des Vulkans Antaninaomby (621 m) auf Nosy Ambariovato (Nosy Komba), problemlose Tagestour.

Wanderung auf den Mont Passot auf Nosy Be, problemlose Halbtagestour.

Wanderungen von der Cocoteraie Robert zum Heiligen Wasserbecken auf Nosy Boraha (Ste-Marie): Einfache Tageswanderung durch liebliche Landschaften; am Zielpunkt bieten sich schöneBademöglichkeiten.

Von Lonkintsy an die Ostküste von Nosy Boraha, einfache Tageswanderung.

Von Ambodifototra an die Ostküste, einfache Tageswanderung.

Besteigung des Pic Saint Louis bei Taolanaro (Fort Dauphin), einfache Halbtagestour.

■ Wasserski

Canal des Pangalanes, Hotel Buschhaus; Mantasoa: Hotel l' Ermitage; Toliara/Ifaty: Hotel Lakana Vezo Centre Nautique.

■ Windsurfen

Strandhotels mit günstigen Windverhältnissen vor allem an der Ostküste haben für Ihre Gäste Windsurfer, z. B. Ankan'ny Nofy: Hotel Buschhaus; Antsiranana/Ramena: Windsurfen in der Baie des Dunes und der Baie des Sakalava; Mahavelona: Manda Beach Hotel (BP 402 Toamasina); Mantasoa: Hotel l' Ermitage; Morondava: Hotel Renala au Sable d'Or; Toliara (Ifaty): Hotel Lakana Vezo (Deep Sea Club)

Armut

Madagaskar zählt zu den zehn Ländern mit dem weltweit niedrigsten Pro-Kopf-Einkommen. Das betrifft die 90% Landbevölkerung wenig, die ohnehin nicht in den Kreislauf der Geldwirtschaft integriert ist. Sie lebt vom Konsum dessen, was sie produziert, und vom Tauschhandel. Lediglich in der Hauptstadt und in wenigen größeren Städten (Toamasina und Mahajanga) zeigen sich die Folgen der Armut.

■ Bettler

In den Zentren Antananarivos und Antsirabes erregen bettelnde Kinder und verwahrloste oder kranke Erwachsene häufig Mitleid und sind in den meisten Fällen auch wirklich arm und hilfsbedürftig. Daher sollten Sie sich auf die Situation vorbereiten. Bettler finden sich vor allem in der Nähe des Marktes; dort könnte es sinnvoller sein, statt Geldes eine Mahlzeit an einem Essensstand zu spendieren oder eine Tüte Gebäck, *Samoussas* oder *Neem* zu verteilen. Mehr noch hilft, wer die hübschen Blechautos oder Rikschas aus Blech und Holz kauft, denn Straßenkinder sammeln die Blechdosen, aus denen ehemalige Straßenkinder die kleinen Kunstwerke herstellen. Wenn Sie bettelnden Kindern dennoch nicht widerstehen können, achten Sie darauf, kleine Münzen zur Hand zu haben und ihnen nicht mit einem Geldschein gegenüberzustehen, der den Wert eines Monatsgehaltes eines Verkäufers repräsentiert (ca. 30 €). Die gespendeten Summen sollten in einem sinnvollen Verhältnis zum Einkommen eines arbeitenden Madagassen stehen. Bedenken Sie auch, daß bettelnde Kinder von skrupellosen Erwachsenen ausgebeutet werden. In Indien hat der Erfolg bettelnder Kinder dazu geführt, daß sie von ihren ›Zuhältern‹ verstümmelt werden, um noch mitleiderregender zu wirken und damit gewinnträchtiger arbeiten zu können.

Die beste Lösung ist die **Unterstützung einer sozialen Einrichtung.** Das kann mit Geld oder Sachspenden geschehen. Für Madagassen ist alles wertvoll, was man zum täglichen Leben braucht. Ich lasse daher vor der Rückreise meine Kleidung im Hotel waschen, gehe meine Ausrüstung durch und überlasse alles, was ich nicht unbedingt benötige (Medikamente, Sandalen, Sonnenhut usw.), einer sozialen Organisation wie etwa dem SOS Kinderdorf, oder dem Orden der Mutter Theresa (s. S. 66). Wer mit einem Reiseveranstalter unterwegs ist, kann die Dinge auch der örtlichen Vertretung des Veranstalters überlassen, der sie weitergibt. Seriöse Hilfsorganisationen kann auch die Deutsche Botschaft (s. S. 307) nennen.

■ Diebstahl

Taschen- und Trickdiebstahl in Antananarivo sind häufig, Gewaltdelikte kommen nachts im unmittelbaren Zentrum der Hauptstadt vor. Sie sind nicht häufiger als in einer Großstadt Mitteleuropas oder gar der USA, dennoch sollte man einige Vorsichtsmaßregeln einhalten: Tragen Sie keinen auffälligen Schmuck und keine teuren Armbanduhren, gehen Sie nachts nicht alleine im Stadtzentrum spazieren, lassen Sie sich ins Restaurant mit dem Taxi fahren und abholen und hantieren Sie auf dem Markt nicht mit großen Geldscheinen. Spezialisten haben sich auf Handtaschendiebstahl durch das Taxifenster verlegt.

■ Prostitution

Leider ist sowohl in der Hauptstadt als auch auf Nosy Be Prostitution zu beobachten. Mancher Tourist, der die Dienste einer Prostituierten in Anspruch nimmt, erklärt, daß er doch einem Mädchen helfe, eine ganze Familie zu ernähren. Wer sein Handeln so vor sich selbst rechtfertigt, vergißt, daß dem Mädchen nur ein kleiner Teil des erarbeiteten Geldes bleibt. Auch für die Kunden kann die Prostitution schwerwiegende Folgen haben. Ansteckende Geschlechtskrankheiten sind unter den Prostituierten Madagaskars die Regel. In ganz Ostafrika sollen inzwischen 84 % aller Prostituierten HIV-positiv sein.

■ Korruption

Die madagassischen Devisenvorschriften erlauben es nicht, größere Mengen FMG auszuführen, und die Einfuhr madagassischen Geldes ist verboten. Als ich mit einem Freund von Mahajanga für eine Woche nach Grande Comore reiste, hatte er noch madagassisches Geld, das wir nach der Rückkehr wieder benötigten. Wir sagten es dem Zöllner, der mit einem Augenzwinkern erklärte, wir sollten bei der Rückkehr von den Komoren bei ihm vorbeischauen, er werde dann prüfen, ob noch alles da sei. Als wir zurückkamen, erkannte uns der Zöllner und bat uns, zusammen mit einem streng dreinblickenden Kollegen, in eine Kabine, wo er fragte, ob wir Geld dabei hätten. Als wir die Situation erklärt hatten, nickten beide sorgen-, aber auch verständnisvoll und fragten nach einem *cadeau*. Mein Freund antwortete freundlich, es sei doch nicht erlaubt, einem Polizisten im Dienst Geld anzubieten! Das Resultat war freundliches Gelächter der beiden, der Vorhang wurde beiseite geschoben, und wir konnten mit unserem madagassischen Geld einreisen.

Korruption funktioniert nur, wenn zwei korrupte Partner aufeinandertreffen. Leider sind Touristen oft einer davon. Unter *Travellern,* die sich oft als die ›besseren‹ Touristen betrachten, wird als Tip weitergegeben, wo ›nette‹ Polizeibeamte Visaverlängerungen erteilen (Ersparnis etwa 5 €) und in welchen Naturreservaten man zum halben Preis gefälschte und nicht an der Zentrale der Parkverwaltung abgerechnete Eintrittsquittungen erhält (Ersparnis etwa 2 €). Lohnt sich das?

Behinderte

Die wenigen touristischen Einrichtungen auf Madagaskar sind nicht behindertengerecht gestaltet. Reisen im Rollstuhl ist mit großem Aufwand und guter Organisation möglich, da die Menschen hilfsbereit und rücksichtsvoll sind. Man muß sich aber darauf einstellen, daß man vor Probleme gestellt werden könnte, die nur schwer lösbar sind.

Bücher und Karten

Stadtpläne und Karten von den wichtigsten Regionen sowie französischsprachige Literatur über Madagaskar haben in der Hauptstadt die Buchhandlungen **Librairie de Madagascar,** Avenue de l'Indépendance, **Bibliomad,** Lalana Nice, und **Librairie Mixte,** Arabe ny 26 Jona, auf Lager. Detailkarten in großer Auswahl und guter Qualität bekommt man bei **F.T.M.,** Lalana Dama-Nisoha Razafintsalama (Route Circulaire), Stadtteil Ambanidia, Antananarivo (Mo–Fr 7–11 u. 14–17 Uhr). Fast jeder Fleck im Lande (z. B. Nosy Be,

Nosy Boraha und alle National- und Naturschutzparks) ist auf Detailkarten festgehalten, die auch bei dem französischen Verlag IGN (Institut Géographique National, 107 Rue la Boétié, F-75008 Paris, und 2, Avenue Pasteur, 94160 Saint-Mandé) in ausgezeichneter Qualität zu beziehen sind.

Diplomatische Vertretungen

■ ... in Deutschland
Botschaft der Republik Madagaskar,
Rolandstraße 48,
51379 Bonn-Bad Godesberg,
Tel. 02 28/95 35 90, Fax 33 46 28
(auch zuständig für Österreich)

Generalhonorarkonsul H. Wollenschläger,
Preußenallee 14,
14052 Berlin,
Tel. 0 30/3 05 82 11, Fax 3 05 74 21

Generalhonorarkonsul Dr. H. B. Heil,
Wilhelm-Busch-Str. 5,
40474 Düsseldorf,
Tel. 02 11/43 26 43

Honorarkonsulat von Madagaskar,
Alte Str. 83,
79249 Freiburg/Breisgau,
Tel. 07 61/40 94 26

Honorarkonsulat von Madagaskar,
Holstenplatz 18,
22765 Hamburg,
Tel. 0 40/38 10 17 72/73, Fax 38 10 16 67

Honorarkonsul Ingo Wallner,
Akademiestr. 7,
80799 München,
Tel. 0 89/38 19 02 14, Fax 38 19 02 36

Honorarkonsul Dr. Ruffing,
Straße des 13. Januar 271,
66333 Völklingen
Tel. 0 68 98/8 11 00

■ ... in Österreich
Generalhonorarkonsul Prof. Dr. Robert Krapfenbauer,
Pötzleinsdorferstraße 94–96,
1184 Wien,
Tel. 01/4 79 12 73, Fax 47 91 27 34

■ ... in der Schweiz
Generalkonsulat von Madagaskar,
Kappelergasse 14,
Postfach 5070,
8022 Zürich,
Tel. 01/2 12 85 66, Fax 2 11 80 18

Honorarkonsulat von Madagaskar,
Kochergasse 4,
3011 Bern,
Tel. 0 31/ 3 11 31 11, Fax 3 11 08 71

■ ... auf Madagaskar
Botschaft der BRD,
101, Lalana Pastora Rabeony,
Ambanidia, BP 516, Antananarivo,
Tel. 22/2 38 02, Fax 22/2 66 27
(Mo–Fr 9–12 Uhr)

Honorarkonsulat der Republik Österreich,
448, Lalana Rabotova (Route Circulaire),
Antananarivo,
Tel. 22/4 24 25 und 2 35 38

Botschaft der Schweiz,
42, Avenue de Sol,
Frantsay 77, BP 118,
Antananarivo,
Tel. 22/2 28 46, Fax 22/2 89 40

■ Was die Botschaft tun kann
Die Botschaft hat die Pflicht, Reisenden mit Rat und Tat zur Seite zu stehen. Sie können dort beispielsweise Wertgegenstände aufbewahren und sich aus einer finanziellen Notlage helfen lassen. Voraussetzung ist, daß für Sie keine andere Möglichkeit besteht, sich selbst zu helfen. Was können Sie tun, wenn Ihnen gleich nach ein paar Tagen Ihr gesamtes Geld gestohlen wird? Zunächst einmal sollten Sie versuchen, sich aus Europa etwas überweisen zu lassen. Wenn alle Geldquellen versagen, bekommen Sie von der Botschaft das Geld, um sofort und auf dem billigsten Weg nach Hause zu fliegen. Den Aufenthalt in Madagaskar darf sie Ihnen nicht finanzieren. Selbstverständlich müssen Sie das vorgestreckte Geld nach Ihrer

Rückkehr zurückzahlen. Auch wenn Sie erkranken und einen Rücktransport mit Pfleger benötigen sollten, hilft die Botschaft – ebenso in allen Katastrophenfällen. In einfachen Rechtsangelegenheiten darf die Botschaft nur vermittelnd helfen, indem sie Dolmetscher nennt und Anwälte empfiehlt. Die Kosten müssen Sie selbst tragen.

Häufig muß die Botschaft neue Pässe ausstellen. Dazu ist sie berechtigt, wenn der Reisende glaubhaft machen kann, daß die Papiere gestohlen wurden oder verlorengegangen sind. Um der Botschaft die Arbeit zu erleichtern, sollten Sie viele offizielle Ausweispapiere (Paß, Personalausweis, Führerschein) und nach Möglichkeit auch Fotokopien davon mitnehmen.

Wenn Sie verhaftet werden und im Gefängnis landen, kann die Botschaft zunächst nur bei der Suche nach einem geeigneten Rechtsanwalt helfen. Erst wenn der Anwalt alles in seiner Macht Stehende getan hat, d.h., wenn alle Rechtsbehelfe nach inländischem Recht ausgeschöpft sind, ist es sinnvoll, sich wieder an die Botschaft zu wenden. Das Recht dazu darf nicht verwehrt werden. Die Botschaft prüft, ob die Behörden sich Ihnen gegenüber in einer Weise verhalten, die dem allgemeinen Völkerrecht entspricht. Wenn das nicht der Fall sein sollte, kann und darf sie eingreifen, muß es aber nicht! Neben den Interessen der Landsleute hat die Botschaft nämlich auch die der Bundesrepublik Deutschland als Staat zu vertreten. Wenn sie den Eindruck hat, daß durch eine Intervention das politische Klima zu stark leiden könnte, wird sie sich zurückhalten.

Drogen

Drogen sind in Madagaskar kein Thema, schon gar nicht in Kreisen der Reisenden. Unter der Bevölkerung wird in einzelnen Regionen traditionell Ganja (Haschisch) oder Kat konsumiert. Einzige augenfällige Droge ist der Alkohol in Form von gegorenem Saft aus der Kokospalme (Tody).

Einkaufen und Souvenirs

Was man in Madagaskar zum Leben braucht, gibt es auf dem Markt in Antananarivo. Luxusartikel wie Butter, Käse, Lederschuhe, Hemden findet man in Supermärkten wie *Prisunic* (Place de l'Indépendance, nicht weit vom Hotel ›Colbert‹) und *Superbasar* (Rue Andrianampoinimerina). Entlang der Landstraßen, in Dörfern und Städten gibt es kleine Geschäfte, die das Lebensnotwendige bereithalten, auf Märkten wird angeboten, was in der unmittelbaren Umgebung wächst und hergestellt wird.

Als Souvenirs eignen sich viele kunsthandwerkliche Gegenstände aus traditioneller Herstellung. Hierzu gehört das **Papier der Antaimoro** (Herstellung in Ambalavao und Antananarivo), ein handgeschöpftes, nach arabischem Vorbild hergestelltes Papier, auf dem die Antaimoro an der Südostküste ihre *Sorabe*-Schriften in madagassischer Sprache und arabischen Schriftzeichen verfaßten. Heute werden Lampenschirme, Briefbögen, Schreibblöcke, Handtaschen und vieles mehr aus diesem Papier hergestellt. In Antananarivo gibt es Straßenkinderprojekte, die mit der Herstellung des Papiers versuchen, die Kinder in ein normales Leben zurückzuführen.

Ebenfalls aus Ambalavao, aber auch aus Dörfern nahe Antananarivo stammt die madagassische **Rohseide** und daraus hergestellte Schals und Hemden.

In Ambositra, aber auch auf dem Markt in Antananarivo findet man teilweise sehr schöne **Holzarbeiten der Zafimaniry.** Holzschachteln (Griffelkästen), geschnitzte Pirogen, Brettspiele oder komplette Spielesets mit kunstvollen Einlegearbeiten, Schachfiguren, die madagassischen Motiven nachgebildet sind, Haushaltsgegenstände wie Salzstreuer oder Eierbecher gibt es zu günstigen Preisen.

In der Umgebung von Antananarivo befinden sich Werkstätten, in denen kunstvolle **Batiken** auf Baumwollstoffen und **Seidenmalereien** hergestellt werden. Am Straßenrand im Zentrum von Antananarivo werden aus alten Getränkedosen hergestellte **Blechspielzeuge** (Autos, Busse, Flugzeuge und sogar feingliedrige Motorräder) angeboten. Die aus Bambusrohr hergestellte **Valiha,** ein traditionelles Instrument der Hochlandmusik, ist ein schönes Andenken, ebenso wie **Halbedelsteine** aus Antsirabe oder daraus hergestellter Schmuck, Solitärspiele, Aschenbecher oder polierte Eier in den verschiedensten Farben. **Taschen** aus Rindsleder, Schmuck, Besteck aus Zebuhorn, Strohhüte, Gewürze (Vanille, Nelken), Parfum (Ylang-Ylang) und vieles andere eignen sich als Souvenir.

Einreisebestimmungen

Die früher erforderliche Devisendeklaration wird nur noch verlangt, wenn Sie mehr als 10 000 € oder einen entsprechenden Betrag in einer anderen Währung einführen. Auch wertvolle technische Geräte wie Videokameras oder Laptops sowie Juwelen müssen deklariert werden. Das Visum für einen Aufenthalt bis zu 30 Tagen kann am Flughafen in Antananarivo beantragt und nach der Ankunft eingeholt werden. Dazu sind für die Reisedauer gültiger Reisepaß, vier Paßfotos, eine Gebühr von 140 000 FMG und viel Geduld erforderlich. Um sich den Umstand und die Wartezeit nach einer anstrengenden Flugreise zu ersparen, ist es empfehlenswert, das Visum schon in Europa einzuholen; Antragsformulare erhalten Sie bei der diplomatischen Vertretung oder bei Ihrem Reiseveranstalter. Dem Antrag muß eine Bestätigung des Veranstalters, der Fluggesellschaft oder des Reisebüros beiliegen, daß ein Flugschein für Hin- und Rückflug gebucht ist. Der Reisepaß muß noch 6 Monate gültig sein, die Visagebühr von ca. 30 € und ein frankierter Umschlag für die Rücksendung des Passes per Einschreiben müssen beiliegen. Wenn alles vorschriftsgemäß ausgefüllt ist, erhalten Sie den Paß in der Regel innerhalb einer Woche mit Visum zurück. In Europa kann das Visum mit einer Aufenthaltsdauer von bis zu 3 Monaten erteilt werden. Eine Verlängerung kann nach der Ankunft beim Innenministerium, nahe dem ›Hilton Hotel‹ (Antananarivo, Stadtteil Ampefiloha, Tel. 22/2 11 98), oder bei der Polizeistation in Nosy Be beantragt werden. Achtung: Journalisten, Fernsehteams oder sonstige beruflich an Madagaskar Interessierte benötigen ein gesondertes Visum, das erst nach Prüfung und Genehmigung durch Regierungsstellen erteilt wird – und das kann dauern!

■ Impfbestimmungen
Cholera- und Gelbfieberimpfungen benötigen Sie, wenn Sie vor Ihrer Einreise ein Infektionsgebiet durchreist haben. Dazu zählt ein Großteil der afrikanischen Länder.

■ Ausfuhrbeschränkungen
Edel- oder Halbedelsteine, Schmuck und geschliffene Steine dürfen ausgeführt werden, wenn eine behördliche Ausfuhrgenehmigung vorliegt. Alle Händler – auch die auf dem Markt – haben Formblätter und stellen sie beim Verkauf aus. Folgende Gegenstände dürfen nur mit ausdrücklicher Erlaubnis des Ministère des Arts et de la Culture exportiert werden: alte Handschriften, wertvolle Briefmarken, alte Holzschnitzereien und Münzen, Versteinerungen, hölzerne oder steinerne Kerzenständer, alte handgefertigte Werkzeuge. Im Zweifelsfall immer erst im Ministerium die Exporterlaubnis einholen (dauert 2–3 Tage), damit man Ihnen die Sachen nicht am Flughafen abnimmt. Der Export von seltenen Fossilien (z. B. Knochenfunde, Eierschalen des Vogel Rock), echten Holzstatuen von Grabstätten sowie von allen Tieren, die vom Aussterben bedroht oder die es nur auf Madagaskar gibt (dazu gehören Lemuren, Krokodile, Schildkröten und Chamäleons), ist verboten.

Elektrizität

In den Hotels der Kategorien ›günstig‹ bis ›teuer‹ gibt es Strom mit 220 bis 240 Volt. Stecker haben in der Regel französische Norm. Es kommt aber auch vor, daß ein Hotel seine elektrische Ausstattung in England, Südafrika, Singapur oder Australien eingekauft hat. Mehrfachstecker mit allen Systemen sind daher hilfreich.

Essen und Trinken

Der Speiseplan von 90 % der Madagassen ist sehr einfach und besteht aus Reis am Morgen, Reis am Mittag und Reis am Abend; dazu gibt es entweder eine Fleischsoße, Fisch oder Gemüse, alles mit vielen Gewürzen zubereitet. An der Küste, wo wenig Reis angebaut wird, sind Mais und Maniok die Grundnahrungsmittel. Als Gemüse verwendet man die Blätter der Maniokwurzel, genannt *brèdes*.

Auf Märkten, in den Städten und auf dem Lande – besonders im Süden und Westen – gibt es kleine Garküchen, die alles fertig zubereitet anbieten, was der Markt an Lebensmitteln zu bieten hat. Als madagassischen Hamburger kann man das *neem* bezeichnen, eine Art Frühlingsrolle. In Teig werden kleingeschnittenes Gemüse, Hackfleisch und viele scharfe Gewürze eingerollt und in Öl ausgebcken. Ähnlich bereitet man *sambos* (auch *samoussa* genannt) zu, die kleiner sind und eine dreieckige Form haben. Häufig gibt es gebratene Rindfleischspieße *(brochettes)*, die ganz hervorragend schmecken.

■ Rezept für die Nationalgerichte Romazava und Ravitoto
(für 6 Personen)
Romazava: Man nehme 1 kg Rindfleisch ohne Knochen, 500 g Mangold, der den Blättern des Maniok am ähnlichsten ist (Maniokblätter werden Sie in Europa nicht finden); dazu Tomaten, Knoblauch, Salz und Öl. Das Rindfleisch wird in Stücke von der Größe eines Hühnereies geschnitten und zusammen mit Tomaten und Knoblauch in einer Pfanne angebraten, der Mangold zusammen mit Tomaten und Knoblauch gekocht und, je nach Geschmack, mit mehr oder weniger Peperoni gewürzt. Wenn das Fleisch rundherum angebraten ist, gibt man es zum Gemüse und läßt beides gemeinsam mindestens 45 Minuten garkochen. Dazu serviert man Reis, der ohne Salz gekocht worden ist. Die Romazava und der Reis dürfen nach madagassischer Sitte auf dem Teller nicht vermischt werden! Den Reis läßt man übrigens im Topf leicht anbrennen, füllt ihn in ein frisches Gefäß um und kocht dann Wasser in dem Reistopf. Dieses Reiswasser *(rano vola)* wird zur Romazava getrunken.

Ravitoto: Man nehme 1 kg Schweinefleisch, 1 kg Mangold, dazu Tomaten und Peperoni. Das Schweinefleisch wird in Stücke geschnitten und in 1 l Wasser gekocht. Inzwischen zerstampft man die Mangoldblätter im Mörser, salzt sie und würzt mit Tomaten und Peperoni. Wenn das Fleisch 10–15 Minuten gekocht hat, wird der zerstampfte Mangold hinzugefügt und gemeinsam mit dem Fleisch weitere 50 Minuten gekocht. Dazu serviert man, wie immer, Reis.

Feiertage und Feste

■ Offizielle Feiertage
1. Januar: Neujahr
Ostermontag
29. März: Jahrestag des antikolonialen Aufstandes von 1947
1. Mai: Tag der Arbeit
Pfingstmontag
26. Juni: Tag der Unabhängigkeit, Nationalfeiertag
15. August: Mariä Himmelfahrt
1. November: Allerheiligen
25. Dezember: Weihnachten
30. Dezember: Jahrestag der Zweiten Republik

■ Traditionelle madagassische Feiern
März: Alahamady Be (madagassisches Neujahr)
Mai: Taralily (Reiserntefest)
Juni: Donia (Fest der traditionellen Musik) und Fisemanga Ampasanteginy (Rituelle Reinigungszeremonie der Antankarana)
Juli: Fanampoambe (Reliquienreinigung bei den Sakalava von Mahajanga)
Juli bis September: Famadihana (Umwendung der Toten, s. S. 44 f.)

September bis November: Fanamaboarana Dady Moasy (Reliquienreinigung bei den Antankarana)

Oktober: Sambatra (kollektive Beschneidung, alle 7 Jahre bei den Antambahoaka in Mananjary)

Tromba: Die *Tromba* erinnert an die Voodoo-Zeremonien in Westafrika und Haiti. Das Fest, das in den Dörfern der Küstenregionen häufig abgehalten wird, dient der Heilung von Kranken. Bei ekstatischer Musik und Tänzen fällt eine Person, die als Medium fungiert, oder auch der Kranke in Trance. Das wird als Besessenheit von einem Geist (meist einem königlichen Vorfahren des Volkes oder der Familie) gedeutet. Dieser Geist kann über das Medium Weissagungen äußern oder die Heilung von der Krankheit bewirken. Eine ähnliche Funktion haben das *Bilo*-Fest bei den Betsileo und das *Rombo* der Mahafaly.

Fest der Reissprößlinge: Dieses Fest findet in den Reisanbaugebieten statt, wenn die Sprößlinge in den Reisfeldern gesetzt worden sind (meist im Januar oder Februar).

Fotografieren

Der Ethnologe Christian Adler hat für seine Studie mit dem Titel ›Achtung Touristen‹ folgendes Experiment durchgeführt: Er schickte zwei als ›Touristen auf Europa-Trip‹ auftretende Männer – der eine verkleidet als ›Eskimo‹, der andere als ›Wilder‹ aus Papua-Neuguinea – mit einer Kamera bewaffnet zur Fronleichnamsprozession in ein oberbayerisches Dorf. Beide verhielten sich dort so, wie es unsere Landsleute bei den Eskimos oder in Papua-Neuguinea normalerweise tun: Sie gingen in die Bauernhäuser, fotografierten die Hausfrau am Herd, der ›Wilde‹ aus Papua-Neuguinea ging barfuß und mit kurzer Hose in die Kirche, um den Pfarrer bei der Fronleichnamspredigt abzulichten. Die ganze Sache dauerte allerdings nicht lange, denn die empörte Bevölkerung holte die Polizei, die den harmlosen ›Touristen‹ die Kameras abnahm. Am nächsten Tag war die lokale Presse voll von erbosten Beschwerden der einheimischen Gläubigen über die schamlosen Ausländer, denen nicht einmal die Fronleichnamsfeier heilig sei. Wer diese Geschichte nicht vergißt, der wird etwas aufmerksamer im Umgang mit seiner Kamera sein.

■ Allgemeine Fototips

In den Tropen sollten immer ein UV-Filter und eine Sonnenblende vor das Objektiv gesetzt werden. Um bei dem gleißenden Licht Reflexe zu vermindern, ist auch ein Polarisationsfilter empfehlenswert.

Da Filme in Madagaskar nur schwer erhältlich und teuer sind, sollten Sie ausreichend Filmmaterial mitnehmen. Auf jeden Fall vor der Abreise neue Batterien kaufen! Regierungsgebäude (z. B. der Präsidentenpalast) und militärische Einrichtungen dürfen nicht fotografiert werden.

Frauen allein unterwegs

Als männlicher Autor bin ich diesbezüglich auf Beobachtungen und Informationen aus zweiter Hand angewiesen. Aus beiden Quellen glaube ich Bedenken zerstreuen zu können. Es wurde mir von alleinreisenden Frauen niemals von geschlechtsspezifischen Belästigungen (von nachpfeifenden Männern bis zu Vergewaltigungen) berichtet. Kulturell ist die Frau in Madagaskar ein grundsätzlich gleichberechtigtes Wesen, wobei graduelle Unterschiede zwischen den mehr afrikanischstämmigen Sakalava oder Bara und den mehr asiatischen Betsileo oder Merina bestehen. Auch ist die Stellung der Frau in der Familie je nach Herkunft des Stammes unterschiedlich. Es gibt Stämme mit Erbgang und Namensübernahme nach der Mutter, es gibt aber auch Stämme, bei denen die Frau erst essen darf, wenn Mann, Gäste und Kinder satt sind. Tendenzen, wonach Frauen als minderwertig, ›Freiwild‹ oder gar Eigentum des Mannes eingeschätzt werden, habe ich nie beobachtet, und dergleichen wurde mir auch nicht berichtet.

Geld und Banken

■ Landeswährung

in Madagaskar gilt der Franc Malgache (FMG), neuerdings werden Münzen und Scheine in der neuen Währung Ariary gedruckt. 100 FMG entsprechen 20 Ariary. Es gibt Scheine zu 100, 500, 1000 und 5000 sowie in Münzen zu 1, 2, 5, 10 und 20 FMG, außerdem Münzen zu 10 und 20 Ariary (= 50 bzw. 100 FMG). Zur Zeit bekommt man für 1 € ca. 7000 FMG. Der Kurs kann sich sehr schnell ändern, denn die madagassische Währung ist in kein Währungssystem eingebunden. Sie *floatet*, ihr Wert wird also täglich anhand von Angebot und Nachfrage neu festgelegt. Aus diesem Grund wurden Preise in diesem Buch in Euro (€) angegeben, denn mit sinkendem oder steigendem Wert des FMG im Vergleich zu europäischen Währungen steigt oder fällt in der Regel auch das Preisniveau touristischer Leistungen wie Hotelübernachtungen oder Inlandflüge. Beispielsweise bekam man 1994 für 1 DM nur 1200 FMG, die Hotelpreise aber haben sich trotz der Inflation von über 100% seither kaum verändert.

■ Geldwechsel

Bargeld und Reiseschecks werden zum gleichen Kurs getauscht; seit der FMG *floatet*, nimmt man auch gerne US-$. Richten Sie sich darauf ein, daß die Wechselprozedur bei Banken in der Provinz dauern kann. In allen größeren Orten gibt es eine oder zwei Banken, bei denen gewechselt werden kann. Am unkompliziertesten geht das bei den Vertretungen der BNI/Crédit Lyonnais. Wer längere Zeit in abgelegenen Gegenden (Ranohira, Ranomafana, Andapa usw.) verbringen will, sollte einen ausreichenden Geldvorrat mitnehmen.

Achtung: Rücktausch von FMG in Devisen ist nicht möglich. Daher nicht zu viel Geld auf einmal wechseln! Für Ihre Einkäufe sollten sie Kleingeld dabeihaben, denn auf den Märkten sind die Händler oft schon überfordert, wenn sie einen 1000-FMG-Schein (ca. 0,17 €!) wechseln sollen.

■ Kreditinstitute

Es gibt vier zugelassene Kreditinstitute mit Hauptsitz in Antananarivo: Banque National pour le Développement Industriel (B.N.I./Crédit Lyonnais), 76, Arabe ny 26 Jona; Banque National pour le Commerce (B.C.V.), 14, Arabe Grandidier Rabevehitra; Banque National pour le Développement Rural (B.T.M.), Avenue de l'Indépendance; Banque Malgache de l'Océan Indien (BMOI), Lalana Nice.

Öffnungszeiten der Banken: Mo–Fr 8–11 und 14–16 Uhr (Ausnahmen sind die Regel).

■ Kreditkarten

Die gebräuchlichsten Kreditkarten sind Visa, Mastercard, American Express und Diners Club. Sie werden von Hotels, in denen mit Devisen zu bezahlen ist (Drei-Sterne-Hotels), und in den großen Reisebüros akzeptiert.

Gesundheit

Wer Genaueres über Tropenkrankheiten und die Möglichkeiten, sich vor ihnen zu schützen, erfahren will, dem ist das ›Medizinische Handbuch für Fernreisen‹ von Dr. med. W. Lieb (DuMont Buchverlag, Köln) und ein vom Tropeninstitut der Universität München (Leopoldstraße 5, 80802 München) herausgegebenes Heft von Hans Ritter mit dem Titel ›Medizinischer Ratgeber für Tropen- und Fernreisende‹ zu empfehlen. Hier einige Tips, die den obigen Publikationen und eigener Reiseerfahrung entstammen.

■ Vorsorge

Auf einer Madagaskarreise muß der Körper sich an veränderte Bedingungen hinsichtlich Klima und Ernährung gewöhnen. Um gegen ungewohnte Einflüsse besser gewappnet zu sein, gibt es die Gammaglobulin-Spritze, die die Widerstandskraft des Körpers gegen jede Art von Krankheitserregern erhöht. Die Wirkung hält drei bis vier Monate an und senkt das Risiko einer Infektion um etwa 50%. Sie sollten sich nicht auf Tabletten und Spritzen allein verlassen, sondern durch ihr Verhalten das Risiko einer Infektion von vornherein vermindern. Trinken Sie möglichst kein unbehandeltes Wasser. Eine Möglichkeit, keimfreies Wasser herzustellen, bietet ›Micropur‹ (Tabletten oder Pulver). Es entkeimt klares Wasser und hält es bis zu sechs Monate keimfrei, desinfiziert den Wassertank, ist unbegrenzt haltbar und auch bei Überdosierung für den Menschen unschädlich. ›Micropur‹ gehört in jeden Rucksack und ist besonders bei Trekking-Touren unerläßlich.

■ Verhalten bei Erkrankungen

In den überschwemmten Reisfeldern Madagaskars und anderen trüben Gewässern kommt die **Bilharziose** vor. Erreger sind winzige Parasiten, die im Wasser trüber stehender oder langsam fließender Gewässer leben. Sie dringen durch die Haut in den Körper ein und wachsen innerhalb von acht Wochen zu 2 cm langen Würmern heran. Im Darm oder in der Blase setzen sie sich schließlich fest. Nun erst tauchen Krankheitssymptome auf: Schmerzen beim Stuhlgang, Fieber sowie chronische Darm- und Blasenentzündung. Es gibt nur einen wirksamen präventiven Schutz: längeren Aufenthalt in bilharziosegefährdeten Gewässern meiden. Kurze Durchquerungen sind ungefährlich, denn die Larve braucht mindestens 10 Minuten, um in die Haut einzudringen. Wenn man sich nach der Durchquerung sorgfältig säubert und trocknet, kann nichts passieren. Bilharziose ist medikamentös vollständig heilbar.

Durchfall ist in den meisten Fällen harmlos und entsteht allein aufgrund der Klimaumstellung oder durch ungewohntes Essen. Eine gefährliche Variante der Durchfallerkrankung ist die **Amöbenruhr,** die durch Fliegen sowie verseuchtes Obst und Salat übertragen werden kann. Vom harmlosen ›Reisedurchfall‹ unterscheidet sie sich durch den schleimigen, von Blut durchsetzten Stuhl. Die sonstigen Symptome ähneln denen eines grippalen Infekts, was die Gefahr einer falschen Behandlung in sich birgt. Daher bei einer ›Grippe‹ nach der Rückkehr von der Reise immer an die Möglichkeit einer Amöbenruhr denken! Die Behandlung ist kein Problem, wenn die Krankheit erkannt wird. Wer Durchfall bekommt, behandelt ihn am besten so: fasten, schwarzen Tee trinken, Reis mit viel Salz und Kohletabletten zu sich nehmen. Erst wenn das nichts nützt, sollte zu Medikamenten gegriffen werden, da diese nicht nur die Krankheitserreger töten, sondern auch die natürliche Darmflora zerstören.

Hepatitis wird durch Nahrungsmittel, Wasser, Kontakt mit infizierten Personen (die nicht unbedingt selbst erkrankt sein müssen) oder durch infizierte Spritzen (Serumhepatitis) übertragen. Das oberste Gebot bei der Vorsorge heißt Reinlichkeit. Hände oft und gründlich waschen, nicht jedem die Hand drücken, Wäsche häufig wechseln, kein unabgekochtes oder ungefiltertes Wasser trinken, keine frischen Salate, kein Eis essen.

Symptome sind Appetitlosigkeit, Müdigkeit, Übelkeit, Widerwillen gegen Fett, Alkohol und Nikotin, Fieber bis zu 39 °C, Gelbfärbung der Haut und der Augen, Juckreiz, dunkler Urin, heller Stuhl. Wenn diese Merkmale auftreten, sollten Sie sofort zum Arzt gehen! Wenn kein Arzt aufzutreiben ist, sind folgende Grundregeln einzuhalten: jede körperliche Anstrengung vermeiden und viel gekochtes Gemüse (keine Hülsenfrüchte), Reis, Kartoffeln, Nudeln, Weißbrot, Grieß oder Haferflocken essen. Gut sind auch mageres Fleisch, gekochter Fisch, fettarme Milchprodukte (keine Sahne, Butter oder fetter Käse), Obst, Honig oder Marmelade. Alles, was der Kranke nicht essen sollte, schmeckt ihm während der Krankheit ohnehin nicht. Gegen **Hepatitis B** gibt es seit einigen Jahren eine wirksame Impfmöglichkeit, die für etwa 10 Jahre Sicherheit gibt. Erkundigen Sie sich in Ihrer Apotheke oder beim Tropenarzt.

Malaria wird durch Mückenstiche übertragen. Ganz entscheidend kann man das Infektionsrisiko mindern, wenn man abends von 18 bis 22 Uhr lange Hosen und Socken trägt, durch die die Anophelesmücke nicht stechen kann, denn dies sind ihre aktivsten Stunden. Nachts bietet ein

Moskitonetz den sichersten Schutz. Sehr gut wirken auch die Moskitospiralen *(moustiquaires)*, aus einer Kräutermischung hergestellte Spiralen, die ähnlich wie Räucherstäbchen langsam verglühen und dabei Rauch entwickeln, der die Mücken vertreibt. Bei sehr trockener Luft und bei Wind ist eine Spirale etwa nach fünf Stunden abgebrannt, bei hoher Luftfeuchtigkeit und Windstille dauert es bis zu acht Stunden. Die Wirkungsdauer von Sprays, Flüssigkeiten oder Cremes zum Auftragen auf die Haut ist begrenzt und der Geruch nicht jedermanns Sache. Die Sprays wirken übrigens erheblich länger, wenn sie nicht auf die Haut, sondern auf das Baumwolltuch gesprüht werden, mit dem Sie sich nachts zudecken.

Symptome der Malaria sind Fieber (meist abends), Schüttelfrost, Schweißausbrüche, Benommenheit und Gliederschmerzen. Charakteristisch ist, daß diese Symptome in regelmäßigen Abständen wiederkehren. Wenn kein Arzt erreichbar ist, empfehlen sich folgende Maßnahmen: viel trinken, Bettruhe, Wadenwickel, Kreislaufmittel und Einnahme handelsüblicher Malariamittel (Fansidar, Halfan, Lariam u. a.). Gehen Sie mit Malaria nicht leichtsinnig um, denn wenn sie nicht behandelt wird, kann sie tödlich wirken. Wird Malaria jedoch richtig behandelt, so ist sie ungefährlich und hinterläßt nach der Ausheilung keine Spuren.

Medikamentöse Vorbeugung: Von Krankenhausärzten in Madagaskar wurde mir versichert, daß als Prophylaxe ausschließlich Resochin, Nivaquin oder ein anderes Chininpräparat empfehlen. Damit sei das Infektionsrisiko zu einem sehr hohen Prozentsatz vermindert. Erkrankte Patienten werden ebenfalls zunächst ausschließlich und zu 90% erfolgreich mit Chininpräparaten behandelt. Nur in 10% der Fälle schlage die Chininbehandlung nicht an, und es sei notwendig, auf andere Mittel wie Lariam, Halfan oder Fansidar zurückzugreifen. In Europa hört man hingegen andere Aussagen. Besprechen Sie die Problematik auf jeden Fall lange genug vor der Reise mit einem auf Tropenkrankheiten spezialisierten Arzt.

■ Reiseapotheke

Da in Madagaskar Medikamente kaum erhältlich sind, sollte jeder für den Notfall eine Grundausstattung an Medikamenten und Verbandzeug dabeihaben. Hier ein Vorschlag:
– Malaria: Resochin (zur Prophylaxe), Lariam (zur Behandlung)
– Fieber: Aspirin, Fieberthermometer
– Schmerz: Novalgin (Tropfen oder Zäpfchen), Aspirin (wirkt auch bei Grippe), Buscopan (krampflösend)
– Durchfall: Imodium-akut-Tabletten, Cotrim ratio, Perenterol-Kapseln (zur Regenerierung)
– Verstopfung: Laxoberal-Tropfen, Lactolose, Glycilax-Zäpfchen
– Infektionen: Amoxypen, Ampicillin
– Salzzufuhr: Elotrans, Oralpädon-Tabletten (besonders für Kinder); besser aber viel Salz ins Essen geben!
– Verbandzeug: sterile Kompressen, Mullbinden, Heftpflaster, elastische Binden, Hansaplast, Dreieckstuch, Einmalspritze und Einmalkanülen (Nr. 1, Nr. 2, Nr. 12 – je 5 Stück; für den Gebrauch durch den behandelnden Arzt), Braunol-Lösung (zur Desinfektion)
– Sonnenbrand: Kamillosan, Bepanthen-Salbe; v. a. aber ausreichend kühlen!
– Übelkeit: Vomex-A-Zäpfchen
– Insektenschutz: Autan, Moskitospiralen (›Räucherstäbchen‹, deren Rauch Mücken vertreibt)
– Allergische Reaktionen (z. B. bei Insektenstichen): Tavegil-Tabletten, Soventol-Gel

■ Zahnarzt

Gehen Sie einige Wochen vor der Abreise zum Zahnarzt, denn die veränderten Klimabedingungen können versteckte Entzündungsherde aktivieren. In einem Entwicklungsland zum Zahnarzt zu müssen ist meist nicht angenehm.

Handeln

Auf den Märkten kann gefeilscht werden. Als *Vazaha* wird man jedoch nie den gleichen Preis erreichen wie ein Madagasse.

Der Wert einer Ware wird mehr als bei uns durch das Prinzip von Angebot und Nachfrage als durch die Kosten der Herstellung oder des Einkaufs bestimmt. In einfachen Hotels und *Hotely Gasy* ist Handeln ebenfalls möglich, nicht jedoch in guten oder Mittelklassehotels. Seien Sie freundlich, entspannt und interessiert, aber nicht gierig. Bieten Sie 10–20 % des vorgeschlagenen Preises und tasten Sie sich dann an die beidseitige Schmerzgrenze heran. Sie stehen auf verlorenem Posten, wenn Sie auf das zu hohe Preisangebot verärgert oder empört reagieren, denn Madagassen lassen sich nicht gerne die gute Laune verderben.

Information

Cercle Germano-Malgasy (Deutsches Kulturinstitut): Araben ny 26 Jona, Antananarivo (an der Treppe in die Oberstadt gegenüber dem Zoma). Deutsche Tages- und Wochenzeitungen sowie deutschsprachige Literatur; manchmal werden auch deutsche Filme gezeigt.

Fremdenverkehrsamt: Ein madagassisches Fremdenverkehrsamt gibt es in Europa nicht, doch hält Air Madagascar (s. S. 300) Informationsmaterial bereit. Sie können auch versuchen, beim Maison du Tourisme de Madagascar, BP 3224, Antananarivo 101, Tel. 22/3 25 29, Fax 22/3 25 37, oder dem Tourismusministerium, Lalana Fernand Kasanga, Tsimbazaza, BP 610, Tel. 22/2 62 98 (im Botanischen Garten), aktuelle Unterlagen wie Hotelpreislisten oder Inlandflugpläne anzufordern. Landkarten von Madagaskar in spezialisierten geographischen Buchhandlungen in Europa oder direkt beim Hersteller F. T. M. in Antananarivo (s. S. 307).

■ Internet

www.Madagascar Contacts.com: Kommerzieller Anbieter, der vielen Unternehmen in Madagaskar einen Internetauftritt ermöglicht. Hier finden Sie viele Hotels, Reisebüros, Autovermieter usw. (englisch und französisch)

www.Midi-Madagascar.com: Madagassische Tageszeitung (französisch)
www.Geo.de/Reisen/Travelguide/Madagaskar: Interessantes aus der Reiseszene Madagaskars
www.Fh-merseburg.de: Interessantes über madagassische Naturheilkunde
www.WWF.Ch/German/Service/Lemuren/Neues.Html: Der WWF informiert über seine Projekte in Madagaskar
www.tfh-Berlin.de: Die Geschichte Madagaskars

Informationen in englischer Sprache über Madagaskar von der University of Queensland unter: www.netg.se./larsk/mg.htm und: lalo.inria.fr/home.html

Kinder

Mit meinen Kindern bin ich mehrmals in Madagaskar gereist als sie etwa 4 und 11 (bzw 7 und 14) Jahre alt waren. Mein Eindruck war, daß beide auf diesen Reisen viel gelernt haben, von der Landschaft fasziniert, von der so völlig anderen und weniger von Luxus und Wohlleben geprägten Lebensweise gleichaltriger Kinder verunsichert (uns geht's aber verdammt gut!) und von den Badeplätzen begeistert waren. Die Sorge um die Kinder ist nach meiner Erfahrung eine Sorge der Eltern wegen ihrer eigenen Vorurteile gegenüber einer fremden, angeblich primitiven Kultur. Kinder kommen mit den Reisestrapazen problemlos zurecht, finden schnell Kontakt, nehmen neue Verhaltensmuster problemlos auf und schnappen Krankheiten ebenso selten auf wie Erwachsene.

Kleidung und Ausrüstung

Halstuch: Um den Kopf gewickelt, schützt es vor Erkältung bei Bus-, Auto- und Motorradfahrten. Es dient als Notverbandszeug oder als Dreieckstuch bei Verletzungen; zugeknotet ist es ein Allzweckbeutel. Die Verwendungsmöglichkeiten sind unbegrenzt.

Hängematte: Es gibt kaum etwas Schöneres, als eine warme tropische Nacht in der Hängematte zwischen zwei Kokospalmen zu verbringen. Am besten geeignet sind die baumwollenen Matten aus Mexiko – sie sind klein, leicht und bequem.

Lange Hosen: Sie sollten leicht, aber so dicht gewebt sein, daß die Mücken nicht durch sie stechen können.

Paß, Personalausweis, Führerschein: Auch wenn auf Madagaskar kaum gestohlen wird (Ausnahme: der Freitagsmarkt und die Busse in Antananarivo), ist es günstig, offizielle Ausweispapiere in Original und Kopie dabei zu haben und sie an verschiedenen Stellen im Gepäck zu verstauen. Sofern Sie zu mehreren reisen, sollten Sie die Ausweiskopien untereinander austauschen. Geht ein Gepäckstück verloren, gibt es auf diese Weise immer noch eine Kopie, mit der man bei der Botschaft ein Ersatzdokument beantragen kann.

Regenschirm: Häufig wird für Reisen in tropische Länder ein Nylonanorak oder Regenponcho empfohlen, doch ist es darunter zu heiß. Unter dem Regenschirm ist es trocken und kühl!

Reiseschecks: Bargeld und Versicherungsnummern der Reiseschecks sollten im Geldgürtel untergebracht sein, denn einen Gürtel verliert man nicht. Reiseschecks an einem anderen sicheren Platz verstauen (Brustbeutel, Gürteltasche). Sollten die Schecks verlorengehen, können Sie sich gegen Vorlage der Versicherungsnummern bei einer Bank neue geben lassen. Für Madagaskar empfehlen sich Reiseschecks in Euro oder Dollar.

Rucksack oder Reisetasche: Wer nur baden, sich sonnen und kleine Tagesausflüge machen will, für den reichen eine Reisetasche und ein kleiner Tagesrucksack aus. Für ausgedehnte Touren im Lande benötigt man einen guten Rucksack ohne Tragegestell, denn das würde Sie im Dschungel, in der Eisenbahn oder im *Taxi-Brousse* zur Verzweiflung bringen. Am besten ist ein schmaler Bergsteigerrucksack, der nicht höher ragt als Ihr Scheitel und einen guten Hüftgurt besitzt. Sparen Sie am Rucksack nicht, denn die teuren Stücke sind weit haltbarer und besser verarbeitet als die billigen. Mit einem Rucksack für 150 € können Sie für den Rest Ihres Lebens verreisen, ein Billigrucksack ist erfahrungsgemäß nach ein paar Wochen intensiver Beanspruchung unbrauchbar.

Schlafsack: Gute Schlafsäcke, die ihren Zweck erfüllen, sind teuer. Wer nicht im Freien übernachten will, dem genügt ein Baumwoll- oder Leinenschlafsack. Sobald man aber in kühleren Gegenden (Berge) übernachten will, braucht man einen hochwertigen, warmen Schlafsack, besonders von Juni bis September.

Schuhe: Schuhe sollten leicht sein und eine griffige Profilsohle haben. Die Sohlen von Turn- oder Tennisschuhen sind für Dschungelwanderungen ungeeignet. Lederne Stiefel haben den Nachteil, daß sie sich mit Wasser vollsaugen und lange in der Sonne stehen müssen, bis sie wieder trocken sind. Als Sandalen haben sich Plastikbadeschuhe bewährt.

Taschenmesser: Das ›Schweizer Offiziersmesser‹ erspart Schere, Flaschenöffner, Dosenöffner, Schraubenzieher, Pinzette, Zahnstocher…

Vorhängeschloß: Praktisch zum Verschließen von Hotelzimmern, Rucksäcken und Reisetaschen.

Zelt: Auf Madagaskar kann man billig wohnen, doch an manchen schönen Plätzen gibt es weder Hotels noch Pensionen. Wer für längere Zeit individuell ohne Vorausbuchung reist, sollte ein Zelt dabei haben und nicht sparen. Es gilt ähnliches wie bei den Rucksäcken: Im Endeffekt kommt ein billiges Zelt teurer. Außerdem haben Sie schon bald keine Lust mehr zu zelten, wenn Sie nach jedem nächtlichen Regenschauer total durchnäßt sind.

Lesetips

■ Flora und Fauna

Amphibians and Reptiles of Madagascar, Frank Glaw/Miguel Vences, Bonn 1994.
Amphibien und Reptilien Madagaskars, Friedrich-Wilhelm Henkel/Wolfgang Schmidt, Ulmer Verlag, Stuttgart 1995.
Die großartige Welt der Sukkulenten, Werner Rauh, Blackwell Wissenschaftsverlag, 1979.

Die Stellung des Rindes in der Kultur und der Ökonomie in der madagassischen Gesellschaft, Sabine Neubert, Omimee Verlag, Köln 1995.
Lemurs of the Lost World, Jane Wilson, London 1990.
Lemurs of Madagascar, Russel Mittermeier, Conservation International, Washington 1994.
Succulents and Xerophytic Plants of Madagascar, Werner Rauh/Hermann Petignat, Strawberry Press, Akademie der Wissenschaften, Mainz 1995.
The Aye-Aye and I, Gerald Malcolm Durell, Arcade Publishing, New York 1992.

■ Reiseführer/Bildbände/Geschichte

Auf ferner Insel, Friedrich Schnack, Dietrich Reimer Verlag, Berlin 1930.
Bildband Madagaskar. Jan Greune/Franz Stadelmann. Stürz Verlag, Würzburg 1998.
Bildband Madagascar, Gian Paolo Barbieri, Taschen Verlag, Köln 1996.
Ferne Insel Madagaskar, Christine Cerny, München 1990.
Geschichte Madagaskars, Andreas Osterhaus, Beck'sche Verlagsbuchhandlung, München 1997.
Handbuch der 3ten Welt (Madagaskar), Andri Mahefa.
Histoire de la Grande Ile de Madagascar, Étienne de Flacourt, Neuauflage von 1658, Karthala Verlag, 1995.
Inseln des Indischen Ozeans, Wolfgang Därr, HB-Bildatlas, Harksheider Verlagsgesellschaft, Norderstett 1999.
Madagascar, mon Ile au bout du monde, J. Hannebique, Editions Siloe, Paris .
Madagascar & Comoros, Paul Greenway/Diana Swaney, Lonely Planet, 1997.
Madagascar – The Red Island, Arlette Kouvenhoven, Winco Publications, Holland 1996.
Madagascar – Exotic Lands, Hilary Bradt, Aston Publications, London.
Madagascar – Un sanctuaire de la nature, Philippe Oberle, Lechevalier Verlag, Paris.
Madagaskar Handbuch, Hilary Bradt, Conrad Stein Verlag, 1990.
Madagaskar, tropisches Entwicklungsland zwischen den Kontinenten, Wolf-Dieter Sick, Wissenschaftliche Buchgesellschaft, Darmstadt 1979.
Madagaskar, aus der Zeit gefallen, Frans Lanting, 2001 Verlag.
Madagaskar. Mensch und Natur im Konflikt, Zusammenstellung von Vorträgen herausragender Madagaskarkenner von Alfred Bittner (Hrsg.), Birkhäuser Verlag, Basel 1992.
Muddling Through in Madagascar, Dervla Murpy, London 1985.
Naturparadies im Süden, Udo Heß, Reich Verlag (Terra Magica), Luzern 1991.
Sarimanok – eine Seereise wie vor 2000 Jahren, Albrecht G. Schaefer, Fredeking & Thaler Verlag, München 1993.

■ Sprachführer

Madagassisch – Deutsches Wörterbuch, Edition Aragon, Moers 1996.
Madagassisch für Globetrotter, Peter Rump Verlag, Bielefeld 1992.
Sprachführer Madagassisch, Helmut Buske Verlag, Hamburg 2000.

■ Sonstiges

Annunziata, Giancarlo: Die Grenze meines Reisfeldes ist das Meer, Books of African Studies, 1998.
Dadabe, Lamuv Verlag, 1998.
Madagassische Schattenspiele, Gaspard Dinkelsbühler, Otto Lembeck Verlag, Frankfurt 1986.
Pfeiffer, Ida: Verschwörung im Regenwald, Schönbach Verlag, Basel 1991.
Raharimanana, Jean-Luc: Haut der Nacht, Horlemann Verlag, 1997.

Naturschutz

■ Artenschutz

Viele der auf Madagaskar lebenden Tiere und Pflanzen stehen unter dem Schutz des Washingtoner Artenschutzabkommens, das von 124 Staaten, darunter auch Madagaskar und Deutschland, unterzeichnet wurde. Momentan geht man davon aus, daß pro Woche 500 Tier- oder Pflanzenarten endgültig von diesem Globus verschwinden. Man muß bedenken, daß jede dieser Arten im komplizierten Zusammenwirken der Natur eine Funktion hatte, die wiederum zum Überleben anderer Arten unverzichtbar war. So zieht der Tod einer Art den Tod anderer, von ihr abhängiger Arten nach sich, und es setzt sich eine Lawine in Gang.

Ziel des Washingtoner Artenschutzabkommens ist es, frei lebende Tiere und Pflanzen in ihrer Vielfalt als unersetzlichen Bestandteil der natürlichen Systeme der Erde zu schützen und den Handel damit einzuschränken. Um dies zu erreichen, wird nicht nur der Handel mit toten oder lebendigen Tieren und Pflanzen, sondern auch mit Erzeugnissen, die aus ihnen gewonnen werden, untersagt oder an strenge Bedingungen geknüpft. Die Produktion von Krokodilledertaschen, Schuhen aus Schlangenleder oder Kitsch wie Lampen aus Schnecken oder Muscheln soll so gering wie möglich gehalten werden. Das oft zur Beruhigung des schlechten Gewissens hervorgebrachte Argument von Souvenirjägern, wenn das arme Tier schon mal zur Handtasche verarbeitet sei, könne man es auch kaufen, überzeugt kaum. Je mehr Handtaschen verkauft werden, desto mehr Nachschub brauchen die Hersteller, um so höhere Preise sind sie bereit zu bezahlen und um so mehr Tiere werden getötet.

Ein Mittel des Artenschutzes ist die Gepäckkontrolle bei der Rückkehr von Reisenden aus Ländern, in denen schutzbedürftige, von der Ausrottung bedrohte und als Souvenir beliebte Arten leben und angeboten werden. Dazu gehört auch Madagaskar mit seiner ungewöhnlich vielfältigen Tier- und Pflanzenwelt. Lassen Sie also die Finger von Krokodilledertaschen, Schnitzereien aus Tropenholz, allen Arten von Muscheln und erst recht von lebenden Tieren wie Schlangen, Lemuren oder Schildkröten. Wenn Sie bei der Einreise mit Artikeln aus Bestandteilen geschützter Tiere oder Pflanzen oder gar lebenden Tieren erwischt werden, erfolgt eine Anzeige bei der Staatsanwaltschaft, und es können Geldbußen von 50 € bis zu 50 000 €, in besonders schweren Fällen sogar Gefängnisstrafen von bis zu 3 Jahren ausgesprochen werden. Um den Menschen zu helfen, die aus Not Muscheln, Schnecken und Korallen aus dem Meer holen, kann man auch etwas anderes tun.

■ Geschützte Arten

Geschützte Arten, deren Import empfindliche Strafen nach sich ziehen kann:
Muscheln: Riesenmuschel *Tridacna* (alle Arten), Riesenmuschel *Hippopus* (alle Arten), Stechmuschel *Pinna nobilis*.
Schnecken und deren Gehäuse: *Lepidochidon cinereus* (Käferschnecke), *Strombus gigas* (Fechterschnecke), *Charonia tritonis* (Tritonshorn, das leider als Andenken besonders beliebt ist!).
Korallen: *Coenothecia, Tubiporidae* (Orgelkorallen), *Scleractinia* (Steinkorallen), *Milleporidae* (Feuerkorallen), *Stylasteridae, Antipataria* (Schwarze Korallen), *Corallium rubrum* (Rote Edelkoralle).

■ Naturschutzorganisationen auf Madagaskar

ANGAP (Agence Nationale pour la Gestion des Aires Protegés), Lalana Dokotera Razafindratandra Randramazo, Antanimena, BP 1424, Tel. 22/3 05 18. Die ANGAP ist zuständig für die Verwaltung der Naturreservate. Sie organisiert Führungen und legt Wege in den Reservaten an, bildet Führer aus und bemüht sich um Schulung der Bevölkerung in der Nähe der Reservate. Die Erlaubnis für das Betreten der Parks kann hier oder bei den Parkeingängen eingeholt und bezahlt werden. Öffnungszeiten 8–12 und 14–16 Uhr werktags.

Direction des Eaux et Forêts (eine Abteilung des Landwirtschaftsministeriums), Service de la Protection de la Nature, BP 243, Nanisana, Antananarivo 101, Tel. 22/4 06 10. Die Direction des Eaux et Forêts ist für die staatlichen Naturreservate zuständig. Soweit sie die Verwaltung nicht an die ANGAP, den WWF oder die UNESCO (World Heritage Site Tsingy de Bemaraha und Biosphärenreservat Mananara) abgetreten hat, erteilt sie auch Besuchsgenehmigungen.

World Wide Fund for Nature (WWF), Lot près II M 85, Antsakaviro, Antananarivo 101, BP 738, Tel. 22/3 48 85, Fax 22/3 48 88, ist seit über 20 Jahren in Madagaskar aktiv und hat bemerkenswerte Erfolge erzielt. Viele der neu eingerichteten Nationalparks gehen auf die Initiative des WWF zurück, die Schaffung der Organisation ANGAP wurde durch ihn angeregt. Augenblicklich befaßt er sich mit der verantwortungsvollen Erschließung bisher noch touristisch kaum erreichbarer Naturreservate und den Möglichkeiten, mit dem eingenommenen Geld die Zerstörung der Reservate dauerhaft zu verhindern.

Jersey Wildlife Preservation Trust: Diese Organisation, die in Jersey, in den USA und Kanada beheimatet ist, versucht weltweit bedrohte Arten zu retten, indem sie sie in Gefangenschaft aufzieht und anschließend in geschützten Gebieten wieder an das Leben in Freiheit gewöhnt. Mit der Unterstützung ausländischer Hilfsorganisationen und der madagassischen Regierung betreibt sie die Aufzucht der Angonoka, einer extrem selten gewordenen Schildkrötenart aus Westmadagaskar in der Station Forestière d'Ampijoroa. Der Tierpark von Ivoloina, nördlich von Toamasina, wurde vom Jersey Wildlife Preservation Trust zusammen mit der Duke University in den USA eingerichtet. Er dient dazu, gezüchtete Tiere zunächst in einem größeren Freigelände an selbständige Ernährung zu gewöhnen, bevor sie in die Wildnis entlassen werden. Gleichzeitig werden alle Tiere dort gepflegt und aufgezogen, die man den in der nahen Hafenstadt Toamasina tätigen illegalen Tierhändlern oder deren Käufern abgenommen hat (vgl. S. 101).

Notfälle

Die Botschaft (Adresse s. S. 307) ist die wichtigste Anlaufstelle in ernsthaften Notsituationen. Finanziell kann sie unterstützen, wenn keine andere Möglichkeit mehr gegeben ist, sich selbst aus der Patsche zu helfen (Verwandte, Freunde, Bekannte). Die Kosten für einen sofortigen Rückflug in Ihr Heimatland kann und muß Ihnen der Botschafter vorstrecken, nicht aber den Unterhalt für die Fortsetzung Ihrer Reise. Im Falle eines Rechtsstreites steht die Botschaft mit Auskünften zur Verfügung und kann Dolmetscher und Rechtsanwälte empfehlen. Die diplomatische Vertretung muß in Katastrophenfällen (Naturkatastrophen, kriegerische Auseinandersetzungen) eine Rückkehr in Ihr Heimatland gewährleisten. Faxen bzw. telexen und e-mailen kann man von großen Hotels, Banken und Fluggesellschaften aus und in der Botschaft.

Bei Notsituationen während der Reise ist das Hotel die schnellste und zuverlässigste Anlaufstelle. Dort kennt man alle erforderlichen Telefonnummern (Polizei, Arzt, Krankenhaus, Fluggesellschaft, Taxi u.s.w.) und ist hilfsbereit.

Öffnungszeiten

Geschäfte:	Mo-Sa 9–12 und 14–18 Uhr
Banken:	Mo-Fr 8–11 und 14–16 Uhr
Behörden:	Mo-Fr 8–12 und 14–17 Uhr
Postämter:	Mo– Fr 7.30–15 Uhr

Post

Wenn Sie einen Zeitplan mit den voraussichtlichen Reiseetappen hinterlassen, können Sie sich an das jeweilige Hauptpostamt postlagernde Briefe senden lassen, versehen mit dem Vermerk ›Poste restante‹. Ihr Name sollte deutlich und unverwechselbar geschrieben sein (Nachnamen unterstreichen, denn sonst kann es passieren, daß die madagassische Post den Brief unter dem Vornamen oder der Anrede einordnet). Bei einem Luftpostbrief müssen Sie mit einer Laufzeit von etwa einer Woche rechnen. Eine andere Möglichkeit ist, die Post an die Botschaften oder Konsulate Ihres Heimatlandes schicken zu lassen und sie dort abzuholen.

Reiseveranstalter

Wer nicht zum harten Kern der Globetrotter zählt und wenig Zeit hat, sollte sich an einen spezialisierten Reiseveranstalter wenden. Für eine Madagaskarreise reichen drei oder vier Wochen nicht aus, wenn man alles selbst in die Hand nehmen will, denn die Straßen sind schlecht, Verkehrsmittel unzuverlässig, und die Organisation von Ausflügen ist zeitaufwendig. Bei selbständiger Reise riskieren Sie, einen guten Teil Ihres Urlaubs mit organisatorischen Aufgaben und Warten zu verbringen und zudem gelegentlich bei der Wahl des Hotels oder Verkehrsmittels einen Fehlgriff zu tun. Zwar können auch die Spezialisten nicht alle Risiken ausschließen, doch diese können auf ein Minimum reduziert werden.

■ Individuelle Madagaskarreisen

nach Ihren Wünschen organisiert der Pionier unter den Madagaskar-Veranstaltern, Trauminsel Reisen. Seit 1984 bietet er Rundreisen, Badereisen, Tauchreisen, Gruppenreisen für Vogelkundler, Botaniker, an der Gewürzproduktion Interessierte oder Geologen an und hat auch die Reisen für verschiedene Fernsehteams geplant, betreut und organisiert (Trauminsel Reisen, Maisie und Wolfgang Därr GmbH, Summerstraße 8, 82211 Herrsching, Tel. 08152/9 31 90, Fax 93 19 20, Internet www.TrauminselReisen.de). In ähnlicher Weise organisieren Vistemialy Insel Reisen (Baden-Baden), Dr. Düdder Reisen (Aachen) und Madagaskar Adventures (Berlin) Rundreisen durch Madagaskar. Wochen- oder 10-Tage-Rundreisen mit festem Ablauf hat Feria Reisen (München) im Programm. In Österreich bieten die Veranstalter Trekking Madagascar (Bildstein, Vorarlberg) und AKL-Reisen (Linz), in Holland Angeli Travel (Laren), in der Schweiz Stohler Tours (Genf), Soley Tours und Tropic Tours (Zürich) individuelle Madagaskarreisen an.

■ Gruppenreisen

werden in der Regel während der Oster- und Sommerferien, vereinzelt auch außerhalb dieser Hochsaisontermine angeboten von: Windrose Fernreisen (Berlin), Wikinger Reisen (Hagen), Marco Polo Reisen (Kronberg/Ts.), Duma Reisen (Heidelberg), Natur-Studienreisen (Northeim), Hauser Exkursionen (München), Gondwana Tours (Reinheim), Velo Travel (Karlsruhe), Ikarus Tours (Königstein/Ts.) und GeBeCo (Kiel).

Reisezeit und Reiserouten

■ Beste Reisezeit

Der heiße Südsommer von November bis April ist die regenreichere Jahreszeit auf Madagaskar. Deshalb wird der Südwinter von April bis Oktober oft als gute Reisezeit empfohlen. Dies führt allerdings in einem klimatisch so vielfältigen Land zu falschen Schlüssen. Es hat dazu beigetragen, daß Madagaskar vielen nur als trockenes, braunes und brennendes Land bekannt ist. Wer im madagassischen Sommer das Land bereist, wird über die Vielfalt der Vegetation, das satte Grün der Viehweiden und die Blütenpracht erstaunt sein. In den Wintermonaten von Juni bis September ist es vergleichsweise kühl, es regnet wenig und die Bauern nutzen die Trockenheit für die Brandrodung.

Aber was nützt die Statistik bei der Reiseplanung, wenn Sie im August doch eine regnerische Woche erwischen, denn auch das ist im Nordwesten (Nosy Be) und vor allem an der Ostküste und auf Nosy Boraha (Ste-Marie) durchaus möglich. Die vereinfachende Formel von der Regenzeit im Südsommer täuscht ebenso wie die Vorstellung, während der Trockenzeit sei es trocken. Die Niederschläge im Osten und Norden verteilen sich nicht etwa auf langanhaltend graue und kühle Wochen, sondern gehen in kurzen, sintflutartigen, eben tropischen Güssen nieder, während derer das Wasser nicht tropfen-, sondern eimerweise aus den Wolken zu stürzen scheint. Nach einigen Stunden, schlimmstenfalls ein paar Tagen ist der Spuk vorbei, die Sonne bricht durch und trocknet Straßen und Wege. Sie brauchen also Ihre Reiseplanung nicht unbedingt von Trockenzeit und Regenzeit abhängig zu machen, denn das

Land hat zu allen Jahreszeiten seine Reize. Eine Reisezeit, die Sonnenschein oder Regen garantiert, gibt es nicht.

■ Reiseroute

Wenn Sie tropischer Regenwald weniger interessiert, wenn Sie sich in Steppen und Wüsten, an trockenwald- und baobabbewachsenen Stränden wohl fühlen, dann sollten Sie – egal zu welcher Jahreszeit – den Großteil Ihrer Reise im Süden und Westen des Landes verbringen. Wenn es Ihnen aber üppiges Grün angetan hat, Sie Palmenstränden, Blumen und Blüten um sich haben wollen, dann ist eine Reise in verschiedene Regionen der Ostküste, aber auch der Nordwestküste und in das Hochland das Richtige für Sie. Dann sollten Sie ein höheres ›Regenrisiko‹ eingehen und im Südsommer reisen. Denn je mehr Regen fällt, desto grüner ist die Landschaft, desto blütenreicher die Natur und desto tropischer die Atmosphäre!

Strände

Rund um die riesige Hauptinsel Madagaskar und auf den vielen umliegenden kleineren Inseln finden sich Strände, die sich mit denen auf anderen Inselzielen ohne weiteres messen können. Die Insel hat Hunderte von kilometerlangen Sandstränden, die weit einladender sind als Strände bekannter Badeinseln. Inzwischen sind ein paar Dutzend durch mehr oder weniger hübsch gestaltete Bungalowanlagen erschlossen. Kaum ein Einheimischer versteht allerdings, warum die *vazaha* dauernd ins Wasser springen oder fast nackt am Strand liegen wollen. Für die meisten von Ihnen ist das Meer eine fremde, gefährliche Welt.

Zwei Tips: Manche Strände nahe größeren Ansiedlungen dienen den Madagassen als Toilette! Wenn Sie also am Strand nahe Fischerdörfern ›Landminen‹ finden sollten, ist die Wahrscheinlichkeit hoch, daß es auch schwimmende ›Minen‹ gibt. Für das (Sonnen-)Bad eignen sich genügend andere Flecken.

Wer in Madagaskar nackt zum Baden geht, wird auf ungläubig staunende Einheimische treffen. In teilweise islamischen Regionen im Norden Madagaskars könnte es sein, daß Nacktbadenden Aggressionen entgegengebracht werden, da ihre Kultur dadurch grob mißachtet wird.

Die besten und mit – noch recht einfacher - Infrastruktur versehenen Badestrände Madagaskars:

■ Insel Nosy Be

Hier finden sich vor allem an der Westküsten schöne, sichere Sandstrände mit kleinen Hotelanlagen. Der Preis für die Übernachtungen liegt leicht über dem in Madagaskar üblichen Niveau, dafür ist aber auch die Versorgung mit Getränken, Lebensmitteln und der Service gehobener als beispielsweise im Süden bei Taolanaro oder Toliara. Leider gibt es auch schon einen Treffpunkt von meist betagteren ›Herren‹, die bezahlte ›Abenteuer‹ mit sehr jugendlichen Damen schätzen. Diese Szene hat sich weitgehend in Ambatoloaka eingefunden. Wer landschaftliche Schönheit, Ruhe und einen Traumstrand sucht, ist in sechs oder sieben sich weiter im Norden aneinanderreihenden Stränden mit schönen und ruhigen Hotels besser aufgehoben.

■ Insel Nosy Sakatia

Nosy Sakatia ist eine kleine Insel ohne Straßen, ohne Radio und ohne Zeitungen, und nur zehn Minuten Bootsüberfahrt vor der Westküste Nosy Be' gelegen. Eine kleine Hotelanlage (Sakatia Passions) in einer herrlichen Badebucht ermöglichen absolut ruhige, abgeschiedene Urlaubstage an einem goldgelben Traumstrand.

■ Insel Nosy Ambariovato (Nosy Komba)

Von Andoany (Hell Ville) sind es mit dem Boot etwa 20 Minuten zu der kreisrunden Vulkaninsel Nosy Ambariovato (Nosy Komba) und ihren zwei kleinen Dörfern. Am Hauptstrand befinden sich ein kleines Hotel, ein Gästehaus und für ganz Sparsame sogar eine Hütte im Dorf, in der die

Familie kocht. Der Gast ist in allen Unterkünften Teil der Dorfgemeinschaft und in das tägliche Leben der Einheimischen integriert. Unterbrochen wird die Idylle von den vier- bis fünfmal pro Woche einfallenden Tagesausflüglern von Hotels auf Nosy Be. Betuchtere Gäste ziehen daher die Bungalowanlagen in nur per Boot erreichbaren, kleinen Buchten auf der Süd- oder Westseite der Insel vor. In absoluter Abgeschiedenheit, unter Palmen und Urwaldriesen findet man hier seit Ende der 90er Jahre mehrere Bungalowhotels mit für madagassische Verhältnisse hohem Standard und hohem Preis. Belohnt wird man dafür mit herrlichen Schnorchelmöglichkeiten, gemütlichen Bungalows, weißen Stränden, erstklassigen Mahlzeiten nach madagassisch-französischer Hausmacherart und unendlich viel Natur.

■ Insel Tsara Banjina im Mitsio Archipel

Der Badetourismus beginnt sogar höchsten Qualitätsansprüchen gerecht zu werden, sofern man bereit ist auf Spa und Wellnesszentrum zu verzichten. Auf der unbewohnten Insel Tsara Banjina im Mitsio Archipel nördlich von Nosy Be wurde ein Ferienparadies errichtet, das Ruhe und Abgeschiedenheit bietet wie manche Malediveninseln der frühen Tourismusjahre. Die nur 18 handwerklich schönen und großen Bungalows aus Palisanderholz, allen denkbaren Wassersportmöglichkeiten und vor allem einer unvergleichlichen Landschaft verbindet. Die Natur, das Wasser, die Korallenbänke die Bungalows und das kleine Restaurant sind ein Wellnesszentrum, wie man es auch mit viel Geld nur schwer in ein 500-Betten-Hotel einbauen kann. Rundrum befinden sich strahlend weiße, durch pechschwarze Lava voneinander abgegrenzte Strände, in der Inselmitte ein dicht bewachsener Hügel von 40 m Höhe. 50 m vor dem Strand liegen im türkis leuchtenden Wasser riesige Korallenstöcke, um die man stundenlang herumschnorcheln kann, ohne sich satt zu sehen. Wer es nicht glaubt, sollte es sich selbst ansehen!

■ Insel Nosy Boraha (Ste-Marie)

Die meisten Küstenabschnitte der Insel Nosy Boraha (Ste. Marie) sind von Korallenriffen umgeben und daher gefahrlos als Badestrand zu nutzen. Die meisten Hotels sind einfacher ausgestattet als auf Nosy Be, dafür meist auch familiärer. Mit dem neuen Boraha Hotel an der Ostküste und der herrlichen Princesse Bora Lodge gibt es neuerdings aber auch komfortable Bungalowhotels mit hohem Standard und moderatem Preis. Die schönsten weißen Strände haben die Hotels La Crique und La Cocoteraie (eigene Tauchbasis) an der Nordwestseite der Insel.

■ Insel Nosy Nato (Ile aux Nattes)

Auf dieser winzigen Insel vor der Südspitze von Nosy Boraha (Ste-Marie) finden sich 3 kleine, familiäre Bungalowanlagen an feinsandigen, weißen Stränden. Ein Inselparadies der kaum noch glaubhaften, ursprünglichen Art.

■ Ostküste Madagaskars

Das Baden an der 800 km langen Ostküste Madagaskars ist an vielen Stellen möglich, auch wenn viele Küstenabschnitte nicht über ein Riff verfügen und daher meist starker Seegang herrscht. In manchen Regionen kommen Haie nah ans Ufer, so daß man nur baden gehen sollte, wenn Einheimische das auch tun, denn sie wissen, ob Gefahr herrscht oder nicht.

Wichtigste Badeplätze an der Ostküste (von Nord nach Süd) sind die Bucht von Ramena bei Antsiranana (Diego-Suarez), Iharana (Vohémar), Sambava, Antalaha, Maroantsetra, Mahavelona (Foulpointe), Vatomandry, Mananjary, Manakara, Ste-Luce, Taolanaro (Fort Dauphin). In Ramena, Mahavelona und Taolanaro gibt es einfache Badehotels unmittelbar am Strand. In den anderen Orten wohnt man in Bungalows oder Stadthotels und geht einige Schritte zum Strand.

■ Westküste Madagaskars

Da diese Küste am Kanal von Mozambique liegt und daher das Meer von den Landmassen Madagaskars im Osten und Afrikas im Westen geschützt ist, ist der Seegang meist gering, Haie und Regen sind selten. Wichtigste Badeplätze von Süd nach Nord sind Anakao südlich von Toliara (Tuléar), Ifaty nördlich von Toliara (Tuléar), Morombe auf halbem Weg zwischen Toliara (Tuléar) und Morondava, Belo sur Mer südlich von Morondava, Morondava und Mahajanga (Majunga). Lediglich in Ifaty und rund um Morondava findet man komfortable Strandhotels mit 10 bis maximal 50 Zimmern. In den übrigen Orten gibt es meist nur eine kleine, einfache Strandbungalowanlage.

■ Baden in Seen

Badeplätze an Seen innerhalb Madagaskars sind (noch) selten, obwohl es herrliche Seen und kleine Orte an deren Küsten gibt. Viele Seen unterliegen aber kulturell und religiös bedingten Verboten (Fadys), die häufig auch das Baden untersagen. Hinter diesen Fadys stehen oft handfeste Risiken, denn in vielen Seen leben beispielsweise noch Krokodile, oder es besteht die Gefahr der Infektion mit Bilharziose. Fadys sollten daher beherzigt werden. Goldene Regel wie immer: Wo Einheimische baden, kann das der *vazaha* auch tun. Wo sie nicht baden, sollte man es vorsichtshalber auch lassen.

Telefon, Fax, Handy, E-Mail

Von Madagaskar nach Europa kann man aus Antananarivo (Hauptpost) und Nosy Be schnell und billiger telefonieren als in umgekehrter Richtung. Fast unmöglich ist es, aus einer anderen madagassischen Stadt in Europa anzurufen.

Vorwahl
Deutschland	00 49,
Österreich	00 43,
Schweiz	00 41,
Madagaskar	00 261 20,

danach ist die Regionalvorwahl und die Teilnehmernummer anzuhängen. Die zweistellige Regionalvorwahl muß sowohl von außerhalb, wie auch innerhalb des Ortes bzw. der Region, immer mitgewählt werden. Steht im Kapitel ›Adressen und Tips von Ort zu Ort‹ weder unter den Orten, noch vor den Rufnummern eine Vorwahl, erreicht man die Nummer nur aus Madagaskar per Handvermittlung.

Lokale Reiseveranstalter, Zeitungsredaktionen und Industrieunternehmen besitzen auch E-Mail, die schnell, zuverlässig und preiswert funktioniert.

Viele Firmen mit internationalem Geschäft in Antananarivo sind an einen Internetserver angeschlossen und können weltweit kommunizieren. Außerdem haben Nosy Be und Antsiranana (Diego-Suarez) eine gute Telefonverbindung nach Antananarivo und Internetzugang.

Ein normales Telefonat von Antananarivo nach Europa kostet pro Minute ca. 2 €.

Handys funktionieren innerhalb von Antananarivo ebenfalls. Ob Ihre Handyanbieter mit Madagaskar ein Roaming-Abkommen hat, sollten Sie bei Ihrem Anbieter abklären. Am kostengünstigsten ist es, sich eine SIM-Karte bei Telecel in Antananarivo zu kaufen und die Gebühren im Vorhinein zu bezahlen. Ein Telefax von Antananarivo nach Europa (DIN-A-4-Seite) ist preiswert, aber oft qualitativ so schlecht, daß es kaum lesbar ist.

Trinkgeld

Wie überall freut man sich auch in Madagaskar über ein angemessenes Trinkgeld für Dienstleistungen. Anders als sonst, wird man aber kaum gedrängt werden mehr zu geben. Eine Ausnahme stellen die Gepäckträger im Flughafengelände von Antananarivo dar. Hier sollte man sich an die livrierten und damit lizenzierten Träger mit Gepäckwagen halten. Wenn Sie Trinkgeld geben, vergegenwärtigen Sie sich bitte, welche Leistung erbracht wurde und welches Lohnniveau Madagaskar hat. Ein normaler Verkäufer in einem guten Geschäft in Antananarivo verdient etwa 100 € pro Monat bei 10-Stundentag und Samstagsarbeit. Es kann also kaum angemessen sein, einem Gepäckträger für 10 Minuten Gepäckschieben den Gegenwert von 1 € (ca. 7000 FMG) zu geben. Ein Schein von 1000 FMG ist in der Regel ein angemessenes Trinkgeld.

Unterkunft

■ Hotels

Hotels guter Qualität, bei denen auch Reservierungen mit Sicherheit gelingen, gibt es in den größeren Städten sowie auf Nosy Be und Nosy Boraha. Sie sind europäisch geführt, bieten gute französisch-madagassische Küche und verfügen über Fernseher im Zimmer, Zimmertelefon, manche sogar über Diskothek, Kasino oder Swimmingpool. Aber selbst die teuersten Hotels haben Schwierigkeiten, die technischen Einrichtungen instand zu halten. Richten Sie sich daher bitte darauf ein, daß mal eine Spülung klemmt, eine Dusche nicht funktioniert oder kein heißes Wasser aus der Leitung kommt.

In den größeren Städten gibt es preisgünstigere Hotels, die saubere Zimmer, warmes und kaltes Wasser, eine gute Speisekarte und familiäre Atmosphäre bieten. Eine Vorausbuchung ist (mangels Kommunikationsmöglichkeit) nicht oder nicht zuverlässig möglich.

Die dritte Kategorie bilden einfache Hotels mit Gemeinschaftsbad und -toilette. Vorausbuchung ist ebenfalls nicht möglich.

Bedenken Sie, daß die Hotelstruktur auf Madagaskar noch nicht gefestigt ist. Es gibt Hotels, die noch vor wenigen Jahren zu den besten des Landes gehörten und dann in der Qualität stark nachgelassen haben oder nach kurzer ›Agonie‹ schließen mußten. Genauso passiert es, daß ein Hotel sich durch die Investition eines Käufers in kurzer Zeit von einer unzumutbaren Absteige in ein gutes Hotel verwandelt. Die Qualitätswechsel gehen wesentlich schneller vonstatten als in den meisten anderen Reiseländern.

■ Hotely Gasy

Schließlich findet man in den Städten und Dörfern die madagassischen *Hotely*. Dabei handelt es sich nicht um Hotels im europäischen Sinne, sondern um Restaurants, die einfache madagassische Gerichte zum Preis von 1–2 € und eine Übernachtung für 2–10 € anbieten. Gekocht wird auf einer einzelnen Feuerstelle mit Holzkohle, so daß es meist keine große Auswahl gibt. Grundnahrungsmittel ist Reis, daneben oft Baguette. Dazu werden gekochtes Rindfleisch, Schweinefleisch, Fisch, Krabben gegessen, je nachdem, was der örtliche Markt bietet. Reis, Fleisch und Fisch kann man ohne Bedenken essen, denn alles ist mindestens 20 Minuten lang gekocht und somit keimfrei. Vorsicht ist aber geboten, wenn kaltes Wasser als Getränk auf dem Tisch steht – es könnte Bakterien enthalten, auf die ein europäischer Magen empfindlich reagiert. Normalerweise wird zur Mahlzeit eine Schale heißen Reiswassers serviert (s. S. 310). Wem das Nationalgetränk nicht schmeckt, der kann auf die internationalen Softdrinks oder Bier zurückgreifen.

■ Zelten

Zelten ist an allen geeigneten Plätzen erlaubt und auch ohne Gefahr möglich, denn niemand ist Ihnen feindlich gesinnt. Dennoch sollten Sie sich auf jeden Fall beim *Président du Fokontany* des nächstgelegenen Dorfes vorstellen, bevor Sie Ihr Zelt aufschlagen. Dies entspricht der madagassischen Tradition, und es wäre unhöflich, sich nicht daran zu halten. Wenn Sie sich vorgestellt haben, können Sie Ihr Zelt aufbauen und unbeaufsichtigt lassen, denn von nun an sind Sie ein Gast, der unter dem Schutz des Dorfes steht.

Unterwegs auf Madagaskar

■ Ankunft am Flughafen

Bis auf wenige Ausnahmen kommen Auslandsflüge auf dem internationalen Flughafen von Antananarivo an. Er liegt 25 km nordwestlich des Zentrums der Hauptstadt. Auf dem großen Parkplatz vor der Ankunftshalle warten zahlreiche Taxis auf ankommende Fluggäste. Für die Fahrt ins Zentrum verlangen sie etwa 10 €, in umgekehrter Richtung sind sie wesentlich billiger. Billiger kommen Sie mit den ver-

Flugverbindungen von Air Madagascar

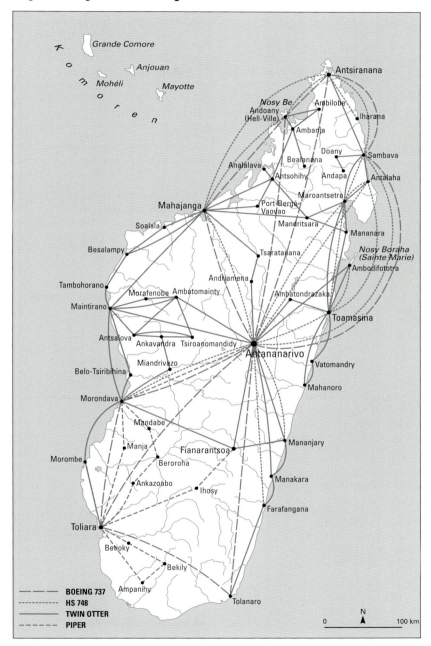

schiedenen *Taxi-Brousse*-Linien (Ziel erfragen!) oder mit dem großen, dunkelroten F.I.M.A.-Bus (alle 30 Minuten) ins Zentrum der Hauptstadt.

Deutsch sprechende, oft ausgezeichnet ausgebildete Reisebegleiter vermitteln die lokalen madagassischen Agenturen. Vor ›wilden Guides‹, die bereits am internationalen Flughafen und an Bahnhöfen warten, muß gewarnt werden, denn ihre Sprach- und Landeskenntnisse sind häufig mangelhaft, und es sind unehrliche Menschen darunter.

■ ... mit dem Flugzeug

Air Madagascar unterhält ein dichtes Inlandflugnetz mit 52 Flugplätzen oder Landepisten in allen Landesteilen. Jede Stadt mit mehr als 3000 Einwohnern wird mindestens einmal pro Woche angeflogen, aber auch wesentlich kleinere Orte sind im Flugplan enthalten. Auf Inlandstrecken verkehren drei Boeing 737, zwei Hawker Siddley 48 (HS 48), mehrere Twin Otter und eine Piper. Wichtige Strecken werden zusätzlich von Somacram und TAM bedient.

Da die Flüge sehr gefragt sind, ist es vorteilhaft, im voraus zu reservieren. Wenn Sie bei kurzfristiger Buchung keinen Platz bekommen, lassen Sie sich einen Platz zum nächsten freien Termin reservieren und gehen Sie mit dem bezahlten Flugschein zum Flugplatz. Die Chance, über die Warteliste den ausgebuchten Flug doch zu bekommen, ist (mit Ausnahme der Strecken von Nosy Boraha nach Toamasina und nach Antananarivo) sehr gut. Ungefähre Kosten für einige Flugstrecken innerhalb Madagaskars (einfach):

Antananarivo–Mahajanga	80 €
Antananarivo–Nosy Be	120 €
Antananarivo–Toliara	120 €
Sambava–Maroantsetra	40 €
Ambanja–Antsohihy	50 €

Bei Buchung der Inlandflüge im voraus zusammen mit dem Air-Madagascar-Langstreckenflug und einer vorausgebuchten Rundreise reduziert sich der Preis auf etwa die Hälfte (Inclusive Tours Tarif IT).

Internationale Fluggesellschaften in Antananarivo

Air Madagascar,
31, Avenue de l'Indépendance, BP 437,
Tel. 22/2 22 22, Fax 22/3 37 60
(geöffnet 7.45–11.30 und 14–18.30 Uhr)

Air Mauritius,
77, Lalana Solombavabahoaka,
Tel. 22/3 59 00, Fax 22/3 57 73

Inter Air,
Galerie Marchande, Hilton Hotel,
Tel. 22/2 24 52, Fax 22/2 24 06

Air France,
29, Avenue de l'Indépendance, BP 1307,
Tel. 22/2 23 21, Fax 22/2 91 03

Aeroflot,
Lalana Patrice/Ecke Arabe Rainibetsimisaraka, (Nähe Bahnhof),
Tel. 22/2 35 61

Regionale und nationale Fluggesellschaften in Antananarivo

Transport Aérien de Madagascar (TAM),
Hilton Hotel,
Tel. 22/2 96 91

Somacram,
13, Rue Indira Ghandi, BP 3997,
Tel. 22/2 65 63

Fraise et Compagnie S.A.,
Ankorondano,
Tel. 22/2 27 21

Madagascar Flying Service,
Lot VI 27, Ambatovinaky,
Tel. 22/3 13 27, Fax 22/3 56 23

■ ... mit der Eisenbahn

Eine interessante Art, sich innerhalb Madagaskars fortzubewegen, bieten die vier Eisenbahnstrecken:

Antananarivo–Antsirabe
(160 km, ca. 3–4 Std., 3–4mal wöchentlich)

Antananarivo–Toamasina
(372 km, ca. 12–16 Std., 1mal täglich).

Seit eine Asphaltstraße nach Toamasina eröffnet wurde, geht es bequemer und schneller mit dem Auto, interessanter aber bleibt die Eisenbahnfahrt.

Moramanga–Lac Alaotra
(167 km, ca. 5 Std., 1mal täglich). Der Zug ist wesentlich schneller als die Taxis auf der Staubpiste. Er fährt ab, sobald der Morgenzug aus Antananarivo angekommen ist. Das Abteil der ersten Klasse bietet kaum mehr Komfort als die Wagen der zweiten. Endstation des Zuges ist Ambatosoratra, ein winziger Ort, der kaum Reize vorzuweisen hat. Wesentlich hübscher ist Ambatondrazaka, einige Haltestellen vorher.

Fianarantsoa–Manakara
(163 km, ca. 6–8 Std., 3–4mal wöchentlich). Fahrt durch die verschiedenen Vegetationsstufen des Regenwaldes.

Reisegruppen können über die Eisenbahnverwaltung in Antananarivo (Réseau National de Chemins de Fèr, Ministère de l'Equipement et des Communications, BP 259) oder bei Reisebüros die ›Micheline‹ buchen, einen Schienenbus mit 19 Sitzplätzen und laufruhigen Gummireifen (daher der Name), der von Antananarivo nach Antsirabe und Toamasina verkehrt.

■ ... mit dem Mietwagen

Mietwagen sind wegen des teuren Imports, hoher Zölle und der schwierigen Ersatzteilsituation teuer. Ein normaler (also alter) Pkw kostet pro Tag etwa 50 €, ein gutes, neues Fahrzeug 80 € und ein Geländewagen 100–130 €. Es ist empfehlenswert, einen Wagen mit Chauffeur zu nehmen. Der Chauffeur kann gleichzeitig Mechaniker und Fremdenführer (allerdings nur selten in deutscher Sprache) sein. Tankstellen sind selten, und häufig ist gerade kein Benzin da (man muß vor Reiseantritt wissen, wo augenblicklich Benzin zu bekommen ist). Die meisten Autovermieter lehnen daher eine Vermietung ohne Chauffeur ab. Da die finanziellen Risiken im Falle eines Unfalls unzureichend abgedeckt sind, sollten Sie bei ihrer Kfz- oder Reiseversicherung eine Zusatzversicherung abschließen. Bestellen Sie den Wagen nicht bei der Autovermietung direkt, sondern über ein Reisebüro, das Bescheid weiß, welcher Vermieter zuverlässige Fahrer und Fahrzeuge hat. Für Tagesfahrten in Antananarivo und Umgebung können Sie auch ein Taxi nehmen, das vor den guten Hotels (Colbert, Hilton, Plazza) stationiert ist. Die Fahrer haben vergleichsweise gute Autos und gelten auch als gute Fremdenführer – sonst würde das Hotel ihnen nicht das Privileg einräumen, auf seinem Parkplatz zu stehen. Der Preis ist auszuhandeln; er darf pro Tag nicht über 70 € liegen. Einen Geländewagen benötigen Sie auf den Pisten von Toliara nach Tolanaro, von Sambava nach Antalaha, von Mahajanga nach Maintirano, von Moramanga nach Anosibe An' Ala oder von Ihosy nach Tolanaro. Von Nachtfahrten ist dringend abzuraten, verantwortungsbewußte Chauffeure lehnen dies in der Regel auch ab.

Autovermieter in Antananarivo

AKL Travel, Lot II i 34, BP 1266,
Tel. 22/2 62 05, Fax 22/3 55 05

Aventour,
Immeuble Fiaro,
Tel. 22/3 17 61, Fax 22/2 72 99

Avis Océan Tour,
3 Rue P. Lumumba,
Tel. 22/3 40 80, Fax 22/2 16 57

Hertz,
7, Rue de Chaussée,
Tel. 22/2 79 57, Fax 22/2 31 79

Locauto,
52 Av. 26 Juin 1960, BP 8150,
Tel. 22/2 19 81, Fax 22/2 48 01

Tropicar,
15, Rue Ratsimilao,
Tel. 22/2 65 68, Fax 22/2 02 82

Straßenverhältnisse

In Antananarivo sind die Straßen geteert oder gepflastert, werden aber schlecht instand gehalten. Gute Asphaltstraßen führen nach Antsirabe im Süden, Moramanga im Osten, Sakay im Westen und Mahajanga im Norden. Außerdem sind folgende Strecken asphaltiert: Toamasina – Vavatenina, Mahajanga – Antsohihy, Ambanja – Antsiranana, Antsirabe – Betafo – Miandrivazo, Antsirabe – Fianarantsoa, Fianarantsoa – Mananjary, Fianarantsoa – Ambalavao, Sakaraha – Toliara, Manakara – Vangaindrano, Iharana – Sambava und Ambatondrazaka – Westküste des Lac Alaotra.

Bei den übrigen Straßen Madagaskars handelt es sich um mehr oder weniger gute Pisten, die nicht ganzjährig befahrbar sind. Über den Zustand der Pisten und Straßen müssen Sie sich am jeweiligen Startort erkundigen. Grundsätzlich kann man davon ausgehen, daß alle erträglichen Strecken auch von Buschtaxis befahren werden. Die Wahrscheinlichkeit, daß der Regen eine Piste unpassierbar macht, ist im Osten höher als im trockenen Süden und Westen.

Der **Automobil Club de Madagascar,** Antananarivo, Lalana Ravoninahitriniarivo (Route des Hydrocarbures), im Stadtteil Alarobia, und der **Touring Club de Madagascar,** 15, Lalana Amiral Pierre, Antananarivo, können am zuverlässigsten Auskunft über den momentanen Zustand der Straßen in Madagaskar geben.

■ ... mit dem Taxi

Stadttaxis: In allen größeren Städten gibt es Taxis, meist alte Renault R4, die im Stadtkern zu einem Einheitspreis fahren, weitere Entfernungen gegen auszuhandelndem Tarif zurücklegen. Taxis, die einen Einheitspreis haben, nehmen unterwegs andere Passagiere zusätzlich auf. Wer das nicht will, kann ein sogenanntes *spécial* zu einem höheren Preis vereinbaren.

Buschtaxis: Es gibt verschiedene Qualitäten von Buschtaxis, die die Dörfer untereinander verbinden. Die bequemsten sind die sogenannten **Taxis-Be,** mit drei Sitzreihen ausgestattete Peugeot 404 oder 504, die für neun Passagiere gedacht sind. Zwei nehmen auf dem Beifahrersitz Platz, vier in der mittleren Sitzreihe und drei auf dem Rücksitz. Wer in dieser Besetzung reist, hat allerdings Glück gehabt, denn nicht selten wird in jede Reihe noch ein weiterer Passagier gezwängt. Man kann ein *Taxi-Be* aber auch komplett mieten. Das ist besonders für kleine Reisegruppen ein interessanter Mittelweg zwischen bequemen und teuren Mietwagen mit Chauffeur und qualvollen Stunden ohne Ausblick auf die Landschaft im überfüllten Buschtaxi. Anhaltspunkt für den auszuhandelnden Preis für das komplette Fahrzeug mit Chauffeur: Dauer der Fahrt in Stunden × 5 €. Häufig fahren die Buschtaxis leider nicht pünktlich ab, sondern warten Stunden, um einen zehnten oder elften Passagier in das bereits übervolle *Taxi-Be* zu stopfen.

Taxis-Brousse: Die preiswertere Alternative sind *Taxis-Brousse*, größere Minibusse, in die 20–30 Personen gestopft werden. Sie sind um 20–30 % billiger und mindestens um denselben Prozentsatz unbequemer. Wer seine Gesundheit schonen und während der Fahrt ein Minimum an Landschaft genießen will, sollte dieses Verkehrsmittel meiden.

Fahrzeiten mit Mietwagen oder Buschtaxi: Die Entfernung in Kilometern spielt für die Fahrzeit eine geringe Rolle. Viel wichtiger ist der Straßenzustand, denn wenn mit 10 km/h gefahren werden muß, werden 100 km zum Martyrium. Da man ca. 1 € pro Std. kalkulieren kann, ist die Fahrzeit in Stunden gleichzeitig der ungefähre Fahrpreis mit dem Buschtaxi in € (s. Tabelle).

■ ... mit dem Pousse-Pousse

Um die Jahrhundertwende kamen Chinesen zum Eisenbahnbau ins Land. Sie brachten wohl auch die Idee der Rikscha als Transportmittel aus ihrer Heimat mit. Ihren madagassischen Namen erhielt die Rikscha, weil sie früher von einem Mann geschoben (*pousser* = schieben) und von einem gezogen wurde. Heute gibt es nur noch die ›Ein-Mann-Rikscha‹ in Toamasina, Antsirabe, Toliara, Mahajanga, Mananjary. Sie ist im Ortskern das gängige, bequemste und preiswerteste Verkehrsmittel. Scheuen Sie sich nicht, es zu benutzen, denn Rikschaziehen ist hierzulande ein Beruf wie jeder andere, und die Leute brauchen das Geld dringend, um die Miete für ihre Riksha bezahlen zu können.

■ ... mit dem Motorrad

Ein Motorrad ist das ideale Fahrzeug, um Madagaskar kennenzulernen. Viele Europäer, die in Madagaskar leben, besitzen geländegängige Maschinen. Im Club Double M (BP 1398, Antananarivo) in Androhibe, einem Vorort von Antananarivo, gibt es Motorräder zu leihen. Kleine Mopeds bekommt man auch auf der Insel Nosy Boraha.

■ ... mit dem Fahrrad

In Antsirabe, auf Nosy Boraha und Nosy Be gibt es Vermieter. Die Räder machen aber keinen verkehrstüchtigen Eindruck!

Tips für Radler gibt Dieter Popps Mugau-Tours, BP 9019, Andranonhoatra Itoasy, Antananarivo 102, Tel./Fax 22/6 30 49 (c/o Europe Tours). Auf Wunsch begleitet Dieter Popp kleine Gruppen (max. 3 Personen) auf abenteuerlichen Fahrradtouren.

Das Hotel ›Manja Ranch‹ in Ambatolampy stellt seinen Gästen Fahrräder zur Verfügung, ebenso das Hotel ›Mahatazana‹ in Antananarivo.

■ ... mit dem Schiff

Die Agentur ›Auximad‹ unterhält Frachtschiffe, die die Insel regelmäßig umfahren und Häfen abgelegener Regionen mit Nahrungsmitteln versorgen. Folgende Häfen werden angelaufen: Andoany (Nosy Be), Analalava, Mahajanga, Morondava, Morombe, Toliara, Tolanaro, Manakara, Mananjary, Toamasina, Mananara, Ambodifototra (Nosy Boraha), Maroantsetra, Antalaha, Sambava, Iharana, Antsiranana. Die Frachter haben Unterkunftsmöglichkeiten für maximal 15 Passagiere. Da es keinen festen Fahrplan gibt, muß man sich bei den Büros von ›Auximad‹ nach den Abfahrtszeiten erkundigen. Agenturen von ›Auximad‹: Antananarivo (Lalana Rabearivelo, Antsahavola); Toamasina (Boulevard Ratsimilao 21); Mahajanga (Quaie Monceau); Antsiranana (Boulevard de la Liberté); Andoany/Nosy Be (Rue Passot). Bei ›Auximad‹ können Sie auch eine Kabine auf dem Frachter ›L'Indocéanique‹ buchen,

Fahrzeiten mit Mietwagen oder Buschtaxi

Von:	nach:					
AMBATONDRAZAKA	Moramandia	6	Toamasina	10	Antananarivo	11
AMPEFY	Antananarivo	4	Faratsiho	5	Tsiroanomandidy	6
ANTANANARIVO	Toamasina	9	Toliara	28	Tolanaro	48
ANTSIRABE	Antananarivo	4	Fianarantsoa	5	Morondava	14
ANTSIRANANA	Ambilobe	3	Ambanja	8	Iharana	15
BELO TSIRIBIHINA	Morondava	4	Bekopaka	5	Antsirabe	18
FIANARANTSOA	Ranomafana	3	Ambositra	4	Ihosy	6
IHARANA	Sambava	3	Ambilobe	12	Ambanja	14
IHOSY	Ranohira	3	Ambalavao	5	Tolanaro	24
MAHAJANGA	Ambondromamy	3	Antsohihy	10	Antananarivo	16
MANAKARA	Farafangana	3	Mananjary	3	Vangaindrano	5
MORAMANGA	Toamasina	4	Ambatondrazaka	5	Antananarivo	5
MOROMBE	Andavadoaka	2	Toliara	8	Morondava	24
MORONDAVA	Malaimbandy	5	Miandrivazo	9	Antsirabe	14
RANOHIRA	Toliara	5	Fianarantsoa	9	Antananarivo	22
RANOMAFANA	Ambositra	3	Antsirabe	5	Manakara	5
SAMBAVA	Andapa	3	Antalaha	5	Antsiranana	18
TOAMASINA	Mahambo	2	Fenoarivo	3	Andasibe	4
TOLANARO	Berenty	3	Ambovombe	4	Ampanihy	12
TOLIARA	Ifaty	2	Fianarantsoa	14	Tolanaro	36

der durchschnittlich einmal pro Monat von Toamasina nach Réunion, Mauritius und wieder zurück fährt.

Weitere Schiffahrtslinien:
Compagnie Maritime des Chargeurs Réunies,
Rue du Commerce,
Toamasina

Société Malgache des Transports Maritimes, BP 107, 29, Rue de la Batterie, Toamasina

Compagnie Malgache de Navigation, BP 1021, Lalana Rabearivelo, Antananarivo

Scandinavian East Africa Line, BP 679, 1 bis, Rue Clémenceau, Antananarivo

■ … mit Auslegerbooten

Fischer mit ihren Auslegerbooten sind gegen Bezahlung bereit, Sie an der Küste entlang weiterzubefördern. Bitte bedenken Sie, daß die Boote nicht sehr dicht sind, die Fischer nicht schwimmen können und das Meer unberechenbar ist. Man hat schon von verschiedenen Touristen gehört, die ungemütliche Nächte zwischen Ste-Marie und dem Festland verbracht haben.

Verantwortungsbewußtes Reisen

- Versuchen Sie das Land und seine Situation zu **verstehen.** Nicht alles, was Sie anders machen würden, ist unter den lokalen Verhältnissen tatsächlich falsch.
- Erwecken Sie nicht den Eindruck, im Besitz der ›**Wahrheit**‹ zu sein. Madagassen sind sich bewußt, daß alles, was richtig erscheint, auch falsch sein könnte. Worte wie ›vielleicht‹, ›möglicherweise‹ und in Fragen versteckte Hinweise (›Könnte es sein, daß …?‹) drücken die bescheidene madagassische Lebenseinstellung aus.
- Seien Sie in der Nähe von **Grab- oder Gedenkstätten** besonders rücksichtsvoll. Sie haben eine für uns schwer nachzuvollziehende mystische, philosophische und religiöse Bedeutung. In Südmadagaskar kann schon das unerlaubte Fotografieren einer Grabstätte dazu führen, daß die Familie den heiligen Ort durch eine Zebuopferung reinigen muß.
- **Souvenirs** sollten lokale Industrien unterstützen, die Arbeitsplätze schaffen und im Überfluß vorhandene Ausgangsmaterialien verarbeiten. Blechautos aus Getränkedosen, bestickte Baumwolltischdecken und Papier der Antaimoro sind genauso schön wie Muscheln, Schnecken, Korallen oder Skulpturen, zu deren Herstellung seltenes Tropenholz, seltene Pflanzen oder die Haut von seltenen Tieren verwendet werden.
- Geben Sie **Geld** nicht im Überfluß und an der falschen Stelle aus. Es sollte Dienstleistungen angemessen entlohnen oder dauerhaft helfen, nicht kurzfristig das eigene schlechte Gewissen beruhigen.
- Versuchen Sie ihre **Lebensweise** der des Gastlandes anzupassen. Wenn heißes Wasser durch Holzkohlefeuer erzeugt werden muß, sollten Sie mit einer kalten Dusche vorlieb nehmen, um wertvolle Energie zu sparen.
- Verzichten sie auf importierte oder von weither geholte Lebensmittel, und essen Sie auch im Restaurant **Produkte aus der Region.** Warum muß es ein aus Südafrika importierter Apfel sein, wenn auf Madagaskar die Mangos reif sind?
- **Belohnen** Sie gute Führer, wenn sichergestellt ist, daß das Eintrittsgeld an die Naturparkverwaltung abgeführt wird und seinen Zweck erfüllt. Ein Führer, der sich inmitten des geschützten Waldes eine Zigarette anzündet, hat kein Trinkgeld verdient!

Versicherungen

■ Reiserücktrittskostenversicherung

Wenn Sie sich Ärger schon vor der Reise ersparen wollen, schließen Sie eine Reiserücktrittskostenversicherung ab. Jedes

Reisebüro kann Ihnen die Unterlagen der verschiedenen Versicherungen geben, die seriösen Reiseveranstalter haben sie in der Regel zusammen mit der Konkursausfallversicherung in den Gesamtpreis automatisch integriert.

■ **Reisegepäckversicherung**
Achten Sie beim Durchlesen des Kleingedruckten darauf, welche Wertsachen vom Versicherungsschutz ausgenommen sind. Diese sollten Sie ins Handgepäck stecken. Erfahrungsgemäß übernimmt keine Versicherung die Haftung für Fotoapparate oder Filmkameras, denn zu viele Reisende haben sich auf diese Weise ihre neue Spiegelreflexkamera finanziert.

■ **Reiseunfall- oder Reisekrankenversicherung**
Beide Versicherungen sind empfehlenswert; erkundigen Sie sich aber zunächst bei Ihrer Versicherung oder Krankenkasse, ob die Risiken nicht bereits durch Ihre normale Versicherung abgedeckt sind.

Zeitunterschied

In Madagaskar geht die Sonne zwei Stunden früher auf als in Mitteleuropa; wenn es bei uns 9 Uhr morgens ist, zeigt die Uhr in Madagaskar also bereits 11 Uhr. Zur europäischen Sommerzeit beträgt der Zeitunterschied nur 1 Stunde.

Komoren:
Adressen und Tips von Insel zu Insel

Wichtig: In den vergangenen zwei Jahren haben die Komoren politisch unruhige Zeiten erlebt, die leider noch nicht zu Ende sind. Anjouan und Moheli haben sich für unabhängig erklärt, und es gab blutige, politische Auseinandersetzungen. Alle europäischen Fluggesellschaften haben ihre Langstreckenverbindungen eingestellt, Hotels wurden geschlossen. Aus diesen Gründen war es nicht möglich, aktuelle Recherchen für diese Neuauflage anzustellen. In der nächsten Auflage hoffen wir wieder aktuelle Informationen einfügen zu können!

Hotelkategorien:
teuer ab 80 € (internationaler 3- bis 4-Sterne-Standard)
moderat 40–80 € (internationaler 2- bis 3-Sterne-Standard)
günstig unter 40 € (internationaler 1- bis 2-Sterne-Standard)

Restaurantkategorien:
teuer 15–30 €
moderat 10–20 €
günstig 5–15 €

Anjouan (Ndzuani)

Lage: vordere Umschlagkarte C9

 ... in Moutsamoudou:
Hotel Al Amal (moderat), Tel. 71/15 80: Nahe dem Strand, ungepflegt; 16 Zimmer.
Hotel du Port (günstig): Einfachste, saubere Zimmer direkt am Hafen.
Privatunterkünfte für Langzeitaufenthalte sind über die Hotels für etwa 500 € pro Monat zu finden.

... in Domoni:
Hotel Karima (günstig), Tel. 71/92 83: Keine Mahlzeiten, manchmal Tanzabende.

... in Moya:
Hotel Moya Plage (günstig), Tel. 71/ 14 33: 9 kleine, gemütliche Bungalows; gepflegter Garten und rötlicher Traumstrand.

... in Moutsamoudou:
La Paillotte: Im Stadtzentrum und sehr gemütlich unter einem Strohdach.

Du Port: Am Hafen, entsprechend unruhig, dafür preiswert.
La Guinguette (auch ›Chez Chirokane‹ oder ›Chez Charly‹ genannt): Auf halbem Weg zum Flughafen, direkt am Wasser; stimmungsvolle Terrasse am Meer, hervorragende Küche. Probieren Sie den Fisch in Kokossauce!
Le Masulaha an der Uferpromenade; komorische Spezialitäten
Le Ranastam: 3 km nördlich von Moutsamoudou in einem kleinen Park; wird bevorzugt für geschlossene Gesellschaften genutzt.
Snackbar gegenüber dem Flughafengebäude in Ouani.

Diskothek Florida 2000, in Moutsamoudou, an der Straße zum Flughafen.

Stadttaxis in Moutsamoudou zum Einheitspreis von ca. 1 €. Der Stadttarif reicht vom Flughafen im Nordosten bis zum Restaurant ›Le Ranastam‹ im Südwesten. *Taxi-Brousse*-Station beim Hafen, Abfahrt nur vormittags rund um die Insel.

Mietwagen mit Chauffeur findet man am Flughafen, am Hafen oder in den Hotels; bei Verhandlungsgeschick etwa 50 € pro Tag (alles inklusive), in den Hotels etwas teurer.

Motorboote verkehren mehrmals pro Woche nach Grande Comore, Mohéli und Mayotte von Moutsamoudou aus für 10–20 €; etwa einmal pro Monat Schiffsverbindungen nach Mahajanga (Madagaskar) und Mombasa (Kenia); Fahrkarten gibt es bei Somacor, einem kleinen Büro nahe der Bank (Crédit Lyonnais) und dem Postamt, südöstlich des Hafens.

Linienflüge nach Mohéli und Grande Comore (täglich) vom Flughafen bei Ouani, 6 km nordöstlich von Moutsamoudou.

Grande Comore (Ngazidja)

Lage: vordere Umschlagkarte B 9/10

Direction du Tourisme, Place de l'Indépendance, Moroni, Tel. 74 42 43, Fax 74 42 41.

... in Moroni:
Karthala (moderat), Tel. 73 00 57, Fax 73 01 88: Traditionsreiches Stadthotel nahe dem alten Flughafen, 19 Zimmer.
Les Arcades (moderat), Tel. 73 28 46, Fax 73 28 46: Mehrstöckiges, neues Haus im Stadtzentrum mit Klimaanlage, Fitnessraum, Konferenzraum, 10 Zimmer.
Moifaka Hotel (moderat), Tel. 73 15 56, Fax 73 03 83: Gutes Hotel am südlichen Ortsausgang Richtung Ikoni, 16 Zimmer.
La Grillade (günstig), Tel. 73 30 81: An der Uferpromenade, hinter dem bekannten Restaurant gleichen Namens, 5 Bungalows.
Pension Kohinoor (günstig), Tel. 73 21 17: Sympathische Familienpension am nördlichen Ortsausgang, 5 Zimmer.
Pension Karibou (günstig), Tel. 73 21 17: Einfachste Unterkunft in Moroni, 11 Zimmer; günstige Lage nahe dem neuen Volo-Volo-Markt.

... in Chomoni:
Einfache, aber sehr malerische Holzhütten (günstig) ohne Namen. Eine Snackbar am herrlichen Strand sorgt für Verpflegung. Am Wochenende wird gegrillt.

... in Mitsamiouli:
Galawa Hotel (teuer), Tel. 7 38 11, Fax 7 38 251: Absolutes Tophotel der Insel, wenn auch wenig inseltypisch, dafür mit zwei Stränden, die zum Schönsten gehören, was man im Indischen Ozean finden kann. Strandhotel der internationalen 4-Sterne-Kategorie mit erstklassiger Wassersportbasis Island Venture (Wasserski, Segeln, Hobby Cats, Tauchen, Ausflüge usw.), Tennisplätzen, Pool, Bars, Fitnessraum, Boutique, Reisebüro usw.; 190 Zimmer – mehr als alle übrigen Hotels der Komoren zusammen!
Maloudja Hotel (moderat), Tel./Fax s. Galawa Hotel (16 Bungalows): Preiswerte Bungalow-Dépendance des ›Galawa‹-Hotels im schattigen Palmenhain am benachbarten, fast menschenleeren Traumstrand. Alle Einrichtungen (auch die sportlichen) des ›Galawa‹ können mitbenutzt werden. Wer die freundliche, kleine Holzterrasse für 30 Gäste mit Billardtisch und Sonnenuntergangsblick satt hat, darf ohne Aufpreis auch im Pool- und Buffetrestaurant des ›Galawa‹ mit 300 Sitzplätzen speisen. Das gilt umgekehrt auch!

... in Itsandra:
Itsandra Hotel (moderat), Tel. 73 23 16, Fax 73 23 09: Bestes aller Hotels in und nahe Moroni; verfügt über einen herrlichen, weißen Privatstrand und große, ansprechend renovierte Zimmer sowie ein erstklassiges Restaurant und eine Bar; kann als Geschäftshotel, als Ausgangspunkt zur Inselerkundung und als Badehotel genutzt werden; 25 Zimmer.

... in Moroni:
Fakri Restaurant (auch ›Chez Babou‹ genannt): Einfaches, aber sehr angenehmes Stadtrestaurant mit guten und frischen Mahlzeiten.
Le Jardin d'Orchidées: An der RN 1 nach Norden gelegen, aber dennoch ruhig und mit ausgezeichneter Speisekarte.
Le Coelacanthe: Am Strand gegenüber dem Tennisklub, abends sitzt man sehr

gemütlich auf der zum Meer hin offenen Terrasse.
Le Rishma: Gemütliches kleines Restaurant in der Stadt.
La Grillade: Weite Terrasse mit Meerblick.

... in Mitsamiouli:
Mi Amuse, Tel. 738192: Komorisches Restaurant mit Wochenenddisko unmittelbar an der Einfahrt zum ›Galawa‹-Hotel.
La Marée am Strand.
Bourda im Ortskern.

... in Itsandra:
Le Refuge: gegenüber dem weiten öffentlichen Strand von Itsandra; madagassische, komorische und französische Küche.
Le Tiboulen: Snackrestaurant am öffentlichen Strand.
Le Tiboulen Pizzeria: 2 km nördlich von Itsandra.

Diskotheken: Rose Noire, Le Club des Amis, Le Privilège oder La Dérobade in Moroni.
Show und **Tanz** im ›Galawa‹-Hotel.

Museum CNDRS, Moroni, Boulevard Karthala, Mo–Do 8–13 u.15–17 Uhr, Fr–Sa 8–12 Uhr.

Reisebüros: Tropic Tours & Travel, Moroni (nahe der Freitagsmoschee), Tel. 730202, Fax 731919; Tourism Services Comores (TSC), Itsandra Hotel, Tel. 733044, Fax 733054.

Besteigung des Kartala mit Führer, der in den Hotels angeheuert werden kann (nur von Mai bis November möglich); Preis für selbstgesuchten Führer mit geringer Ausrüstung 30–50 € (eigener Schlafsack und Zelt erforderlich); mit geführter Tour von Tourism Services Comores (TSC) ca. 150 €, wobei Anfahrt, Verpflegung, Führung, Zelt und Schlafsack inklusive sind; TSC bietet auch kürzere geführte Wanderungen rund um die Insel an.

Wassersportzentrum Island Venture, Mitsamiouli.
Tennisplätze im Galawa Hotel.

Flüge: Air Comores, (Tel. 730686, Fax 730572) fliegt mit Flugplan (der allerdings oft nicht eingehalten wird) vom alten Flugplatz in Moroni aus nach Mohéli und Anjouan. Die kleinen Fluggesellschaften Comoraviation, Aeromarine und Amical Comores bieten ebenfalls Inselflüge, sind allerdings wenig zuverlässig. Henry Béra (Tel. 731587, Fax 731595) hilft Ihnen mit seinem Privatflugzeug, wenn – was nicht selten vorkommt – der geplante Flug ausfällt.
Schiffsverbindungen nach Mahajanga/Madagaskar und Mombasa/Kenia (etwa einmal im Monat), nach Mohéli, Anjouan und Mayotte (mehrmals pro Woche). Abfahrtszeiten sind nur ungefähr vorherzusagen. Genauere Termine bei SOCOTRAM am Hafen.
Stadttaxis (Taxis-Ville) in Moroni zum Einheitspreis von etwa 1 €; das Stadtgebiet reicht von Ikoni im Süden bis Itsandra im Norden).
Überlandtaxis (Taxis-Brousse) fahren von Moroni ganztägig in alle Richtungen der Insel (nach Norden vom Volo-Volo-Markt, nach Süden vom Karthala-Hotel, vom alten Markt im Stadtzentrum aus in die Berge nach Osten); Preise sind sehr niedrig, Komfort nicht vorhanden.
Mietwagen von Avis, vertreten vom TSC; etwa 50 € pro Tag.

Mayotte (Maore)

Lage: vordere Umschlagkarte C9

Comité Territorial du Tourisme de Mayotte, BP 169, 97600 Mamoudzou, Mayotte, Tel. 610346, Fax 610346; Mo–Fr 8–15.30 Uhr.

... in Mamoudzou (Grande-Terre):
Le Caribou (moderat), Tel. 611418, Fax 611905: Zentrales und gutes Stadthotel, 22 Zimmer.
La Tortue Bigotue (moderat), Tel. 61 11 32, Fax 611 35: Gutes Stadthotel, 8 Zimmer.
L'Oasis (moderat), Tel. 611223, Fax 611939: 15 Zimmer.

... in Trévani (Koungou/Grande-Terre):
Trévani Village (moderat), Tel. 601383, Fax 601171: Bestes Strandhotel der Insel an einem schönen Strand; keine Tauchbasis, aber viele Wassersportmöglichkeiten; 22 Zimmer.

... in Kani-Keli (Grande-Terre):
Jardin Maoré (teuer), Tel. 601419, Fax 601519: Schöne Anlage mit 15 Bungalows an einem traumhaften Strand unter Baobabs; neben Wasserski, Windsurfen und Segeljachten stehen Ausrüstungen fürs Hochseefischen und Tauchen zur Verfügung.

... in Dzaoudzi (Petite-Terre):
Le Rocher (moderat), Tel. 601505, Fax 601444: Altes Kolonialhotel in einem renovierten Altbau im Herzen des Ortes; 15 Zimmer.
Lagon-Sud (günstig), Tel. 600620, Fax 601727: 4 Zimmer.

... in Mamoudzou (Grande-Terre):
Le Caribou im gleichnamigen Hotel.
Le Reflet des Iles beim Marktplatz, Spezialitäten von den französischen Antillen.
Le Kawéni's am nördlichen Ortsausgang, Spezialitäten der französischen Antillen.

... in Pamandzi (Petite-Terre):
Le Tropicana: europäische und südamerikanische Küche.

... in Dzaoudzi (Petite-Terre):
Le Rocher im gleichnamigen Hotel.
Le Faré: italienische Spezialitäten.
Jardin Tropical: Snackrestaurant.

Golden Lagoon II, Mamoudzou (Grande-Terre): Disko und Bar.
Rockin' Chair, Pamandzi (Petite-Terre): Snackbar mit heißer Musik.
Ningha Club, Dzaoudzi (Petite-Terre) beim Hotel ›Le Rocher‹.

Reisebüros:
Mayotte Aventures Tropicales (MAT), BP 416, 97600 Mamoudzou, Tel./Fax 611968.

Mayotte Tourisme & Voyages, 97600 Mamoudzou, Tel. 611500, Fax 610717.
Wassersport im Trévani Village.
Fahrradvermietung Banga Cycles in Pamandzi (Petite-Terre), in der Rue du Commerce.

 Mietwagen in Reisebüros, Hotels oder am Flughafen; ca. 50 € pro Tag.
Taxis-Brousse verkehren rund um die Insel. Hauptstandort ist beim Markt in Mamoudzou.
Die **Schiffsagentur** am Hafen von Mamoudzou (Service des Transports Maritimes de Mayotte, STM, Tel. 601069, Fax 601613) ist für die Fähre nach Petite-Terre zuständig; Überfahrt alle 30 Min., ca. 1 €.
Regionale **Flüge** nach Réunion.

Mohéli (Mwali)

Lage: vordere Umschlagkarte B9

...in Fomboni:
Relais de Singani (moderat), Tel. 720249: in einem Palmenhain am Nordwestausgang der Stadt verstecktes kleines, einfaches Hotel, mit guter Küche; 10 Zimmer
Hotel Mlédjélé (günstig), Tel. 720534: Am Südostende des Ortes, nahe der *Taxi-Ville*-Haltestelle; sehr einfach, preiswert.

Camping: Auf den vorgelagerten Inseln; Proviant mitbringen; Anmeldung bei der Polizeistation in Nioumachoua, Übersetzen mit Fischern (ca. 2 €).

In Fomboni: Relais de Singani und Mlédjélé.

 Achtung: Es gibt keine Bank auf der Insel. Bargeld mitbringen!

 Flugverbindungen nach Anjouan und Grande Comore (mehrmals wöchentlich).
Taxis-Ville verkehren zwischen Flughafen und Fomboni.
Mietwagen mit Chauffeur (ca. 50 € pro Tag) beim ›Relais de Singani‹.

Komoren: Reiseinformationen von A bis Z

Anreise

Der Flughafen von Moroni auf Grande Comore wird von der Fluggesellschaft Emirates (mittwochs und freitags ab Frankfurt, über Dubai) und von der Lufthansa (über Johannesburg) angeflogen. Mit Air Madagascar kann man von Antananarivo und Mahajanga auf Madagaskar einreisen, mit Air Mauritius von Mauritius und mit Air Austral von Réunion.

Bücher und Karten

Literatur und Karten sollten Sie aus Europa mitbringen. Ausführliche Beschreibungen von Bergbesteigungen und Wanderungen finden sich im ›Reisehandbuch Komoren‹ aus dem Conrad Stein Verlag. Sehr genau und detailliert sind die Karten aus dem französischen Verlag IGN. In einzelnen Buchhandlungen in Moroni und Mamoudzou erhalten Sie Landkarten sowie einige in französischer Sprache verfaßte Reiseführer.

Diplomatische Vertretungen

■ ... der Komoren
Botschaft der Islamischen Bundesrepublik Komoren,
20, Rue Msarbeau, F-75016 Paris
Tel. 03 31/40 67 90 54, Fax 03 31/40 67 72 26

Honorarkonsul der Islamischen Bundesrepublik Komoren,
Löwenburgstr. 10, D-50939 Köln,
Tel. 02 21/46 21 61, Fax 02 234/5 44 44

■ ... der Bundesrepublik Deutschland
Deutsche Botschaft in Madagaskar:
101, Lalana Pastora Rabeony Hans (Ambodirotra),
BP 516, Antananarivo,
Tel. 22/2 38 02, 2 38 03 und 2 16 91,
Fax 22/2 66 27

■ ... der Republik Österreich
Österreichische Botschaft in Kenia:
2nd Floor, City House,
Wabera St./Standard St.,
PO Box 30560, Nairobi,
Tel. 0 02 54/2/22 82 81–82, Fax 33 17 92

■ ... der Schweiz
Schweizerische Botschaft in Tansania:
17 Kenyatta Drive,
PO Box 2454, Dar es Salaam,
Tel. 0 02 55/51/6 60 08–9, Fax 6 67 36

Einkaufen und Souvenirs

Da man den Quastenflosser nur selten bekommen kann und er mit 100 kg Gewicht und 2 m Länge unhandlich ist, muß man sich nach weniger spektakulären Mitbringseln umsehen. In Frage kommen Essenzen von Ylang-Ylang, Vanille, Gewürznelken, Kunsthandwerk, Goldschmuck. Muscheln und Schnekken sollten Sie nicht kaufen, denn erstens könnten nach dem Washingtoner Artenschutzabkommen geschützte Arten darunter sein – das käme Sie bei der Einfuhr in Deutschland teuer zu stehen – und zweitens werden sie in Korallenriffen dringend zur Erhaltung des ökologischen Gleichgewichtes benötigt!

Einreisebestimmungen

Es genügt ein noch 6 Monate gültiger Reisepaß. Während des Aufenthaltes muß über das Hotel ein Ausreisevisum eingeholt werden. Bei der Ausreise ist eine Flughafensteuer von (derzeit) 5000 FC zu bezahlen, die bei manchen Hotels jedoch bereits im Zimmerpreis eingeschlossen ist.

Essen und Trinken

Es gibt nicht viele Restaurants auf den Komoren, aber die wenigen kochen meist ausgezeichnet. Auf Anjouan, Mohéli und auch in den kleinen Restaurants auf Grande Comore sollte man sich zum Essen anmelden, da sonst mangels Kundschaft vielleicht nicht eingekauft wurde!

Feste und Feiertage

Die staatlichen Feiertage stimmen mit den islamischen Festen überein. Am 6. Juli wird der Unabhängigkeitstag gefeiert. Folgende Feiertage haben nach unserem Kalender keine feststehenden Daten:
Id-el-Fitre (Abschluß des Fastenmonats Ramadan)
Muharram (islamischer Neujahrstag)
Id-ul-Adha (Gedenken an den Tag, an dem Abraham bereit war, seinen Sohn Isaak zu opfern)
Id-el-Kabir (Erster Tag der Pilgerfahrt nach Mekka)
Id-e-Milad (Geburtstag des Propheten Mohammed)
Leilad-ul-Miradj (Himmelfahrt des Propheten Mohammed)

Geld und Geldwechsel

Auf den Kkomoren gilt der komorische Franc (Franc Comorien, FC). 500 FC entsprechen etwa 1 €. Wechseln ist nur in Banken und in großen Hotels möglich. Auf den Flughäfen gibt es keine Wechselstuben. Banken findet man nur in großen Städten, die Insel Mohéli hat keine Bank. Mit Schecks und Kreditkarten kann nur in wenigen Ausnahmefällen (Mietwagenfirmen, Galawa Hotel) bezahlt werden.

Gesundheit

Malariaprophylaxe ist eine unbedingt erforderliche Vorsichtsmaßnahme. Wer Stiche vermeidet, kann das Malariarisiko auf ein Minimum reduzieren. Die Sonneneinstrahlung ist sehr stark, so daß Sie sich nicht ungeschützt in der Sonne aufhalten sollten. Krankenhäuser sind vorhanden, haben aber einen niedrigen Standard. Ansonsten gelten dieselben Vorsorgemaßnahmen wie für Madagaskar (s. S. 312).

Information

Direction du Tourisme,
Place de l'Indépendance,
BP 97, Moroni

Office Territorial du Tourisme et de l'Information Mamoudzou,
Mamoudzou BP 169,
F-97600 Mayotte

Syndicat du Développement du Tourisme de Mayotte,
Mamoudzou BP 42, F-97600 Mayotte

Vertretung in Paris:
1, Avenue Foche/10, Rue de Presbourg,
F-75116 Paris

Klima und Reisezeit

Das Klima entspricht weitgehend dem im Norden Madagaskars (s. S. 320).

Reiseveranstalter

Airtours und einige andere große Veranstalter bieten das ›Galawa Hotel‹ und Flug mit Emirates über Dubai an. Der Spezialveranstalter Trauminsel Reisen (Summerstr. 8, 82211 Herrsching, Tel. 08152/93190) stellt Badereisen zu den guten Hotels (Galawa, Maloudja, Itsandra) auf Grande Comore und Inselrundreisen nach den Wünschen der Gäste zusammen.

Sicherheit

Es gibt keine Gewaltdelikte gegen Ausländer, auch Frauen sind Tag und Nacht sicher. Diebstähle kommen nur sehr selten vor.

Sport

Für **Wassersportler** sind die Hotels ›Maloudja‹ und ›Galawa‹ auf Grande Comore und ›Jardin Maoré‹ auf Mayotte die idealen Ausgangspunkte.
Hochseefischer haben von Oktober bis Mai die besten Chancen, ein kapitales Exemplar an den Haken zu bekommen.
Taucher finden rund um Grande Comore ganzjährig, in der Lagune von Mayotte von April bis Oktober klare Wasserverhältnisse vor.
Tennisplätze findet man auf Grande Comore im ›Galawa Hotel‹ und in Moroni.

Strom

Die Stromspannung beträgt 220 Volt. Adapter für verschiedene Steckersysteme sollten mitgebracht werden.

Telefon

Postämter gibt es in den jeweiligen Inselhauptstädten. Sie arbeiten zuverlässig und sind nicht teuer. Die Telefonvorwahl zu allen vier Komoreninseln lautet von Deutschland aus 00269. Außer in Mayotte sind die Nummern nur mit viel Geduld über eine Fernsprechvermittlung erreichbar.

Unterwegs auf den Komoren

■ Reisebüros

Auf Grande Comore bieten folgende Veranstalter Ausflüge, Mietwagen und Flugtickets an:
Tourism Services Comores (TSC; Tel. 733044, Fax 733054) im Itsandra Hotel und im Galawa Hotel sowie
Tropic Tours & Travel (Tel. 730202, Fax 731919) in Moroni.
Auf Mayotte haben Mayotte Aventures Tropical (MAT, Tel./Fax 611968) und Mayotte Tourisme & Voyages (Tel. 611500, Fax 610717) ein ähnliches Angebot.

■ Verkehrsmittel

Innerhalb der Städte haben Taxis (meist R4) Einheitspreise von etwa 1 € pro Strecke, egal wie weit sie ist. Buschtaxis *(Taxis-Brousse)* sind Überlandtaxis, die wie Busse so viele Passagiere mitnehmen wie Sitzplätze vorhanden sind. Buschtaxis haben in den Städten feste Standplätze. Außerhalb halten sie überall an, wenn sie einen freien Platz haben. Sie sind sehr billig (etwa 1 € pro Fahrstunde), extrem unbequem und extrem langsam. Mietwagen kosten auf allen Inseln etwa 50 € pro Tag. Da die Straßen gut ausgebaut sind und kaum Verkehr herrscht, kann man ohne weiteres selbst fahren. Auf Mayotte gibt es auch Motorräder zu mieten; vom Mieten der Mountainbikes (VTT) ist eher abzuraten, denn sie sind selten in verkehrstüchtigem Zustand.

Zeitunterschied

Die Komoren sind Mitteleuropa in der Uhrzeit um zwei Stunden voraus. Wenn es bei uns 9 Uhr ist, ist es auf den Komoren bereits 11 Uhr. Während der Mitteleuropäischen Sommerzeit beträgt der Unterschied lediglich eine Stunde.

Kleiner Sprachführer

Französisch und Malagasy (sprich: Malgasch) sind die beiden Amtssprachen des Landes. Die Tageszeitungen sind gemischt in Malagasy und Französisch verfaßt, im Rundfunk gibt es Sendungen in beiden Sprachen. Bis 1975 wurde an den Schulen ausschließlich in französischer Sprache unterrichtet, meist von französischen Lehrern, danach begann eine allgemeine ›Malgaschisierung‹. Soweit möglich, hält man den Unterricht nunmehr in Malagasy ab, es werden Lehrbücher in Malagasy geschrieben und die französischen Lehrer mehr und mehr durch Madagassen ersetzt. Französisch ist nach wie vor das wichtigste Unterrichtsfach und ist in Wirtschaft, Verwaltung und Kultur wegen der engen Bindung an Frankreich nicht zu ersetzen. In Antananarivo und den anderen größeren Städten spricht ein großer Teil der Bevölkerung Französisch, darunter praktisch alle Taxi- und Busfahrer, Kellner und sogar Marktfrauen auf dem Zoma.

Die Muttersprache der Madagassen aber ist das Malagasy. Es wird im ganzen Land in unterschiedlichen Dialekten gesprochen. Eine allgemein anerkannte Hochsprache gibt es (noch) nicht, obwohl seit langem versucht wird, den von der Volksgruppe der Merina im Hochland gesprochenen Dialekt dazu zu erklären. Verständlicherweise wehren sich andere Volksgruppen dagegen, denn das würde bedeuten, daß eine einheitliche Schreibweise erarbeitet würde, die sich am Hochlanddialekt orientiert, was einen Bildungsnachteil für die anderen Gruppen darstellt. Aus diesem Grund findet man oft für das gleiche Wort unterschiedliche Schreibweisen. Selbst Städtenamen sind noch nicht eindeutig festgelegt. Den madagassischen Namen für Fort Dauphin im Südosten findet man beispielsweise in den Schreibweisen Tolanaro (so wurde er in diesem Buch verwendet), aber auch Taolanaro oder Taolagnaro.

Erst relativ spät erstellte man ein einheitliches Alphabet, in dem die Buchstaben c, q, u, w und x nicht vorkommen. Das Ergebnis ist unbefriedigend, denn die Aussprache weicht von der niedergeschriebenen Buchstabenfolge häufig stark ab. Hier einige Grundregeln für die Aussprache:

- ›o‹ wird wie ›u‹ ausgesprochen – Beispiel: *veloma* (auf Wiedersehen) wird zu ›*velum*‹.
- Wenn ein Wort auf einen Vokal endet, so wird dieser entweder gar nicht ausgesprochen oder nur ganz kurz und leise angedeutet. Beispiel: *salama* = ›*salam*‹ (stammt aus dem Arabischen, heißt wörtlich Friede und bedeutet ›grüß Gott, willkommen‹). Auch hier liegt die Betonung auf der vorletzten geschriebenen Silbe, die meist die letzte der gesprochenen Silben ist.
- Es gibt in vielen Worten Silben, die jeweils nur aus einem Vokal und einem Konsonanten bestehen. Diese Silben werden kaum oder gar nicht ausgesprochen, was eine starke Verkürzung des Wortes zur Folge hat. Beispiel: *Andrianampoinimerina* (Name des ersten Königs von ganz Madagaskar) wird ›*Ndjianponimern*‹ ausgesprochen.

Wie würden Sie *Antananarivo* aussprechen? ›*Ntanriw*‹ ist richtig.

■ Wichtige Wörter und Redewendungen

Im folgenden eine Auflistung wichtiger Wörter, die Sie bei vielen Gelegenheiten gebrauchen können (in Klammern z. T. der Versuch, den Laut in deutscher Umschrift darzustellen). Zumindest die Grußformeln sollten Sie unbedingt verwenden.

Malagasy	Deutsch
manao ahoana tompoko	Guten Tag (im Hochland/Merina)
bola tsara	Guten Tag (Norden)
salama	Guten Tag (Süden)
aza fady	Entschuldigung, bitte
midanika	heiß
trano	Haus
tsara	gut
tsara tsara	ganz gut
ratsy	schlecht
tena tsara	das ist gut
azo atao?	(ist es) möglich?
mahandro	kochen
reraka	müde
matory	schlafen
izao	jetzt
aiza?	wo?
misotro	trinken
mihinana	essen
sakafo	Essen
mitsangat-sangana	spazieren gehen, reisen
aza fady, aiza ny lalana makany …?	Entschuldigung, wo geht es hier nach …?
misaotra (mssôth)	danke
eny (en)	ja
tsia (zi)	nein
ekena (eken)	in Ordnung, o. k., einverstanden
tena tsara (tentsar)	das ist gut
raho tianao (ratinau)	wie Sie wollen
misy (misch)	es gibt
misy cafe?	haben Sie Kaffee?
tsy misy (zimisch)	es gibt nicht, das habe ich nicht
androany (andrun)	heute
omaly (umal)	gestern
rahampitso (rampiz)	morgen
ny andro (niadru)	der Tag
aho (ahu)	ich
ianao (anu)	du
ny zazakely (nisasakel)	die Kinder
andeha (andea)	gehen wir
lavitra (lavit)	weit
sambo (samb)	Boot, Schiff
tsena (zen)	Markt
ny vary (niwar)	der Reis
mofo (muf)	Brot
hotely gasy (otelgasch)	madagassisches Restaurant
marary (marar)	krank
fanafody (fanfud)	Medikament
fady (fadi)	Verbot, Tabu
moramora (muramur)	langsam, gemächlich
mora (mur)	billig
vola (wul)	Geld
tsy misy vola (zimisch wul) aho	ich habe kein Geld
Manao ahoana ianao?	Wie geht es Ihnen?
Tsara! Inona no vaovao?	Gut! Was gibt es Neues?
Tsy misy vaovao-manao	Es gibt keine Neuigkeiten
Ahoana ny zazakely?	Wie geht es den Kindern?
Mazotoa homana tompoko!	Guten Appetit!
Soava dia!	Gute Reise!
Tsy miteny malagasy aho	Ich spreche nicht madagassisch

■ Kurze Sätze

Malagasy	Deutsch
Aza fady, aiza ny lalana makany …?	Entschuldigung, wo geht es hier nach …?
Aza fady, aiza ny fijanonan ny taxi-brousse?	Wo ist bitte die Taxi-Brousse-Station?
Aza fady, aiza ny kabine?	Wo ist die Toilette, bitte?
Aza fady, aiza ny prezidan ny fokontany?	Entschuldigung, wo ist der Président du Fokontany (Bürgermeister)?
Aza fady, iza no anarany?	Wie heißt er, bitte?
Manao ahoana, andriamatao prezidan.	Guten Tag, Herr Président
… no anarako.	Ich heiße …
… sy … no anaranay.	Wir heißen …
(M)pitsiditany avy any alemana izahay.	Wir sind Touristen aus Deutschland.
Hijanona andro iray (1), roa (2), telo (3) izahay.	Wir werden einen (zwei, drei) Tag(e) bleiben.

■ Zahlen

1 = iray		6 = enina	
2 = roa		7 = fito	
3 = telo		8 = valo	
4 = efatra		9 = sivy	
5 = dimy		10 = folo	

■ Wichtige Begriffe aus der madagassischen Tradition

Adriamanitra	Gesamtheit aller verstorbenen Fürsten und Könige oder deren kollektive Seele, die im Jenseits weiterlebt (Gott)
Fadin-drazana	von den Vorfahren ausgesprochene Verbote
Fady	Verbot, Tabu
Famadihana	Umwendung der Toten
Famorana	Beschneidungszeremonie
Fanjakana	Regierung, Verwaltung
Fihavanana	Grundsatz der Zusammengehörigkeit von Menschen gemeinsamer Abstammung
Fokonolona	Dorfrat unter Leitung des Dorfältesten; traditionelle Dorfverwaltung, die in leicht veränderter Form noch existiert
Fokontany	Territorium, das einem Dorfrat untersteht
Fomba	Brauch, Sitte
Fomban-drazana	von den Vorfahren festgelegter Brauch
Hira-Gasy	Wettstreit zweier Schauspielergruppen
Kabary	traditionelle Form der Ansprache, feierliche Rede
Kibory	Grabmal
Lahy-Kibory	Grabwächter
Lamba-Oany	traditionelles Kleidungsstück
Mpanandro	Zauberer, Astrologe
Mpiadidy	Dorfältester
Mpisidiky	Wahrsager, Zauberer
Ohabolana	Sprichwort, bildhafte Darstellung
Ombiasy	Heilkundiger
Razana	Seele des Verstorbenen
Tavy	Brandrodung
Tody	Folge der Taten des Lebens, Strafe, Buße, ›Karma‹
Tononkira	traditionelle Form des Gedichtes
Tsiny	Bewußtsein der Unvollkommenheit des Menschen
Vahiny	Fremder
Vazaha	Europäer, Asiaten
Vazimba	erste Bewohner Madagaskars
Vintanao	Schicksal
Zanahary	Schöpfergott, gleichzeitig auch Gesamtheit der Seelen aller Verstorbenen

Eßdolmetscher

Damit Sie im Restaurant wissen, was es zu essen gibt, hier die wichtigsten Begriffe für Lebensmittel:

Aubergine	baranjely
Auster	hoitra
Banane	akondro (getrocknet: fintsa)
Bohnen	tsaramaso
Brot	mofo
Ei	atody
Ente	vorona
Erdnuß	voanjo
Fisch	trondro
Fleisch	hena
Frosch	sakona
Fruchtsaft	ranom boankazo
Gebäck	mofomamy
Gemüse	anambazaha
Gurke	kokombra
Hase	bitro
Honig	tantely
Hühnchen	akoho
Ingwer	sakamalaho

Käse	fromazy	Reis	vary
Kaffee	cafe	Rind (Zebu)	omby
Kaffee, schwarz	cafe tsotra	Salat	salady
Kaffee mit Milch	cafe ranono	Salz	sira/fanasina
Kartoffel	ovimbazaha	salzig	masira
Knoblauch	tongolo gasy	Schaf	ondry
Kokosnuß	voanio	Schildkröte	fano/sokatra
Krabben	foza	Schweinefleisch	kisoa
Lamm	ondry	süß	mamy
Languste	orambe/tsitsika bevato/orantsimba	Suppe	lasopy
		Tee	dite
Mais	katsaka	Thunfisch	vanjo ango/lamatra/ sabonto na saboto
Maniok	mangahazo		
Mehl	varimbazaha	Tintenfisch	angisy
Melone	voantango	Tomate	voatabia
Milch	ranono	Trinkwasser	rano fisotro
Muscheln	akorandriaka	Wasser	rano
Pampelmuse	voahangibe	Wurst	sosisy/soasisa
Obst	voankazo	Wild	bibyfihaza
Omelette	lamolety	Wildschwein	lambo
Orange	voasary	Zucker	siramamy
Pilz	holatra	Zwiebel	tongolobe

Abbildungsnachweis

Alle Fotos: Michael Fiala, Breitbrunn,
außer:

Wolfgang Därr, Herrsching S. 40, 195
Frank Glaw, Köln S. 28, 29, 30, 32, 33
Frank Glaw/Miguel Vences, Köln S. 27 unten, 150
Frans Lanting/Save-Bild, Augsburg S. 116
Tomáš Míček, Liebenau/Österreich S.192/193, 200

NAS/T. McHugh/Okapia, Frankfurt/Main S. 232
Flip Nicklin/Save-Bild, Augsburg S. 106
Konrad Wothe/Save-Bild, Augsburg S. 224

Karten und Pläne:
Berndtson & Berndtson Productions GmbH, Fürstenfeldbruck,
© DUMONT Reiseverlag, Köln

Register

■ **Personen- und Sachregister**

Abderemane, Abdallah 228, **236ff.**, 250
Adler, Christian 296
Afrikaner 13, 47, 233
Andriamahatso, Gilles (General) 52
Andriamandisoarivo (König der Betsimisaraka) 48
Andriambodilova (Prinz der Vazimba) 80
Andriambololona (König der Sihanaka) 88
Andrianampoinimerina (König der Merina) 39, 49, 72, 73, 78, 163
Andriandahyfotsy (König der Sakalava) 40
Andriandrambondranitra (mythische Figur) 89
Andrianjaka (König der Merina) 64
Andriantsoli (König der Sakalava) 158
Antaifasy 36
Antaimoro **36,** 56, 57f., 176, 177, 219f., 292
Antaisaka 36
Antambahoaka **36,** 222
Antandroy **37,** 55, 58, 202, 209, 210
Antankarana **37,** 42, 133, 141
Antanosy **37,** 214, 215
Antehiroka 198
Antemorotenany (mythische Figur) 132
Araber 12f., 47, 158, 177, 191, 222, 234
Ariary 296
Athoumani, Muhammad 235
Avantgarde de la Révolution Malagasy (AREMA) 52
Aye-Aye 27, **116**

Baba (König der Masikoro) 185
Badebedingungen 140, 187, 141ff.
Bahary (König der Sakalava) 196
Baobabs 18, 22, **204ff.**
Bara **37,** 55, 178
Baum der Reisenden 23
Betsileo **38,** 49, 65, 89, 166ff., 173, 177, 178
Betsimisaraka **38,** 48, 49, 55, 65, 95, 101
Bettler 66, 289
Betty (Königin der Betsimisaraka) 104

Bezanozano 39
Biosphärenreservat 21, 115, 117
Brandrodung 54f.
Buckelwale 105ff.
Buffon, Georges Louis Leclerc, Graf von 116

Chamäleons **28ff.**
Cheikh, Said Mohammed 236
Chinesen 35, 41

De Haulme, Jean 20, 193, 201, 210, **212f.**
Demokratische Republik Madagaskar 52
Denard, Bob 237, **238f.**, 245
Dias, Diego 48, 128
Didiereaceen 206
Diodor 47
Dornenwälder 18, 207, 211
Dschohar, Said Mohammed 239, **240**

Edelsteine 13, 170, 209, 268, 292
Eisenbahnstrecken 51, 76f., 80, 81, 175, 267, 314
Engländer 42, 50, 98, 99f., 129, 141, 186, 236
Euphorbien 207

Fady 43, 46
Famadihana 43, **44f.,** 295
Fêtes de la Mer 191, 276, 277
Filaos 16
Fitampoha 194f., 270
Flacourt, Etienne de 34
Flamboyant 22
Flughunde 27
Fody 30
Forsyth, Frederick 238
Fossa 27
Franzosen 10, 12, 35, 41f., 44, 48, 50, 56, 70, 98, 99f., 107, 113, 129, 131, 141, 158, 162, 184, 216, 218, 236, 240, 253

Gallieni, Joseph Simon (französischer Gouverneur) 50, 51, 64, 72

Gastfreundschaft 46
Geckos 32
Gewürznelken 56
Golf 79, 266f., 306
Gondwanaland 12, 14
Grabmäler 43, 133f., 183, 190, 191f., 196, 208, 209, 220, 318
Grande Mariage 233f., 237

Hahnenkämpfe 59
Haie 33
Hochseefischen 281, 286, 306, 325
Holländer 215

Inder 35, 41, 139, 141, 158, 159
Indri 94, **95**
Islamische Bundesrepublik Komoren 237

Johannes Paul II. (Papst) 52

Kabary 35, **57**
Kaffee 56, 151
Kamany, George (Prinz der Sakalava) 196
Kamany, Pierre (Prinz der Sakalava) 196
Kannenpflanze 23f.
Klima 12, **16f.**, 228, 304, 325
Kokospalme 24
Komorer 41, 139, 158, **231ff.**
Korallen 185, 187, 247, 253
Krokodile 31f., 132f.

La Bigorne (Jean Onésine Filet) 104, 107
Laborde, Jean 49, 71, 74f.
Lanting, Frans 116
Lemuren 24, **25ff.**, 95, 151, 224, 230, 279

Madagassischer Webervogel s. Fody
Mahafaly **39,** 55, 58, 183, 202, 208
Makis s. Lemuren
Malagasy 13, 48, 307ff.
Mas'udi 235
Mausmaki 25, 225
Meier, Bernhard 224
Merina **39,** 42, 78f., 80, 89, 98ff., 141, 154, 158, 162, 173, 177, 198, 308
Mikea **39,** 192, **199,** 200
Misson, Francois 125
Mohamady Tsialana (König) 263
Mokotra 134
Moslems 41, 42, 128, 233, 234, 241
Mouvement Démocratique de la Rénovation Malgache 51

Mpilalao 57, 70, 88
Muhammad, Said 235

Naturschutz 18, **20f.**, 302f.
North, Nathaniel 104
Norweger 168f.

Ökotourismus 176, 196
Orchideen 22, 24, 112

Pachypodien 206
Pakistani 41
Perser 234, 235, 241
Peyrieras, André 224
Piraten 48, 99, 104, 125, 235
Pool, William 73
Portugiesen 48, 98, 215, 218, 234, 235
Pousse-Pousse (Rikscha) 268, 316
Powe, Edward L. 199
Quastenflosser 33, **232**

Radama I. (König der Merina) 49, 72, 99, 113, 158, 162, 188, 190
Radama II. (König der Merina) 50
Rainandriamampandry (General) 50
Rainilaiarivony (Premierminister) 70
Rakoto (Prinz der Merina) 73
Ramanantsoa, Gabriel (General) 52
Ranavalona I. (Königin der Merina) 49, 50, 70, 73, 75, 173
Ranavalona II. (Königin der Merina) 50, 73, 79, 168
Ranavalona III. (Königin der Merina) 73
Ranoro (Heilige) 80
Rasalama (Märtyrerin) 73
Rasoherina (Königin der Merina) 82
Ratsimamanga (Kronprinz der Merina) 50
Ratsimandrava, Richard 52
Ratsimilao (König der Betsimisaraka) 38, 48, 104, 113, 115
Ratsiraka, Didier 52, 80f.
Ravitoto 294
Regenwald 18, 23
Reisanbau 38, 88, 123
Romazava 294
Roux, Sylvain (Verwalter von Nosy Boraha) 109
Rova 64, 79, 173, 260, 266

Sakalava 35, **40,** 55, 58, 103f., 141, 154, 157, 185, 187, 190, 191, 193, 194f., 200

Sambatra (Beschneidungszeremonie) 222, 274, 295
Schildkröten 31, 157
Schlangen 32
Schmetterlinge 33, 76
Schnitzkunst 58, 191, 292
Schriften der Antaimoro s. Sorabe
Seidenherstellung 176, 292
Sihanaka 40, 88f.
Sklavenhandel 99, 158, 191, 234, 235, 240
Soares, Fernao 128
Soilih, Ali 237, 243
Sorabe 36, 40, 57f., 177, 220, 292
Sukkulenten 23, 199, **204ff.**

Tanala **40,** 55, 225
Tauchen 263, 269, 277, 279, 281, 286, 306, 325f.
Taxis-Be 315
Taxis-Brousse 316
Tenreks 27
Theater s. Mpilalao
Thermalbäder 169, 223, 268, 282
Toera, König der Sakalava 196
Tourismus 10, 21, 102f., 108, 134, 212f., 240, 242, 300
Trachten 58
Trockenwald 18, 207, 211, 304

Tromba 103, 295f.
Tsimiharo III. (Prinz der Antankarana) 136
Tsimihety **40,** 55
Tsiomeko (Königin der Sakalava) 141
Tsiranana, Philibert 51, 98

Umwendung der Toten s. Famadihana
Urbevölkerung s. Vazimba

Vanille 24, 56, 121, 122, 151
Vazaha 40f.
Vazimba 47, 80, 196, **198f.**
Vezo 35, **41,** 187, 191
Vogel Rock 24, **34,** 70, 293

Walbeobachtung 107, 118, 209, 275, 281, 307
Waschung der heiligen Reliquien s. Fitampoha
Wright, Patricia 224

Ylang-Ylang 240

Zafimaniry 58, 171f.
Zafy, Albert 52
Zanahary 41, 42f.
Ziara 263

Ortsregister

Ambalavao 176, 260
Ambanja **136,** 154, 260
Ambaro-Halbinsel 136, 259
Ambatoharanana 133
Ambatolampy 81, 166, 261
Ambatolaona 74
Ambatoloaka (Nosy Be) 142
Ambatondrazaka 88f., 261
Ambato-sur-Mer 192
Ambilobe 133, 262
Ambinanitelo 118
Amboasary 210, 262
Ambodiatafana (Ste-Marie) 111
Ambodifototra (Ste-Marie) 102, **109f.,** 263
Ambohibao 79
Ambohibary-Sambaina 166
Ambohimahasoa 173
Ambohimanga 78f., 263
Ambohimitombo 172
Ambohitantely-Naturreservat 163, 263
Ambohitra s. Joffreville
Ambohitralanana 121
Ambohitratrimo 79
Ambohitsilaozana-Versuchsfarm 92
Ambondro 209, 261
Ambondro (Nosy Be) 144
Ambondromamy 156f., 161, **162**
Amborovy 160
Ambositra 171f., 263
Ambovombe 209, 264
Ampangorina (Nosy Ambariovato) 151f.
Ampanihy 207, **209,** 264
Ampanihy (Ste-Marie), Bucht 110
Amparafaravola 93
Ampasimanolotra (Vohibinany/Brickaville) 94f., 264
Ampasindava 107, 130, 136f., 149
Ampasipahy (Nosy Be) 150
Ampazony 160
Ampefy 82, 264
Ampijoroa-Forststation 157, 265
Anafiafy (Ste-Marie) 110
Anakao 187
Analabe-Naturpark 20, **193,** 213, 265
Analalava 156
Analamera-Naturreservat 133, 265
Analavory 82
Ananin' ny Nofy 98
Anatirova 72f.
Andapa 121, **123,** 266

Andasibe 94, 266
Andavadoaka 201, 266
Andevoranto 97, 267
Andilamena 93
Andilana (Nosy Be) 145
Andoany (Hell-Ville; Nosy Be) 139, **146ff.,** 267
Andohahela-Naturreservat 211
Andramasina 81
Andrambovato 175
Andranandombo 210
Andranotoraho, Kratersee von 84
Andranovory 202
Andraraty 82
Andrebabe 89
Andriamena 161
Andringitra-Naturreservat 176
Androneoro 79f.
Angalatsara (Mayotte) 253
Angorombalo (Belle-Vue; Nosy Be) 144
Anilavinany 222
Anivorano 132, 268
Anjiabe (Nosy Ambariovato) 152
Anjohibe, Grotten 160
Anjouan (Ndzuani; Komoren) 230, **248ff.,** 332
Ankanin'ny Nofy 20, 98, 269
Ankarafantsika-Naturreservat 21, **157**
Ankarana-Gebirge 134
Ankarana-Naturreservat 21, 133, 269
Ankarongana 133
Ankazobe 163
Ankirijibe 191
Anorotsangana 154
Anosibe An'Ala 77f.
Antafofo, Wasserfälle von 188
Antalaha 121, 269
Antalitoko 192
Antananarivo (Tana) 35, **64ff.,** 270
Antaninaomby (Nosy Ambariovato) 153
Antoetra 172
Antongil, Bucht 105, **115,** 117
Antrema (Nosy Ambariovato) 152
Antsahadinta 82
Antsamantsara-Vulkan (Nosy Be) 142
Antsampandrano 81
Antsirabe **168ff.,** 171, 275
Antsiranana (Diégo-Suarez) 125, **127ff.,** 277
Antsohihy 156, 278
Antsohimbondrona 133

Ortsregister

Arboretum-Forststation 186
Arivonimamo 82
Aye-Aye-Insel 115

Babetville s. Sakay
Baie du Courrier 130
Bambao (Anjouan) 250
Bandrélé (Mayotte) 252
Beanana (Ste-Marie) 110
Befotaka 190
Bekapaika 161
Bekopaka (Andadoany) 85, 198
Belazao 170
Belo-sur-Mer 197, 200, 279
Belo Tsiribihina 189, 193, 279
Bemarivo-Fluß 122, 305
Bénara (Mayotte) 230, 251
Berenty-Naturpark 20, 34, **210,** 279
Besalampy 160
Betafo 188
Betampona-Naturreservat 21, 101
Betioky 203, 207, 280
Betsiboka-Fluß 157, 158
Beza-Mahafaly-Naturreservat 203, 206
Bouéni (Mayotte), Bucht 253
Brickaville s. Ampasimanolotra

Canal des Pangalanes 98
Cap-Ste-Marie-Naturreservat 21, 209, 280
Chindini (Grande Comore) 229, **244**
Chirongui (Mayotte) 253
Chomoni (Grande Comore) 229, **245,** 333
Chouani (Grande Comore) 243
Chutes de la Mort 77
Cuvette de Bambao (Anjouan) 249

Dapani (Mayotte) 253
Daravangy, Wasserfall 115
Dembéni (Mayotte) 252
Didy 89
Diégo-Suarez s. Antsiranana
Djamandjary (Nosy Be) 139, **144**
Domoni (Anjouan) 236, **250,** 332
Dzaoudzi (Mayotte) 236, 253, 334
Dziani Dzaha (Mayotte) 253

Ejeda 207
Evatra 218

Farafangana 219, 280
Faux Cap 209

Fénérive s. Fenoarivo
Fenoarivo (Fénérive) 113, 280
Fianarantsoa 173ff., 280
Fomboni (Mohéli) 247
Forbans (Ste-Marie), Bucht 109
Fort Dauphin s. Tolanaro
Fort Flacourt 216
Foulpointe s. Mahavelona
Foumbouni (Grande Comore) 245

Goulaivouani (Grande Comore) 245
Grande Comore (Ngazidja; Komoren) 229f., **241ff.,** 333
Grande-Terre (Mayotte) 251ff.

Hahaya (Grande Comore) 246
Hell-Ville s. Andoany
Horombe-Hochebene 179

Iavolona 80f.
Ifanadiana 222
Ifaty 185f.
Iharana (Vohémar) 124, 282
Ihosy 178, 282
Ikoni (Grande Comore) 236, **243**
Ilafy 78
Ile aux Forbans 104
Ile aux Nattes (Nosy Nato) 112, 293
Ile aux Portugais 218
Ile aux Prunes 101
Ilot de Sable Blanc s. Mtsanga Tsoholé
Ilot Madame (Ste-Marie) 109
Imerimandroso 90, **92f.**
Imerina-Imady 172
Irondro 222
Isalo-Gebirge 179ff., 202
Isalo-Nationalpark 20, 180, 282
Itsandra (Grande Comore) 229, 238, **246f.**
Ivakoany-Gebirge 210
Ivato-Centre 171
Ivato Savana 220
Ivohitra 169
Ivoloina 101
Ivondro, Wasserfälle des 92

Joffreville (Ambohitra) 130f.

Kaleta-Naturpark 210, 282
Kani-Kéli (Mayotte) 253
Kartala (Grande Comore) 228, 229, **247**

Katsepy 160
Kirindy-Forststation 192
Kivalo 192
Kotoala-Tanambao 209

Lac Alaotra **88ff.**, 162
Lac Andraikiba 170
Lac Andronotsara 124ff.
Lac Anosy 64, **70**
Lac Ihotry 201
Lac Itasy 83, **84**
Lac Loko II. 84
Lac Mangatsa 159
Lac Mantasoa 74
Lac Sacré 132
Lac Salé (Grande Comore) 245
Lac Tsiazompaniry 81
Lily-Fluß 82f.
Lingoni, Wasserfall (Anjouan) 251
Lokaro 218
Lokobe-Naturreservat (Nosy Be) 21, **150f.**
Lokoho-Fluß 122f.
Longoni (Mayotte) 252
Lonkintsy (Ste-Marie) 110
Loza-Fluß 156

Marazevo Breeding Farm 20, **75f.**
Maevatanana 162
Mahabo 190
Mahajanga (Majunga) 158f., 282
Mahambo 113, 283
Mahatsinjo 162
Mahavelo (Ste-Marie) 109
Mahavelona (Foulpointe) 99, **113,** 283
Mailakapasy 137
Maintirano 160
Majunga s. Mahajanga
Malaimbandy 189f., 284
Malé (Grande Comore) 229, 245
Mamoudzou (Mayotte) 251
Manakara 220, 284
Manambato 98, 284
Manambolo-Fluß 196
Manampanihy-Fluß 219
Mananara 115, 284
Mananjary 220f., 284
Mananjeba-Fluß 136
Manankazo-Forststation 163
Manantenina 123, 219
Mandoto 188
Mandraka 75

Mandrare-Fluß 210
Mandriampotsy, Wasserfälle des 175
Mangily 191
Mangoky-Fluß 200
Manja 200
Manjakandriana 74
Manjakatompo 82
Manompana 115
Mantasoa 74, 285
Maore s. Mayotte
Maroantsetra 117, 285
Marodokana (Nosy Be) 149
Marofandilia 192
Marojezy-Naturreservat 21, 123, 286
Maromandia 154
Maromokotro 137
Marovoay 157
Masoala-Halbinsel 118, 120f.
Matatana-Fluß 219f.
Mayotte (Maore; Komoren) 230, 237, **251ff.**
Mer d'Emeraude 130
Miandrivazo 188f., 286
Miarinarivo 82
Mitsamiouli (Grande Comore) 229, **246**
Mohéli (Mwali; Komoren) 230, **247**
Montagne-d'Ambre-Nationalpark 20, 131, 286
Montagne des Francais 130
Mont Bénara (Mayotte) 251, 252
Mont Choungui (Mayotte) 253
Mont Combani (Mayotte) 251
Mont Passot (Nosy Be) 143, **146**
Moramanga 76f., 94, 287
Morombe 200, 287
Morondava 191, 287
Moroni (Grande Comore) 236, **241f.**
Moutsamoudou (Anjouan) 248
Moutsatoundou (Mayotte) 252
Moya (Anjouan) 250
Mtsamboro (Mayotte) 252
Mtsangachéhi (Mayotte) 253
Mtsanga Moudou (Mayotte) 253
Mtsanga Tsoholé (Ilot de Sable Blanc; Mayotte) 252
Mvouni (Grande Comore) 247
Mwali s. Mohéli
Mzé Koukoulé (Mohéli) 230

Namorona-Fluß 223
Ndzuani s. Anjouan
Ngazidja s. Grande Comore
Ngouja (Mayotte) 253
Ngouni (Grande Comore) 243
Niagarakely 77
Nioumachoua (Mohéli) 247
Nosy Ambariobe 153
Nosy Ambariovato 151
Nosy Antaly-Be 130
Nosy Be **138ff.**, 289
Nosy Boraha (Ste-Marie) **102ff.**, 291
Nosy Diego 130
Nosy Faly 136
Nosy Fanihy 145f.
Nosy Iranja 154
Nosy Lava 130
Nosy Mangabe 117f.
Nosy Mangabe-Naturreservat 274
Nosy Mitsio 133, **153**
Nosy Nato s. Ile aux Nattes
Nosy Ratsy 145
Nosy Sakatia 145
Nosy Suarez 130
Nosy Tanga 144
Nosy Tanikely 151, 153f.
Nosy Ve 187
Nosy Vorona 153
Ntingui (Anjouan) 230

Onilahy-Fluß 186, 187, 202, 203
Onive-Fluß 82

Pamandzi (Mayotte) 251, 253
Patsi (Anjouan) 249
Périnet-Analamazaotra-Naturreservat 94
Petite-Terre (Mayotte) 253
Pic Boby 176
Pic St-Louis 216f.
Piscine Naturelle 180
Pointe des Cocotiers (Ste-Marie) 110
Pointe du Cratère (Nosy Be) 142
Pomoni (Anjouan) 251
Port-Bergé 156
Portugiesengrotte 180f.

Ramena 129, **130**
Ranohira 179f., 293
Ranomafana 222f., 294
Ranomafana-Nationalpark 20, 223, 225, **294**
Ranopiso 211

Rianila-Fluß 95
Roussettes-Wasserfälle 131

Sabotsy 78
Sada (Mayotte) 253
Saiady, Botanischer Garten 217
St-Augustin 107, 186, 187
Ste-Luce, Bucht 218
Ste-Marie s. Nosy Boraha
Sakamena-Fluß 206
Sakaraha 182f.
Sakaramy 131
Sakay (Babetville) 84
Salimani (Grande Comore) 243
Sambava 122, 294
Sambirano-Fluß 136
Sarodrano 186
Sazilé-Nationalpark (Mayotte) 252
Sept Lacs 187
Serinam 196
Sima (Anjouan) 251
Singani (Grande Comore) 243
Sirama 133
Sisaony-Fluß 81, 82
Soalala 160
Soalara 187
Soanierana-Ivongo 115
Soulou (Mayotte) 252

Tahiry Nanahary (Nosy Be) 150
Talata-Angavo, Grotten von 163
Tamatave s. Toamasina
Tatinga, Wasserfall (Anjouan) 149f.
Toamasina (Tamatave) **98ff.**, 295
Tolanaro (Fort Dauphin) 48, **214ff.**, 296
Toliara (Tuléar) **184ff.**, 296
Tongobory 202
Trévani (Mayotte) 251
Tritriva-Vulkan 170
Trou du Prophéte (Grande Comore) 239, 245f.
Tsaratanana-Massiv (Nosy Be) 141
Tsaratanana-Naturreservat 137
Tsiafajovona 82
Tsifajavona 166
Tsimanampetsotsa-Naturreservat 21, 206f., 298
Tsimbazaza, Botanischer Garten von Antananarivo 70, 266
Tsimbeo (Anjouan) 249
Tsindrawé (Mayotte) 253

Tsingoni (Mayotte) 252
Tsingy-de-Bemaraha-Naturreservat 21, 196, 298
Tsinjoarivo 82
Tsiombe 209
Tsiribihina-Fluß 188, 305
Tsiroanomandidy 84f., 298
Tuléar s. Toliara

Vakona Lodge-Privatpark 20, 262
Vangaindrano 219, 299
Vatomandry 97, 99, 299
Vohémar s. Iharana
Vohiparara 225
Vohipeno 219f.

Zahamena-Naturreservat 92, 299

Titelbild: In Ihosy, im Süden des zentralen Hochlandes
Umschlaginnenklappe: Fluß bei Ambanja, an der Nordwestküste
Umschlagrückseite: Junge Madagassin

Über den Autor: Wolfgang Därr, geboren 1948, hauptberuflich als Rechtsanwalt tätig, ist seit seiner Schulzeit passionierter Weltreisender und kennt Madagaskar von zahlreichen monatelangen Aufenthalten. In Herrsching bei München betreibt er ein auf die Inseln des westlichen Indischen Ozeans spezialisiertes Reisebüro. Im DuMont Reiseverlag erschienen von Wolfgang Därr außerdem ›Richtig Reisen: Seychellen‹ und ›Richtig Reisen: Mauritius‹ sowie das Reise-Taschenbuch ›Malediven‹.

© DUMONT Reiseverlag
3., aktualisierte Auflage 2002
Alle Rechte vorbehalten
Satz und Druck: Rasch, Bramsche
Buchbinderische Verarbeitung: Bramscher Buchbinder Betriebe

Printed in Germany   ISBN 3-7701-3809-0